Kohlhammer

Pädagogik der Lebensalter
Herausgegeben von Günther Bittner
Band 4

Rolf Göppel

Das Jugendalter

Entwicklungsaufgaben
Entwicklungskrisen
Bewältigungsformen

Verlag W. Kohlhammer

Für Hannah und Tobias,
die mittendrin stecken und die durch ihre Auseinandersetzung mit den
„Entwicklungsaufgaben des Jugendalters" immer wieder zur Beschäftigung
mit den „Entwicklungsaufgaben der Elternschaft" zwingen

Alle Rechte vorbehalten
© 2005 W. Kohlhammer GmbH Stuttgart
Umschlag: Gestaltungskonzept Peter Horlacher
Gesamtherstellung:
W. Kohlhammer Druckerei GmbH + Co. Stuttgart
Printed in Germany

ISBN 3-17-017415-0

Inhalt

Teil A: Das Jugendalter in unterschiedlichen theoretischen Deutungsperspektiven 1

Einleitung: „Jugend" – was ist das eigentlich?
1 Jugend als klar definierter Altersabschnitt oder als kaum abgrenzbare Lebensphase?... 3
2 Jugend als Geisteshaltung, als lebenslanges Ideal, als Versprechen und als Verklärung.. 6

Klassische Positionen der Jugendpsychologie
3 Jugend als „zweite Geburt" 8
4 Jugend als „Sturm und Drang" und als „Hineinwachsen in die einzelnen Lebensgebiete" 10
5 Jugend als Sehnsucht und als „seelische Ergänzungsbedürftigkeit" 13

Psychoanalytische Positionen
6 Jugend als Umstrukturierung libidinöser Besetzungen angesichts der Inzest-Schranke 16
7 Jugend als Kampf um die Herrschaft zwischen Ich und Es 18
8 Jugend als psychosoziales Moratorium und als Ringen um Identität 20
9 Jugend als Suche nach narzisstischer Bestätigung 22
10 Jugend als „Stimmverlust" 27

Positionen der modernen Entwicklungspsychologie
11 Jugend als Veränderung des Denkstils und als Kompetenzerwerb 32
12 Jugend als emotionaler Aufruhr und als Bemühen um „Coolness" 38
13 Jugend als Ausdruck eines „Hormonschubes" bzw. eines „Gehirnumbaus" .. 43

Soziologische Positionen
14 Jugend als „Zeitgeistseismograph" und als „gesellschaftliche Avantgarde"... 48
15 Jugend als „gesellschaftliches Konstrukt" 52
16 Jugend als Selbstsozialisation und Selbstinitiation 56

Pädagogische Positionen
17 Jugend als Rebellion und Provokation 60
18 Jugend als Risiko.. 63
19 Jugend als Verdichtung von „Entwicklungsaufgaben"................... 71
20 Jugend als besonders intensives, subjektiv höchst unterschiedlich erlebtes Lebensgefühl... 76

Teil B: Die Auseinandersetzung mit zentralen Entwicklungsaufgaben im subjektiven Erleben der Betroffenen 84

1	Mit den körperlichen Veränderungen der Pubertät zurechtkommen und zu einem positiven Verhältnis zu seinem eigenen Körper finden	84
1.1	Ängstliche Abwehr versus freudige Begrüßung der körperlichen Veränderungen	85
1.2	Das Erleben der Menarche – „Katastrophenerlebnis" versus „eine Art Fest"	89
1.3	Das subjektive Erleben des Wachstums der Brüste – „Flachbrett" versus „Doppsball"	93
1.4	Die schwierige Akzeptanz des eigenen Körpers und die Tücken der Konkurrenz	96
1.5	Das Erleben der eigenen erotischen Ausstrahlung und die begehrenden Blicke anderer	100
1.6	Das Ideal der Schlankheit als Leidensquelle	103
2.	Ein lustvolles, selbstbestimmtes und verantwortliches Verhältnis zur Sexualität entwickeln	107
2.1	Mystifizierung und Banalisierung der Sexualität	108
2.2	Tabuisierung und mediale Dauerpräsenz	109
2.3	Spannende Lektüre: die Aufklärungsseiten von Jugendzeitschriften	110
2.4	Peinliche Situationen: Aufklärungsgespräche mit den Eltern	112
2.5	Zwischen vertrauensvoller Toleranz und ängstlicher Kontrolle – die Haltungen der Eltern zur Sexualität ihrer Kinder	115
2.6	„Erlaubt ist, was Spaß macht?" – die moralischen Prinzipien der Jugendlichen	118
2.7	„One-Night-Stand?" – eine moderne „Gretchenfrage"	121
2.8	Geschlechterdifferenzen hinsichtlich der sexuellen Wünsche und des sexuellen Erlebens	123
2.9	Das „erste Mal" zwischen „wunderbarem Erlebnis" und „purer Katastrophe"	125
2.10	Wann ist der richtige Zeitpunkt? – Zwischen der Sorge, „Flittchen" und der Sorge, „Spätzünder" zu sein	131
2.11	„Immer früher Sex"? – Problematische Altersnormangaben in den Medien	134
2.12	Zwischen „ängstlichem Nachgeben" und „entschiedenem Abblocken" – der Umgang mit der Unterschiedlichkeit und der Ungleichzeitigkeit der sexuellen Wünsche	136
3	Sich von den Eltern „ablösen" und doch mit ihnen verbunden bleiben	141
3.1	Entwicklungsbedingte Veränderungen des Eltern-Kind-Verhältnisses	141
3.2	Ablösungskonflikte – Schnee von gestern?	142
3.3	... oder Eltern und Kinder im „Überlebenskampf"?	144
3.4	Gesamteinschätzungen der eigenen Eltern-Kind-Beziehung	145
3.5	Erlebte Veränderungen im Eltern-Kind-Verhältnis beim Übergang ins Jugendalter	149

3.6	Empirische Untersuchungen zu den Entwicklungsverläufen der Eltern-Kind-Beziehung im Jugendalter	151
3.7	Erfahrungen von Streit, Zwang und Entfremdung	153
3.8	Harmonie at last? Die aktuellen Gefühle gegenüber den Eltern	155
4	**Sich in der Welt der Gruppen und Cliquen zurechtfinden und reife Freundschaftsbeziehungen aufbauen**	**158**
4.1	Logik der Eltern-Kind-Beziehungen – Logik der Freundschaftsbeziehungen	158
4.2	Veränderte Ansprüche an Freundschaftsbeziehungen im Jugendalter	159
4.3	Die Bedeutung der Clique	160
4.4	Kehrseiten der Cliquenbildung: Isolation, Ausgrenzung, Konkurrenz, Intrigen	162
4.5	Funktionen und Entwicklungsprozesse von Cliquen	164
4.6	Die *beste* Freundin, der *beste* Freund	166
4.7	Die Kehrseite enger Freundschaften im Jugendalter: Rivalitäten, Kränkungen, Enttäuschungen	169
4.8	Geschlechtsunterschiede hinsichtlich der Jugendfreundschaften	171
4.9	Eltern und Peergroup – sich ergänzende oder gegenläufige Einflusssphären im Jugendalter?	172
5	**Ein neues, selbstverantwortliches Verhältnis zum schulischen Lernen gewinnen**	**178**
5.1	Die Erwartungen der Schule an den „idealen Schüler"	179
5.2	Empirische Forschung zur Wahrnehmung der Schule aus Schülersicht	183
5.3	Zwischen „Heimat" und „Gefängnis" – die generelle Haltung zur Institution Schule	185
5.4	Zwischen „extremem Ehrgeiz" und „gemäßigtem Desinteresse" – Beschreibungen der eigenen schulischen Ambitionen, Motive und Lernstrategien	187
5.5	Einbrüche, Krisen und Konflikte in der eigenen Lernbiographie	189
5.6	Jeder gegen jeden? – das Leiden unter Konkurrenz- und Leistungsdruck	193
5.7	Erfahrungen mit dem „Streber-Phänomen"	194
5.8	„Dann aber kam ich zur Besinnung ..." – die Rückkehr zur Leistungsbereitschaft	196
6	**Sich mit der Sinnfrage auseinander setzen und eigenständige Standpunkte hinsichtlich moralischer, politischer und religiöser Fragen entwickeln**	**198**
6.1	Zwischen Spaßorientierung und spiritueller Suche – das Aufbrechen der Frage nach dem Sinn	199
6.2	Ergebnisse der empirischen Jugendforschung zu den Wertorientierungen Jugendlicher	202
6.3	Zwischen „Politikverachtung" und „Weltveränderungsambition" – die Suche nach politischen Orientierungen	206
6.4	Ergebnisse der empirischen Jugendforschung zum politischen Interesse und Engagement Jugendlicher	210
6.5	Zwischen Inspiration und Irrelevanz – die Rolle der Schule bei der Gewinnung von Lebensorientierung	211

7	„Identitätsarbeit" leisten	218
7.1	Die Allgegenwart und die Unschärfe des Identitätsbegriffs	218
7.2	Veränderte gesellschaftliche Voraussetzungen für die „Identitätsarbeit" heute	219
7.3	„Identität" im psychologischen Alltagsbewusstsein heutiger Jugendlicher	219
7.4	Die Schwierigkeit, über die eigene Identitätssuche Rechenschaft zu geben	223
7.5	Wie wird „Identitätsarbeit" subjektiv erlebt und erinnert?	224
7.6	Erfahrungsweisen von „Identitätskrise"	227
7.7	Erfahrungsweisen von „Identitätsklarheit"	229
7.8	Erfahrungsweisen von innerer Widersprüchlichkeit und von Multiplizität der Ich-Gefühle	231
7.9	Identitätssuche als Exploration und Selbsterprobung	234
7.10	Identitätsarbeit als Selbsterziehung und als bewusste Arbeit am eigenen Charakter	236
7.11	Identitätspräsentation und Identitätspolitik	237
7.12	Bilanzierungsversuche: Wie lässt sich der erreichte „Identitätsstatus" beschreiben?	239
8	Schluss: „Jugend" – was war das eigentlich?	247

Literatur 249

Teil A: Das Jugendalter in unterschiedlichen theoretischen Deutungsperspektiven

Einleitung: „Jugend" – was ist das eigentlich?

Einerseits weiß jeder, was das ist, „die Jugend" bzw. „das Jugendalter". Jeder Leser und jede Leserin dieses Buches hat Erinnerungen, Vorstellungen, Beobachtungen zum Phänomen Jugend, weil er oder sie selbst dieses Lebensalter, dieses Lebensgefühl, diese Lebenslage erfahren und durchlebt hat und weil er oder sie Jugendliche kennt, die mittendrin stecken. Von daher stellen sich in der Regel durchaus spontane Assoziationen zum Begriff „Jugend" ein: Ärger mit Pickeln, Stimmbruch, Stimmungsschwankungen, Schwärmereien für Pop-Stars, Zoff mit den Eltern, Spaß in der Clique, erste sexuelle Erfahrungen, etc.

Andererseits tun wir uns aber doch sehr schwer, genau anzugeben, was denn nun im Kern die Besonderheit dieses vielschichtigen, schillernden Lebensabschnitts ausmacht. Die Diskussion über das Jugendalter und über Jugendprobleme gehört zum Alltagsdiskurs. Je nachdem in welchem Kontext diese Diskussion erfolgt, hat sie zumeist einen recht unterschiedlichen Grundtenor: Eher den von Nostalgie und wehmütiger oder auch schelmischer Erinnerung an bewegte Zeiten, wenn ehemalige Schulkameraden beim Klassentreffen ins Erzählen kommen, eher den Unterton von Befremden und Kopfschütteln, wenn in den Medien über irgendwelche neuen Trends aus den Jugendkulturen, über Punks, Rave-Marathons oder S-Bahn-Surfer berichtet wird, eher den Modus der Klage, wenn sich Eltern pubertierender Kinder über die Ähnlichkeit ihrer häuslichen Konflikte und über ihre Sorgen und Nöte austauschen, eher den Beiklang von Empörung und Gereiztheit, wenn eine Lehrerin ihren Kollegen in der Pause erzählt, wie schlimm sich heute wieder die 8b benommen hat, eher den Ausdruck von Warnung und Sorge, wenn in neuen Studien die Stressbelastungen und die zunehmenden gesundheitlichen Beeinträchtigungen der heutigen Jugendlichen dargestellt werden, eher den von Irritation und Enttäuschung, wenn sich in Bildungsstudien erweist, dass der Bildungsstand der deutschen Jugendlichen im internationalen Vergleich recht dürftig ist, eher den Ton von Wertebeschwörung und Verantwortungsappell, wenn Politiker sich des Themas „Jugend" annehmen, und eher den Anstrich von Lebensgenuss, Lockerheit und cooler Überlegenheit, wenn die Werbebranche das Thema „Jugendlichkeit" in Szene setzt.

Dass das Thema „Jugend" bzw. „Pubertät" ein beliebtes Thema des Alltagsdiskurses ist, kann man auch daran erkennen, dass die auflagenstärksten Magazine hierzulande in den vergangenen Jahren Titelgeschichten zum Thema „Jugend" publiziert haben. Darin wird vor allem das Problematische, Konfliktträchtige, aber auch das Aufregende und Faszinierende dieses Lebensabschnitts betont: „Süßer Horror Pubertät: Die Entmachtung der Eltern" (Der Spiegel, 22/2001), „Abenteuer Pubertät. Wenn Teenager plötzlich anders ticken" (Focus 30/2003), „Wahnsinn Pubertät. Neue Hirnforschung – Warum Teenies komisch ticken" (Stern 48/2003).

Wirft man schließlich einen Blick in die umfangreiche Ratgeberliteratur, dann kreisen auch hier die Titel primär um das Rätselhafte, Problematische, Krisenhafte: „Irrgarten Pubertät" (Friedrich 1999), „Die härtesten Jahre" (Barlow/Skidmore 1998), „Von den Schwierigkeiten, erwachsen zu werden" (Dolto/Dolto-Tolitch/Percheminier 1991), „Pubertät, Adoleszenz oder die Schwierigkeit, einen Kaktus zu umarmen", (Emig/Steinhard/Wurthmann 2000), „Pubertät – echt ätzend" (Guggenbühl 2000), „Warum sie so seltsam sind" (Strauch 2003).

Was ist das „Seltsame", „Eigentümliche", „Spezifische" der Jugend? Und was steckt dahinter? Welche inneren Prozesse, Veränderungen, Spannungen drücken sich darin aus? Inwiefern sind diese Veränderungen naturgegeben, universell, unabänderlich bzw. inwiefern sind sie gesellschaftlich bedingt, kulturell geprägt, zeittypisch? Aus der Perspektive von Jugendlichen mag der letztgenannte Titel „Warum sie so seltsam sind" wie eine Provokation erscheinen: Ausdruck der Ahnungs- und Ratlosigkeit der Erwachsenen bei gleichzeitigem Anspruch auf die Definitionsmacht dessen, was „normales", „vernünftiges" und „angemessenes" Verhalten ist. Sie fragen sich vielleicht umgekehrt, warum die Erwachsenen so „seltsam" sind, sprich, so beschränkt in ihrem Verständnis, so borniert in ihren Anschauungen, so beharrlich in ihren Forderungen und so bestimmend und einschränkend in ihrer Fürsorge. Entsprechend gibt es auch ein Buch mit dem pfiffigen gegenläufigen Titel „Pubertät ist, wenn die Eltern schwierig werden" (Arlt 2000).

Aus der Perspektive der Jugendlichen mag vielleicht sogar die ganze umfangreiche Jugendforschung als eine Zumutung erscheinen, das Ansinnen, sie trotz ihrer offensichtlichen Unterschiedlichkeit zu einer Kategorie „Jugend" zusammenzufassen, vielleicht noch in unterschiedliche „Jugendtypen" zu sortieren, ihre jeweiligen Denkweisen, Ansichten und Einstellungen zu erforschen, ihre Verhaltensmuster und Gefühlskonflikte zu deuten und somit letztlich ihre Begeisterung und ihre Schwärmereien, ihre Verwirrung und ihre Verweigerung, ihre Empörung und ihre Auflehnung als eben „jugendtypische Phänomene" zu „erklären". Aber natürlich ist auch den Jugendlichen selbst bisweilen ihr eigenes Leben, das was ihnen passiert, was sie fühlen und empfinden, ein ziemliches Rätsel. Recht schön kommt dies in dem autobiographischen Roman „Crazy" zum Ausdruck, den Benjamin Lebert im Alter von 16 Jahren verfasst hat und der in besonders eindrucksvoller Weise das Lebensgefühl dieses Alters auf den Punkt bringt (und deshalb in kurzer Zeit mehr als 25 Auflagen erreichte). Zwischen den 15–16-jährigen Jungen im Internat entwickelt sich, nachdem sie beim verbotenen nächtlichen Ausflug zum Mädchentrakt gerade mit einigen Mühen die Feuerleiter überwunden haben, folgendes Gespräch über das Leben an sich und als solches:

„Und wie ist das Leben?" fragt Kugli.
  „Anspruchsvoll", antwortet Felix.
  Ein großes Grinsen macht die Runde.
  „Sind wir auch anspruchsvoll?" will Janosch wissen.
  „Das weiß ich nicht", erwidert Felix. „Ich glaube, wir befinden uns gerade in einer Phase, wo wir den Faden finden müssen. Und wenn wir den Faden gefunden haben, sind wir auch anspruchsvoll."
  „Das verstehe ich nicht", bemerkt Florian entrüstet. „Was sind wir denn, bevor wir anspruchsvoll sind?"
  „Vorher sind wir, so glaube ich, Fadensuchende. Die ganze Jugend ist ein einziges großes Fadensuchen." (Lebert 2000, S. 65)

Später, bei einem noch waghalsigeren nächtlichen Ausflug, der sie in die Großstadt München führen soll, kommt das Gespräch der Jungen noch einmal auf die Rede vom „Fadensuchen" zurück.
„*Benjamin Lebert – du bist ein Held*", sagt Janosch mit tiefer Stimme. ...
„*Und warum?*" will ich wissen.
„*Weil durch dich das Leben spricht*", entgegnet Janosch.
„*Durch mich?*" frage ich.
„*Durch dich*", bestätigt er.
„*Was durch mich spricht, ist beschissen*", antworte ich.
„*Nein, – aufregend. Man findet immer etwas Neues.*"
„*Aber will man das denn?*" frage ich.
„*Klar will man das*", schreit Janosch. „*Sonst wäre es doch langweilig. Man muß immer auf der Suche nach dem – was sagte Felix doch gleich? – Faden sein. Genau, Faden. Man muß immer auf der Suche nach dem Faden bleiben. Die Jugend ist ein einziges großes Fadensuchen. Benni, komm! Laß uns den Faden finden! Am besten in dem Zug nach München.*"

„Die ganze Jugend ist ein einziges großes Fadensuchen" – damit ist eine sehr ansprechende und anschauliche Metapher für das Jugendalter formuliert. Auch die Geschichte des theoretischen Nachdenkens über die Besonderheiten des Jugendalters und ihre inneren Ursachen könnte man als ein „großes Fadensuchen" beschreiben bzw. als ein verschlungenes Knäuel von bunten Fäden, von unterschiedlichen Beschreibungen, Deutungen und Erklärungen. Ich will im Folgenden zunächst einige Fäden aus diesem Knäuel herausziehen, d.h. eine Reihe von markanten Versuchen vorstellen, die Gesamtcharakteristik des Jugendalters auf den Punkt zu bringen, die zentralen inneren Prozesse zu beschreiben und die maßgeblichen Antriebskräfte dafür zu benennen. Dabei ist freilich weder eine systematische Geschichte der Jugend noch eine systematische Geschichte der Jugendpsychologie, der Jugendpädagogik oder der Jugendforschung beabsichtigt, sondern es geht um die Vergegenwärtigung und Gegenüberstellung der vielfältigen Deutungsmuster, unter denen Jugend betrachtet werden kann und die in der Diskussion über die Jugend immer wieder auftauchen. Die Darstellung bemüht sich in der wiederkehrenden Formel „Jugend als ..." jeweils die charakteristischen Besonderheiten der einzelnen Sichtweisen auf den Punkt zu bringen. Dass man in einer solchen knappen, überblicksartigen Zusammenfassung der Differenziertheit dessen, was von den einzelnen Positionen alles *auch noch* gesehen und erwogen wurde, nicht gerecht werden kann, dass es dabei unvermeidlich zu Zuspitzungen und Verkürzungen kommt, liegt auf der Hand. Ebenso natürlich auch, dass es oftmals keine trennscharfen Grenzlinien zwischen den unterschiedlichen Ansätzen, sondern vielfache Überschneidungen und Überlappungen gibt.

1 Jugend als klar definierter Altersabschnitt oder als kaum abgrenzbare Lebensphase?

Im § 7 („Begriffsbestimmungen") des Kinder- und Jugendhilfegesetzes ist Folgendes zu lesen:
„(1) Im Sinne dieses Buches ist
  1. Kind, wer noch nicht 14 Jahre alt ist ...

2. Jugendlicher, wer 14 aber noch nicht 18 Jahre alt ist,
3. junger Volljähriger, wer 18 aber noch nicht 27 Jahre alt ist,
4. junger Mensch, wer noch nicht 27 Jahre alt ist."

Solche klaren begrifflichen Abgrenzungen sind für die Handhabbarkeit von Gesetzestexten, in denen Rechtsansprüche und institutionelle Verpflichtungen geregelt werden, erforderlich. Sie sagen freilich noch gar nichts über die qualitativen Besonderheiten der einzelnen Altersabschnitte aus und sie gehen auch nicht auf die Tatsache ein, dass die körperliche und seelische Reife eines Menschen mit 14 Jahren höchst unterschiedlich beschaffen sein kann. Aber nicht nur in juristischen Texten, auch in entwicklungspsychologischen Lehrbüchern und in der soziologischen Jugendforschung findet man häufig pragmatische begriffliche Festlegungen, um die Zielgruppe, von der im Weiteren die Rede sein soll, zu umreißen. Dabei erweist sich aber, dass die Begriffe keineswegs einheitlich verwendet werden. Bei Remplein (1963, S. 28) etwa war „Jugendalter" noch der Oberbegriff, der das ganze zweite Lebensjahrzehnt umfasst und in dem sich die Unterphasen „Vorpubertät" (12–14 Jahre), „Pubertät" (14–16 Jahre), „Jugendkrise" (16–17 Jahre) und „Adoleszenz" (17–21 Jahre) ablösen (für Mädchen wird dabei jeweils ein „Vorsprung" von einem bis eineinhalb Jahren angenommen). Bei Oerter/Dreher ist es genau umgekehrt. Hier ist „Adoleszenz" der Oberbegriff, der vom vollendeten 10. bis zum 21. Lebensjahr reicht und diese wird dann in Unterphasen aufgeteilt, wobei unter „Jugendalter" die Zeit vom 11. bis zum vollendeten 17. Lebensjahr verstanden wird (Oerter/Dreher 1995, S. 312). Bei Kasten schließlich findet sich eine Aufgliederung in Vorpubertät (12–14 Jahre), Pubertät (14–16 Jahre), frühe Adoleszenz (16–17 Jahre), mittlere Adoleszenz (17–19 Jahre) und späte Adoleszenz (19–21 Jahre) (Mädchen wiederum mit einem „Vorsprung" von zwei Jahren), und bei ihm wird „Jugendalter" weitgehend mit „Adoleszenz" synonym gebraucht und als zweite große Übergangsphase von der vorausgehenden Phase der Pubertät unterschieden (Kasten 1999, S. 14f.).

Betrachtet man die einschlägigen großen soziologischen Jugendstudien, so stellt man fest, dass auch hier der Begriff „Jugend" auf durchaus unterschiedlich gefasste Zielgruppen bezogen wird. Die erste Shell Jugendstudie von 1953 hatte den Titel „Jugend zwischen 15 und 24", die jüngste, 14. Shell Jugendstudie von 2002 hatte die 12–25-Jährigen im Visier. Zinnecker hat in seiner ebenfalls sehr aktuellen repräsentativen Jugendstudie „null zoff & voll busy – die erste Jugendgeneration des neuen Jahrtausends" 10–18-Jährige befragt. – Man sieht, die Unterschiede sind sehr groß und Hurrelmann hat unter sozialisationstheoretischer Perspektive sogar den grundsätzlichen Standpunkt vertreten, „daß eine altersmäßige Festlegung der Jugendphase nicht möglich und nicht sinnvoll" sei. Allenfalls für den Beginn dieses Altersabschnitts lässt er mit der Geschlechtsreife einen markanten Anfangspunkt zu, ihr Abschluss und Ende sei dagegen so offen und unbestimmt und so sehr von kulturellen Gegebenheiten abhängig, dass eine generelle altersmäßige Festschreibung nicht viel Sinn mache. Freilich geht auch Hurrelmann trotz unscharfer Grenzziehungen von der These aus, „daß der Jugendphase eine eigenständige Bedeutung im menschlichen Lebenslauf zugesprochen werden muß" (Hurrelmann 1994, S. 18).

Baacke hat gleich im Titel seines verbreiteten Buches „Die 13–18jährigen" (Baacke 1979) deutlich gemacht, um welche Altersgruppe sein Buch kreist und er hat dies damit gerechtfertigt, „daß diese Altersspanne in etwa als eine sinnliche Einheit erfahren wird, und zwar von den Jugendlichen selbst, aber auch von den Eltern und Lehrern. Die körperlichen Veränderungen der Adoleszenz, neue Verhaltensweisen und ein atmosphärischer Gesamthabitus schließen diese Altersgruppe zusammen. Es sind dies die Jahre, die Erzieher am meisten verunsichern. Die Jugendlichen sind oft aggressiv gegenüber Erwachsenen und rufen deren Aggression hervor" (Baacke 1979, S. 16). Interessant ist, dass Baacke als Erziehungswissenschaftler seine Abgrenzung unter anderem mit den typischen pädagogischen Konfliktkonstellationen dieser Altersphase begründet. Ich halte diese pragmatische Abgrenzung für sinnvoll. In der Tat bilden die 13–18-Jährigen unter pädagogischen Aspekten eine gewisse Einheit. Die meisten der oben genannten Elternratgeber, die schon im Titel auf die Konflikthaftigkeit anspielen, beziehen sich wohl auf diese Altersphase und zweifellos gibt es eben gerade in dieser Zeit auch den größten Beratungsbedarf auf Seiten der Eltern.

Mit dem Alter von 12–14 Jahren wird heute definitiv das Kindheitsstadium verlassen. Dass hier eine deutliche Schwelle liegt, geht auch aus den entsprechenden Befragungen zur subjektiven Selbstcharakterisierung und zu typisch „kindlichen" bzw. „jugendlichen" Erfahrungen hervor (vgl. Zinnecker u. a. 2003, S. 112f.). Außerdem nehmen in der Regel in diesem Alter die Abgrenzungstendenzen gegen die Autorität der Eltern, deren Vorgaben und Bestimmungen deutlich zu. Gleichzeitig bleibt aber die Verantwortlichkeit der Eltern für das, was die Jugendlichen tun und lassen, doch noch weitgehend bestehen. Mit 18 dagegen sind die Kinder – auch wenn sie keineswegs zwangsläufig „geistig reif und innerlich gefestigt" sind – formal volljährig und können damit prinzipiell ihre eigenen Entscheidungen treffen und ihre eigenen Wege gehen (selbst wenn sie ökonomisch noch länger abhängig bleiben). Dies verändert natürlich die Qualität der Eltern-Kind-Konflikte. Zudem sind die 13–18-Jährigen heute überwiegend noch in die Institution Schule, also in einen pädagogischen Kontext mit entsprechenden Rollenverteilungen und mit einem zwangsläufigen Zusammenschluss zu altershomogenen Großgruppen eingebunden, was sicherlich zu jenem von Baacke beschriebenen „atmosphärischen Gesamthabitus" beiträgt. Im Hinblick auf die Schule gibt es die generelle Erfahrung, dass es bei den Schülern der 7., 8., 9. Klassen, in denen die Schüler die Schule häufig primär als institutionelle Zumutung erleben, zu einer Häufung von Konfliktpotential und zu einer Zunahme von Protest- und Verweigerungshaltungen kommt. Dies geht dann in der Oberstufe, wenn die Schüler jenseits der Schulpflicht den weiteren Schulbesuch eher als persönliche Chance erleben und sich stärker für ihre persönliche Schullaufbahn verantwortlich fühlen, wieder deutlich zurück.

Deshalb soll also im Weiteren, ohne dass es dabei auf scharfe Grenzziehungen ankommt, vor allem diese Altersgruppe der 13–18-Jährigen im Mittelpunkt stehen, wenn von den „Jugendlichen" die Rede ist. Der Begriff „Pubertät" soll sich dabei eher auf die erste Hälfte dieses Altersabschnitts und primär auf die körperlich-biologischen Veränderungsprozesse und deren Verarbeitung beziehen; der Begriff „Adoleszenz" dagegen eher auf die zweite Hälfte und damit mehr auf innerseelische Auseinandersetzungen mit dem Erwachsenwerden. Fend hat darauf hingewiesen, dass die drei Kernbegriffe „Jugend", „Pubertät", und „Adoleszenz" weniger klar abgrenzbare oder subsumierbare Altersphasen darstellen, sondern eher auf unterschiedlichen Forschungstraditionen und Betrachtungsperspektiven hinweisen: „Soziologen sprechen von der Jugend, Psychologen von der Adoleszenz und Biologen von der Pubertät" (Fend 2000, S. 22). Man könnte ironisch noch hinzufügen, die Erziehungswissenschaft unterstreicht ihren interdisziplinären Charakter dadurch, dass sie alle drei Begriffe bunt durcheinander verwendet. Aber wie gesehen, ist auch innerhalb der Psychologie die Begriffsverwendung keineswegs eindeutig.

2 Jugend als Geisteshaltung, als lebenslanges Ideal, als Versprechen und als Verklärung

Jenseits von Soziologie, Psychologie und Biologie, eher im Bereich der Literatur, der Aphorismen und der Lyrik angesiedelt, gibt es freilich auch noch eine andere Bedeutungsvariante des Begriffs „Jugend". Dort meint er eher eine altersunabhängige Einstellung, die durch Offenheit für Neues, Kreativität, Flexibilität, Entdeckerlust, Begeisterungsfähigkeit, Idealismus und Leidenschaft geprägt ist und im Gegensatz zu Verhärtung, Verbitterung, Verknöcherung und Resignation, aber auch zu berechnender Vernünftigkeit und Abgeklärtheit steht. Es geht dabei gerade darum, die Beschränkung von „Jugend" auf ein bestimmtes chronologisches Alter zu überwinden und Jugend eher als eine Geisteshaltung zu verstehen. Jugend wird hier zudem eng mit Aufbruch, Erneuerung, energischem Streben und mit Zukunftshoffnung assoziiert und enthält ein Versprechen auf ein besseres Leben. In diesem Sinne hat schon Hölderlin den „Genius der Jugend" besungen:

> *Doch in nahmenlosen Wonnen*
> *Feiern ewig Welten dich,*
> *In der Jugend Stralen sonnen*
> *Ewig alle Geister sich;*
> *Mag des Herzens Gluth erkalten,*
> *Mag im langen Kampfe mir*
> *Jede süße Kraft veralten,*
> *Neuverschönt erwacht sie dir!*

Und es gibt zahlreiche Aphorismen, die diesen Aspekt des Begriffs Jugend zum Ausdruck bringen. Kürzlich war ich Zeuge, wie der Bürgermeister einer kleinen Gemeinde einen 95-jährigen Jubilar im Altersheim besuchte, um ihm die Grüße des Bayerischen Ministerpräsidenten samt Zinnteller zu überbringen. Dem beigefügten Glückwunschschreiben war das folgende Zitat von Franz Kafka vorangestellt: *„Solange man Schönheit genießen kann, wird man niemals alt"*. Andere Aphorismen, die in die gleiche Richtung gehen, stammen etwa von Marie von Ebner-Eschenbach: *„Man bleibt jung, so lange man noch lernen, neue Gewohnheiten annehmen und Widerspruch ertragen kann"*, von Pablo Casals: *„Solange man bewundern und lieben kann, ist man immer jung"* oder von Pablo Picasso: *„Man braucht sehr lange, um jung zu werden"*.

Der utopische Hoffnungshorizont, der mit dem Begriff Jugend verbunden ist, ist besonders auch von Ernst Bloch, in dessen Philosophie das Moment des Utopischen, das Voranschreiten zu neuen Ufern, zu menschlicheren Lebensformen, eine zentrale Rolle spielt, gesehen worden. In diesem Sinne schreibt er:

„Bereits ein junger Mensch, der etwas in sich stecken fühlt, weiß, was das bedeutet, das Dämmernde, Erwartete, die Stimme von morgen. Er fühlt sich zu etwas berufen, das in ihm umgeht, in seiner eigenen Frische sich bewegt und das bisher Gewordene, die Welt der Erwachsenen überholt. Gute Jugend glaubt, daß sie Flügel habe und daß alles Rechte auf ihre heranbrausende Ankunft wartet, ja erst durch sie gebildet, mindestens durch sie befreit werde" (Bloch 1959, S. 132).

Dass dieser Elan im Laufe der Jahre dann zumeist verloren geht und einer „Reife", einer „Erwachsenheit" weicht, die eher Verlust als Fortschritt ist, hat Albert Schweitzer in seiner Autobiographie bitter beklagt:

„Der Ausdruck ‚reif' auf den Menschen angewandt, war mir und ist mir noch immer etwas Unheimliches. Ich höre dabei die Worte Verarmung, Verkümmerung, Abstumpfung als Dissonanzen miterklingen. Was wir gewöhnlich als Reife an einem Menschen zu sehen bekommen, ist eine resignierte Vernünftigkeit. Einer erwirbt sie sich nach dem Vorbilde anderer, indem er Stück um Stück die Gedanken und Überzeugungen preisgibt, die ihm in seiner Jugend teuer waren. Er glaubte an den Sieg der Wahrheit; jetzt nicht mehr. Er glaubte an die Menschen; jetzt nicht mehr. Er glaubte an das Gute; jetzt nicht mehr. Er eiferte für Gerechtigkeit; jetzt nicht mehr. Er vertraute in die Macht der Gütigkeit und der Friedfertigkeit; jetzt nicht mehr. Er konnte sich begeistern; jetzt nicht mehr. Um besser durch die Fährnisse und Stürme des Lebens zu schiffen, hat er sein Boot erleichtert. Er warf Güter aus, die er für entbehrlich hielt. Aber es war der Mundvorrat und der Wasservorrat, dessen er sich entledigte. Nun schifft er leichter dahin, aber als verschmachtender Mensch. In meiner Jugend habe ich Unterhaltungen von Erwachsenen mitangehört, aus denen mir eine das Herz beklemmende Wehmut entgegenwehte. Sie schauten auf den Idealismus und die Begeisterungsfähigkeit ihrer Jugend als auf etwas Kostbares zurück, das man hätte festhalten sollen. Zugleich aber betrachteten sie es als eine Art Naturgesetz, daß man das nicht könne.

Da bekam ich Angst, auch einmal so wehmütig auf mich selber zurückschauen zu müssen. Ich beschloß, mich diesem tragischen Vernünftigwerden nicht zu unterwerfen. Was ich mir in fast knabenhaftem Trotze gelobte, habe ich durchzuführen versucht.

Zu gern gefallen sich die Erwachsenen in dem traurigen Amt, die Jugend darauf vorzubereiten, daß sie einmal das meiste von dem, was ihr jetzt das Herz und den Sinn erhebt, als Illusion ansehen wird. Die tiefere Lebenserfahrung aber redet anders zu der Unerfahrenheit. Sie beschwört die Jugend, die Gedanken, die sie begeistern, durch das ganze Leben hindurch festzuhalten. Im Jugendidealismus erschaut der Mensch die Wahrheit. In ihm besitzt er einen Reichtum, den er gegen nichts eintauschen soll" (Schweitzer 1988, S. 77f.).

Natürlich sind dies Verklärungen. Jugendliche sind keineswegs per se die besseren, edleren Menschen. Es gab im letzten Jahrhundert eine Jugendgeneration, die sehr stark als Avantgarde des kommenden Zeitalters stilisiert wurde und in der viele durchaus davon überzeugt waren, *„daß alles Rechte auf ihre heranbrausende Ankunft wartet".* Im Nachhinein musste diese Generation erkennen, dass es bitteres Unrecht und schlimme Barbarei war, was da heranbrauste. Aber dennoch verweist dieses Schweitzer-Zitat auf einen wichtigen Aspekt, nämlich darauf, dass menschliche Entwicklung und damit auch Entwicklung im Jugendalter keineswegs ausschließlich unter der Perspektive der Steigerung, also von Reifezuwachs, Lernfortschritt und Kompetenzerwerb, betrachtet werden kann, sondern in bestimmter Hinsicht auch als Verlustgeschichte, d.h. als Verarmungs- und Verhärtungsgeschichte gesehen werden muss. Wenn dies zutrifft, wird damit natürlich auch der Gedanke nahe gelegt, dass Entwicklung nicht nur ein stetiges und mühsames Hinaufarbeiten zur Reife des Erwachsenen ist und dass alle vorausgegangenen Entwicklungsstufen nur Etappen auf dieses Ziel hin sind, sondern dass sie ihre eigene Würde und ihre eigene „Vollkommenheit" haben.

Klassische Positionen der Jugendpsychologie

3 Jugend als „zweite Geburt"

Das Verdienst, diesen Gedanken differenziert ausformuliert und in die Pädagogik eingebracht zu haben, wird gewöhnlich Jean Jacques Rousseau zugeschrieben. Er hat auch die Metapher von der Jugend als einer „zweiten Geburt" geprägt, um die Dramatik der Umwandlungsprozesse zu umschreiben, die sich in jenem Lebensalter abspielen. In seinem Erziehungsroman „Emile" beschreibt er sehr plastisch jene Veränderungen, die in seinem fiktiven Zögling zu Beginn der Reifezeit vorgehen:

„Wir werden sozusagen zweimal geboren: einmal um zu existieren, das zweite mal um zu leben; einmal für die Gattung und einmal für das Geschlecht. ... Wie das Meeresgrollen den Sturm ankündigt, so kündet sich diese stürmische Umwandlung durch das Raunen der erstarkten Leidenschaften an: eine dumpfe Gärung zeigt die nahende Gefahr an. Stimmungswechsel, häufige Zornausbrüche, ständige geistige Erregung machen das Kind fast unlenkbar. ... Er wird empfindlich, ohne zu wissen, was er empfindet. Er ist ohne Grund unruhig. Das alles kann langsam vor sich gehen und läßt euch Zeit. Wird aber seine Lebhaftigkeit zu unruhig, werden seine Ausbrüche zur Wut, ist er bald erregt, bald gerührt, weint er ohne Grund, schlägt sein Puls und flammt sein Blick bei Dingen auf, die ihm gefährlich werden können, zittert er, wenn eine Frauenhand ihn berührt, fühlt er sich in ihrer Gegenwart scheu und verwirrt – dann, weiser Odysseus, sei auf deiner Hut! ... Das ist die zweite Geburt, von der ich gesprochen habe. Jetzt erwacht der Mann zum wirklichen Leben. Jetzt bleibt ihm nichts Menschliches mehr fremd" (Rousseau 1995, S. 201f.).

Nach Rousseau sind es vor allem die menschlichen Leidenschaften, deren verfrühte Reizung es während der Kindheitsjahre tunlichst zu vermeiden galt, die nun ihr Recht fordern und die nun, wenn sie sich in der richtigen, „naturgemäßen" Art und Weise entfalten können, eine neue, reichere und tiefere Existenzform hervorbringen. Es ist der Mensch der Leidenschaften, der Mensch als Geschlechtswesen, als Gesellschaftswesen und der Mensch als bewusstes, selbstreflexives moralisches Subjekt der hier geboren wird. Emile, der während seiner Kindheit der Idee nach in weitgehender Isolation bzw. in der bloßen Zweisamkeit mit seinem Erzieher aufgewachsen ist, d. h. der ohne die Erfahrung von Ehrgeiz, Neid, Missgunst, Konkurrenz, Verstellung ist und sich die Reinheit der ursprünglichen menschlichen Güte erhalten hat, der aus seiner Mitte heraus lebt und stets seinen natürlichen Bedürfnissen folgt, muss sich nun in der sozialen Welt zurechtfinden. Er muss sich mit den Fragen der Moral und der Religion auseinandersetzen und er muss jene immer stärker werdende Sehnsucht nach dem anderen Geschlecht in seine Persönlichkeit integrieren. Entsprechend muss nach Rousseau nun auch eine andere pädagogische Haltung den Umgang bestimmen. Der Erzieher soll zum Freund und Berater werden. Emile soll sich aus

Einsicht und freier Entscheidung dessen Führung durch die Klippen jener Jahre unterwerfen.

Die Metapher von der zweiten Geburt ist u. a. von Spranger und in jüngerer Zeit von Bittner aufgegriffen worden. In seinem Aufsatz „Das Jugendalter und die Geburt des Selbst" (Bittner 1984) hat er an die Überlegungen Rousseaus und Sprangers angeknüpft und die Rede von der „zweiten Geburt" noch etwas präzisiert. Was hier geboren würde sei zunächst vor allem eine Idee, ein Bild des eigenen möglichen künftigen Selbst, ein Vollkommenheitsanspruch, ein „ideales Grundraster der Persönlichkeit", dem die Wirklichkeit dann erst noch nachwachsen müsse: „Jugendliche besitzen sich (oder besser: bringen sich hervor) in Gestalt eines idealen bewußten Entwurfes. Der Jugendliche besteht nur aus diesem Entwurf, etwas anderes ist er noch gar nicht" (ebd., S. 339).

Später hat Bittner dann die Metapher von Geburt und Metamorphose auf den menschlichen Entwicklungsprozess insgesamt ausgedehnt und entsprechend die pädagogische Aufgabe in der Metapher der „Geburtshilfe" gefasst: „Mein Grundgedanke besagt nun, dass die Erziehung darin bestehen soll, Kinder, Jugendliche, Menschen überhaupt in die Welt zu setzen, in jenem doppelten Sinn, den das Wortspiel nahe legt: mit der Welt bekannt zu machen, in sie einzuführen – und zugleich sie gleichsam als Menschen, als Subjekte zu Ende zu gebären, d. h. sie zu sich selbst und ihrem eigenen Leben zu befreien" (Bittner 1996, S. 10). Erstaunlicherweise schlägt er nun aber einen sehr pessimistischen Ton an und widerruft gewissermaßen seine nur sieben Jahre zuvor vorgetragene These, dass die „Geburt des Selbst" den Kern des „zeitüberlegenen Seelentypus" des Jugendalters ausmache. Eher resignativ heißt es nun: „Das Jugendalter als eine zweite Geburt, in der das Subjekt, die eigenständige Persönlichkeit zum Leben erwacht, hat seine Rolle ausgespielt" (ebd., S. 82), jene „zweite Geburt" bringe heute höchstens noch „Kümmerformen vom Subjekt-Sein hervor" (ebd., S. 91), da „die Suchbewegungen der Jugendlichen nach dem eigenen Leben, dem eigenen Ich" heute weitgehend „frustran ablaufen" (ebd., S. 95).

Was mag diesen Wechsel im Urteil bewirkt haben? Und welche gesellschaftlich-kulturellen Gründe werden für dieses Verschwinden einer ehemals als zeitlos erachteten seelischen Konfiguration genannt? Für Bittner ist es der Zivilisationsprozess selbst mit seinen Tendenzen zur Rationalisierung und Mechanisierung, der immer weiter fortschreitet und der nun auch zunehmend die Innenwelt der Subjekte erreicht und zum „Ich-Verzicht" geführt hätte. Jugendliche würden diese unter Rationalitäts- und Effizienzkriterien stehende Technik-Welt verinnerlichen und sich selbst, ihr Engagement, ihr Lernverhalten, ihre Beziehungen, ihre Lebensplanung in Anpassung an diese kulturellen Tendenzen immer mehr in Zweck-Mittel-Relationen begreifen. Im Gegensatz zur Welt seiner eigenen Jugend, die „von materieller Not, von politischer Verwirrung, von religiösem Suchen" bestimmt gewesen sei, sieht er die Welt, in der heutige Jugendliche aufwachsen, bestimmt von der „Erfahrung eines allmächtigen Apparates" (ebd., S. 91).

Ich denke nicht, dass die Geburtsmetapher im Hinblick auf das Jugendalter heute obsolet ist. Sie verweist im Gegensatz zu Positionen, die eher von einem kontinuierlichen, unspektakulären, allmählichen Prozess des Hineinwachsens in die Erwachsenenrolle ausgehen, eben auf eine tief greifende Umgestaltung der Persönlichkeit und auf eine größere Dramatik der psychischen Prozesse. Es ging auch Bittner nie um hochtrabende, pathetische Vollkommenheitsideale, die in jenen „idealen Selbstentwürfen" zum Ausdruck kommen. Dass die Suchbewegungen heutiger Jugendlicher grundsätzlich frustrierend ablaufen und dass sie nur noch „Kümmerformen vom Subjekt-Sein" hervorbringen, halte ich für eine doch ziemlich drastische Negativzeichnung, die kaum der subjektiven Stimmungslage der heutigen Jugendgeneration, wie sie in empirischen Erhebungen zum Ausdruck kommt, entspricht (vgl. z. B. Zinnecker u. a. 2003, S. 116 ff, Linssen/Leven/Hurrelmann 2002, S. 86f.). Natürlich könnte man darauf erwidern: Die Jugendlichen von heute verschlafen ihre „zweite Geburt" und merken es noch nicht einmal, sie richten sich trotz (oder gerade wegen) ihres „Ich-Verzichts" bequem in der durchrationalisierten Technik-Welt ein, lassen sich von Medien und Konsum einlullen und versäumen es, ihre einzigartige Individualität zu entwickeln, ihre Bestimmung zu suchen, ihr „Königs-Ich" zu finden.

Eine weitere berühmte Metapher, die auf den Aspekt der Metamorphose, der tief greifenden Umgestaltung der Persönlichkeit im Jugendalter abhebt, hat Francoise Dolto geprägt. In ihrem Buch „Von den Schwierigkeiten, erwachsen zu werden" (Dolto u. a. 1991) schreibt sie: „Wenn der Hummer den Panzer wechselt, verliert er zunächst seinen alten Panzer und ist dann so lange, bis ihm ein neuer gewachsen ist, ganz und gar schutzlos. Während dieser Zeit schwebt er in großer Gefahr. So ungefähr geht es den Jugendlichen. Und sich einen neuen Panzer zu fabrizieren, das kostet so viel Tränen und so viel Schweiß, dass es beinahe ist, als würde man ihn ‚ausschwitzen' ... Die Adoleszenz, das ist das Drama des Hummers!" (ebd., S. 15f.). Der Schutz, der Halt, die sichere Stütze, die alte Hülle geht verloren und man ist in besonderer Weise den Gefahren der Umwelt ausgeliefert, ist dünnhäutig und verletzlich.

Freilich sind die Metamorphose-Metaphern gerade in dieser Hinsicht recht widersprüchlich. Eine andere, gängige Metapher ist nämlich die von der Raupe, die sich in den Kokon einspinnt und sich darin zum Schmetterling verwandelt. Hier ist es gerade das Bild des Rückzugs von der Welt, der Abkapselung, der geschlossenen Hülle, des schützenden Panzers, der die Umgestaltung im Verborgenen ermöglicht. All diese Analogien haben ihre Grenzen und vielleicht müssen sie zusammengedacht werden, um den Prozess angemessen zu erfassen: Einerseits die psychische Offenheit und Verletzlichkeit, die große Sensibilität im Hinblick auf Kränkungen und Zurücksetzungen, denen man ausgeliefert ist, andererseits der tendenzielle Rückzug aus den vertrauten Beziehungen, die Verkapselung, die Ruppigkeit und der oftmals erstaunliche Mangel an Sensibilität im Hinblick auf die Kränkungen, die man anderen zufügt.

4 Jugend als „Sturm und Drang" und als „Hineinwachsen in die einzelnen Lebensgebiete"

Diese Widersprüchlichkeit und Doppelbödigkeit der seelischen Konfliktlage im Jugendalter ist von einem anderen klassischen Buch zum Thema schon gesehen und in prägnanter Form beschrieben worden. In seinem im Jahr 1925 veröffentlichten und inzwischen in 29. Auflage erscheinenden Werk „Psychologie des Jugendalters" beansprucht Spranger eine „*verstehende* Psychologie des Jugendalters" zu geben und unternimmt dafür zunächst den „Versuch eine psychologischen Gesamtcharakteristik des Jugendalters" zu skizzieren. Die Widersprüchlichkeit des Jugendalters kommt dabei gleich im ersten Absatz zum Ausdruck. „In keinem Lebensalter hat der Mensch ein so starkes Bedürfnis nach Verstandenwerden wie in der Jugend", so lautet der erste Satz des

Buches. Wenige Zeilen später wird dann freilich gerade die „Verschlossenheit" als der sichtbarste Zug jenes Alters bezeichnet (Spranger 1979, S. 17).

Als besonders typisches Merkmal jener Lebensphase nennt Spranger weiterhin die heftigen Schwankungen in den Stimmungen und in den Seelenlagen des Jugendlichen: „Derselbe Mensch findet die entgegengesetzten Züge in sich, wechselnd wie Wellengipfel und Wellentäler. Auf Überenergie und Rekordbrechen folgt unsägliche Faulheit. Ausgelassener Frohsinn weicht tiefer Schwermut. Göttliche Frechheit und unüberwindliche Schüchternheit sind nur zwei verschiedene Ausdrucksformen für den einen Tatbestand, daß sich das Wichtigste der Seele in völliger Zurückhaltung und Heimlichkeit vollzieht. Ebenso wechseln Selbstsucht und Selbstverleugnung, Edelmut und Frevelsinn, Geselligkeitstrieb und Hang zur Einsamkeit, Autoritätsglaube und umstürzlerischer Radikalismus, Tatendrang und Stille Reflexion". Für den Jugendlichen, meint er, müsse „dieses Hin- und Hergeworfenwerden etwas unendlich Quälendes haben" (ebd., S. 48).

Aber auch für seine Umgebung haben diese Schwankungen bisweilen etwas Quälendes. Denn es ist ja in der Regel nicht so, dass er sich in seiner Verunsicherung einfach hilfesuchend und vertrauensvoll an die lebenserfahreneren Erwachsenen seiner Umwelt wendet, um deren Rat einzuholen. Ganz im Gegenteil geht es besonders diesen gegenüber häufig darum, durch Trotz und Auflehnung, durch Schroffheit und Ruppigkeit, durch Provozieren und Verächtlichmachen, die (vermeintliche) Unabhängigkeit und die Überlegenheit der eigenen Ansichten und Haltungen hervorzukehren. Spranger warnt davor, die demonstrierte Selbstgefälligkeit, den Überlegenheitsgestus und das Imponiergehabe für die ganze Wahrheit zu nehmen. Es handle sich dabei nämlich weitgehend um „Schale, Selbstschutz, Abwehr" (ebd., S. 58). Deshalb interessieren ihn auch weniger die äußerlichen Verhaltensweisen der Jugendlichen, er unternimmt nicht etwa Beobachtungsstudien, in denen er die jugendtypischen Formen der Großspurigkeit, Flegelhaftigkeit und Albernheit dokumentiert, sondern er stützt sich als Quelle vornehmlich auf autobiographische Texte, Tagebücher, Briefe und Gedichte, in denen Jugendliche etwas von ihren inneren Regungen hinter jener Fassade preisgeben.

Auf die selbst gestellte Frage „Warum nun aber diese Verschalung?" gibt er folgende Antwort: „Es ist für den Jugendlichen etwas zerrissen, das bis dahin ihn und die Welt in Lebenseinigung hielt. Es ist da eine ganz tiefe Kluft entstanden, als wäre alles, alles fremd und unerreichbar. Deshalb diese Schutzrüstung von Knotigkeit" (ebd.).

Während Dolto davon sprach, dass die Verletzlichkeit des Jugendlichen daher rühre, dass ihm sein „Panzer" abhanden gekommen ist, sieht Spranger gerade in der „Panzerung" das Typische des Jugendalters. In Bezug auf den männlichen Jugendlichen, den „Jüngling", spricht er gar von einem „doppelten Panzer" (ebd., S. 17). Freilich ist jener „Panzer" bei Spranger keine verlässliche, sichere, haltgebende Struktur, sondern eher eine Form der Tarnung, der Selbstverbergung, um von den innerseelischen Prozessen nichts nach außen dringen zu lassen. Das „neue Ichgefühl, ... das Bewußtsein, daß sich eine tiefe Kluft zwischen dem Ich und dem Nicht-Ich aufgetan hat", stellt für Spranger den Ausgangspunkt und Motor für die sich nun immer mehr verändernden Weltbezüge des Jugendlichen dar. Spranger fasst die „Kennzeichen der neuen seelischen Organisation" in drei entscheidenden Punkten zusammen:
1. die Entdeckung des Ich;
2. die allmähliche Entstehung eines Lebensplanes;
3. das Hineinwachsen in die einzelnen Lebensgebiete (ebd., S. 46).

Mit dem ersten ist eben die aufkommende Fähigkeit zur Selbstreflexivität gemeint, die die naive, unmittelbare Existenzform des Kindes aufbricht, zur Entdeckung des seelischen Binnenraumes führt und als Kehrseite davon unvermeidlich die Erfahrung der Kluft, der tiefen Getrenntheit hervorbringt. Freilich ist es nicht ein klar konturiertes, fertiges Ich, das da beim Blick nach innen entdeckt wird, sondern eher ein nebelhaftes Gespinst, ein Möglichkeitsraum, eine rätselhafte und zugleich höchst bedeutungsvolle Aufgabe: „... dieses Selbst, dem sich der Blick zuwendet, ist noch gar nicht da. Es ist zumindest nicht sichtbar. Stattdessen geht zunächst ein inneres Fluktuieren vor sich, das zur Beschäftigung mit sich selbst zwingt" (ebd., S. 47f.).

Auch der zweite Punkt ist keinesfalls so zu verstehen, als ginge der Jugendliche nun sofort daran, einen differenzierten „Lebensplan" mit klaren Stationen zu entwerfen, der etwa Ausbildung, Berufslaufbahn, Partnerschaft und Familiengründung umfasst. Vielmehr geht es um die Entstehung eines Ich-Ideals, einer ungefähren Vorstellung davon, wie man sein möchte, in welche Richtung man sich gerne entwickeln möchte. „Es handelt sich darum – ohne daß es so ins Bewußtsein träte –, unter den vielen möglichen Ichs, die man noch in sich hat, das Königs-Ich herauszuheben" (ebd., S. 53). Dieses Ideal, dieses vage Bild davon, wie man gerne wäre, bildet dann gewissermaßen das Gravitationszentrum oder den Kristallisationskern, um den sich dazu passende Gesten, Ausdrucksformen, Interessen, Vorlieben, Tätigkeiten, etc. anlagern.

Natürlich ist diese Herausbildung des Ich-Ideals eng verknüpft mit der Frage, wie die verschiedenen Aspekte der gesellschaftlichen und kulturellen Welt, in die man eingebettet ist, wahrgenommen und bewertet werden. Denn mit der „Entdeckung des Ichs" geht gewissermaßen auch die Entdeckung der äußeren Welt als einer historisch gewordenen, kulturell geformten und damit veränderbaren Welt, die sich jenseits des begrenzten Horizonts der eigenen Herkunftsfamilie in vielfältiger Pluralität ausdifferenziert, einher: „Der Wendung nach innen entspricht nämlich auf der Gegenstandsseite die Erschließung neuer Sinngebiete. Objektiv genommen waren sie schon längst als Umgebungsbestandteile da. Aber es fehlte das Organ des spezifischen Erlebens. Dies tut sich nun auf..." (ebd., S. 56). Die „Erschließung neuer Sinngebiete", d. h. die Auseinandersetzung mit ästhetischen, philosophischen, politischen, moralischen, religiösen Themen und Fragen, ist das, was Spranger mit seinem dritten Punkt meint. Auch hier ist die Kurzformel etwas missverständlich. Es geht ihm keineswegs um ein bloßes „Hineinwachsen", ein konflikt- und spannungsfreies „Sich-Einfädeln" in die einzelnen „Lebensgebiete", sondern um die zugleich kritische und schöpferische Auseinandersetzung der Jugendlichen mit den kulturellen Gegebenheiten. Die differenzierte Beschreibung dessen, wie diese jugendtypische Auseinandersetzung mit den Kulturbereichen Literatur, Kunst, Sittlichkeit, Recht, Politik, Berufswelt, Wissenschaft, Weltanschauung und Religion aussieht – genauer müsste man sagen, wie sie bei den jugendbewegten, bürgerlich aufgewachsenen, gymnasial gebildeten, männlichen Jugendlichen der zwanziger Jahre des 20. Jahrhunderts aussah –, macht denn auch den Hauptteil von Sprangers Werk aus.

Spranger selbst hatte durchaus den Anspruch, mit seiner Darstellung eine „zeitlose Wesensgestalt" des Jugendlichen zu beschreiben und die grundlegenden „gesetzlichen Zusammenhänge des Seelenlebens" (ebd., S. 18) in dieser Altersphase zu erfassen. Er wollte also nicht eine bestimmte Jugendgeneration mit ihren Eigentümlichkeiten schildern. Freilich musste er schon 1932, im Vorwort zur 16. Auflage seines Buches eingestehen, „daß in die Darstellung manche Züge eingeflossen sind, die für die Zeit ihrer Entstehung blühende ‚eigentliche' Jugendbewegungsgeneration besonders charakteristisch waren" (ebd., S. 10). Die Selbstverständlichkeit, mit der er ein kleines Segment einer bestimmten historischen Jugendgeneration zum Prototyp von Jugend erhoben und ihr Selbst- und Welterleben als repräsentativ für jugendliches Empfinden schlechthin erklärt hat, ist ihm später immer wieder vorgeworfen worden. Er selbst war sich der kulturellen Wandelbarkeit von Jugend wohl bewusst, war aber gleichzeitig davon überzeugt, dass gerade in dieser Jugendgeneration die seelischen Grundzüge der Pubertät besonders prägnant hervorgetreten waren und ihm dies ermöglichte, die Prinzipien der seelischen Neuorganisation in jenem Alter besonders deutlich zu erfassen. Die Tatsache, dass seine Darstellung noch heute anregender zu lesen ist als manche aktuellen Bücher über das Jugendalter, spricht dafür, dass ihm damals vor achtzig Jahren wirklich ein großer Wurf geglückt ist. Freilich würden sich heutige Jugendliche kaum mehr so ausdrücken wie die Jugendlichen jener Jugendbewegungsgeneration, die mit ihren lyrischen Ergüssen bei Spranger ausführlich zu Wort kommen. Und freilich klingt auch das Pathos von Sprangers Sprache, wenn er die jugendliche Befindlichkeit beschreibt, heute bisweilen etwas kurios und kitschig: „Es gibt gar keinen Menschen, der so sehnsüchtig aus seinem Gefängnis heraussähe, wie der Jugendliche. Es gibt keinen, der in seiner tiefen Einsamkeit so nach Berührung und Verstandenwerden dürstete, wie der Jugendliche. Es gibt keinen, der so in der Ferne stünde und riefe" (S. 58).

5 Jugend als Sehnsucht und als „seelische Ergänzungsbedürftigkeit"

Mit den Stichworten „Einsamkeit" und „Sehnsucht" berührt sich Spranger mit dem zweiten wichtigen jugendpsychologischen Schlüsselwerk jener Epoche, das kurz zuvor erschienen war und in dem gerade diese Aspekte im Zentrum stehen: Charlotte Bühlers „Das Seelenleben des Jugendlichen" von 1922. Spranger selbst bezieht sich auch in einer Fußnote zu dem obigen Zitat auf Charlotte Bühler, macht dabei jedoch auch klar, worin die Unterschiede zwischen seiner und ihrer Perspektive liegen: Während für Bühler die Sehnsucht nach anderen Menschen bzw. nach dem einen anderen Menschen, der einen ganz versteht, im Vordergrund stehe, gehe er dagegen eher von einer unpersönlicheren „metaphysischen Allsehnsucht" aus.

Bühler hatte die „Sehnsucht" als das „Grunderlebnis" für die seelische Struktur der Pubertät in den Mittelpunkt gerückt: „Sehnsucht und Suchen gibt allen Funktionen die Richtung auf eine zukünftige Erfüllung. Neugier, Hoffnung, Erwartung, Spannung, Sehnsucht, Wünsche und Süchte strecken sich dem Fehlenden entgegen, ganz gleich, ob dies bereits erkannt oder kaum dunkel geahnt ist. *Wir definieren also seelische Pubertät als seelische Ergänzungsbedürftigkeit.* Von hier aus gewinnen wir eine feste unverrückbare Basis zum Verständnis aller Pubertätserscheinungen" (Bühler 1967, S. 59).

Als Quellenmaterial hatte Bühler eigene und fremde Jugendtagebücher herangezogen, um die typischen seelischen Gefühls- und Konfliktlagen des Jugendalters zu ergründen. Diese Datenquelle erschien ihr zu Recht als besonders geeignet, um das Seelenleben des Jugendlichen zu erforschen, weil nirgendwo sonst die wechselhaften Stimmungslagen, die Wünsche, Ängste, Hoffnungen, Enttäuschungen und Sehnsüchte so offen und klar zum Ausdruck kommen wie dort. Zudem ist die Tätigkeit des

Tagebuchschreibens selbst ein auffallend jugendtypisches Phänomen. Viele, die im Jugendalter für eine bestimmte Zeit ein Tagebuch führen, geben es dann später wieder auf. Weiterhin ist das Tagebuchschreiben damals wie heute eine Domäne der Mädchen. Entsprechend konzentriert sich Bühler bei ihren Darstellungen auf die weibliche Entwicklungslinie, während Spranger ausdrücklich betont, dass er die männliche Jugend im Blick habe, da ihm in Bezug auf die weibliche Jugend die unmittelbare Erfahrungsnähe, die für eine verstehende Psychologie erforderlich sei, ermangele.

Schon die Form der Tätigkeit des Tagebuchschreibens und die Tatsache, dass diese Tätigkeit gerade im Jugendalter so verbreitet ist, war für Bühler bezeichnend: Der Rückzug ins „stille Kämmerchen", in die Einsamkeit und in die reflexive Position, das Bewusstsein von der Differenz zwischen innerem Erleben und nach außen gezeigter Fassade, die damit verbundene Intimität und Geheimniskrämerei, das Sich-Hingeben an Gefühle, Stimmungen und Schwärmereien, die Neigung zu Weltschmerz und Melancholie, die schriftlich fixierten Selbstgespräche, nicht selten auch die Erfindung eines fiktiven Gegenübers, dem all das, was einem zustößt und was einen bewegt, erzählt werden kann.

Noch mehr liefern die typischen Inhalte der Tagebücher einen Einblick in die seelische Befindlichkeit der Jugendlichen: Das subjektive Bewusstsein der inneren Veränderungen, die in einem vorgehen; das Gefühl der Entfremdung von den bisher vertrauten kindlichen Bezugspersonen, da diese die inneren Wandlungen gar nicht nachvollziehen können, einen noch immer als Kind ansehen; die Fragen nach Sinn, nach dem eigenen Weg und nach tragenden Lebenszielen; vor allem aber das Grundgefühl der Einsamkeit und der Sehnsucht. Sehnsucht nach einem Du, das einen ganz versteht, nach einem Gegenüber, nach einer anderen Seele, mit der man verschmelzen könnte. Häufig richtet sich die Sehnsucht dabei zunächst auf unerreichbare Personen, auf idealisierte Erwachsene, – zu Bühlers Zeit häufig auf Lehrer und Lehrerinnen, heute wohl mehr auf medienpräsente Popstars – die schwärmerisch verehrt und idealisiert werden und zu denen trotz aller realen Distanz eine phantasierte Nähe, eine imaginäre Seelenverwandtschaft und eine erotische Anziehung erlebt wird. Dann aber auch auf Gleichaltrige aus dem realen Lebenskreis, in die man sich verliebt. Hoffnung, Entzücken und schwärmerische Begeisterung, wenn ein solches Du, eine solche verwandte Seele im eigenen Lebenshorizont aufzutauchen scheint, einem gar Beachtung schenkt. Herzschmerz, Enttäuschung, noch größere Einsamkeit und Sehnsucht, wenn sich diese Hoffnung als illusionär erwiesen hat. In einem der von Bühler ausgewerteten Tagebücher liest sich dieses Schwärmen für eine angebetete Lehrerin dann so:

„Ich würde es ja gern haben, sie als – nun, wie soll ich mich ausdrücken – ‚Verstehende' zu haben: aber das kann sie mir eben nicht sein..." (...) *„Was sucht man eigentlich immer? Wonach sehnt man sich? Augenblicklich ich nach einem Menschen. Ich kann nicht so mich in mich hineinbeißen, das geht nicht. Wo soll das hin? Ich möchte jemanden haben, dem ich was erzählen kann und der tröstend die Hand auf mich legt in seiner Größe – und das Wenige, Kleine versteht, das ich besitze"* (ebd., S. 114).

Und ein anderes vierzehneinhalbjähriges Mädchen drückt ihre allgemeine Liebessehnsucht folgendermaßen aus:

„Ach Liebe, Liebe, Liebe! Wird sie denn jemals bei mir einkehren? Ich bin allein und bleibe allein und werde allein bleiben. Sterneneinsam selbst, muß ich versuchen, Liebe – keine Liebe, wie ich sie meine, sondern Nächstenliebe, auszusäen, zu kämpfen um für

mich Lebensweisheit zu erlangen – für andere Frieden. Ach will er denn immer noch nicht kommen, der selige, süße Frieden? Der in der Brust einzieht, sanft und glücklich? Ach, ach – ich habe solchen Liebeshunger, wer kommt, um ihn mir fortzunehmen?" (ebd., S. 118)

Die seelische Bewegungstendenz weg von den kindlichen Bindungen an die Eltern, von der Eingebundenheit in die Herkunftsfamilie, hin zur Offenheit und zum Interesse für Personen des anderen Geschlechts hat Charlotte Bühler unter evolutionsbiologischen Perspektiven als den eigentlichen Sinn der jugendlichen Entwicklungsphase angesehen, der letztlich hinter den individuellen romantischen Erlebnisweisen steckt. Es ist die Natur selbst, die im Jugendalter eine psychische Stimmungslage hervorbringt, die auf raffinierte Art ihrem fundamentalen Zweck, der Arterhaltung, dient. „In einer wundersamen Verwandlung der Einstellung des ganzen Wesens beginnt plötzlich das bis dahin nur auf sich selbst gestellte, nur mit seiner Selbsterhaltung beschäftigte Individuum sich auf ein anderes zu richten, verlangend nach dem Artgenossen auszuspähen, suchend nach ihm zu wandern, mühsam um ihn zu werben. In dieser wundersamen Verwandlung geschieht es, daß der bis dahin in sich abgeschlossene, in sich selbst zufriedene kleine Mensch plötzlich offen wird und ergänzungsbedürftig, ein sehnsüchtiges Ich, das ein Du begehrt. Denn das kindliche Individuum ist in sich ruhend, der Jugendliche wird in seiner Seele eines Menschen bedürftig, noch ehe sein Körper diese Ergänzung tatsächlich verlangt" (ebd., S58f.).

Während Bühler die „Ergänzungsbedürftigkeit" als das Grundcharakteristikum der weiblichen Entwicklungslinie hin zum Erwachsenwerden ansah, sah sie die männlichen Jugendlichen eher auf dem Weg zur „Tatreife". In der Tat waren die Tagebücher aus der Feder von männlichen Jugendlichen, die sie untersuchte, sehr viel nüchterner und prosaischer auf „Lebensbewältigung" gerichtet, d. h. auf sachliche Herausforderungen, die es zu überwinden, Willenskraft, die es zu entwickeln, Ziele, die es zu erreichen galt.

Man könnte natürlich einwenden, das Grundgefühl der „Ergänzungsbedürftigkeit", das Charlotte Bühler in den Mittelpunkt ihrer Beschreibung der Seelenlage (weiblicher) Jugendlicher stellt, sei eben ein typischer Ausdruck der damaligen Zeit, der damals herrschenden gesellschaftlichen Rollenbeschränkungen der Frau als „Gattin und Mutter", die eine geglückte weibliche Existenz tatsächlich in sehr hohem Maße abhängig machten von der „Ergänzung" durch einen entsprechenden Partner. Dass dies entsprechend auf das Selbsterleben und die Sehnsüchte junger Mädchen durchgeschlagen habe, sei nicht verwunderlich. Heute dagegen hätten Mädchen ganz andere Perspektiven und deshalb sei die „Ergänzungsbedürftigkeit" wohl kein Thema mehr.

Psychoanalytische Positionen

6 Jugend als Umstrukturierung libidinöser Besetzungen angesichts der Inzest-Schranke

Ein weiterer theoretischer Ansatz zur Deutung der Entwicklungsprozesse im Jugendalter, der etwa zeitgleich mit denen von Spranger und Bühler große Verbreitung fand, ist der der Psychoanalyse. Da in der Pubertät die Entwicklung der menschlichen Geschlechtsreife erfolgt und sexuelle Regungen, Bedürfnisse, Wünsche und Phantasien in der Psychoanalyse eine zentrale Rolle spielen, sollte man annehmen, dass gerade dieser Lebensphase das besondere Interesse Freuds galt. Dies ist nun allerdings nicht der Fall. Freuds Augenmerk war sehr viel stärker auf die ersten sechs Lebensjahre, auf die Geschehnisse während der oralen, analen und ödipalen Phase gerichtet. Einerseits deshalb, weil er die „infantile Sexualität" für seine eigentliche große Entdeckung hielt, andererseits deshalb, weil er davon ausging, dass die wesentlichen persönlichkeitsprägenden Prozesse eben bereits in früher Kindheit erfolgen. In diesem Sinn schrieb er: „Der kleine Mensch ist oft mit dem vierten oder fünften Jahr schon fertig und bringt später nur allmählich zum Vorschein, was bereits in ihm steckt" (Freud GW Bd. XI, S. 369). Von daher kann man sagen, dass Freuds Beitrag zur Theorie der Pubertät zunächst einmal darin bestand, allgemein geteilte Selbstverständlichkeiten wie eben die, dass das „Erwachen des Sexualtriebs" ein zentrales Merkmal der Pubertät sei, zu hinterfragen und zu relativieren. In besonders drastischer Form hat er dies gegenüber seinen Hörern an der Clark University formuliert: „Nein meine Herren, es ist gewiß nicht so, daß der Sexualtrieb zur Pubertätszeit in die Kinder fährt wie im Evangelium der Teufel in die Säue. Das Kind hat seine sexuellen Triebe und Betätigungen von Anfang an, es bringt sie mit auf die Welt, und aus ihnen geht durch eine bedeutungsvolle, an Etappen reiche Entwicklung die sogenannte normale Sexualität des Erwachsenen hervor" (Freud, GW Bd. VIII, S. 43).

Freud geht von einem „zweizeitigen Ansatz der Sexualentwicklung" aus. Die Pubertät stellt also nicht mehr den Beginn des menschlichen Sexuallebens, sondern nur mehr eine wichtige „Etappe" dar. Entsprechend handelt erst der dritte Teil in seinen „Drei Abhandlungen zur Sexualtheorie" von den „Umgestaltungen der Pubertät". Entscheidend ist in dieser Perspektive tatsächlich der Begriff der *Um*gestaltung, der Veränderung von zuvor bereits ausgebildeten psychischen Strukturen. Welche Umgestaltungen sind es, die nach Freud die Phase der Pubertät kennzeichnen? Einmal die „Unterordnung aller sonstigen Ursprünge der Sexualerregung unter das Primat der Genitalzone" (GW Bd. V, S. 136). D. h. während er das Kind als „polymorph-pervers" betrachtet, da es aus unterschiedlichen Körperregionen und Körperbetätigungen Lust schöpft, kommt es nun zu einer Konzentration auf die Geschlechtsorgane als Lustquelle, und während das kindliche körperliche Lustempfinden eher diffus und fließend war, kommt es nun zu einer klareren Konturierung des sexuellen Erregungsprozesses in einer Verlaufsgestalt, die einem Höhepunkt zustrebt.

Nicht nur im Hinblick auf die Art der Lustempfindung und der Erregungsmuster kommt es nach Freud bei den Umgestaltungen der Pubertät zu Veränderungen, sondern natürlich auch in Bezug auf die „Objekte", die „libidinös besetzt" werden. Zentral dabei ist, dass alle späteren Objektbeziehungen auf der Hintergrundfolie der früheren betrachtet werden müssen, da sie von diesen Vorerfahrungen beeinflusst sind. Die frühen „Objektbeziehungen" sind eben die zu den Elternfiguren. Freud hat differenziert beschrieben, welch leidenschaftlichen Charakter die frühen Eltern-Kind-Beziehungen haben, warum davon auszugehen sei, dass bereits hier sexuelle Motive eine wichtige Rolle spielen, welche Intensität und Dramatik die ödipalen Wünsche und Ängste annehmen können, welche Unterschiede dabei zwischen der männlichen und der weiblichen Entwicklungslinie bestehen, wie all dies die sich herausbildende Persönlichkeitsstruktur prägt und warum dann in der Latenzphase zunächst eine gewisse Beruhigung der Situation eintritt.

Angesichts dieser Vorgeschichte ist es für Freud erstaunlich, dass mit der Erreichung der Geschlechtsreife und mit dem Erstarken der Triebkräfte in der Pubertät nicht einfach an die leidenschaftlichen Beziehungen der Kindheit angeknüpft wird: „Gewiß läge es dem Kind am nächsten, diejenigen Personen selbst zu Sexualobjekten zu wählen, die es mit einer sozusagen abgedämpften Libido seit seiner Kindheit liebt" (ebd., S. 126). Doch hier ist es nun die von der Kultur aufgerichtete Inzestschranke, die dieser Option entgegensteht. Dennoch spielen auf der Vorstellungsebene zu Beginn der Pubertät nach Freuds Erfahrungen solche inzestuösen Phantasien zunächst eine bedeutsame Rolle. Die „Ablösung der Libido" von den „Objekten" der Kindheit und der „Objektwechsel" hin zu Personen außerhalb der Familie, dies stellt für Freud den Kern der psychischen Entwicklung im Jugendalter dar: „Gleichzeitig mit der Überwindung und Verwerfung dieser deutlich inzestuösen Phantasien wird eine der bedeutsamsten, aber auch schmerzhaftesten, psychischen Leistungen der Pubertätszeit vollzogen, die Ablösung von der Autorität der Eltern, durch welche erst der für den Kulturfortschritt so wichtige Gegensatz der neuen Generation zur alten geschaffen wird" (ebd., S. 128). Dennoch stehen nach Freud auch die ersten ernsthaften Verliebtheiten zu Personen außerhalb der eigenen Familie nicht selten unter dem Eindruck dieser infantilen Vorbilder, sind es gewisse Ähnlichkeiten, die Attraktivität bewirken. Mit dieser Ablösung von der Autorität der Eltern geht die Ausbildung einer neuen psychischen Instanz einher, die sich nun gewissermaßen aus dem „Über-Ich" herausdifferenziert: Das „Ich-Ideal" als die Leitvorstellung, „an dem das Ich sich misst, dem es nachstrebt, dessen Anspruch auf immer weitergehende Vervollkommnung es zu erfüllen bemüht ist" (GW Bd. XV, S. 71). Während Verletzungen der Forderungen des „Über-Ichs" eher als Schuldgefühle und Gewissensbisse erlebt werden, ist das Zurückbleiben hinter den Forderungen des eigenen „Ich-Ideals" eher mit Scham und mit Minderwertigkeitsgefühlen assoziiert.

Sicherlich ist Freuds Darstellung recht partikulär. Sie kann kaum für sich in Anspruch nehmen, eine umfassende Psychologie des Jugendalters zu bieten. Es geht ihm primär um die Umgestaltungen der körperlichen Lustquellen und der libidinösen Objektbesetzungen während der Pubertät. Vom typischen Welterleben und von den wechselhaften Gefühlslagen des Jugendlichen erfährt man herzlich wenig. Selbst das Kapitel, das mit „Die Umgestaltungen der Pubertät" überschrieben ist, handelt überwiegend von Begebenheiten der frühen Kindheit. Dennoch stellt es den Ausgangspunkt der psychoanalytischen Reflexion über das Jugendalter dar.

7 Jugend als Kampf um die Herrschaft zwischen Ich und Es

In einem umfassenderen und differenzierteren Sinne hat sich Sigmund Freuds Tochter Anna 1936 in ihrem Buch „Das Ich und die Abwehrmechanismen" mit dem Jugendalter befasst. „Die Psychoanalyse ... ist von den psychologischen Problemen des Pubertätsalters bisher merkwürdig wenig angezogen worden" (A. Freud 1936, S. 108) verwundert sie sich dort zunächst über die erstaunliche Lücke in der psychoanalytischen Theoriebildung. Sie führt diese darauf zurück, dass im bisherigen Verständnis der Psychoanalyse die entscheidenden persönlichkeitsprägenden Weichenstellungen eben schon sehr viel früher erfolgen und die späteren Entwicklungsphasen dann mehr unter dem Aspekt der Wiederholung und Neubelebung der infantilen Erfahrungs- und Konfliktmuster betrachtet würden. Dabei sei doch gerade der eigentümliche Charakter der pubertären Phänomene etwas, was die psychoanalytischen Aufklärungsbemühungen in hohem Grad herausfordern müsse, denn gerade die Widersprüchlichkeit und Ambivalenz der pubertären Verhaltensmuster deute darauf hin, dass hier ein besonders intensives seelisches Geschehen im Gange ist, bei dem unbewusste Prozesse eine wichtige Rolle spielen: „Der Jugendliche ist gleichzeitig im stärksten Maße egoistisch, betrachtet sich selbst als den Mittelpunkt der Welt, auf den das ganze eigene Interesse konzentriert ist, und ist doch wie nie mehr im späteren Leben opferfähig und zur Hingabe bereit. Er formt die leidenschaftlichsten Liebesbeziehungen, bricht sie aber ebenso unvermittelt ab, wie er sie begonnen hat. Er wechselt zwischen begeistertem Anschluß an die Gemeinschaft und unüberwindlichem Hang nach Einsamkeit; zwischen blinder Unterwerfung unter einen selbst gewählten Führer und trotziger Auflehnung gegen alle und jede Autorität. Er ist eigennützig und materiell gesinnt, dabei gleichzeitig von hohem Idealismus erfüllt. Er ist asketisch, mit plötzlichen Durchbrüchen in primitivste Triebbefriedigungen. Er benimmt sich zuzeiten grob und rücksichtslos gegen seine Nächsten und ist dabei selbst für Kränkungen aufs äußerste empfindlich Seine Stimmung schwankt vom leichtsinnigsten Optimismus zum tiefsten Weltschmerz, seine Einstellung zur Arbeit zwischen unermüdlichem Enthusiasmus und dumpfer Trägheit und Interesselosigkeit" (ebd., S. 107).

Wie soll man sich diese Widersprüchlichkeit erklären? Anna Freud greift auf das Instanzenmodell ihres Vaters zurück und sieht einen „Kampf um die Herrschaft zwischen Ich und Es" (ebd., S. 115) im Hintergrund all dieser extremen Gegensätze. Im Laufe der vorausgegangenen Entwicklungsjahre habe sich in der Regel unter dem Einfluss der Kultur und der Erziehung ein gewisses persönliches Gleichgewicht zwischen den Instanzen Es, Ich und Über-Ich herausgebildet. Wobei das „Es" hier eben das Gesamt der Triebregungen meint, die nach Lustgewinn und Befriedigung streben, das „Ich" die Seite des Subjekts, das diese Bedürfnisse wahrnimmt und sie mit den Möglichkeiten und Begrenzungen der Realität zu vermitteln versucht und das „Über-Ich" schließlich den psychischen Niederschlag der elterlichen Ge- und Verbote, welche der ungehemmten und rücksichtslosen Triebbefriedigung entgegen stehen. Dieses fragile Gleichgewicht kommt nun durch den physiologisch bedingten Triebschub, der mit der Geschlechtsreife einhergeht, aus den Fugen. Anna Freud zeichnet ein drastisches Bild davon, wie ein solcher Triebschub, eine solche Überschwemmung mit Libido sich auf das Verhalten des Jugendlichen auswirkt: „Es ist mehr Libido zur Verfügung und besetzt ohne Unterschied, was von Es-Regungen vorhanden ist. Aggressive Regungen steigern sich dadurch zu zügelloser Wildheit, Hunger zu Gefräßigkeit, die Schlimmheit der Latenzperiode zur Kriminalität des Jugendlichen. Längst untergegangene anale und orale Interessen tauchen wieder auf der Oberfläche auf. Hinter der mühsam erworbenen Reinlichkeit der Latenzzeit kommen Schmutzlust und Unordentlichkeit zum Vorschein, an Stelle von Scham und Mitleid erscheinen Exhibitionsgelüste, Grausamkeit und Tierquälerei" (ebd., S. 114).

Das Ich, das seinem ganzen Charakter nach auf Erhaltung von Struktur, auf Vernünftigkeit, auf Vereinbarkeit des Handelns mit den Anforderungen der Außenwelt und mit den Einschränkungen des Über-Ich angelegt ist, kommt nun gewissermaßen in die Bredouille und bedient sich diverser Abwehrmethoden, um das alte Kräfteverhältnis wieder herzustellen. Aus diesem Kampf der „Teilpersönlichkeiten", der „Instanzen des psychischen Apparates" ergibt sich nun der besondere spannungsreiche und widersprüchliche Charakter der Pubertätsphase: „Die Steigerung der Phantasietätigkeit, die Durchbrüche zur prägenitalen, also perversen sexuellen Befriedigung, die Aggressivität und Kriminalität bedeuten Teilerfolge des Es. Das Auftreten von Ängsten, die asketischen Züge, die Steigerung von neurotischen Symptomen und Hemmungserscheinungen sind die Konsequenzen der erhöhten Triebabwehr, also Teilerfolge des Ichs" (ebd., S. 115). Wenn Anna Freud hier auch von „Teilerfolgen des Ich" spricht, so sind es doch „problematische Erfolge", überschießende Reaktionen, die zwar die „Triebgefahr" bannen, die aber ihrerseits wieder Lebenseinschränkungen mit sich bringen. Besonders eindrucksvoll hat Anna Freud dieses innerpsychische Kampfgeschehen am Beispiel der „Pubertätsaskese" beschrieben: „Jugendliche, die eine solche asketische Phase durchmachen, scheinen die Quantität des Triebes zu fürchten, nicht seine Qualität. Ihr Misstrauen gegen den Genuß ist ein allgemeines, so scheint es am sichersten, dem gesteigerten Verlangen einfach ein gesteigertes Verbot entgegenzusetzen. Jedem ‚Ich will' des Triebes wird ein ‚Du darfst nicht' des Ich entgegengestellt" (ebd., S. 120).

Anna Freud sieht die Jugendlichen in Kämpfe an unterschiedlichen Fronten verwickelt: Einmal gegen die Impulse des erstarkten Es, gegen die Gefahr der Triebüberschwemmung, andererseits aber auch gegen das Verharren in den infantilen Bindungen an die Eltern, damit auch gegen das kindliche Lieb-, Nett-, Brav- und Anhänglichsein. Das „Waffenarsenal", das den Jugendlichen in diesen Kämpfen zur Verfügung steht, hat Anna Freud unter dem Stichwort „Abwehrmechanismen" beschrieben: Verdrängung, Verschiebung, Verleugnung, Projektion, Hemmung, Intellektualisierung, Ich-Einschränkung, Askese etc.

Ziel all dieser Kämpfe ist es letztlich, eine neue „Harmonie zwischen Es, Über-Ich und den Außenweltmächten herzustellen" (ebd., S. 140). Dieses Ziel zu erreichen ist jedoch alles andere als einfach. Der Aufruhr in der psychischen Struktur durch die Erstarkung des Es und die Neuordnung der libidinösen Besetzungen sind für Anna Freud unvermeidlich mit vermehrten inneren und äußeren Konflikten verbunden. Sie sieht sogar eine „besondere Ähnlichkeit zwischen dem Pubertätsverlauf und psychotischen Schüben" (ebd., S. 135), weil auch bei letzteren die Spannung zwischen Triebangst und Abwehr eine besondere Rolle spielt.

8 Jugend als psychosoziales Moratorium und als Ringen um Identität

Die in den vergangenen Jahrzehnten weltweit vermutlich einflussreichste und weitverbreitetste Beschreibung der entscheidenden psychischen Entwicklungsprozesse des Jugendalters stammt von einem Schüler Anna Freuds, nämlich von Erik Erikson. Im Zentrum seiner Überlegungen steht die Identitätsproblematik. Identität wird erst dann zum Thema, wenn sie unsicher, fraglich, brüchig wird. Dieses Problematischwerden des eigenen Identitätserlebens war offensichtlich auch eine biographische Erfahrung, die Erikson in verschiedener Hinsicht machte und die er in dem Text „‚Identitätskrise' in autobiographischer Sicht" anschaulich beschrieben hat (vgl. Erikson 1982).

Erikson hat mit dem Konzept der Ich-Identität, das im Mittelpunkt seiner Reflexionen über das Jugendalter steht, – so schillernd und mehrdeutig es letztlich geblieben ist – offensichtlich sehr genau die Kernproblematik des Heranwachsens in der Moderne erfasst. Durchaus selbstbewusst schrieb er 1950 in diesem Sinn: „Die Untersuchung der Identität wird in unserer Epoche ebenso zentral wie die der Sexualität in der Epoche Freuds" (Erikson 1968[3], S. 228). Sigmund Freuds und auch Anna Freuds Beschreibungen des Jugendalters waren noch ganz und gar auf die innerpsychischen Entwicklungsprozesse, auf die Verteilung der Libido, auf die Verschiebung der Machtverhältnisse zwischen Ich, Es und Über-Ich und auf die daraus resultierenden Wandlungen im Verhältnis zu den Eltern fixiert. Der weitere historische Horizont, den die Jugendlichen nun zunehmend bewusster und kritischer wahrnehmen, die kulturelle Ordnung, mit der sie sich auseinandersetzen, das gesellschaftliche Gefüge, in dem sie ihre Rolle finden müssen, all dies war für sie kein Thema. Erikson dagegen hat den Betrachtungsrahmen deutlich erweitert, indem er diese „psychosoziale Dimension" in seine Überlegungen zur menschlichen Entwicklung einbezog. Im Zentrum seines Interesses stand die „Verwobenheit des Ichs mit der sich wandelnden historischen Wirklichkeit" (Erikson 1966, S. 47). Dabei ging er von einem „epigenetischen Entwicklungsmodell" aus, das den ganzen menschlichen Lebenslauf als eine Abfolge von normativen Krisen auffasst, also von alterstypischen Problemkonstellationen, die jeweils eine günstigere oder eine ungünstigere (vorläufige) Lösung erfahren können. Sein kunstvoll durchkomponiertes achtstufiges Strukturschema des menschlichen Lebenslaufes ist berühmt geworden und in vielen entwicklungspsychologischen Lehrbüchern abgedruckt. Die Polaritäten, mit denen er die Grundspannung der einzelnen Lebensphasen charakterisierte („Urvertrauen vs. Misstrauen", „Autonomie vs. Scham und Zweifel", „Initiative vs. Schuldgefühl", „Werksinn vs. Minderwertigkeitsgefühl", „Identität vs. Identitätsdiffusion", „Intimität vs. Isolierung", „Generativität vs. Selbst-Absorption", „Integrität vs. Lebens-Ekel"), sind zu geläufigen Wendungen im psychologischen und pädagogischen Feld geworden. Jede dieser Grundlebensthematiken hat gewissermaßen ihr Zeitfenster, in der sie besonders im Vordergrund steht und bedeutsam wird. Mit Montessori könnte man auch von einer „sensiblen Phase" sprechen. Dabei war es Erikson immer wieder wichtig, zu betonen, dass sein Konzept lediglich ein heuristisches Schema darstellt, dass die einzelnen Lebensthematiken, die auf den einzelnen Stufen in den Vordergrund treten, jeweils ihre „Vorläufer" haben und dass sie natürlich auch in den nachfolgenden Stufen noch von Bedeutung sind. So meint er etwa in Bezug auf die fünfte Stufe: „Das Ende der Adoleszenz ist also das Stadium einer sichtbaren Identitätskrise. Das heißt aber nicht, daß die Identitätsbildung mit der Adoleszenz beginne oder ende: sie ist vielmehr eine lebenslange Entwicklung, die für das Individuum und seine Gesellschaft weitgehend unbewußt verläuft" (Erikson 1966, S. 140f).

Wichtig war es ihm auch, hervorzuheben, dass es sich bei den jeweils gefundenen Lösungen im Rahmen des epigenetischen Entwicklungsschemas keineswegs um starre, endgültige Festlegungen handelt, sondern vielmehr um vorläufige Ausprägungen der psychischen Struktur. Diese sind freilich insofern bedeutsam und entwickeln eine Tendenz zur Dauerhaftigkeit, als sie einerseits künftige Erwartungshaltungen, und damit die Bereitschaft, sich auf Situationen einzulassen, beeinflussen, und andererseits die Folie darstellen, vor der spätere Lebenserfahrungen psychisch verarbeitet und bewertet werden.

Mit Abstand am ausführlichsten und am differenziertesten hat sich Erikson immer wieder mit der 5. Stufe dieses Stufenmodells, eben mit der Adoleszenz auseinandergesetzt. Der physiologisch bedingte Triebschub, die Zunahme frei verfügbarer Libido, der Kampf zwischen Ich und Es, dies sind gewissermaßen die intrapsychischen Umwälzungen, die mit dem Jugendalter einhergehen. Erikson hat sich nun für die Frage interessiert, was die Gesellschaft eigentlich mit dem Teil ihrer Mitglieder macht, die in solche Umwälzungsprozesse hinein geraten, welche Erwartungen, Anforderungen, Spielräume, Hilfen, Zumutungen und Begrenzungen sie den Betroffenen entgegenbringt. Und er hat sich für die Frage interessiert, wie die Jugendlichen selbst, die sich zunehmend ihres biographischen Gewordenseins, ihrer gesellschaftlichen Verflechtungen und ihrer möglichen Zukunftsperspektiven bewusst werden, ihrerseits dann wieder mit jenen gesellschaftlichen Erwartungen, Spielräumen und Zumutungen umgehen.

Erikson hat in diesem Zusammenhang vom Jugendalter als einem „psychosozialen Moratorium" gesprochen und diesen Begriff folgendermaßen definiert: „Unter einem psychosozialen Moratorium verstehen wir also einen Aufschub erwachsener Verpflichtungen oder Bindungen und doch handelt es sich nicht nur um einen Aufschub. Es ist eine Periode, die durch selektives Gewährenlassen seitens der Gesellschaft und durch provokative Verspieltheit seitens der Jugend gekennzeichnet ist" (Erikson 1981, S. 161). Dabei sind die Formen und inhaltlichen Ausgestaltungen durchaus vielfältig: „Das Moratorium kann eine Zeit zum Pferdestehlen oder der Suche nach einer Vision sein, eine Zeit der ‚Wanderschaft' oder der Arbeit ‚draußen im Westen' oder ‚drüben am anderen Ende der Welt', eine Zeit der ‚verlorenen Jugend' oder des akademischen Lebens, eine Zeit der Selbstaufopferung oder dummer Streiche – und heute ist es oft eine Zeit von Patiententum oder Kriminalität" (ebd.).

Der tiefere Sinn dieses „psychosozialen Moratoriums" liegt für Erikson also darin, dass den Jugendlichen ein Raum zugestanden wird, sich in besonders intensiver Weise mit jener Grundthematik, die er unter dem Stichwort „Identität vs. Identitätsdiffusion" beschrieben hat, auseinander zu setzen. Das heißt, er muss versuchen, Antworten auf die Fragen zu finden: Wer bin ich? Wie will ich sein? Was ist mir wirklich wichtig? Das setzt zunächst voraus, dass der Jugendliche eine gewisse Distanz zu den Identifikationen seiner Kindheitszeit gewinnt, d.h. zu den leitenden Orientierungen und Selbstverständlichkeiten, die aus dem familiären Umkreis stammen und die während der ersten Lebensjahre gewissermaßen „mit der Muttermilch eingesogen" wurden. Es muss nun geprüft werden, was davon weiterhin Bestand haben soll, was modifiziert werden kann und was verworfen werden muss. „Die Identitätsbildung schließlich fängt da an, wo die Brauchbarkeit der Identifizierungen aufhört. Sie erwächst aus der selektiven Verwerfung und wechselseitigen Assimilation von Kindheitsidentifizierungen und ihrer Aufnahme in eine neue Gestaltung" (Erikson 1981, S. 163).

Der Begriff der Identität bleibt bei Erikson schillernd und facettenreich. An einer Stelle hat er selbst zu der Mehrdeutigkeit seiner Begriffsverwendung Stellung bezogen. Er habe, schreibt er dort, „den Begriff der Identität fast mit Absicht ... in vielen verschiedenen Bedeutungen ausprobiert. Einmal schien er sich auf ein bewußtes Gefühl der individuellen Einmaligkeit zu beziehen, ein andermal auf ein unbewußtes Streben nach einer Kontinuität des Erlebens und ein drittes Mal auf die Solidarität mit den Idealen einer Gruppe" (ebd., S. 216). Im Vorwort des Buches „Jugend und Krise", das Aufsätze aus zwei Jahrzehnten versammelt, die sich alle um das Thema „Identität" ranken, bekennt er gar, dass er keine „endgültige Erklärung" für das, was mit dem Begriff „Identität" gemeint ist, geben könne, denn: „Je mehr man über diesen Gegenstand schreibt, desto mehr wird das Wort zu einem Ausdruck für etwas, das ebenso unergründlich wie allgegenwärtig ist" (ebd., S. 7).

Obwohl es Erikson darum ging, mit dem Identitätskonzept die psychischen Entwicklungen im Jugendalter mit dem historischen und gesellschaftlichen Kontext zu verknüpfen, obwohl er ganz ausdrücklich betont, die Adoleszenz sei „ein Stadium, in dem das Individuum dem historischen Tag viel näher ist, als es das in früheren Stadien der Kindheitsentwicklung war" (Erikson 1981, S. 23), bleiben seine Ausführungen über den Lebenszyklus und dessen 5. Stufe: „Identität vs. Identitätsdiffusion" doch eher „anthropologisch", „zeitlos". Es geht ihm nicht um die Charakterisierung der Jugendlichen einer bestimmten Kultur und einer bestimmten Epoche, sondern um die grundlegenden, universellen Entwicklungsprozesse und -probleme dieses Alters. In seinen späten Schriften ist er dann aber noch auf aktuelle Entwicklungstrends, auf die Politisierung und den Jugendprotest Mitte der sechziger Jahre eingegangen. Er konstatierte: „die Jugend von heute ist nicht die Jugend von vor zwanzig Jahren" (ebd., S. 22) und er sprach von der „neuen humanistischen Jugend" und vom Paradox der „rebellischen Identitätsbildung". Auch sah er sich mit der Tatsache konfrontiert, dass seine Theorie der adoleszentären Identitätskrise inzwischen bereits in das Alltagsbewusstsein diffundiert war, dass die Jugendlichen selbst auf die von ihm geprägten Begriffe und Deutungsmuster zurückgriffen: „Manche jungen Leute scheinen tatsächlich zu lesen, was wir schreiben und benutzen unsere Ausdrücke fast als Umgangssprache" (ebd., S. 24). Dabei kam es freilich zu offensiven Wendungen bei denen die Jugendlichen entgegen Eriksons harmonistischem Identitäts-Konzept gerade ihre Distanz zur gesellschaftlichen Realität, ihre Nicht-Übereinstimmung mit den herrschenden Weltbildern, als Kern ihres Identitätsgefühls behaupteten, indem sie quasi erklärten: „Wer sagt daß wir unter einer Identitäts-,Krise' *leiden*? Wir wählen sie, wir haben sie aktiv, wir spielen: *wir machen sie geschehen*." (ebd.).

9 Jugend als Suche nach narzisstischer Bestätigung

Eine psychoanalytisch orientierte Jugendtheorie, die ganz explizit beanspruchte, generationsspezifische Veränderungen in den Verhaltensweisen und Motivstrukturen der Jugendlichen erklären zu können, hat Ende der siebziger, Anfang der achtziger Jahre hierzulande eine heftige Kontroverse, die so genannte „Narzissmus-Diskussion", um den „Neuen Sozialisationstyp" losgetreten. Auslöser dafür war das Buch „Pubertät und Narzissmus" von Thomas Ziehe (Ziehe 1975). Ziehe hat seinem Buch auf dem Umschlag noch ein Motto von Erik Erikson vorangestellt, das auf die Verwobenheit von

Individualentwicklung und gesellschaftlicher Entwicklung abhebt: „In der Jugend überschneidet sich die Lebensgeschichte mit der Gesamtgeschichte, hier werden die einzelnen in ihren Identitäten bestätigt und die Gesellschaften in ihrem Lebensstil regeneriert".
Ausgangspunkt für Ziehes weit ausholende theoretische Reflexionen sind Beobachtungen und subtile Beschreibungen von Verhaltensmustern und Reaktionstendenzen in der Jugendkultur jener Zeit, die so bei Erikson noch kaum eine Rolle gespielt hatten. Ging es bei Erikson zunächst darum, dass Jugendliche ihre Identität und damit gleichzeitig auch ihren Platz in der Gesellschaft durch Integration der Kindheitsidentifikationen, durch Entwicklung eines Profils individueller Neigungen und Begabungen und durch Ausprägung einer eigenen Weltsicht zu gewinnen versuchten, eventuell auch durch bewusste Distanzierung und durch offensiven Protest gegen unerträgliche gesellschaftliche Verhältnisse, so sind es bei Ziehe vor allem das Vermeidungsverhalten, die regressiven Tendenzen und die leichte Kränkbarkeit des Selbst, die er als auffällige Merkmale der neuen Jugendgeneration wahrnimmt und für die er nach Erklärungen sucht. Die große Resonanz, die sein Buch und die schnelle Verbreitung, die die Rede vom „Neuen Sozialisationstypus" („NST") damals gefunden hat, legen nahe, dass Ziehe zumindest mit seinen Phänomenbeschreibungen etwas getroffen hatte, was viele Pädagogen, die Umgang mit Jugendlichen hatten, ähnlich wahrnahmen. Zu jenen Phänomenen, die im Vordergrund der Diskussion standen, gehörten etwa die folgenden:

- Hohe Ideale, hohe Ansprüche und Erwartungen an sich selbst, an die Umwelt, an die Zukunft und an das Leben, die in auffälligem Gegensatz stehen zu der konkreten Bereitschaft, sich zielstrebig und ausdauernd für diese Ziele zu engagieren.
- Eine starke Gegenwartsorientierung, der Wunsch nach unmittelbarer Befriedigung im Hier und Jetzt und entsprechende Probleme mit dem Gratifikationsaufschub, mit Planung und Strukturierung von Zeit und mit der kontinuierlichen Arbeit an langfristigen Zielsetzungen.
- Ein starker Wunsch nach Unmittelbarkeit, Spontaneität, Echtheit des Erlebens aus dem Bauch heraus und eher ein Misstrauen gegen „Verkopfung", Rationalität und theoretische Analyse.
- Schwierigkeiten, sich mit Leidenschaft und Energie und unabhängig von „persönlicher Betroffenheit" auf sachliche Anforderungen und Aufgaben einzulassen.
- Eine gesteigerte Aufmerksamkeit auf die eigene psychische Befindlichkeit, die häufig zur Richtschnur für das eigene Handeln gemacht wird („Ich glaub', ich bin heute wieder überhaupt nicht motiviert..."), sowie eine Tendenz zur Versprachlichung und damit zur Aufhebung der Unmittelbarkeit von Gefühlszuständen („Ich werd' jetzt gleich unheimlich aggressiv...").
- Eine Neigung zu Unverbindlichkeit, Nicht-Festlegung, Vorläufigkeit, die sich auch sprachlich in der gehäuften Verwendung von Floskeln wie „irgendwie", „irgendwo", „irgendwann", „eigentlich", „vielleicht", „ziemlich", man „könnte", „müsste", „sollte" etc. niederschlägt („... wir müssen jetzt vielleicht mal irgendwie echt konkret werden...").
- Ein starkes Bedürfnis nach sozialer Wärme, nach Nähe, Beziehung, Bestätigung, Rückmeldung und eine entsprechende Angst vor Trennungserfahrungen und Alleinsein.
- Eine starke Abhängigkeit von Gruppeneinflüssen, eine ständige Aufmerksamkeit darauf, von der Gruppe anerkannt und nicht ausgestoßen zu werden. Eine Tendenz zur Vermeidung von Situationen, in denen man als einzelner in eine Gegenposition zur Gruppe geraten könnte.

- Eine Scheu, sich mit eigenen persönlichen Leistungen, Ideen, Meinungen zu exponieren, und damit eventuell das Risiko einer Zurückweisung oder gar Blamage einzugehen.
- Eine Sehnsucht nach „Rausch", nach „ozeanischem Gefühl", nach „Verschmelzung", nach „Aufgehen in der Situation", die besonders im Umgang mit Musik, Drogen und Tanz deutlich wird.
- Ein instabiles, leicht erschütterbares, ständig von narzisstischen Kränkungen bedrohtes Selbstwertgefühl.
- Eine Tendenz eher zu Scham- als zu Schuldkonflikten.
- Eine Neigung zu Stimmungslabilität, Schlaffheit, Verletzlichkeit, Verstimmtheit und zu latenter Depressivität, ohne dass diese durch objektive Ereignisse und Belastungen erklärbar wäre.

Ziehe betrachtet all diese Phänomene als Ausdruck psychischer Tiefenveränderungen. In seiner eigenen, schon sehr viel stärker theoriegetränkten Beschreibung „ergibt sich das folgende Bild des ‚neuen Sozialisationstyps': Er zeichnet sich vornehmlich aus durch:
- ein symbiotisches Verhältnis zur Mutter, das zu einer ‚Konservierung' der archaischen Mutterrepräsentanzen im kindlichen Unbewußten führt;
- ein Streben nach Befriedigung, das nicht so sehr über Objektbeziehungen vermittelt wird, als über das Erleben von narzißtischen Gleichgewichtszuständen, die dem Urerlebnis der intrauterinen Homöostase nachempfunden sind;
- ein diffus ins Kosmische erweitertes, auf Omnipotenz abzielendes archaisches Ichideal;
- eine schwache Identifikation mit den postödipalen Elternrepräsentanzen und ein hierdurch bedingtes ‚Offenbleiben' des ödipalen Konflikts;
- ein strenges, aus archaischen Projektionen auf die Elternimagines konstituiertes Überich, mit dem man sich jedoch nicht mehr identifizieren kann;
- eine Verdrängung der aus den verschärften Überich-Konflikten resultierenden Schuldgefühle;
- ein dem Realitätsrisiko narzißtischer Kränkungen aus dem Weg gehendes Verweigerungsverhalten, das vorwiegend der Abstützung des äußerst verletzlichen Selbstwertgefühls dient" (Ziehe 1981[4], S. 163).

Wie kommt es zu jenen Veränderungen in der psychischen Struktur der Jugendlichen? Ziehe bringt die beschriebenen psychischen Dispositionen (für deren objektive Zunahme es freilich kaum handfeste empirische Evidenz gab) unter theoretischer Bezugnahme auf die psychoanalytische Narzissmustheorie vor allem mit veränderten Sozialisationsbedingungen in früher Kindheit in Zusammenhang. Die veränderten Sozialisationsbedingungen in früher Kindheit wiederum führt er auf Verunsicherungen und veränderte Erwartungshaltungen bei den Eltern, speziell bei den Müttern, zurück. Diese hätten aufgrund der diffuser werdenden Rollenbilder ein zunehmend ambivalentes Verhältnis zu ihren Kindern und würden stärker als früher dazu tendieren, ihre Kinder für ihre eigenen psychischen Bedürfnisse zu funktionalisieren. Er beruft sich dabei u.a. auf Heinz Kohut und Alice Miller und beschreibt das Resultat dieser tragischen Eltern-Kind-Verstrickung folgendermaßen: „Es werden Menschen daraus, die hochentwickelte Antennen haben für das, was andere von ihnen wünschen, wann andere mit ihnen zufrieden sind, die aber gleichzeitig in dem Augenblick von einer starken Angst belastet werden, in dem Distanz, Mißbilligung, Abwertung, Kritik entstehen" (Ziehe 1981[4], S. 139). Die veränderten Haltungen bei den Eltern werden ihrerseits dann wieder unter psychoökonomischen Theorieperspektiven auf veränderte Lebens- und Arbeitsbedingungen im Spätkapitalismus zurückgeführt. Ein langer und diffiziler Ableitungszusammenhang also, der hier nur angedeutet werden kann und der die Veränderung in der psychischen Struktur einer Jugendgeneration vor allem durch das Nadelöhr frühkindlicher Beziehungserfahrungen betrachtet.

Man muss diesen Ableitungszusammenhang, der bisweilen doch arg konstruiert wirkt, nicht unbedingt über alle Etappen nachvollziehen, um doch die Beschreibung der psychischen Grundstruktur und der sich daraus ergebenden typischen Ängste und Bedürfnisse bei den Jugendlichen spannend zu finden. Es könnte ja sein, dass die Tendenzen zur Ich-Schwäche, zur Labilisierung des Selbstwertgefühls, zur narzisstischen Bedürftigkeit und zur verstärkten Gegenwartsorientierung sehr viel allgemeiner mit der Offenheit, Unübersichtlichkeit und Unsicherheit der Lebensverhältnisse in modernen „Risikogesellschaften" zusammenhängen, wie sie etwa von Beck und Beck-Gernsheim beschrieben wurden (Beck/Beck-Gernsheim 1994).

Dass die „narzisstische Thematik", also die Frage, inwieweit man sich als der, der man ist, mit seinen Eigenarten und Stärken, aber auch mit seinen Fehlern und Schwächen, annehmen kann, oder inwieweit man unter sich selbst und seinen Unzulänglichkeiten leidet, sich ständig vergleicht und an unerreichbaren Idealen misst, im Jugendalter eine besondere Dramatik gewinnt, scheint offensichtlich. Im Jugendalter kommt es zu einer selbstreflexiven Wendung: der Blick auf das eigene Ich wird kritischer und differenzierter. Gleichzeitig steht die Forderung im Raum, so etwas wie eine Ich-Identität auszubilden, also ein Gefühl innerer Einheitlichkeit und Kontinuität, ein Bewusstsein eigener Kompetenz und eigenen Wertes und eine Vorstellung des eigenen künftigen Weges. In den klassischen psychoanalytischen Theorien des Jugendalters wurde das Hauptproblem der Jugendlichen darin gesehen, sich von dem aus der Kindheit stammenden, elterlich geprägten „Über-Ich" zu befreien, um zu eigenen autonomen Entscheidungen und Bewertungen zu kommen. Daher auch die Heftigkeit des Generationenkonflikts, bei dem es eben um die Geltung jener Über-Ich-Gebote geht. Nach Ziehe ist dieser Aspekt jedoch eher rückläufig. Eltern operieren heute in ihren Erziehungsbemühungen seltener mit Strafen und Drohungen, und weniger mit rigiden, Schuldgefühle induzierenden Belehrungen über das, was böse, verboten und sündhaft ist. Aber sie haben doch hohe Erwartungen an die „Perfektheit", an die „optimale Entwicklung" ihres Nachwuchses, in den sie so viel Zeit und Mühe und Opfer investiert haben. Diese Ansprüche und Erwartungen, die auf mehr oder weniger subtilen Kanälen kommuniziert werden, schlagen sich nun eher in einem überhöhten Ich-Ideal nieder, das zu einem illusionären, kaum erfüllbaren Maßstab für die eigene Selbstakzeptanz wird, von dem sich der Jugendliche jedoch sehr viel schwerer durch entsprechende provokative Übertretung „freistrampeln" kann als von einem strengen Über-Ich.

Wenn der Jugendliche nun aus seinen früheren Entwicklungsprozessen mit einem so labilen Selbst und mit einem „diffus ins Kosmische erweiterten, auf Omnipotenz abzielenden archaischen Ichideal", auf die Bühne der Adoleszenz tritt, dann erscheint es nahe liegend, dass der Hunger nach Bestätigung, nach narzisstischer Zufuhr einerseits und die Angst vor Situationen, die mit einem Risiko narzisstischer Kränkung verbunden sind, andererseits großes Gewicht bekommen. „Narzissmus" bedeutet also bei Ziehe gerade nicht eine selbstgefällige, selbstgenügsame Selbstverliebtheit oder ein unerschütterliches Überlegenheitsgefühl, sondern gerade das Gegenteil davon: „Das

Problem, das der ‚neue Sozialisationstyp' mit seinem eigenen Narzißmus hat, besteht in der Kluft zwischen drängenden narzißtischen Erwartungen und Ansprüchen einerseits und mangelnder narzißtischer Besetzung des Ich andererseits. Das Ich bedarf der ständigen narzißtischen Zufuhr von ‚außen' um vor dem eigenen Narzißmus bestehen zu können, sonst droht das Gefühl von Verlassenheit und Scham. ... ‚Sich-gut-Fühlen' bedarf bei dieser Struktur immer und grundsätzlich der anderen, ohne (und hier liegt das Problem!) diese wirklich zu ‚meinen'" (Ziehe 1981[4], S. 37f).

Zwangsläufig pauschalisiert ein solcher Ansatz, der beansprucht einen spezifischen „Generationstypus" zu beschreiben. Natürlich gibt es in jeder Jugendgeneration eine große Spannbreite von seelischen Befindlichkeiten, von Einstellungen, Grundhaltungen, Bedürfnislagen und Verhaltensmustern. Deshalb ist Ziehe auch der Vorwurf gemacht worden, er hätte eine ganze Generation pathologisiert. Man kann eine solche Typenbeschreibung vernünftigerweise freilich nur so lesen, dass hier versucht werden soll, gesellschaftliche Trends und Tendenzen in der Veränderung der Motivationsstruktur der Subjekte, die realiter natürlich in sehr unterschiedlichen Varianten und Intensitäten vorkommen, zu „verdichten", sie in besonders markanter, zugespitzter, plastischer Form darzustellen.

Es stellt sich die Frage, welche Aktualität dieses Konzept heute noch hat. Ziehe wollte ja nicht einen „zeitlosen Seelentyp des Jugendalters" beschreiben, sondern explizit einen „neuen Sozialisationstypus", eine psychische Konfiguration, welche unter spätmodernen Lebens- und Sozialisationsbedingungen zunehmend häufiger vorkommt und die gerade im Jugendalter besondere Brisanz gewinnt. Heute spricht niemand mehr vom „NST". Die Jugendgeneration, die Ziehe im Blick hatte, als er 1975 sein Buch schrieb, geht heute auf die Fünfzig zu. Da Ziehes Erklärungsansatz so stark auf die Ausprägung psychischer Strukturen in der frühen Mutter-Kind-Beziehung abhebt, ist kaum davon auszugehen, dass sich die von ihm beschriebene Problematik mit Erreichen des Erwachsenenalters einfach in Wohlgefallen aufgelöst haben könnte. Was ist aus jenen Motiven, Bedürfnissen, Vermeidungstendenzen und Verschmelzungswünschen im Laufe der Biographie geworden?

Von den Beschreibungen der seelischen Grundstruktur, der starken Aufmerksamkeit auf die eigene Befindlichkeit, auf Beziehungsfragen und auf die Anerkennungsproblematik passen Ziehes Beschreibungen der Jugendlichen recht gut zu jenen Phänomenen, die dann Mitte der achtziger Jahre zum so genannten „Psycho-Boom" geführt haben, d. h. zur massenhaften Inanspruchnahme professioneller therapeutischer Hilfe, um das fragile Selbst zu stützen. Man könnte die spekulative Linie natürlich fortsetzen und fragen, ob die gegenwärtige wirtschaftliche Malaise in Deutschland etwas mit der Zähigkeit jener Seelenlage bei der Generation der heutigen Leistungsträger der Gesellschaft zu tun hat. Denn die Beschreibungen des „Neuen Sozialisationstypus" stehen ja in recht auffälligem Gegensatz zu jenen Qualitäten, die in diversen „Ruck-Reden" aus jüngster Zeit gefordert werden, um Deutschland wieder wirtschaftlich voranzubringen: „Entschlossenheit", „Tatkraft", „Mut", „Ausdauer", „Beharrlichkeit", „Risikobereitschaft", „Initiative", „Führungskraft", „Unternehmergeist" etc.

Kann man andererseits hoffen, dass das Ganze nur ein Generationsproblem war, das sich inzwischen erledigt hat? Oder gibt es in den Jugendgenerationen und Jugendszenen, die seither ins Land gegangen sind, Indizien dafür, dass sich die „Narzissmusproblematik" gar verschärft hat? Man könnte hier durchaus auf Jugendphänomene verweisen, die es zu der Zeit, als Ziehe seine Analyse formuliert hat, noch nicht gegeben hat, die aber unter seiner Theorieperspektive durchaus bemerkenswert sind: Etwa auf

Erscheinungen wie die Love-Parade oder die großen Raves, bei denen eine erstaunliche Mischung von höchst individuellem, originellem, exhibitionistischem Styling einerseits und kollektivem „Verschmelzungserlebnis" andererseits kunstvoll inszeniert wird. Im Credo der Rave-Bewegung, in Jürgen Laarmanns Text „The Raving Society" heißt es u. a. „Wir wollen unseren Spaß sofort und ohne Umwege" (Laarmann 1998, S. 140). Man könnte auch auf Trends aus der empirischen Jugendforschung hinweisen, die hier als Indizien gelten können: So etwa die Tatsache, dass „toll aussehen" und „Karriere" ganz oben auf der Liste der Dinge stehen, die Jugendliche aktuell für „in" und somit für persönlich bedeutsam halten, soziales und politisches Engagement dagegen ganz am unteren Ende rangieren (vgl. Linsen/Leven/Hurrelmann 2002, S. 77). Schon Ziehe hatte ja im Untertitel seines Buches kritisch gefragt: „Sind Jugendliche entpolitisiert?". Zu nennen wäre auch der Trend zum Körperstyling durch Diäten, Fitness-Training, Schönheitschirurgie, Tattoos, Piercings etc., der gerade bei den Jugendlichen große Verbreitung findet, aber auch die Zunahme von psychosomatischen und depressiven Störungen bei Jugendlichen, welcher sich in den Jugendgesundheitssurveys (Hurrelmann/Klocke/Melzer/Ravens-Sieberer 2003, Ihle/Esser 2002) abzeichnet. Ins Bild passen würde auch die Tatsache, dass sich Jugendliche weniger kritisch als früher über ihre Eltern äußern und auffällig häufig zu Protokoll geben, dass sie mit der Erziehung ihrer Eltern im Großen und Ganzen einverstanden sind und ihre eigenen Kinder einmal ganz ähnlich erziehen wollen.

10 Jugend als „Stimmverlust"

Ziehes Ansatz der Beschreibung der veränderten Persönlichkeitsstruktur bei Jugendlichen war nicht geschlechtsspezifisch differenziert, sondern hat das Problem der besonderen narzisstischen Bedürftigkeit und Verletzlichkeit der Jugendlichen gewissermaßen als sozialisationsbedingtes epochales Zeitproblem aufgefasst. In der tiefenpsychologisch orientierten Jugendtheorie seit Ziehe ist dagegen gerade im Hinblick auf die Aspekte des Selbsterlebens, wenn man so will, also auch im Hinblick auf die „Narzissmusproblematik", sehr viel stärker der Aspekt der Geschlechterdifferenz in den Vordergrund getreten. Dabei ging es vor allem um die Erklärung eines Phänomens, das durch zahlreiche Studien empirisch recht gut belegt ist: Das Absinken der Selbstzufriedenheit und des Selbstvertrauens bei den Mädchen im Verlauf der Pubertät. Weiterhin ist aus epidemiologischen Studien bekannt, dass die Vulnerabilität für psychische Probleme im Verlauf des Jugendalters bei den Mädchen deutlich zunimmt. Während über das Kindesalter hinweg die Mädchen als das psychisch robustere Geschlecht gelten, drehen sich mit Beginn der Pubertät die Vorzeichen um und nun sind Mädchen deutlich häufiger mit psychischen Krisen und Störungen konfrontiert.

Die Kurven, die die entsprechenden Durchschnittswerte hinsichtlich der Selbstzufriedenheit bei den befragten männlichen und weiblichen Probanden über den Verlauf des Jugendalters hinweg abbilden, gehen mit Beginn der Pubertät meist scherenförmig auseinander. In einem entsprechenden Bericht über die einschlägige Forschung hierzu heißt es: „Das geringe Selbstwertgefühl der Mädchen beschränkt sich nicht nur auf ihre schulischen Leistungen, sondern hat Einfluß auf alle Lebensbereiche junger Mädchen. Sie erwarten wenig vom Leben und haben nur geringes Vertrauen in sich selbst, so das deprimierende Hauptergebnis der American Association of American Woman Studie.

Wie die Wissenschaftlerinnen feststellten, kommt es etwa um das 10. Lebensjahr herum zu einem Bruch in der Entwicklung von Mädchen. Bis zu diesem Alter können keine Unterschiede im Selbstbewußtsein von Jungen und Mädchen beobachtet werden: 60 Prozent der Mädchen und 67 Prozent der Jungen sind zufrieden mit sich und ihrem Leben, sie sind lebensbejahend und zuversichtlich. Doch ab dem 10. Lebensjahr wird die Kluft zwischen den Geschlechtern immer größer. Wenn Mädchen in die Pubertät kommen, finden sie sich immer weniger ‚in Ordnung'. Sie halten sich für ‚nicht gut genug' und meinen damit nicht nur ihre schulischen Leistungen, sondern auch ihr Aussehen" (Nuber 1992, S. 69). Auch für Deutschland liegen entsprechende Befunde vor. In der jüngsten Jugendstudie von Zinnecker u. a. etwa sind entsprechende Diagramme über die Verteilung der Selbstzufriedenheit nach Alter und Geschlecht abgedruckt und die zentralen Ergebnisse werden in zwei markanten Merksätzen gebündelt: „Mädchen erleben einen ausgesprochenen Tiefpunkt ihres Selbstwertes in den Jahren der Pubertät" und „Am zufriedensten mit sich sind die 18-jährigen männlichen Jugendlichen, am unzufriedensten die 13-jährigen Mädchen" (Zinnecker u. a. 2002, S. 93). Freilich bleibt es hier bei der bloßen Deskription des Phänomens. Weiterreichende Fragen, warum dies so ist, wie es ist, werden nicht gestellt.

Die vielleicht subtilste Studie, die versucht hat, den Ursachen dieser Entwicklung auf die Spur zu kommen, stammt von Lyn Brown und Carol Gilligan und hat den bezeichnenden Titel: „Die verlorene Stimme. Wendepunkte in der Entwicklung von Mädchen" (München 1997). Gilligan und Brown haben eine Gruppe von etwa einhundert Mädchen in Form von Tiefeninterviews über die entscheidenden Jahre des Übergangs von der Kindheit in die Adoleszenz begleitet. Carol Gilligan, die Schülerin Eriksons und Mitarbeiterin Kohlbergs war, charakterisiert ihren Ansatz selbst nicht als „psychoanalytisch", sondern als „stimmzentriert" bzw. als „stimmsensibel", dennoch hat er mit seiner narrativen Orientierung, mit seiner Zentrierung auf die subjektive Wahrnehmung von Beziehungen, mit seiner geschärften Aufmerksamkeit auf versteckte Botschaften, auf Brüche in den Erzählungen, auf Ungesagtes in den Schilderungen, mit seiner Sensibilität für die ausgelösten gefühlsmäßigen Resonanzen bei den Interviewerinnen selbst, auch mit seiner Form der klinisch-kasuistischen Darstellung der Ergebnisse, wesentlich mehr Nähe zur psychoanalytischen Tradition als zu den Standardmethoden empirischer psychologischer Forschung. Auch beziehen sich Brown und Gilligan mehrfach auf den klassischen Ödipusmythos und betonen, dass sie mit ihrer Analyse der weiblichen Entwicklung beim Übergang von der Kindheit zum Jugendalter jene Schlüsselstelle in den Blick genommen hätten, die in ihrer zentralen Bedeutung der ödipalen Phase in der männlichen Entwicklung gleichkommt. Denn das Problem selbst, die Tatsache, dass diese Phase für viele Mädchen besonders krisenhaft ist, „daß Mädchen in dieser Zeit ihre Vitalität verlieren, ihre Widerstandskraft, ihre Immunität gegen Depressionen, ihr Gefühl für sich selbst und für ihren Charakter" (Brown/Gilligan 1997, S. 8) sei längst bekannt. Sie hätten nun aber mit ihrer Studie begonnen, „ein altes Rätsel in der Entwicklung von Mädchen zu lösen" (ebd.).

Klar erkennbar ist bei Brown und Gilligan auch eine feministische Orientierung, die die politische und die pädagogische Dimension jener geschlechtsspezifischen Entwicklungsprozesse, die hier erforscht werden, deutlich hervorhebt. In diesem Sinne meinen die Verfasserinnen: „Unsere Untersuchung wirft eine Frage von größerer Bedeutung auf, die die Beziehung von Frauen und der Gesellschaft und Kultur, in der Frauen leben, betrifft: Sind diese Verluste der Stimme und des Bezugs (relationship) notwendig und wenn nicht, wie lassen sie sich dann vermeiden?" (ebd., S. 11).

Die ausführlichen Gespräche, die mit den Mädchen im ersten, vierten, siebten und zehnten Schuljahr geführt wurden, drehten sich im Kern darum, wie die Mädchen sich selbst und ihre Beziehungswelt wahrnahmen und wie sie mit Entscheidungen, Widersprüchen, Ambivalenzen, Spannungen, Konflikten, Wünschen und Enttäuschungen im sozialen Feld umgingen. Brown und Gilligan entwickelten eine spezifische „stimmsensible Methode" der Auswertung dieser Interviews, in der in mehreren Durchgängen versucht wurde, nicht nur die Inhalte dessen, *was* über diese Themen gesagt wurde, zu erfassen, sondern vor allem auch die Nuancen dessen, *wie* es gesagt wurde, wie das Ich der Erzählerinnen sich dabei zur Sprache brachte, zu analysieren: „Wie eine ... Psychotherapeutin achteten wir auf wiederkehrende Wörter und Bilder, zentrale Metaphern, emotionale Klänge, den Stil betreffende Widersprüche und Brüche, auf Revisionen und auf das, was in der Geschichte fehlt; wir achteten auf Verschiebungen im Klang der Stimme und in der Erzählhaltung" (ebd., S. 36).

Was sind nun die Veränderungen in der Art und Weise, wie die Mädchen sich selbst und ihre soziale Umwelt wahrnehmen, wie sie sich selbst mit ihren Interessen in sozialen Situationen einbringen und wie sie sich selbst schließlich in der Interviewsituation zur Sprache bringen, welche die Forscherinnen bei ihrem Längsschnittprojekt feststellen konnten? Die Verfasserinnen zeigen sich zunächst beeindruckt von der Differenziertheit und Exaktheit, mit der schon die Acht- bis Zehnjährigen die Beziehungsrealitäten in ihrer Umwelt wahrnahmen. Noch mehr jedoch von der Unbekümmertheit und Direktheit, mit der sie ihre eigenen Interessen, ihre Wünsche, aber auch ihren Ärger und ihr Missfallen ausdrückten. Ihr Ausdrucksverhalten schien noch sehr authentisch ihren realen Gefühlen und Bedürfnissen zu entsprechen.

Diese klare, kräftige, selbstbewusste Stimme der Kindheit geht dann, so der zentrale Befund der Autorinnen, mehr und mehr verloren und wird durch eine Stimme ersetzt, die häufig durch unterschiedliche Formen der Unsicherheit, der Befangenheit, der Konfliktscheu und der Selbstentfremdung gekennzeichnet ist. Das zentrale Dilemma, in dem die Mädchen zunehmend stehen, ist das, wie sie die beiden fundamentalen Entwicklungsbedürfnisse miteinander vereinbaren können, nämlich einerseits mit ihrem „wahren Selbst", mit ihren individuellen Wünschen und Gefühlen in Beziehung zu bleiben und andererseits, mit den bedeutsamen anderen aus ihrem sozialen Umfeld authentische Beziehungen aufrechtzuerhalten.

Als eine der primären Ursachen für die von ihnen beschriebene Entwicklungstendenz des „Stimmverlusts" und der Selbstentfremdung benennen Brown und Gilligan die „Tyrannei des Netten und Freundlichen" (ebd., S. 65). Diese Norm setze sich zunehmend als Idealnorm in den von Rivalitäten und Eifersüchteleien geprägten Peergroup-Beziehungen zwischen den Mädchen durch und sie würde zudem durch die erwachsenen Rollenvorbilder verstärkt: Dies führt in der Wirkung nach Brown und Gilligan zu einem „allgemeine(n) Verbot für Mädchen, zu sagen, was sie fühlen und denken" und es führt in der Folge dann weiter zu einer Art inneren Spaltung: Die Mädchen lernen zu trennen „zwischen dem, was sie wissen und dem, was artige Mädchen wissen sollten; zwischen dem, was sie tun, und dem, was Mädchen eigentlich tun sollten; zwischen dem, was sie denken und fühlen, und dem, was nette Mädchen fühlen und denken sollten" (ebd., S. 107). Auffällig war in den Interviews mit den älteren Mädchen in diesem Sinne insbesondere die deutliche Zunahme der bisweilen fast als Stereotyp gebrauchten Wendung „Ich weiß nicht...", wenn es um bestimmte Aspekte von Gefühlen in Beziehungen ging (vgl. ebd., S. 152).

Obwohl die meisten Mädchen sich somit, äußerlich betrachtet, durchaus positiv entwickelten, ihre Schule gut bewältigten und sich im Umgang mit anderen sozial kompetent zeigten, nahmen die Forscherinnen bei ihren Interviews über die Entwicklungsjahre hinweg bei vielen der Mädchen eine verhängnisvolle gegenläufige Tiefenströmung wahr, einen Prozess der Anpassung und des Verlusts von Authentizität und Selbstbewusstsein, der sie tief berührte.

Insgesamt stellt dieses Buch somit eine massive Kritik an gesellschaftlichen Leitbildern „weiblicher Perfektheit" dar, aber auch an pädagogisch forcierten Idealisierungen von „Nettigkeit", „Freundlichkeit", „Ausgeglichenheit", „Kompromissbereitschaft" und „Harmoniestreben". Obwohl dies im Buch nicht direkt gefordert wird, liegt es doch in der Logik der Darstellung, ein entsprechendes „Gegengift" am ehesten in der pädagogischen Anerkennung von Eigensinn, Unangepasstheit und Widerspenstigkeit und in der Förderung von Risiko- und Konfliktbereitschaft zu sehen. Von daher kann man auch die ganze „Böse-Mädchen-Bewegung", die in den letzten Jahren einen ziemlichen Boom erlebt hat (vgl. Rommelspacher 2003), mit vielverkauften Buchtiteln wie „Gute Mädchen kommen in den Himmel, böse überall hin. Warum Bravsein uns nicht weiterbringt" (Erhardt 1994), „Das große Böse-Mädchen-Lesebuch" (Lette 1996), „Böse Mädchen" (Swan 1997), „Rote Lippen, scharfe Zungen. Ein Poesiealbum für böse Mädchen" (Stephens 1999) als angemessene provokante Gegenreaktion gegen das von Brown und Gilligan beschriebene Entwicklungsdilemma betrachten. Auf einer entsprechenden Internetseite wird die Frage, „Was ist ein böses Mädchen?" durch folgende Charakteristika beantwortet: „Böse Mädchen sind frei. Böse Mädchen verstecken sich nicht. Böse Mädchen haben ihren eigenen Kopf. Böse Mädchen sind sich treu. Böse Mädchen sind verspielt. Böse Mädchen sind unheimlich. Böse Mädchen kämpfen gern. Böse Mädchen machen unsicher. Böse Mädchen sind unbequem. Böse Mädchen sind anspruchsvoll. Böse Mädchen sind ungezähmt. Böse Mädchen sind unberechenbar. Böse Mädchen sind anders". Natürlich bleibt dabei die entscheidende Frage offen, wie Mädchen dahin kommen, diese Qualitäten zu entwickeln. Wie können sie den von Brown und Gilligan beschriebenen Entwicklungsfallen entkommen? Aber immerhin ist mit dem „bösen Mädchen" ein prägnantes Gegenbild zum traditionellen Ideal des „guten Mädchens" formuliert, auf das man sich beziehen kann und das manchen Mädchen vielleicht tatsächlich Mut macht, gegen gängige Erwartungen zu verstoßen.

Da Brown und Gilligan ihre Untersuchung in einer reinen Mädchenschule durchgeführt haben und der Focus eher auf die Jahre des Übergangs von der Kindheit zum Jugendalter gelegt wurde, stehen in ihrem Buch die Beziehungen der Mädchen untereinander im Mittelpunkt. Natürlich ist die Kritik an den traditionellen Geschlechterrollen in einer patriarchalisch geprägten Gesellschaft für sie ein wichtiges Thema, aber dennoch spielen konkrete Beschreibungen gemischtgeschlechtlicher Interaktionen zwischen Jungen und Mädchen dort nur eine ganz randständige Rolle.

In der deutschen Koedukationsdebatte wurden dagegen oftmals die aggressiven, selbstherrlichen, einschüchternden, vorlauten und die Aufmerksamkeit der Lehrer für sich beanspruchenden Jungen für die vermeintliche Benachteiligung der Mädchen verantwortlich gemacht. Dies mag für die Situation in der Grundschule und in der Unterstufe ein ganzes Stück weit zutreffen. „Der Spiegel" hat jüngst eine Titelstory mit der Überschrift „Schlaue Mädchen – dumme Jungen: Sieger und Verlierer in der Schule" herausgebracht (21/2004). Man könnte – natürlich wiederum entsprechend übertreibend und pauschalisierend – ergänzen: „Brave Mädchen – freche Jungen. Angepasste und Aufmüpfige in der Schule".

Gerade im beginnenden Jugendalter, in jenem Alter, in dem Mädchen und Jungen in neuer Weise aufeinander aufmerksam werden und in dem jener wundersame Magnetismus zwischen den Geschlechtern zu wirken beginnt, ist es besonders spannend zu verfolgen, was sich nun in den *gemischtgeschlechtlichen* sozialen Interaktionen abspielt und welche Wirkungen die dort gemachten Wahrnehmungen und Erfahrungen im Sinne von Brown und Gilligan auf die „Veränderung der Stimmen" der Mädchen haben. Dieser Frage ist in unterschiedlichen Studien Karin Flaake nachgegangen und sie hat darin weitere interessante Facetten dessen, was hier als „Stimmverlust" bezeichnet werden soll, beschrieben. Am Beispiel des Informatikunterrichts in der 11. Klasse, also in einer besonders „männlich besetzten" Domäne, hat sie ein typisches Muster identifiziert, bei dem Mädchen sich auf der inhaltlichen Ebene trotz vorhandener Kenntnisse eher zurücknehmen, sich als unsicherer und hilfsbedürftiger darstellen, als sie eigentlich sind, um auf diese Weise auf der Beziehungsebene ihre Wünsche nach Beachtung und Anerkennung zu befördern.

Diese Tendenz zur „Selbstverkleinerung" zur Vermeidung inhaltsbezogener Konkurrenz, wenn man so will, zum „Stimmverlust", hängt nach Flaake mit einer tiefverwurzelten und grundlegenden Asymmetrie hinsichtlich dessen zusammen, was für Männer und Frauen in unserer Kultur primär ausschlaggebend ist, um Attraktivität für das andere Geschlecht zu erlangen. Und der Wunsch, in den Augen der Vertreter des jeweils anderen Geschlechts als attraktiv zu erscheinen, kann vielleicht überhaupt als das zentrale Motiv für das allermeiste, was im Jugendalter geschieht, gelten. „Das Bild der Weiblichkeit, mit dem Mädchen auf der Suche nach ihrer geschlechtlichen Identität konfrontiert werden, ist noch immer stark gebunden an die Attraktivität für Männer. Auch im Bild von Männlichkeit, mit dem Jungen konfrontiert werden, ist es wichtig, für Mädchen und Frauen attraktiv zu sein. Aber es gibt einen entscheidenden Unterschied: eine positiv bewertete Männlichkeit ist stark über eigene Fähigkeiten und Leistungen definiert, die Attraktivität für Frauen beruht zum großen Teil auf diesen eigenen Fähigkeiten und Leistungen. Weiblichkeit findet ihre Bestätigung dagegen wesentlich durch das Begehren der Männer und weniger über eigene Fähigkeiten und Leistungen" (Flaake 1990, S. 7). Von daher wird auch verständlich, dass das Thema „Schönheit" für Mädchen in der Regel einen ganz anderen Stellenwert hat als für Jungen, dass die Kämpfe und Krämpfe, die sie in Kauf nehmen, um dem jeweiligen körperlichen Schönheitsideal zu entsprechen, um sich etwa an die Idealfigur heranzuhungern, sehr viel hartnäckiger und verbissener sind und dass ihr Leiden beim Verfehlen dieses Zieles bisweilen eine ganz andere Dramatik annimmt.

Positionen der modernen Entwicklungspsychologie

11 Jugend als Veränderung des Denkstils und als Kompetenzerwerb

Die körperlichen Reifungsprozesse, die mit der Pubertät einhergehen, sind offensichtlich. Der kindliche Körper wird im so genannten „2. Gestaltwandel" zum Jugendlichenkörper transformiert. Wie dieser körperliche Veränderungsprozess von den Betroffenen seelisch verarbeitet wird, soll später dargestellt werden. Hier soll zunächst eine Perspektive auf das Jugendalter vorgestellt werden, die davon ausgeht, dass parallel zu jenen körperlichen Veränderungsprozessen auch ein „geistiger Gestaltwandel" stattfindet, also ein markanter reifungsbedingter Transformationsprozess des menschlichen Denkvermögens. D. h. dass es zu tief greifenden Wandlungen jener kognitiven Strukturen kommt, mit denen die Welt aufgefasst und erkannt wird, mit denen Bewertungen vorgenommen und Urteile begründet werden. Es entspricht durchaus einer allgemeinen pädagogischen Erfahrung, dass 12–14-Jährige mathematische Probleme begreifen können, die so für 8–10-Jährige kaum nachvollziehbar sind, dass sie zu abstrakteren Gedankengängen in der Lage und zum Verständnis von Sachverhalten weniger auf konkrete Beispiele und Bilder angewiesen sind. Es ist bekannt, dass Schüler der Mittelstufe zu komplexeren und differenzierteren Auseinandersetzungen mit Argumenten, mit religiösen, politischen und moralischen Fragen in der Lage sind und daher fundiertere und aspektreichere Diskussionen und Erörterungen führen können als Schüler der Unterstufe. Die ganze Schule ist auf diesen geistigen Entwicklungsprozess abgestimmt. Die Lehrpläne versuchen, Stoff, Aufgabenstellungen und Anspruchsniveaus in einer Weise den einzelnen Klassenstufen zuzuordnen, die dem jeweiligen Entwicklungsstand angemessen ist.

Zu diesen allgemeinen pädagogischen Erfahrungen zählt freilich auch, dass die Schüler kritischer werden – häufig auch gegenüber der Institution Schule selbst und gegenüber den Lehrern, den Unterrichtsinhalten, den Lehrmethoden. Vieles von dem, was sie bisher als mehr oder weniger selbstverständlich hingenommen haben, erscheint ihnen nun bisweilen als höchst fragwürdig. Und dieses Fragwürdigwerden kann ebenfalls als Ausdruck eines kognitiven Strukturwandels interpretiert werden: Die Dinge werden nicht mehr einfach so hingenommen wie sie sind, sondern es taucht das Bewusstsein auf, dass sie eigentlich auch ganz anders sein könnten, sollten, müssten. Die vorgefundene Realität ist nicht mehr quasi „gottgegeben", sondern sie stellt nur mehr eine mögliche Option dessen dar, wie die Dinge prinzipiell sein könnten, d. h. sie wird „kontingent" und damit in viel höherem Maß begründungs- und legitimationsbedürftig.

Doch worin genau besteht dieser kognitive Strukturwandel? Es ist die Domäne der kognitiven Entwicklungspsychologie, hier die Strukturlogik und die Phasenabfolge der entsprechenden Veränderungsprozesse zu beschreiben und die Folgen für das Verständnis aller möglichen Weltausschnitte und Problembereiche herauszuarbeiten.

"Stammvater" dieser Art der differenzierten Untersuchung des allmählichen Aufbaus und der Transformationen der kognitiven Strukturen im Laufe der menschlichen Entwicklung ist Jean Piaget. Er hat seine Aufmerksamkeit zwar überwiegend den kindlichen Entwicklungsprozessen während der ersten Lebensdekade zugewandt, er hat aber auch jenen letzten großen Umbauprozess der kognitiven Strukturen differenziert beschrieben, der zu der Qualität der Denkleistungen führt, die im Prinzip auch die Denktätigkeit des Erwachsen kennzeichnet. „Denn mit etwa elf bis zwölf Jahren erfolgt eine fundamentale Umwandlung des Denkens, das dessen Abkehr von den während der Kindheit aufgebauten Operationen anzeigt: der Übergang vom konkreten Denken zum ‚formalen‘ oder, wie man mit einem barbarischen, jedoch klaren Wort sagt, ‚hypothetisch-deduktiven‘ Denken" (Piaget 1974, S. 203). Warum er diesen Begriff für „barbarisch" hält, begründet Piaget nicht näher, aber er erläutert, was damit gemeint sein soll: „Das formale Denken ist also ‚hypothetisch-deduktiv‘, ist fähig, Schlüsse aus reinen Hypothesen und nicht nur aus tatsächlichen Beobachtungen zu ziehen. Seine Schlussfolgerungen gelten sogar unabhängig von ihrem äußeren Wahrheitsgehalt, und deshalb ist diese Form des Denkens viel schwieriger und weit größere Arbeit als das konkrete Denken" (ebd., S. 204). Die Auseinandersetzung mit Logeleien und abstrakten Schlussfolgerungen wie etwa der folgenden wird nun möglich: „Wenn der Schnalz brazelt, züpfelt der Schnurg. Der Schnalz brazelt. Ergo: züpfelt der Schnurg." Es entsteht also die Fähigkeit zu einem „Denken 2. Grades", d. h. zur gedanklichen Operation mit Aussagen unabhängig von ihrem Realitätsgehalt. Gewissermaßen wird nun die „Aussagenlogik" entdeckt, die Übertragbarkeit des Wahrheitswertes von Propositionen auf Konklusionen mittels gültiger Schlüsse.

Es sind jedoch noch weitere Aspekte, die nun auf der Stufe der formalen Denkoperationen das Denken einerseits flexibler und differenzierter machen und zugleich ein allgemeineres, abstrakteres und damit prinzipielleres Umgehen mit Problemen ermöglichen: Rechenoperationen können nun auch ohne Anschauungs- und Wirklichkeitsbezug und ohne Beziehung zu konkreten Zahlenwerten ausgeführt werden. Beweise im Rahmen der Geometrie etwa werden als allgemein gültig, d. h. unabhängig von der zufälligen Form des gezeichneten Dreiecks oder Kreises begriffen. Im Rahmen der Algebra stehen Buchstaben symbolisch für beliebige konkrete Zahlenwerte und mit Assoziativgesetz, Kommutativgesetz, Distributivgesetz etc. können nun auf einer Metaebene sehr grundlegende Sachverhalte über die zulässigen und unzulässigen Rechenoperationen behandelt werden. Weiterhin können nun Merkmals- und Bedingungskombinationen systematischer erfasst und durchgespielt werden. Das Verständnis von Proportionen entwickelt sich, d. h. die Fähigkeit, die Gleichheit von Verhältnissen trotz unterschiedlicher Darstellungsformen festzustellen. Dies ist eine wichtige Voraussetzung etwa für das Bruchrechnen, das wohl aus diesem Grund üblicherweise in der 6. Jahrgangsstufe in der Schule eingeführt wird. Auch der Begriff der Wahrscheinlichkeit wird damit erst klarer fassbar, denn Wahrscheinlichkeitswerte werden ja in der Regel als Verhältniszahlen ausgedrückt. Ebenso der Begriff der Korrelation, der die Wahrscheinlichkeit des gemeinsamen Vorkommens zweier Merkmale ausdrückt.

Die Neuerungen und Erweiterungen der kognitiven Problemverarbeitung, die mit dem formalen Denken einhergehen, lassen sich am Beispiel der Bewältigung mathematischer Probleme besonders deutlich zeigen, sie sind jedoch auch für viele weitere Bereiche von Relevanz. Es bildet sich ein neues Denken in Möglichkeitsräumen heraus, in Möglichkeitsräumen freilich, deren Elemente nicht mehr wie in der kindlichen Phantasie von Bedürfnissen und Wunschbildern geleitet und rein imaginativ und assoziativ verknüpft sind, sondern in Möglichkeitsräumen, die nun viel stärker als bisher durch gesetzte Annahmen und daraus abgeleitete Schlussfolgerungen geschaffen werden. Damit entsteht auch eine größere Fähigkeit, versuchsweise unterschiedliche Positionen einzunehmen und die Konsequenzen, die aus bestimmten Grundannahmen folgen, gedanklich nachzuvollziehen, was natürlich zu einer deutlichen Dezentrierung des Denkens und zu einer entsprechenden Erweiterung des Verstehenshorizontes führt.

„Mit dem Kind verglichen ist der Jugendliche ein Individuum, das Systeme und ‚Theorien' aufstellt" (ebd., S. 202). So bringt Piaget die neue Qualität des Denkens auf den Punkt.

Freilich ist es nun jedoch keineswegs so, dass aus dem Jugendlichen mit Erreichen der Stufe des formalen Denkens sogleich ein nüchterner, skeptischer, um größtmögliche Objektivität bemühter „Theoretiker" würde, sondern Piaget hat neben der Fähigkeit zur Dezentrierung und zur Relativierung von Positionen auch eine gegenläufige Tendenz beschrieben und vom „intellektuellen Egozentrismus der Adoleszenz" gesprochen: „Diese neue Form des Egozentrismus äußert sich im Glauben an die Allmacht der eigenen Überlegungen, als ob die Welt sich den Systemen unterordnen müsste und nicht die Systeme der Welt. Es ist das metaphysische Alter *par excellence*: Das Ich ist stark genug, um die Welt neu aufzubauen und sie sich einzuverleiben" (ebd., S. 205). Es wäre also ein Missverständnis anzunehmen, nach Piaget würde der Jugendliche mit dem Erreichen der Stufe des formalen Denkens zum kühlen Rationalisten, der sich nur mehr deduktiv-ableitend und hypothesenprüfend in der Welt bewegt. Im Gegenteil spricht Piaget im Zusammenhang mit dem intellektuellen Egozentrismus der Adoleszenz sogar vom typisch jugendlichen „Größenwahn" (ebd., S. 209). Jugendliche neigen bisweilen dazu, sich an ihrem eigenen Denken zu berauschen. Besonders, wenn sie in entsprechender Gesellschaft sind: „Die Gesellschaft der Jugendlichen dagegen ist vor allem eine Gesellschaft der Diskussion: Mit zwei Busenfreunden oder im kleinen Kreis wird hier die Welt gemeinsam neu aufgebaut, und vor allem werden endlose Diskussionen geführt, in denen die wirkliche Welt verdammt wird" (ebd.).

Interessante Beispiele für solche philosophisch angehauchten Diskussionen, bei denen sich Jugendliche von ihren eigenen Gedankenflügen davontragen lassen und dabei Tiefsinniges und Triviales auf eigentümliche Weise vermischen, finden sich in Benjamin Leberts Buch „Crazy". Die Clique der 15-jährigen Jungen ist aus dem Internat ausgebüchst und auf dem Weg nach München. Im Bus unterhalten sie sich über ihre aufregenden und zugleich irritierenden und frustrierenden Erfahrungen mit den Mädchen des Internats und kommen schließlich zu allgemeinen Betrachtungen über Gott und die Welt und das Leben und die Liebe:

„Eigentlich sind alle Mädchen so. Mädchen sind halt seltsam."
„Seltsam und geil", antworte ich.
„Vielleicht sind sie auch so geil, weil sie so seltsam sind", sagt Janosch.
„Ja", antworte ich. „Oder sie sind so seltsam, weil sie so geil sind." Wir lachen. Janosch drückt meinen Kopf gegen die Fensterscheibe.
„Warum hat Gott die Mädchen eigentlich erschaffen?" fragt Janosch. „Warum sind sie so geil? Er hätte sie doch genausogut als häßliche Viecher in die Welt setzen können."
„Aber das ist es doch gerade", antworte ich. „Solange sie geil sind, will jeder sie ficken. Und solange jeder sie fickt, bleibt die Menschheit erhalten. – Ja, Gott ist schon cool."

"Gott ist crazy", entgegnet Janosch. "Gott ist ein Lustmolch. Der wußte was er wollte."
"Gott weiß immer, was er will", erwidere ich.
"Und was will er jetzt gerade?" fragt Janosch.
"Er will, daß wir gut nach München kommen", entgegne ich. "Daß wir leben. Und tun wir das?"
"Natürlich tun wir das", antwortet Janosch. "Wir leben. Immer werden wir leben. Wir werden so lange leben, bis es nichts mehr zu leben gibt."
"Bist du da sicher?" frage ich.
"Aber hallo", entgegnet Janosch. "Du hast es doch selbst gesagt. Gott will, daß wir leben. Und das tun wir auch. Ob wir das dann richtig oder falsch getan haben, das soll er schließlich selbst entscheiden. Wenn wir mal vor ihm stehen."
"Werden wir das denn?"
"Irgendwann sicher", entgegnet Janosch. "Und ich glaube, dann hole ich mir ein Autogramm von ihm."
"Du willst dir ein Autogramm von Gott holen?" frage ich.
"Klar", entgegnet Janosch. "Da kommt man sonst ja nicht so oft dazu".
"Du bist wahnsinnig", sage ich. "Meinst du wirklich, Gott gibt dir ein Autogramm?"
"Gott gibt jedem ein Autogramm", erwidert Janosch. "Soviel Zeit hat er. Außerdem glaube ich, hat er keine Starallüren."
"Das weißt du doch nicht", entgegne ich. "Gott ist doch der Star schlechthin. Meinst du nicht, daß es da unhöflich wäre, gleich ein Autogramm von ihm zu verlangen?"
"Nein, Gott wäre sicher geschmeichelt. So oft kommen Autogrammjäger ja auch nicht bei ihm vorbei."
"Du bist verrückt", entgegne ich. (Lebert, 2000[25], S. 120f.)

Die eigene Verwunderung über die „Seltsamkeit" der Mädchen und über den gleichermaßen seltsamen Magnetismus, der einen doch so machtvoll zu ihnen hinzieht, wird recht umstandslos verknüpft mit allgemeinen Spekulationen über den göttlichen Schöpfungsplan und über den evolutionsbiologischen Sinn der Anziehung zwischen den Geschlechtern. Alternative Einrichtungen der Schöpfung werden gedanklich durchgespielt (Mädchen als „häßliche Viecher"), eigene Motivlagen werden in egozentrischer Manier auf den Schöpfergott projiziert („Lustmolch") und das eigene Verhalten wird als übereinstimmend mit dem göttlichen Willen gerechtfertigt („er will, daß wir gut nach München kommen"). Die Phantasie, irgendwann Gott direkt gegenüberzustehen, wird sehr plastisch ausgemalt und dafür benützt, ihn als gewöhnlichen Star, der sich durch Autogrammjäger geschmeichelt fühlt, gewissermaßen vom Sockel zu holen, sich selbst gleichzeitig in hybrider Manier zu überhöhen als denjenigen, der Gott die benötigte Bewunderung zuteil werden lässt. Es ist oftmals gerade diese Mischung aus Schnoddrigkeit und Größenwahn, aus metaphysischem Tiefsinn und groteskem Unsinn, der den besonderen Charakter solcher pubertären Gedankenspiele ausmacht.

Wenn sich der „Denkstil", die Art und Weise der kognitiven Verarbeitung von Problemen im Laufe der Entwicklung verändert, wenn das Reflexionsvermögen komplexer und abstrakter wird, wenn die Betrachtung von Sachverhalten differenzierter und mehrperspektivischer wird, so strahlt dies natürlich in viele Lebensbereiche aus und hat Einfluss auf die Vorstellungen und Urteile, die in diesen Bereichen gebildet werden. Entsprechend wurde in der Entwicklungspsychologie versucht, für viele dieser

Bereiche möglichst genau die typische Abfolge der „Konzepte" der alterstypischen Verständnisweisen und Urteilsstrukturen zu erfassen.

Am bekanntesten ist wohl Kohlbergs Schema der Entwicklungsstufen des moralischen Urteils geworden (vgl. Kohlberg 2001). Auf der Grundlage der Analyse der Einschätzungen und der Begründungsfiguren, die Personen unterschiedlichen Alters bei der Diskussion von moralischen Dilemma-Geschichten abgaben – also von Geschichten, bei denen die handelnden Personen in Konflikte zwischen unterschiedlichen Handlungsnormen geraten – versuchte Kohlberg eine Entwicklungslinie mit sechs aufeinander folgenden Stufen zu entwerfen, auf denen moralische Problemsituationen in je typischer Weise beurteilt werden. Während sich Kinder auf der Stufe 1 bei der Einschätzung der Legitimität bestimmter Handlungen vor allem am Gehorsamsgebot und an der Strafandrohung orientieren, ist für Kinder auf der Stufe 2 bei der Beurteilung von kritischen Handlungssituationen eher ein naiver instrumenteller Hedonismus und das Prinzip der Fairness maßgeblich. D. h. sie überlegen primär, wie sie ihre eigenen Interessen unter Wahrung des Gebots der Fairness gegenüber denjenigen, auf deren Fairness sie ihrerseits angewiesen sind, am besten realisieren können.

Jugendliche befinden sich nach Kohlberg überwiegend auf Stufe 3, bisweilen auch schon auf Stufe 4. Auf Stufe 3 orientieren sich die Befragten bei ihren Handlungsvorschlägen vor allem am Prinzip der zwischenmenschlichen Konformität. Leitend ist der Wunsch nach sozialer Anerkennung: Die bedeutsamen Anderen sollen positiv von einem denken, sollen einen als nett, freundlich, hilfsbereit und gerecht ansehen, aber selbst ohne direktes Publikum möchte man für die eigene Selbstwertschätzung jenen Ansprüchen genügen, die solche soziale Anerkennung in der eigenen Gruppe verbürgen. Wichtig sind zwischenmenschliche Werte wie Vertrauen, Loyalität, Wertschätzung und Dankbarkeit.

Auf Stufe 4 ist die Bezugsgruppe, die in die Reflexion miteinbezogen wird, deutlich erweitert, geht über die persönlichen Nahbeziehungen hinaus. Maßgeblich für die Beurteilung der dilemmatischen Konfliktsituationen ist nun eher die Frage danach, welches Handeln mit den Grundwerten und mit den Strukturprinzipien des Gesellschaftssystems, in dem man lebt, am ehesten vereinbar ist, welche Regeln, welche Gesetze und welche Verpflichtungen zu respektieren sind, damit das Ganze funktionieren kann. Dabei werden die Konfliktfälle zugleich „sachlicher", „neutraler", d. h. unabhängiger von persönlichen Sympathien und Loyalitäten beurteilt.

Auf den „postkonventionellen Stufen" 5 und 6, die nur kaum von Jugendlichen, aber auch nur selten von Erwachsenen erreicht werden, orientiert sich das moralische Urteil an den Ideen des Sozialvertrags und des Gemeinwohls. Die kulturelle Relativität vieler Werte und gesellschaftlicher Regelungen wird durchaus gesehen, die Sinnhaftigkeit und Notwendigkeit solcher Ordnungen prinzipiell anerkannt. Gleichzeitig wird aber darauf bestanden, dass zentrale individuelle Grundrechte wie Freiheit und Unverletzlichkeit der Person übergeordnete Geltung haben und von keiner Gesellschaftsordnung außer Kraft gesetzt werden dürfen. Auf der höchsten, 6. Stufe schließlich, erfolgt die Einsicht in und die selbst gewählte Bindung an universelle ethische Prinzipien, die die Vernunft gebietet.

Was ist das Konstruktionsprinzip dieses Stufenschemas, das dazu führt, dass der Übergang von Stufe 3 zu Stufe 4 als „Entwicklungs*fortschritt*" betrachtet wird, dass Argumentationsweisen, die den Kriterien der Stufe 4 entsprechen als irgendwie „besser", „reifer", „kompetenter" eingeschätzt werden als solche, die den Kriterien der Stufe 3 entsprechen? Nach Kohlberg ist es die zunehmende Erweiterung der sozialen

Perspektive, die bei den unterschiedlichen Mustern der moralischen Urteilsbildung berücksichtigt wird. Während der Bezugspunkt der moralischen Reflexion auf Stufe 3 primär die Gruppe ist, also die sozialen Beziehungen des persönlichen Nahraumes, die durch Bekanntschaft, Vertrautheit, Hilfsbereitschaft und Gegenseitigkeit gekennzeichnet sind, ist es auf Stufe 4 eher die Gesellschaft, das übergreifende soziale System, dessen Ordnung und Bestand durch die vorgeschlagenen Lösungsstrategien nicht gefährdet werden darf.

Aber nicht nur im Hinblick auf die Moralentwicklung wurden in der Nachfolge von Piaget solche Stufenschemata der Kompetenzentwicklung entworfen, sondern auch für viele andere Bereiche und Dimensionen der sozialen Kognition: So wurden etwa von Flavell Stufen der „Rollenübernahme" konstruiert (Flavell 1975) und von Selman „Entwicklungsstufen der Perspektivübernahme" (Selman 1984). Hoffman beschrieb 4 Stufen für das „kognitive Verständnis für andere" (Hoffmann 2000), Turiel 7 Stufen für die „Entwicklung des sozialen Regelverständnisses" (Turiel 1983), Damon 4 Stufen für die „Entwicklung des Selbstverstehens" (Damon 1982) und Youniss 3 Stufen im Hinblick auf die „Entwicklung des Freundschaftsverständnisses" (Youniss 1982).

Was sind die prägnanten Entwicklungsfortschritte, die in diesen Konzepten im Hinblick auf Besonderheiten der sozialen Kognitionen im Jugendalter (in Abgrenzung zu jenen, die für die Kindheit charakteristisch sind), hervorgehoben werden?

- Jugendliche beschreiben sich selbst nicht mehr primär über ihre Vorlieben, Interessen und ihre favorisierten Tätigkeiten, sondern sie entwickeln zunehmend eine Form der Selbstbeschreibung in psychologischen bzw. charakterologischen Kategorien. D. h. sie nehmen sich selbst als Aktivitätszentren und als Subjekte mit charakteristischen Eigenschaften, Stärken und Schwächen wahr.
- Sie setzen dieses individuelle Eigenschaftsprofil, dass sie bei sich selbst wahrnehmen, differenzierten Bewertungen aus und betrachten die Fortentwicklung bzw. eventuell auch die Korrektur dieses Profils zunehmend als eine Herausforderung und Gestaltungsaufgabe, an der sie selbst beteiligt sind. Sie werden damit sowohl selbstkritischer als auch anspruchsvoller im Blick auf sich selbst.
- Mit der kognitiven Entwicklung erweitert sich im Jugendalter die Fähigkeit zur Introspektion, zur differenzierten Wahrnehmung und Benennung eigener Gefühlszustände und Stimmungslagen, sowie zur Einsicht in die Umstände, die diese hervorgebracht haben.
- Jugendliche entwickeln in dem Maß, in dem sie ein tieferes Verständnis für das eigene Selbst erlangen, im Prinzip auch ein differenzierteres Verständnis für andere, d. h. sie verstehen, dass jede Person ihre eigene subjektive Weltsicht hat und dass diese Weltsicht geprägt ist von individuellen Lebensumständen und Lebenserfahrungen.
- Sie begreifen auch, dass die menschliche Persönlichkeit nichts Einfaches, Glattes, Homogenes ist, sondern dass Personen in sich spannungsreich und widersprüchlich sein können. Sie werden zunehmend zu Psychologen, indem sie für das Handeln von Menschen Motive in Betracht ziehen, die jenseits der vordergründigen, offiziellen Begründungen liegen.
- Gleichzeitig können sie besser antizipieren, welche psychischen Reaktionen sie mit ihrem Verhalten bei ihren Interaktionspartnern auslösen werden, sie können damit sowohl gezielter provozieren, als auch gekonnter schmeicheln.
- Sie haben auch ein klares Bewusstsein davon, dass das äußerlich gezeigte Ausdrucksverhalten nicht zwangsläufig identisch sein muss mit der inneren Stimmungs-

lage und Befindlichkeit. Sie wissen, dass Menschen sich beherrschen, täuschen, verstellen können und auch sie selbst bemühen sich, ihr Ausdrucksverhalten je nach Situation und Eindruck, den sie erzeugen möchten, zu kontrollieren.
- Sie sind zur Perspektivenübernahme in der Lage und begreifen gleichzeitig, dass solche Perspektivübernahme nicht immer zu vollständigem Verständnis führt, sondern dass meist eine „Differenz", ein „Rest" bleibt, der nicht überbrückbar ist.
- Sie sind sich zunehmend der kulturellen Relativität des größten Teils dessen, was gemeinhin als „normal", als „richtig", als „angemessen", als „schicklich" angesehen wird, bewusst, und sie begreifen den Unterschied zwischen den Forderungen, die „nur" der jeweiligen gesellschaftlichen Konvention, dem „Anstand" und der „guten Sitte" entsprechen, und jenen moralischen Geboten, die universell gültig und bindend sind, weil sie die Grundlage jeglicher Sozialität darstellen.
- Der Begriff der Freundschaft ist für sie mit zunehmend höheren Ansprüchen verknüpft. Es genügt nicht mehr, sich zu mögen und gemeinsam Spaß zu haben, sondern entscheidend werden nun Aspekte des gegenseitigen Verstehens, der Offenheit, der Intimität und Vertrautheit sowie der Loyalität und Verlässlichkeit.
- Soziale Beziehungen zwischen den Jugendlichen erreichen somit einerseits mehr Tiefe und Ernsthaftigkeit, andererseits werden sie nicht selten auch „strategisch" eingesetzt. D. h. Jugendliche agieren in ihren sozialen Interaktionen meist vor einem realen oder imaginären Publikum. Sie sind in allem was sie tun, in dem wie sie auftreten und sich geben, auf ihre Wirkung bedacht und sie entwickeln feine Antennen dafür, welche Kontakte, welche Freundschaften, welche Gruppenzugehörigkeiten ihrem Status und ihrem Selbstwertgefühl förderlich sind.

12 Jugend als emotionaler Aufruhr und als Bemühen um „Coolness"

Schon bei Rousseau wurde die Metapher vom Jugendalter als „zweiter Geburt" vor allem mit der sich verändernden Gefühlswelt in Verbindung gebracht. Der da „neu geboren" wird, ist bei ihm vor allem der „Mensch der Leidenschaften". Gefühle der Verwirrung, der Melancholie, der Sehnsucht, der Einsamkeit sowie heftige Ambivalenzen und Gefühlsschwankungen spielten auch in den Charakterisierungen der typischen Seelenlage des Jugendalters durch Spranger, Bühler, Anna Freud und Erik Erikson eine wichtige Rolle.

Natürlich haben auch schon Kinder heftige Gefühle, kennen Angst, Ärger, Kummer, Stolz, Scham und Freude, und dennoch entspricht die Vorstellung von der Jugendzeit als einer Zeit, „in der die Gefühle Achterbahn fahren", in der sie also einerseits eine besondere Intensität erreichen und in der andererseits die erlebten Gefühlsqualitäten sehr heftig schwanken, durchaus den verbreiteten Vorstellungen über diese Altersphase. Es ist vor allem die Intensität und Wechselhaftigkeit des Gefühlslebens, die diese Zeit so aufregend und spannend, bisweilen aber auch so problematisch macht. So ist denn auch in einem aktuellen Lehrbuch zur Emotionstheorie zu lesen: „Neben der frühen Kindheit ist keine Entwicklungsphase des Menschen für seine emotionale Entwicklung so entscheidend wie die Pubertät. ... Die in einem relativ kurzen Zeitraum auf den Jugendlichen einstürmenden Veränderungen führen oft zu einem Sturm der Gefühle, völlig neuen emotionalen Erlebnisdimensionen, die verarbeitet und in die Persönlichkeit integriert werden müssen, um eine auch emotionale Reifung zu ermöglichen" (Hülshoff 1999, S. 224). Freilich hält Hülshoff diesen „Sturm der Gefühle", die damit häufig verbundenen Krisenerscheinungen, für durchaus normal und sogar für ein positives Zeichen dafür, dass die sich entwickelnde Persönlichkeit Tiefe und Struktur gewinnt. In diesem Sinn postuliert er gar: „Nicht die emotionale Krise in der Pubertät, sondern ihr Ausbleiben ist bedenklich" (ebd., S. 228).

In der Tat sind viele der prototypischen Erfahrungen der Pubertät sehr eng mit starken Emotionen verknüpft: Die körperlichen Veränderungen und die damit einhergehenden Vergleichsprozesse in der Peergroup sind oft mit starker Verunsicherung und mit ausgeprägten Schamerlebnissen verbunden. Die Ablösungskonflikte mit den Eltern, die Kämpfe um Autonomie und Selbstbestimmung in wesentlichen Lebensbereichen und die Erfahrung, dass man noch immer mit Fremdbestimmung, mit elterlichen Einschränkungen, Vorschriften, Verboten, Vorwürfen leben muss, führen häufig zu Empörung und zu starken Gefühlen von Ärger und Wut. Mit der erwachenden Sexualität kommt gleichzeitig ein intensives Gefühl der Neugier für alles, was diesen Bereich betrifft. Die ersten Verliebtheiten bringen ganz neue, bisher unbekannte Gefühle der Sehnsucht, des Hingezogenseins, der euphorischen Gestimmtheit mit sich, die ersten Erfahrungen des Verlassenwerdens, des Liebeskummers entsprechend intensive Gefühle von Weltschmerz, Trauer und Verzweiflung. Bei den Beziehungen und Aktivitäten im Rahmen der Peergroup, die im Jugendalter eine große Bedeutung gewinnen, stehen neben „Action" und „Spaß haben" immer auch Aspekte von Anerkennung und Ausgrenzung und damit von Stolz und Beschämung im Raum. Bisweilen werden in diesem Kontext auch gezielt Situationen inszeniert, die der Konfrontation mit Angst- und Ekelgefühlen dienen sollen (Mutproben, gemeinsames Betrachten von Horrorfilmen oder von Serien wie Jack-Ass, etc.), oder aber gezielte Versuche, Gefühle und Stimmungslagen mittels „geeigneter Mittel und Maßnahmen" zu manipulieren; sei es durch Alkohol oder Drogen oder durch entsprechende Arten des Musikhörens und Tanzens.

Dass Pubertierende emotional manchmal „neben der Spur" sind, dass sie bisweilen zu Niedergeschlagenheit und Weltschmerz, zu Ruppigkeit und Verschlossenheit, zu Launenhaftigkeit und Gereiztheit, zu arroganter Selbstgefälligkeit und Überheblichkeit, dann aber auch wieder zu kindlicher Anhänglichkeit und Unbeholfenheit neigen, dass ihre mimosenhafte Empfindlichkeit gegenüber Kränkungen zum Teil in merkwürdigem Kontrast zu der Heftigkeit und Rücksichtslosigkeit steht, mit der sie selbst verbal auszuteilen bereit sind, all dies ist Eltern, die Kinder im entsprechenden Alter haben oder hatten, hinlänglich bekannt. Empirische Studien belegen denn auch, dass die Angaben der Jugendlichen zur subjektiven Sicht der Beziehungsqualität zu den Eltern und zum Wohlbefinden im Elternhaus in jener Zeit deutlich abnehmen (vgl. Fend 2000, S. 291f).

In autobiographischen Erinnerungen beschreiben junge Erwachsene die Erinnerung an ihre emotionale Befindlichkeit während jener Zeit u. a. folgendermaßen:

„Ich war als Teenager wirklich sehr launisch und auch meine Eltern haben mich immer als sogar zeitweise nicht ansprechbar beschrieben. Erstaunlich daran ist, dass ich meistens keinen speziellen Grund für meine schlechte oder auch für meine besonders gute Laune hatte. – Meine Psyche (oder meine Hormone) hat einfach Spielchen mit mir gespielt – so kam es mir vor. Irgendjemand oder irgendetwas steuert meine Gefühle und ich kann nichts dagegen tun. Dabei ging es meist nicht um Traurigkeit oder depressive Gefühle, meistens war ich total genervt und deshalb auch aggressiv. Manchmal hatte

ich das Gefühl, ich muss gleich platzen, wusste nicht wohin mit meinen Aggressionen und wollte einfach nur meine Ruhe haben" (K13w).

„Besonders schlimm fand ich die Stimmungsschwankungen, die meinen Alltag bestimmten. Ich konnte morgens gut gelaunt und fröhlich das Haus verlassen und nachts depressiv und lebensmüde einschlafen. Es war mir klar, dass diese ambivalenten Gefühle und Reaktionen etwas mit der Pubertät zu tun hatten. Dennoch fand ich dieses Gefühl, sich selbst nicht unter Kontrolle zu haben, schrecklich" (K 25w).

„Mit meiner körperlichen Entwicklung kamen auch Stimmungsschwankungen in Form von anfänglichen Depressionen und Wutausbrüchen einher. Besonders meine Eltern, vor allem mein Vater, der nicht so gut mit meiner Veränderung umgehen konnte wie meine Mutter, bekam dies zu spüren. Dennoch zogen sie sich nie von mir zurück oder distanzierten sich von mir, sondern suchten erst recht den Dialog mit mir" (K59w).

„Und ich dachte bewusster oder erstmals bewusst über mich und die Welt nach. Leider bin ich oft in eine tiefe Melancholie versunken. Diese negativen Gefühle schrieb ich in einer Art von Gedichten auf, denn danach ging es mir oft wieder besser. Hier habe ich mal ein Beispiel:

Ich bin hier allein im tunnel der zeit,
weiss nicht vor noch zurück
weiss nicht, in welche welt ich gehöre
in jene unverständliche, komplizierte und verdammte
oder in die langerwünschte der träume

ich drehe mich im kreise
weiss nicht wohin
allein, verzweifelt, gehasst von mir.

ich werde mit mir nicht eins,
ersticke an mir.

eines tages gehe ich in meine langersehnte welt
schon
bald.

Als ich das schrieb, war ich zwölf oder dreizehn. Irgendwie erschreckt mich das gerade. Ich weiß gar nicht, wie lang diese Phase anhielt, aber ich glaube, mit einigen Unterbrechungen, bis zur zehnten oder elften Klasse. Während dieser Zeit redete ich sehr viel mit meinen Freunden, weniger mit meinen Eltern. Ich wollte ihnen keine Sorgen machen. Auf jeden Fall haben mir diese langen und intensiven Gespräche mit meinen Freunden sehr geholfen, diese Phase zu überwinden" (K63w).

Es sind unterschiedliche Gefühlsaspekte, die hier zur Sprache kommen. Zum Teil stärker melancholisch-depressive Momente wie im letzten Beispiel, zum Teil mehr aggressiv-gereizte, die sich etwa in dem Gefühl ausdrücken, *„gleich platzen zu müssen"*. Fast durchgängig ist das retrospektive Staunen über die Heftigkeit der eigenen Stimmungsschwankungen und über die Unvermitteltheit, mit der die Stimmungen bisweilen ohne ersichtlichen äußeren Grund umschlagen. Typisch ist das Erleben, dass einem diese Gefühlsschwankungen widerfahren, dass man ihnen mehr oder weniger ausgeliefert ist. Natürlich ist das nicht das ganze Gefühlsspektrum, das im Jugendalter vorkommt. Auch die positiven Gefühle werden später wohl kaum noch so intensiv und überschäumend erlebt wie in besonders herausgehobenen Momenten im Jugendalter: Begeisterung, Ausgelassenheit, Übermut, Lebenslust, freudige Erwartung, Verliebtheit, Gemeinschaftsgefühl, Stolz.

Seiffge-Krenke hat unter dem Aspekt der „emotionalen Kompetenz" auf den zwiespältigen Eindruck hingewiesen, den Jugendliche hier oft hinterlassen. Einerseits wirken sie bisweilen wie „emotionale Analphabeten", weil ihre Stimmungslage häufig so labil ist, weil sie oftmals so sehr von Gefühlen „übermannt" werden und dem scheinbar so wenig an Kontrolle, an nüchterner, ruhiger, distanzierter Betrachtung entgegensetzen können. Auch wegen ihrer ausgeprägten Selbstbezogenheit und der Rücksichtslosigkeit, mit der sie ihre Missstimmung nicht selten ungefiltert jenen „an den Kopf werfen", die dafür gar nichts können. Sie spricht von einem „auffälligen narzisstischen Rückzug auf die eigene Person" und von einer Phase des „reaktivierten Egozentrismus" (Seiffge-Krenke 2002, S. 52). Im Verhältnis zu den Eltern kommt nicht selten auch noch das „Dichtmachen", die schroffe Zurückweisung von emotionalen Unterstützungsangeboten, von Aussprache und Trost hinzu. Andererseits sei den Jugendlichen gleichzeitig aber auch eine „hohe emotionale Kompetenz" zuzusprechen, weil sie zu differenzierten sozialen Vergleichs- und Antizipationsprozessen in der Lage sind, große Aufmerksamkeit auf die Wirkungen ihrer Selbstpräsentation in sozialen Situationen richten, komplexe Beziehungsnetze unterhalten und mit ausgewählten Personen durchaus auch intensiven Austausch über ihre innere Befindlichkeit, über ihre Ängste, Sorgen und Sehnsüchte unterhalten. Freilich verschiebt sich der Rahmen, in dem diese Kommunikation stattfindet: „Die Eltern werden zunehmend als Adressaten für intime verbale Selbstenthüllung entthront, an ihre Stelle treten gleichaltrige und gleichgeschlechtliche Freunde, später auch gegengeschlechtliche romantische Partner" (ebd., S. 54). Dabei gibt es auch auffallende Geschlechtsunterschiede, denn in Mädchenfreundschaften spielt der Austausch über intime, gefühlsbeladene Themen eine größere Rolle als in Jungenfreundschaften.

Den Umgang mit Emotionen zu lernen, die eigene „emotionale Kompetenz" zu erweitern, und das heißt eben auch, die Kontrolle des Ausdrucks von Emotionen zu verfeinern und Strategien der Regulation eigener Befindlichkeit zu entwickeln, dies stellt eine wichtige Aufgabe im Jugendalter dar. In der jugendlichen Peergroup bilden sich in der Regel Normen heraus, welcher Umgang mit Emotionen angemessen ist. Und diese Normen dienen durchaus auch als Abgrenzungskriterien gegenüber den Verhaltensmustern der Kindheit: Wer gleich zu Heulen anfängt, wenn er eine Enttäuschung einstecken muss, weil er etwa beim Skateboarden gestürzt ist, weil er bei der Mathematikschulaufgabe eine 5 bekommen oder beim Tischtennisturnier ein Match verloren hat, wer gleich „ausrastet" und aggressiv wird, wenn die Dinge nicht so laufen, wie er es sich wünscht oder wenn er ein wenig provoziert wird, der hat in der Gruppe der Gleichaltrigen einen zunehmend schwereren Stand, da solches Verhalten als unreif und kindhaft gilt.

Seiffge-Krenke hat in einer interessanten Studie herausgefunden, dass die Coping-Strategien, die Jugendliche anwenden, um mit sozialen Stresssituationen und der damit verbundenen emotionalen Erregung umzugehen, sich durchaus unterscheiden, je nachdem, in welchem Kontext das Ganze stattfindet. So nannten Jugendliche in Bezug auf eine solche Stresssituation im Rahmen der Gleichaltrigengruppe mehr als doppelt so häufig die Strategie „Ich lasse mir nichts anmerken" als in Bezug auf eine entsprechende

Situation mit den Eltern. Dafür bekannten sie sich bei Konfliktsituationen mit den Eltern fast doppelt so oft als gegenüber den Peers zu der Strategie „Ich mache meinem Ärger Luft" (ebd., S. 61). Während im Kontext der Peergroup also eher das Ideal der Kontrolle, der Lockerheit und Überlegenheit von Bedeutung ist, ist es im Hinblick auf die Eltern eher das Ideal der „gerechten Empörung", des „Sich-nichts-gefallen-Lassen". Bedenkt man, dass es im Blick auf die Gleichaltrigengruppe eher um Aspekte von Integration und Anerkennung geht und im Blick auf die Eltern dagegen eher um Aspekte von Ablösung und Autonomiegewinn, dann machen diese unterschiedlichen Strategien durchaus Sinn.

Emotional aufgeladene Konflikte mit den Eltern und Ärger mit den Freunden gehören zu den wichtigsten Stressfaktoren im Leben der Jugendlichen. Aber auch hier ergeben sich interessante Differenzen in der unterschiedlichen Bewertung der subjektiven Bedeutsamkeit dieser beiden Konfliktzonen: „‚Ich hatte Ärger mit Freunden' wurde als sehr viel wichtiger und belastender eingestuft als ‚Auseinandersetzung mit den Eltern'. Dieses Ereignis war für die Jugendlichen auch weniger vorhersehbar als familiäre Auseinandersetzungen. ... Auch die Bereitschaft, Kompromisse einzugehen, war bei Konflikten mit Freunden viel stärker als in der Auseinandersetzung mit den Eltern" (ebd., S. 56f). In den Augen der Jugendlichen sind Auseinandersetzungen mit den Eltern offensichtlich eher alltäglich, normal, erwartbar. Sie bedeuten zwar Stress und Aufregung, stellen aber doch gleichzeitig ein wichtiges Trainingsfeld für die Erprobung von Selbstbehauptung, für die Demonstration von Empörung und für die Schärfung der eigenen Argumentationskunst in Sachen Rechtfertigung und Gegenvorwurf dar. Zudem finden diese Kämpfe auf dem Boden einer trotz aller Auseinandersetzungen stabilen, dauerhaften, im Prinzip nicht aufkündbaren Beziehung statt. Im Hinblick auf die Konflikte mit Freunden muss viel eher damit gerechnet werden, dass zu heftiger, unkontrollierter Ausdruck der eigenen Gefühle dazu führt, dass es zu Auflösungen kommt, dass Beziehungen definitiv in die Brüche gehen, dass Cliquen zerfallen. Um die Metapher von den Eltern als „Sparringspartner" zu benützen, könnte man sagen: Krach zu Hause ist „Sparring", Krach mit den Freunden ist „Ernstfall".

In einer Längsschnittstudie ist von Salisch den entwicklungstypischen Veränderungen der Strategien zur Regulierung von Ärgergefühlen im Kontext von Freundschaftsbeziehungen beim Übergang von der Kindheit ins Jugendalter nachgegangen. Sie konnte zum einen zeigen, dass die Strategien hier schon immer deutlich vielfältiger sind, als es etwa die „Aggressions-Frustrations-Hypothese" nahe legt, dass nämlich nur eine kleine Minderheit verbal, körperlich oder relational aggressive Verhaltensweisen (Intrigen) als typische Reaktion auf solche Ärgersituationen angibt. Der sehr viel größere Teil der Kinder setzt dagegen eher auf Strategien wie „sich abwenden", „soziale Unterstützung suchen", „Ablenkung", „erklären" oder „Humor", um mit solcher Verärgerung fertig zu werden. Im Laufe des Jugendalters nimmt diese Tendenz deutlich zu. „Lernziel in der Peer-Welt scheint es nach diesen Befunden zu sein, seine (negativen) Emotionen unter Kontrolle zu bekommen, also in der Sprache der Jugendlichen ‚cool' zu werden, oder zumindest so zu wirken. Dies gilt bei Jungen wahrscheinlich auch für den Ausdruck von Freude und anderen positiven Emotionen, denn auch dieser wird zwischen neun und dreizehn Jahren immer gedämpfter" (von Salisch 2002, S. 143). Bei der Nachuntersuchung der Probanden fünf Jahre später, also bei den nun 14–18-Jährigen, hatten sich diese Tendenzen hin zu nicht aggressiven Formen der Ärgerregulierung im Umgang mit Freunden noch einmal deutlich verstärkt. Auch distanzierende

Strategien (sich abwenden) waren nun seltener, dafür wurde deutlich mehr auf kommunikativ-klärende Strategien wie „erklären", „sich vertragen" und „Humor" gesetzt.

Die Spiele, die gerade männliche Jugendliche hier gerne inszenieren, um sich in Sachen „Coolness" herauszufordern und zu beweisen, hat Kannicht subtil beschrieben. Als typische Freizeitbeschäftigung jugendlicher Cliquen nennt er zunächst das „Herumhängen" an irgendeinem öffentlichen Treffpunkt, bei dem äußerlich oft nicht viel geschieht:

„Dieses einem Außenstehenden völlig langweilig erscheinende ‚Herumhängen' wird von einem zunächst ebenso fragwürdigen Vergnügen unterbrochen: dem ‚Blödeln' oder ‚Verarschen'. Jeder versucht, den anderen zu ärgern; keiner darf jedoch zugeben, daß er sich wirklich getroffen fühlt. Jede Kleinigkeit – die Frisur, die Kleidung oder ein ungeschicktes Verhalten – dient als Anlaß für spitze Bemerkungen. Das Blödeln muß aber nicht nur verbal ablaufen: Besonders beliebt ist der körperliche Einsatz, beispielsweise ein angedrohter Schlag, der in einer harmlosen Geste endet, das Gegenüber aber zu einer Schutzreaktion veranlasst, oder ein gezielter Stoß, der den anderen in eine Hecke fallen und dabei tollpatschig aussehen läßt. Der Witz bei diesen Spielchen ist, sich trotz aller Kränkung souverän zu geben, dem andern mit einem müden Lächeln den Triumph zu schmälern und stattdessen mit kühlem Kopf zum Gegenschlag auszuholen. Wer wirklich sauer wird und zuschlägt, verletzt nicht nur sein Gegenüber, sondern auch die Spielregeln" (Kannicht 1983, S. 311).

Es sind subtile Machtkämpfe und Rangordnungsrituale, die hier eher verdeckt ablaufen. Nicht mehr die pure körperliche Stärke und Kampfkraft ist entscheidend für den Statusgewinn in der jugendlichen „Männerhorde", sondern die „Coolness", die gelassene Überlegenheit. Es ist mehr die geistig-sprachliche und gestische „Schlagfertigkeit" gefragt als die reale grobmotorisch-kämpferische. Vielleicht ist dieses Ideal der „Coolness" auch deshalb so bedeutsam, weil diese Art von Beherrschung für viele Jugendliche keineswegs leicht zu erringen ist, weil sie emotional sehr schwankend sind und in Situationen, in denen ihre Souveränität bedroht erscheint, sehr schnell in heftige Erregung geraten.

13 Jugend als Ausdruck eines „Hormonschubes" bzw. eines „Gehirnumbaus"

Was sind die Auslöser und Hintergründe für die im Jugendalter typischen emotionalen Turbulenzen? Als geläufige Antwort wurde und wird häufig auf den „Hormonschub" verwiesen, der all dies bewirke. In diesem Sinn zitiert Strauch einen Neurologen mit den Worten: „Teenager werden von Hormonen getrieben und deren Schwankungen wirken stark destabilisierend" (Strauch 2003, S. 205). Ein Artikel über Jugendsexualität beginnt mit den Worten: „Die ersten Liebesattacken befallen Teenager hinterrücks und im Wochentakt. Jungs eben noch ‚doof' und ‚voll unterentwickelt' entpuppen sich als Zielobjekt jungfräulicher Begehrlichkeit. Mädchen, bis dahin ‚nervig', verwandeln sich in elektrisierende Lolitas für zärtlich ungelenke Anmachversuche. ... Was nützen schnöde Aufklärungstheorien, wenn im eigenen Inneren emotionaler Ausnahmezustand herrscht. Hirn und Hormone lenken die Ahnungslosen auf das eine unberechenbare Ereignis – das erste Mal" (Böck 2001, S. 123).

In der Tat sind es Veränderungen im Hormonhaushalt, die überhaupt erst die körperlichen Veränderungsprozesse der Pubertät, den Wachstumsschub, die Veränderungen der Körperproportionen und die Ausreifung der Geschlechtsorgane in Gang setzen. Wenn minimale Konzentrationsverschiebungen dieser biochemischen Botenstoffe in hochkomplexen Regelkreisen letztlich dazu führen, dass sich das Körperwachstum beschleunigt, dass die Brüste sprießen, dass es zu Schambehaarung, zum Stimmbruch, zur Menarche und zur Samenproduktion kommt, dann liegt es in der Tat nahe, eine gewisse Parallelität der Einflüsse der Hormone auch auf die seelischen Veränderungsprozesse anzunehmen. Dass Hormonkonzentrationen, die ja im Verlauf des weiblichen Zyklus bestimmten Schwankungen unterworfen sind, prinzipiell Einfluss auf die psychische Befindlichkeit, auf Aspekte wie Stimmungslabilität, Angespanntheit, Reizbarkeit, Erregbarkeit nehmen können, ist vielen Frauen durch das so genannte prämenstruelle Syndrom durchaus vertraut.

Im Zusammenhang mit den Entwicklungen der Pubertät ist natürlich insbesondere der Einfluss der Sexualhormone von Interesse. Am differenziertesten wurden die Wirkungen des Östrogens Östradiol und des Androgens Testosteron untersucht. Die Konzentration des männlichen Sexualhormons Testosteron im Blut erreicht bei Jungen während der Pubertät etwa den 18-fachen Wert wie vor der Pubertät. Der Wert des weiblichen Geschlechtshormons Östradiol steigt etwa um das 8-fache an (vgl. Flammer/Alsaker 2002, S. 74). Dennoch gibt es keineswegs eindeutige und lineare Zusammenhänge zwischen bestimmten Hormonkonzentrationen und bestimmten psychischen Befindlichkeiten oder Verhaltensweisen. Oftmals scheint es so zu sein, dass weniger das absolute Niveau einer bestimmten Hormonkonzentration bestimmte psychische Auswirkungen hat, sondern mehr die Verschiebung des Hormonspiegels, d. h. die relative Zu- oder Abnahme. Zudem ist der Hormonhaushalt ein hochkomplexes und sensibles dynamisches System, das nicht nur reifungsbedingten Entwicklungen unterliegt, sondern seinerseits auch auf Einflüsse der Lebenswelt und des Lebensstils reagiert.

Höhere Testosteronwerte wurden zwar für Jungen mit erhöhter Aggressionsneigung und für Mädchen mit gesteigerter Traurigkeit in Verbindung gebracht. Aber andererseits fanden sich erhöhte Testosteronwerte auch bei sozial besonders kompetenten, dominanten und prosozial orientierten Jugendlichen (vgl. Fend 2000, S. 227). Am eindeutigsten sind die Befunde hinsichtlich des Zusammenhangs zwischen dem Anstieg von Sexualhormonen, insbesondere von Testosteron, und der sexuellen Erregbarkeit bei Jungen. Sexuelle Phantasien, Träume, Wünsche und auch sexuelle Aktivitäten hängen bei ihnen mit dem jeweiligen Testosteronniveau zusammen. Bei Mädchen gibt es eine ähnliche Tendenz, was die sexuellen Phantasien anbelangt, dies schlägt bei ihnen jedoch offensichtlich weniger auf das konkrete Sexualverhalten durch (vgl. Udry/Billy 1987).

Insgesamt kommen die einschlägigen Überblicke über dieses komplexe Forschungsfeld aber zu eher ernüchternden Gesamteinschätzungen. So meinen etwa Flammer/Alsaker: „Zusammenfassend müssen wir feststellen, dass der große Forschungsaufwand zu den Zusammenhängen zwischen dem Hormonhaushalt, der emotionalen Befindlichkeit und dem Verhalten von pubertierenden Jugendlichen wenig verlässliche Erkenntnisse gebracht hat. Die Zusammenhänge sind meistens schwach und sehr inkonsistent" (Flammer/Alsaker 2002, S. 76). Und ähnlich bilanziert auch Fend: „In der Summe kann festgestellt werden, daß sich direkte Beziehungen zwischen Hormonen und Verhalten bisher als wenig bedeutsam und schwer nachweisbar erwiesen haben. Sie klären viel weniger Varianz des Verhaltens auf, als erwartet wurde und als die Alltagsvorstellung vom ‚Einfluß der Pubertät' nahe legen würde" (Fend 2000, S. 227).

In jüngster Zeit hat eine andere Erklärungsvariante für die biologischen Hintergründe der typischen Stimmungslagen und Verhaltenstendenzen Pubertierender große Aufmerksamkeit gefunden. Diese hebt weniger auf die hormonalen Vorgänge als vielmehr auf entwicklungsneurologische Prozesse ab: Das Gehirn der Teenager sei eine große „Baustelle". Gerade in jenen Hirnregionen, die für komplexere Entscheidungen, Handlungsplanungen und soziale Wahrnehmung zuständig seien, finde in jenen Jahren ein bedeutsamer, bisher nicht erkannter neuronaler Restrukturierungsprozess statt.

Die aufregenden neuen Forschungen aus diesem Bereich wurden kürzlich von einer Wissenschaftsjournalistin der New York Times in dem Buch „Warum sie so seltsam sind. Gehirnentwicklung bei Teenagern" (Strauch 2003) zusammengefasst. Bisher ging man in der Entwicklungsneurologie davon aus, dass die wesentlichen Prozesse der Gehirnentwicklung in den ersten Lebensjahren stattfinden. So heißt es etwa in dem bekannten Lehrbuch „Bausteine der kindlichen Entwicklung" von Ayres: „Reizung der Sinnesorgane und Bewegungsaktivität während der Jahre der frühen Kindheit regen die Neuronen und die Zwischenverbindungen an, sensorische und motorische Verarbeitung durchzuführen, welche für den Rest des Lebens der betroffenen Person relativ konstant erhalten bleiben" (Ayres 1984, S. 64). Die funktionelle Architektur des Gehirns erschien nach den ersten fünf bis sechs Lebensjahren als ziemlich stabil. Bis dahin hat es auch bereits 95 Prozent seiner endgültigen Größe erreicht. Dabei war lange schon jener gegenläufige Prozess von Entwicklung und Reduktion bekannt, bei dem eine zunächst angelegte Überfülle von neuronalen Verschaltungen unter dem Einfluss der Erfahrungen dann wieder reduziert wird: Während der Embryonalzeit und der ersten 18 Lebensmonate findet eine „Überproduktion" von neuronalen Verbindungen statt, die dann in den nachfolgenden Jahren nach dem Prinzip des „use-it-or-loose-it" wieder eine deutliche Ausdünnung und Strukturierung (Pruning) erfahren. Nur etwa ein Drittel der einmal angelegten Verbindungen bleibt dauerhaft erhalten (vgl. Singer 2002, S. 83).

Neuerdings geht man in der Gehirnforschung jedoch von einem „zweizeitigen Ansatz" der Gehirnentwicklung aus: „Die Entwicklungsphasen des Gehirns selbst sind zeitlich gestaffelt und erfolgen in zwei großen Wellen. Die eine beginnt mit der Geburt und entwickelt sich etwa bis zum fünften Lebensjahr, die zweite begleitet die Pubertät. In diesen Phasen wird die Verknüpfung von Nervenzellen kräftig forciert; nicht benötigte Verbindungen werden entsprechend stark eingeschmolzen." Jene zweite Welle der Gehirnentwicklung sieht Singer durch folgende Merkmale charakterisiert: „Die Bereiche der Großhirnrinde, die sich erst spät in der Evolution entwickelt haben, werden auch individuell spät ausgebildet. Diese erbringen die komplexen kognitiven Leistungen, die beim Menschen ihre höchste Differenzierung erreicht haben. Dazu zählen die Fähigkeiten, die eigene Existenz in der Zeit zu begreifen, Handlungen aufzuschieben und von vorausgehenden Überlegungen abhängig zu machen, ein Konzept vom eigenen Ich zu entwickeln, sich in soziale Wertgefüge einzuordnen und moralische Verbindlichkeiten anzuerkennen" (ebd., S. 175).

Da menschliche Gehirne eine beträchtliche interindividuelle Varianz aufweisen, können auf der Grundlage des Vergleichs der Hirnstruktur unterschiedlicher Individuen verschiedenen Alters nur sehr allgemeine Aussagen getroffen werden. Neue bildgebende Verfahren wie die Magnetresonanztomographie haben die Möglichkeit eröffnet, die Entwicklung individueller Gehirne längsschnittlich zu studieren. Die Positronenemissionstomographie bietet die Möglichkeit zu erkunden, welche Gehirnregionen bei welchen Typen von Reizverarbeitung und von kognitiven Problemlösungen besonders aktiviert sind. Entwicklungsneurologische Längsschnittstudien an gesunden Kindern, die auf diesen neuen bildgebenden Verfahren beruhen, wurden 1991 am National Institut of Mental Health in den USA initiiert. Dabei wurden die Gehirne der beteiligten Kinder und Jugendlichen alle zwei Jahre gescannt, um so den individuellen Veränderungsprozess individueller Gehirne über die Zeit hinweg zu verfolgen.

Das überraschende Ergebnis war, dass auch in der Pubertät noch einmal ein bedeutender Wachstums- und Umstrukturierungsprozess im menschlichen Gehirn stattfindet. Dieser Prozess spielt sich primär im präfrontalen Kortex ab. Zunächst kommt es dabei wiederum zu einer Verdichtung der grauen Gehirnmasse, d. h. zu einer Überproduktion von neuronalen Verbindungen, welche ziemlich genau zu Beginn der Pubertät, bei Mädchen im Alter von elf und bei Jungen im Alter von zwölf Jahren, ihr Maximum erreicht. In den nachfolgenden Jahren dominiert dann wieder der gegenläufige Prozess der Ausdünnung und Spezialisierung bestimmter Bahnungen. Erst etliche Jahre später erreicht die Gehirnstruktur in jener Region dann ihre dauerhafte „Erwachsenengestalt" (vgl. Giedd u. a. 1999, Rappoport u. a. 1999). Nun ist aus klinischen Fällen mit Patienten, die lokalisierte Gehirnläsionen durch Unfälle oder Hirntumore hatten, bekannt, dass der Frontallappen jene Gehirnregion ist, welcher am stärksten die Funktion eines „Exekutivkomitees" zukommt, d. h. eine Region, die eng mit Aspekten wie rationaler Abwägung, Planung, Entscheidung, Zielorientierung, Impulskontrolle zusammenhängt (vgl. Damasio 1995). Bisweilen wurde sie deshalb auch als eigentlicher „Sitz der Persönlichkeit" betrachtet.

Diese Befunde passen recht gut zu dem etwas chaotischen, unstrukturierten Eindruck, den Jugendliche bisweilen machen, zu ihrer Schwierigkeit mit Ordnungen, langfristigen Planungen und Zeitstrukturen klarzukommen, und sie passen zu der jugendtypischen Tendenz zu unbedachtem, spontanen Handeln aus der Situation heraus, zu Verhaltensweisen, die bei vernünftiger Abwägung von möglichem Gewinn und möglichem Risiko eigentlich nicht passieren dürften, sei es das rasante Skaten über Treppen und Rampen ohne Helm, das Experimentieren mit Drogen, die nachlässige Verhütung oder der spontane Ladendiebstahl.

Hinzu kommt, dass das Risikoverhalten, das Austesten von Grenzen, also jene Aspekte des Explorationsverhaltens, die für Jugendliche zunehmend attraktiv werden, offensichtlich auf komplexe Weise mit dem Dopaminstoffwechsel und damit mit dem körpereigenen Lust- und Belohnungssystem zusammenhängen. Dies hat zur Folge, dass Jugendliche allgemein stärkere Reize, Abenteuer, Thrills brauchen, damit sich bei ihnen der gleiche „Dopamin-Kick", d. h. das gleiche lustvolle Erleben im Zusammenhang mit dem Meistern von Herausforderungen einstellt wie bei Erwachsenen.

Ein anderer interessanter Befund aus diesem neuen Feld der „research on teenage brain" ist der, dass Jugendliche sich offensichtlich bisweilen schwer tun mit der korrekten Einschätzung sozialer Gegebenheiten. Eine der dafür elementarsten Voraussetzungen ist die korrekte Erfassung des Emotionsausdrucks auf den Gesichtern der Mitmenschen. Das Wahrnehmen und Wiedererkennen von menschlichen Gesichtern sowie die Einschätzung und Bewertung des Gesichtsausdrucks ist eine höchst komplexe Leistung, die die Gehirnforschung schon lange beschäftigt. Denn um in sozialen Kontexten angemessen handeln zu können, muss ständig das Ausdrucksverhalten der anderen berücksichtigt werden. Auch hierbei spielt der präfrontale Kortex eine zentrale Rolle. Eine Forschergruppe um Robert McGivern hat eine Studie durchgeführt, um die Unterschiede in dieser Dimension der kognitiven Leistung in Abhängigkeit vom Alter und damit von der Gehirnentwicklung zu untersuchen. Und hier zeigte sich ein interessanter Unterschied in der Art der Informationsverarbeitung in verschiedenen Altersgruppen: Während diese Verarbeitungsprozesse bei der Einschätzung der Gesichtsausdrücke bei Erwachsenen primär über den präfrontalen Kortex liefen, also offensichtlich eine abwägende, differenzierende Einordnung vorgenommen wurde, war bei den Pubertierenden hier vornehmlich ein anderes Areal aktiv, nämlich der Mandelkern, jene Region, die eher für unmittelbare, unreflektierte Instinktreaktionen zuständig ist. Wenn also die Wahrnehmung und Bewertung des Ausdrucksverhaltens des Kommunikationspartners eher stimmungsabhängig und wenig präzise „aus dem Bauch heraus" erfolgt, dann mögen allerhand Kommunikationsverzerrungen und Missverständnisse die Folge sein. Etwa wenn ein Jugendlicher eine besorgte Nachfrage seitens der Eltern gleich als harsche Kritik wahrnimmt und sich seinerseits dann lautstark und heftig darüber empört, dass er schon wieder grundlos „angemotzt" worden sei.

Auch pädagogische Konsequenzen dieser neuen Erkenntnisse werden von den beteiligten Forschern bisweilen erwogen. Sie laufen im Großen und Ganzen auf ein besseres Verständnis der Eltern für die bisweilen merkwürdigen und anstrengenden Verhaltensweisen der Pubertierenden hinaus. Vielleicht kann sich auch ein Stück Entlastung und Gelassenheit einstellen, wenn man die „Verrücktheiten" des Nachwuchses mehr als altersgemäße, gehirnentwicklungsbedingte Normalitäten betrachtet und weniger als Folge elterlichen Versagens oder als Menetekel künftigen Scheiterns. Es handelt sich also weitgehend um eine ausführliche Beschreibung dessen, „womit zu rechnen" ist, und was die neurologischen Hintergründe dafür sind. In diesem Sinne begann ein Artikel in der „Zeit", der über die neue Forschung zum Thema „Teenager-Gehirn" berichtete, mit den Sätzen: „Können die Pubertierenden gar nichts für ihre Flegelhaftigkeit? Sind sie selbst Opfer ihrer primadonnenhaften Allüren und ihres rüpelhaften Gebarens? Es mag entnervte Eltern ein wenig trösten, dass es nicht an ihrer Erziehung liegt, sondern an der Biologie, wenn sich das Erwachsenwerden der Kinder schwierig gestaltet" (Bahnsen 2002, S.43). Mit dem Verweis auf die „entwicklungsbedingte Unterfunktion" des präfrontalen Kortex und der damit verbundenen mangelnden Fähigkeiten zur Impulskontrolle, zu Risikoabschätzung und Handlungsplanung wird dann in pragmatischer Hinsicht etwa die pädagogische Forderung in den Raum gestellt, Eltern müssten sich „manchmal so verhalten, als seien sie der präfrontale Kortex ihrer halbwüchsigen Kinder" (Strauch 2003, S. 55).

Letztlich führen aber all die mit großem Aufwand erhobenen und sicherlich interessanten Befunde unter pädagogischem Aspekt nicht viel weiter als das, was Winnicott schon Anfang der sechziger Jahre und gänzlich ohne Bezug auf irgendwelche neuronalen Entwicklungsprozesse im Gehirn über die „Heilung der Adoleszenz" gesagt hat: „Es gibt nur eine wirkliche Möglichkeit der Heilung für die Adoleszenz – sie kann für den Jungen oder das Mädchen, die gerade darinstecken, nicht interessant sein. Die Kur für die Adoleszenz liegt im Verstreichen der Zeit und muß den allmählichen Reifeprozessen überlassen bleiben; beides zusammen führt am Ende zur Entstehung des erwachsenen Menschen" (Winnicott 1984, S. 116).

Soziologische Positionen

14 Jugend als „Zeitgeistseismograph" und als „gesellschaftliche Avantgarde"

Gewissermaßen den diametralen Gegenpol zur Betrachtung der jugendtypischen Erscheinungen als Ausdruck biologischer Gegebenheiten, von hormonalen Einflüssen und neuronalen Umbauprozessen, stellt jene Perspektive dar, die Jugend als genuin soziales Phänomen betrachtet, als eine Teilkultur der Gesellschaft, in der sich in besonderer Weise Aspekte des jeweiligen „Zeitgeistes" verdichten, und aus der gleichzeitig besonders wichtige Impulse für die Weiterentwicklung der Gesellschaft herstammen. Hier geht es nun gerade nicht mehr um das Biologische, Naturgegebene, Entwicklungsbedingte und Wesenhafte dieser Lebensphase, sondern es geht darum, denjenigen, die gerade aktuell die Jugendphase durchlaufen, „auf den Puls zu fühlen", das jeweils Neue, Besondere, Spezifische der aktuellen Jugendgeneration zu beschreiben, die Veränderungstendenzen in den Einstellungen, Werten und Verhaltensweisen der Jugendlichen nachzuzeichnen und möglichst prägnante Etiketten zu ihrer Charakterisierung zu finden. Insgesamt ist die empirische Jugendforschung sehr stark soziologisch geprägt. Als Erklärungsgrund für die Merkmale und Besonderheiten der jeweiligen Jugendgeneration werden unter der soziologischen Prämisse vor allem gesellschaftliche Veränderungen angenommen. Die Jugend wird als Seismograph betrachtet, der in besonders sensibler Weise auf gesellschaftliche Problemlagen, Erschütterungen, Spannungen und Ungereimtheiten reagiert.

Die wohl wichtigste und einflussreichste Instanz bei der Erforschung von Jugend unter dieser Perspektive stellen in Deutschland die Shell Jugendstudien dar. Anlässlich des 50-jährigen Jubiläums der ersten Shell Jugendstudie wurde ein instruktiver Bildband veröffentlicht, der die Geschichte der Shell Jugendstudien und damit die Geschichte der deutschen Nachkriegsjugend noch einmal in markanten Bildern und Texten Revue passieren lässt. Im Vorwort äußert sich auch die deutsche Shell AG zu den Motiven ihres jahrzehntelangen Sponsorings von Jugendforschung. „Warum hat Shell in Deutschland sich ausgerechnet für das Thema Jugend entschieden? Jugend heißt Aufbruch, Auseinandersetzung, Blick nach vorn. Grundhaltungen, die auch im Unternehmen Shell elementar wichtig sind. Gleichzeitig zeigt die Beschäftigung mit der Jugend uns allen, welche Strömungen relevant sind und was in der Gesellschaft zählen wird. Denn es ist die Jugend von heute, die die Gesellschaft von morgen gestaltet" (Shell Deutschland 2002, S. 8).

Dieses Interesse daran, welche Strömungen relevant sind, welche Tendenzen sich in der Jugend abzeichnen, welche Einstellungen, Werte, Ziele und Zukunftsvorstellungen bei der Jugend als jener gesellschaftlichen Teilgruppe, die die Gesellschaft von morgen gestalten soll, vorherrschen, dürfte auch verantwortlich sein für die große Resonanz, die die jeweils neuesten Jugendstudien in den Medien und in der Öffentlichkeit erfahren. Freilich kommen die differenzierten Ergebnisse dieser umfangreichen empirischen Studien dort in der Regel nur in sehr holzschnittartiger Verkürzung, oft nur in Form von „Generationenlabels" an. Zu den wichtigsten Aufgaben bei der Abfassung solcher Studien gehört es denn auch, hier prägnante Formulierungen zu finden, um das jeweils „Generationstypische" auf den Punkt zu bringen.

In diesem Sinne wurden von den Jugendforschern in den letzten fünfzig Jahren etliche Jugendgenerationen beschrieben. Da gab es die „suchende und fragende Generation" der ersten Nachkriegsjahre, ihr folgte dann in den fünfziger Jahren die von Schelsky so bezeichnete „skeptische Generation", die Anfang der sechziger Jahre von der sogenannten „Generation der Unbefangenen" abgelöst wurde. Ein deutlicher Wandel ergab sich dann Ende der sechziger Jahre, als mit Jugendprotest und Studentenunruhen die „kritische Generation" auf den Plan trat. Da sich die großen Hoffnungen auf gesamtgesellschaftliche Umwälzungen, die mit dieser Zeit verbunden waren, doch nicht erfüllten, wurde die nachfolgende Jugendgeneration bisweilen als die „desillusionierte Generation" tituliert. Da es aber dennoch zu vielfältigen Veränderungen im Generationenverhältnis und im Lebensstil gekommen war, war auch von der „alternativen Generation" die Rede. Anfang der achtziger Jahre gab es noch eine heftige Debatte um den so genannten „Neuen Sozialisationstypus", d. h. um die Frage, ob sich die neue Jugendgeneration durch einen verstärkten Narzissmus, eine ausgeprägte Selbstbezogenheit und Verletzlichkeit, durch das Ausweichen vor Sachanforderungen und durch symbiotische Verschmelzungswünsche von früheren Jugendgenerationen unterscheide (vgl. Häsing/Stubenrauch/Ziehe 1981). Seitdem haben sich kaum mehr einheitliche Etiketten durchgesetzt, sondern es ist in der Jugendforschung eher von einer „Pluralisierung jugendlicher Lebensformen und -stile" die Rede, von Widersprüchen, die die gegenwärtige Jugendsituation kennzeichnen (vgl. Baacke/Heitmeyer 1985; Hornstein 1990), bzw. von der „Jugend zwischen Moderne und Postmoderne" (Helsper 1991), womit ja auch angedeutet ist, dass es kaum noch einheitliche Konturen gibt.

Auch außerhalb der wissenschaftlichen Jugendforschung haben sich freilich Autoren an der Suche nach prägnanten Generationsbeschreibungen beteiligt: Anfang der neunziger Jahre hat im Gefolge von Douglas Couplands Roman die Rede von der „Generation X" eine weite Verbreitung gefunden. Dabei bleibt diese Etikette freilich zunächst ziemlich offen und unbestimmt. „X" steht für eine unbekannte Größe und wurde häufig auch in dem Sinn verwendet, dass die Jugendgeneration der neunziger Jahre sich nicht durch eindeutige Charakteristika beschreiben lässt.

Das Buch „Generation Golf" von Florian Illies (2002[7]), das sich in etwa auf die gleiche Alterskohorte der zwischen 1965 und 1975 Geborenen bezieht, die auch Coupland im Blick hatte, zeichnet für die deutsche Jugendgeneration dieser Zeit freilich ein ganz anderes Bild. Hier sind es eher das verwöhnte Anspruchsdenken, die politische Naivität, die oberflächliche Lebenseinstellung sowie die Lust am Konsum, an der Selbstinszenierung und am schönen Schein, die bei dieser „Generationeninspektion" als charakteristisch beschrieben werden.

Klaus Farian hat mit seinem Buch „generation kick.de" vor allem die Event-Kultur und die permanente Suche nach aufregenden Erlebnissen, nach stimulierenden Gruppenerfahrungen und nach provozierenden Selbstinszenierungen in den diversen jugendkulturellen Szenen in den Mittelpunkt gerückt (Farian 2002).

Ein weiteres Generationenlabel hat der Freizeitforscher Horst Opaschowski mit der Bezeichnung „Generation@" geprägt (Opaschowski 1999). Im Zentrum dieser Studie steht die Auswirkung der neuen Medien auf die Alltags-, Freizeit- und Kommunikationskultur der heutigen Jugendlichen und jungen Erwachsenen. Dabei wird ein Trend zu distanzierten und eher oberflächlichen Kommunikationsformen deutlich (SMS, Chats, E-Mails). Es wird vor der Gefahr der Vereinsamung der „Bildschirmmenschen" gewarnt und vor der Tendenz zur Unverbindlichkeit und zur Beliebigkeit der Lebensstile, davor, dass Menschen sich künftig „durch ihr Leben zappen werden wie heute durch die TV-Kanäle".

Die zwei aktuellsten empirischen Jugendstudien, die gewissermaßen der ersten Jugendgeneration des neuen Jahrtausends auf den Puls gefühlt haben, haben ebenfalls markante Slogans gesucht, um das Gesamtbild auf einen Nenner zu bringen. Bei Zinnecker lautet dieser „null zoff & voll busy" und gewissermaßen als Credo dieser Generation gilt der folgende Satz aus dem Fragebogen, der besonders hohe Zustimmung gefunden hat: „Man sollte sein Leben leben und froh sein, wenn man nicht von außen belästigt wird". Hurrelmann hat in der neuen Shell Jugendstudie 2002 zur Kennzeichnung der aktuellen Jugendgeneration die Bezeichnung „Ego-Taktiker" geprägt, um den hohen Grad der Selbstzentriertheit heutiger Jugendlicher auf den Punkt zu bringen, und er charakterisiert die entsprechende Grundhaltung folgendermaßen: „Die vorliegenden Studien lassen es als gerechtfertigt erscheinen, den Sozialcharakter der Mehrheit der Jugendlichen heute als ‚Egotaktiker' zu bezeichnen. Egotaktikerinnen und Egotaktiker fragen die soziale Umwelt ständig sensibel nach Informationen darüber ab, wo sie selbst in ihrer persönlichen Entwicklung stehen. ... Hier gilt es das Beste aus der Situation zu machen und vorhandene Chancen so wahrzunehmen, wie sie sich anbieten. Zur egotaktischen Grundeinstellung gehört ein Schuss Opportunismus ebenso wie eine Portion Bequemlichkeit, eine abwartende und sondierende Haltung ebenso wie die Fähigkeit, im richtigen Moment bei einer sich bietenden Chance zuzugreifen" (Hurrelmann u. a. 2002, S. 33).

Die Jugendstudien basieren in der Regel auf der systematischen Befragung großer, repräsentativer Gruppen von Jugendlichen durch Meinungsforschungsinstitute. Was sind es eigentlich für Fragen, die hier an die Jugendlichen gestellt werden, um aus den Antworttendenzen dann im Endeffekt zu solchen Gesamteinschätzungen gelangen zu können wie etwa der von Hurrelmann? Ein Blick auf den Fragebogen der jüngsten Shell Jugendstudie kann einen Eindruck davon vermitteln.

Die Jugendlichen werden etwa gebeten, einzuschätzen, was ihrer Meinung nach bei ihren Altersgenossen heute „in" und was „out" ist, und dann werden ihnen Begriffe vorgelegt, die sie entsprechend einordnen sollen. Diese reichen von „Treue", „Karriere machen", „sich in die Politik einmischen", „an etwas glauben", „toll aussehen", über „Europa", „Aktien", „Technik", „sich selbständig machen", „Markenkleidung tragen", „Bioläden", „Verantwortung übernehmen" bis hin zu „studieren", „heiraten", „Drogen nehmen", „Bürgerinitiativen". Ein ziemlich buntscheckiges Sammelsurium von Reizworten also. Oder die Jugendlichen werden gebeten, zu der Frage Stellung zu nehmen: „Wie stellen Sie sich ihre eigene Zukunft vor? Man kann ja die Zukunft, wie das eigene Leben so weitergehen wird, eher düster oder eher zuversichtlich sehen. Wie ist das bei Ihnen?". Sie haben dann die Möglichkeit, sich für „eher düster", „eher zuversichtlich" oder „gemischt, mal so – mal so" zu entscheiden.

Angesichts des umfangreichen Fragenkatalogs kommen so eine große Datenmasse und eine unüberschaubare Menge von Detailergebnissen zustande. Nun ist es freilich nicht sonderlich interessant zu wissen, dass 81% der Befragten Technik für „in" halten (was immer das bedeuten mag) oder dass die Zielorientierung „fleißig und ehrgeizig sein" auf der siebenstufigen Skala einen durchschnittlichen Zustimmungswert von 5,4 erreicht hat. Interessant sind vor allem die ipsativen Vergleiche, d. h. die Rangfolgen der einzelnen Items. Und hier ist es dann schon ganz spannend, zu erfahren, dass bei der „in/out"-Liste „toll aussehen" und „Karriere" ganz oben rangieren oder dass bei den persönlichen Wertorientierungen die Dimensionen „Freundschaft", „Partnerschaft" und „Familie" die Spitzenplätze einnehmen.

Natürlich lassen sich all die Ergebnisse zu den einzelnen Fragen dann auch noch vielfältig differenzieren und korrelieren: nach Alter, nach Geschlecht, nach West- und Ostdeutschen, nach Stadt- und Landbevölkerung, nach Bildungsgrad, nach sozioökonomischem Hintergrund, nach kulturellem Kapital und politischem Engagement in der Herkunftsfamilie.

Von besonderem Interesse sind dabei auch immer die Zeitvergleiche und damit die Feststellung von markanten Verschiebungstendenzen innerhalb bestimmter Zeiträume. Da ein bestimmter Pool von Fragen gewissermaßen zum „Stamminventar" gehört, der bei jeder Erhebung abgefragt wird, lassen sich hier interessante Zeitreihen bilden. So ist es z. B. interessant zu sehen, wie die Einschätzungen hinsichtlich der persönlichen und gesellschaftlichen Zukunft immer wieder in Abhängigkeit von der politischen und wirtschaftlichen Großwetterlage schwanken oder wie sehr sich die Antworttendenzen zu der Frage nach der Zustimmung zum elterlichen Erziehungsverhalten im Laufe der Jahre verschoben haben. Während die Zahl derer, die angaben, sie wollten ihre Kinder später einmal „genauso" oder zumindest „ungefähr so" erziehen wie sie selber von ihren Eltern erzogen worden sind, in den fünfziger Jahren zwischen siebzig und achtzig Prozent lag und dann im Jahr 1984 bis auf 47% zurückging, lag er bei der jüngsten Befragung im Jahr 2002 wieder bei 69%.

Mit den einheitlichen Generationscharakteristika wird es angesichts der Pluralisierung jugendlicher Lebensstile und Wertorientierungen immer schwieriger. Schon in der 85er Shell Studie haben die Autoren leicht ironisch festgestellt: „Die Jugend ist ziemlich jung und sehr verschieden" (Shell Deutschland 2002, S. 65). Weil es andererseits doch immer darum geht, die immense Komplexität der Daten irgendwie sinnvoll zu reduzieren und zu strukturieren, sind die neueren Jugendstudien zunehmend dazu übergegangen, clusteranalytisch nach besonders prägnanten „Konfigurationen" von zusammengehörigen Einstellungen, Orientierungsmustern, Selbsteinschätzungen, Verhaltensweisen und Herkunftssituationen zu suchen und auf diesem Weg, wenn auch nicht mehr eine einheitliche kompakte Jugendgeneration, so doch die vorherrschenden „Wertetypen" in der gegenwärtigen Jugendszene zu beschreiben.

Nach Klaus Hurrelmann, der die jüngste Shell Jugendstudie mitkonzipiert hat, geht es bei der Untersuchung der Jugend nicht nur darum, zu sehen, wieweit die nachwachsende Generation bereit ist, „die Gesellschaft von morgen zu gestalten", indem sie sich anschickt, in die Fußstapfen der Alten zu treten, sondern nach seiner Einschätzung hat sich unter dem Vorzeichen der gesellschaftlichen Modernisierung und Individualisierung etwas Grundsätzlicheres im Generationenverhältnis verändert. Der menschliche Lebenslauf würde zunehmend „entstrukturiert", d. h. auch für die Erwachsenen würden die traditionellen Leitlinien der standardisierten Lebenslaufgestaltung – Berufslaufbahn, Partnerschaft, Familiengründung – zunehmend brüchiger. Auch ihnen würde heute sehr viel größere Leistung bei der Gestaltung des eigenen Lebenslaufs abverlangt, auch sie müssten heute das Bild ihrer eigenen Person und ihre Lebensplanungen flexibel weiterentwickeln, müssten ständig ihre eigenen Ansprüche mit denen ihrer Mitmenschen aushandeln und sich in der Pluralität der möglichen Lebensstile zurechtfinden. „Das ‚moderne Individuum' benötigt eine hohe Flexibilität und ausgeprägte Kapazität der Selbststeuerung mit der Fähigkeit, das eigene Handeln auch selbstwirksam zu beeinflussen. Ein ‚innerer Kompass' ist notwendig, um die Vielfältigkeit von Handlungsanforderungen und Aktionsalternativen sinnvoll zu bewältigen" (Hurrelmann 2003, S. 17).

Diese Such- und Orientierungsleistungen, die traditionell der Jugendphase, dem „psychosozialen Moratorium", zugeordnet wurden, und die nach traditioneller Vorstellung dann irgendwann mit einer „gefestigten Identität" und einem klaren Bewusstsein vom „eigenen Weg" und vom „eigenen Platz in der Gesellschaft" endeten, dehnten sich damit tendenziell über die ganze Lebensphase aus. Damit verliere die Jugendphase ihren Vorbereitungs- und Durchgangscharakter und werde prototypisch für die menschliche Lebensgestaltung in der Moderne. Gleichzeitig wird damit die Jugend noch in einem ganz anderen Sinne zur gesellschaftlichen Avantgarde. Nicht nur in dem sie neue Trends setzt und lebt, neue Stile hervorbringt, die dann bisweilen vom Mainstream der Gesellschaft aufgegriffen werden, sondern in dem sie in besonders prägnanter Weise zeigt, was es heißt, unter den Bedingungen von Individualisierung und Globalisierung und angesichts „riskanter Chancen" (Beck/Beck-Gernsheim) und unabsehbarer Entwicklungen sein „eigenes Leben" (vgl. Beck u. a. 1995) zu leben. „Die Lebensbewältigung im Jugendalter ist zu einem Paradigma für die gesamte Lebensspanne geworden. Die scheinbar spezifischen Probleme der Adoleszenz breiten sich im gesamten Lebenslauf aus" (Hurrelmann 2003, S. 122).

15 Jugend als „gesellschaftliches Konstrukt"

Aus Hurrelmanns These geht schon hervor, dass der Status von Jugend in ihrer Relation zu den erwachsenen Gesellschaftsmitgliedern offensichtlich Veränderungen unterworfen ist. Die These von der „Jugend als einem Konstrukt", die in der jüngeren Diskussion zum Thema Jugend ziemlich populär ist, radikalisiert nun die These von der historischen Wandelbarkeit und damit von der gesellschaftlichen Relativität von Jugend. In dieser Perspektive ist Jugend keine anthropologische Grundgegebenheit mehr, keine durch biologische Reifungsvorgänge ausgelöste Entwicklungsphase, sondern eine Vorstellung, die in einem bestimmten historischen Kontext entsteht und dort aus bestimmten Gründen Relevanz gewinnt. In einer berühmten Formulierung hat Musgrove diese Sicht von Jugend als eine Erfindung der bürgerlichen Gesellschaft folgendermaßen zugespitzt: „Die Jugend wurde zur selben Zeit erfunden wie die Dampfmaschine. Der Konstrukteur der letztgenannten war Watt im Jahre 1765, der Erfinder der erstgenannten Rousseau im Jahre 1762" (Musgrove 1966, S. 33). Etwas abgemildert heißt es in Münchmeiers Text „Jugend als Konstrukt": „Jugend, wie wir sie heute kennen, als eigene Lebensphase zwischen Kindheit und Erwachsensein, mit eigenen Ordnungen und Aufgaben, ist ein Produkt und Projekt der europäischen Moderne seit dem Beginn des Industrialisierungsprozesses im 19. Jahrhundert" (Münchmeier 1988, S. 104).

Die Rede davon, dass etwas „ein Konstrukt" bzw. „eine soziale Konstruktion" sei, ist in der gegenwärtigen Sozialwissenschaft sehr geläufig. Bezüglich so elementarer Sachverhalte wie „Kindheit", „Mutterschaft", „Familie", „Behinderung", „Krankheit", „Geschlecht", „Wahnsinn" wurde und wird immer wieder die Frage aufgeworfen, inwieweit es sich dabei um Konstrukte handle. Ian Hacking hat in einem lesenswerten Buch mit dem Titel „Was heißt ‚soziale Konstruktion'? – Zur Konjunktur einer Kampfvokabel in den Wissenschaften" (Hacking 1999) diesen Trend einer recht differenzierten Analyse unterworfen. Als gemeinsame Merkmale der Rede davon, dass X ein „Konstrukt" sei, hat er dabei die folgenden hervorgehoben: „Die Existenz oder Beschaffenheit von X ist nicht vom Wesen der Dinge festgelegt. X ist nicht zwangsläufig. X verdankt seine Existenz oder Ausprägung sozialen Ereignissen und Kräften, einer Geschichte, die durchaus auch hätte anders verlaufen können" (ebd., S. 20).

Bekannt geworden sind vor allem die sozialhistorischen Relativierungen von Kindheit durch die Bücher von Aries, deMause und Postman. In plakativer Verkürzung gehört die Behauptung, dass es „im Mittelalter keine Kindheit gegeben hätte", dass Kinder damals „wie kleine Erwachsene" betrachtet und behandelt worden wären und dass in unserer Zeit schließlich die „Kindheit wieder am verschwinden sei", zu den problematischen Lieblingsweisheiten heutiger Pädagogikstudenten. Wenn also schon die Kindheit in ihrer gesamten Existenz oder Nichtexistenz angeblich so sehr von gesellschaftlichen Rahmenbedingungen abhängig ist, um wie viel mehr muss dies dann erst auf die Jugend zutreffen, die ja nun ganz offensichtlich in sehr viel größerem Maße am historischen Prozess teilhat. In dieser sozialkonstruktivistischen Sicht werden dann bisweilen alle traditionellen Beschreibungen, die die Erscheinungen des Jugendalters auf biologische, entwicklungsbedingte Hintergründe zurückführen, als ideologische Konstrukte „dekonstruiert", also „entlarvt" und zurückgewiesen: So ist zum Beispiel bei Stone/Church zu lesen: „Viele Autoren haben die mit der Pubertät einhergehende physiologische Umwälzung für die Turbulenz dieses Alters verantwortlich gemacht, und unter bestimmten Umständen auch die Diskrepanz zwischen der sexuellen Reife des Jugendlichen und seiner geistigen Unreife. Inzwischen erscheint es als offensichtlich, daß diese Erklärung nicht stichhaltig ist. Einmal gibt es Gesellschaften, und auch Teile unserer eigenen Gesellschaft, in denen das Jugendlichenalter keine Sturm- und Drangzeit ist. Obwohl alle jungen Menschen die körperlichen Veränderungen der Adoleszenz erfahren, zeigen also nur Jugendliche bestimmter Kulturen das Verhalten, das wir als charakteristisch für dieses Alter ansehen. ... Wir sind daher gezwungen, die Adoleszenz als ein kulturelles Phänomen anzusehen, das in der Art und Weise begründet ist, in welcher die Menschen in den europäischen Gesellschaften die Tatsache des körperlichen Heranreifens auffassen" (Stone & Church 1978, 221f.). Und sie kommen schließlich zu dem Fazit: „Die wesentliche, aus dem Vergleich unserer Kultur mit anderen Kulturen hervorgehende Tatsache ist, daß die psychische Adoleszenz nicht eine selbstverständliche Folge der physischen Adoleszenz, sondern ein Kulturphänomen ist, hervorgerufen durch eine Verzögerung in der Annahme von Erwachsenenrollen" (ebd., S. 223).

Neben der historischen Dimension wird hier auch noch die kulturvergleichende, ethnologische Dimension als Argument für die gesellschaftliche Konstruktion von Jugend ins Feld geführt. Wenn Jugend aus dieser Perspektive also kein naturgegebener Sachverhalt ist, sondern eher ein komplexer Vorstellungs-, Erwartungs-, Zumutungs- und Möglichkeitsraum, den die „herrschende" erwachsene Majorität der Gesellschaft für ihren Nachwuchs bereit hält, dann stellt sich natürlich die Frage, unter welchen gesellschaftlichen Bedingungen die Schaffung einer solchen Raumes und damit die Ausgestaltung einer Jugendphase als eines psychosozialen Moratoriums gesellschaftlich notwendig, oder zumindest nahe liegend wird.

Schaut man auf unterschiedliche traditionelle und moderne Gesellschaftsformationen, dann ergibt sich ein auffälliger Zusammenhang: Je traditionsgebundener, „archaischer" und damit auch je statischer, in sich selbst ruhender eine Gesellschaft ist, desto weniger gibt es dort so etwas wie ein „psychosoziales Moratorium" als einen Experimentierraum, in dem die Jugendlichen ihr eigenes jugendkulturelles Leben entfalten können und dabei noch von der vollen Last der gesellschaftlichen Verpflichtungen freigestellt sind; um so abrupter und schockartiger, gleichzeitig umso organisierter und ritualisierter verläuft dort dann der Übergang vom Status des Kindes zu dem des vollwertigen erwachsenen Gesellschaftsmitgliedes. In der Regel wird dieser Übergang in solchen archaischen Gesellschaften durch „Initiationsriten" inszeniert und symbolisch bekräftigt.

Je „moderner" eine Gesellschaft ist, und das heißt eben auch je dynamischer, offener, fortschrittsorientierter, desto mehr verlieren offizielle „Initiationsrituale" dort an Bedeutung und desto mehr Entfaltungs- und Experimentierraum wird gleichzeitig dem Nachwuchs zugestanden, um seine eigenen Lebensformen, Umgangsweisen und Weltsichten zu entwickeln.

Der Ethnopsychoanalytiker Mario Erdheim hat in seiner Theorie über Adoleszenz und Kulturentwicklung (1982) diesen markanten Zusammenhang in den Mittelpunkt gestellt. Er greift die von Lévi-Strauss stammende Unterscheidung zwischen „kalten" und „heißen Gesellschaften" auf und untersucht die Zusammenhänge, die zwischen der gesellschaftlichen Grundkonstellation und der jeweiligen Ausprägung der Adoleszenz bestehen.

In „heißen Gesellschaften" ist im Gegensatz zu den traditionsgebundenen, statischen Gesellschaften die gesellschaftliche Veränderungsdynamik in Gang gekommen und im Bewusstsein der Menschen präsent. Den Erwachsenen ist im Prinzip klar, dass die Lebensverhältnisse, in denen sich ihre Kinder einst bewähren müssen nicht mehr die gleichen sein werden wie die ihrer Väter oder gar die ihrer Vorväter. Von daher verliert die ritualisierte, punktuelle, von den Erwachsenen zeremoniell gestaltete Einführung und Einbindung in das traditionelle Erbe seine Funktion. Die Jugendphase dehnt sich zeitlich aus, ein „psychosoziales Moratorium", eine der Jugend von der Erwachsenengeneration zugestandene Explorations- und Experimentierphase bildet sich heraus. Diese ist einerseits Folge, andererseits aber auch Motor des kulturellen Wandels. Die Adoleszenz stellt per se eine Entwicklungsphase dar, in der die bisher ausgebildeten psychischen Strukturen, die im familiären Rahmen ausgebildeten Identifikationen, Überzeugungen und Ideale aufgeweicht werden. Gleichzeitig kommt es mit der pubertären Triebentwicklung zum Erleben neuer irritierender Wünsche, Sehnsüchte und Phantasien. Hinzu kommt in der Regel eine massive Verstärkung des Narzissmus im Sinne eines genaueren Gewahrwerdens und einer Bedeutungsaufladung der eigenen Ideen, Bedürfnisse, Interessen und damit zwangsläufig zu einem Prozess der Infragestellung familiärer Gewohnheiten und kultureller Selbstverständlichkeiten. All dies, die Labilisierung bisheriger Orientierungen, die „Verflüssigung" psychischer Strukturen, die Bedeutungsaufwertung des eigenen Ichs, stellt eine Gemengelage und ein kreatives Potential dar, für das in „heißen Gesellschaften" kein entsprechendes „Kühlsystem" in Form von „Initiationsritualen" mehr zu Verfügung steht. Ja, „heiße Gesellschaften", mit ihrem „gierigen Bedürfnis nach Veränderung" (ebd., S. 289), nach Neuem, haben auch gar nicht mehr das Interesse nach einer grundlegenden Unterdrückung dieser Veränderungsimpulse. Vielmehr gewinnt hier gerade die Jugendgeneration eine besondere Bedeutungsaufwertung als „innovative Kraft", als „Trendsetter", als „Speerspitze des Fortschritts". Durch diese prinzipielle gesellschaftliche Aufwertung von Jugendlichkeit, durch die enorme Ausdifferenzierung der unterschiedlichen jugendkulturellen Stile und Moden, durch die mit den Medien gegebene blitzartige globale Verbreitung neuer Trends und ihre ebenso rasche kommerzielle Verwertung durch die Mode-,

Musik- und Unterhaltungsindustrie hat sich tendenziell die Situation vielleicht sogar umgekehrt: Die gesellschaftlichen Gegebenheiten mit denen sich Jugendliche in dieser Phase inneren Umbruchs konfrontiert sehen, wirken heute eher im Sinne eines „Durchlauferhitzers" als im Sinne eines „Kühlsystems".

Erdheim hat zwar als Kulturanthropologe durchaus die großen kulturellen Unterschiede in der Ausprägung dessen, was „Jugend" bedeuten kann, im Blick. Aber er ist dennoch kein radikaler Konstruktivist in dem Sinne, dass er jegliche Aussage über anthropologisch gegebene alterstypische Grundbefindlichkeiten und Grundbedürfnisse als bloße „Erfindungen" bzw. als bloße „soziale Konstruktionen" verwirft. Vielmehr geht es ihm darum, zu zeigen, welch unterschiedliche Entfaltungsmöglichkeiten diesen Bedürfnissen in unterschiedlichen Kulturen zugestanden wird und in welchen Kulturen damit überhaupt ein Raum für die Ausformulierung differenzierterer Vorstellungen davon, was Jugend und Jugendkultur ausmacht, entstehen kann.

Wer sind aber in diesen modernen, „heißen" Kulturen die „Konstrukteure" von Jugend? Zunächst wohl diejenigen literarischen und wissenschaftlichen Autoren, die prägnante „Bilder des jugendlichen Seelenlebens" entworfen haben. Zum anderen hatten natürlich auch die traditionellen Erziehungsmächte, also Schulen, Jugendverbände, Parteien, Kirchen etc., ein spezifisches Interesse an der Jugend und ihre je unterschiedlichen Vorstellungen davon, wie die Jugend ist, was sie braucht und wie eine sinnvolle pädagogische Begleitung aussehen könnte.

Hier, bezüglich der Frage nach den maßgeblichen Autoritäten und den Modalitäten des „Konstruktionsprozesses" von Jugend, hat sich nun nach Zinnecker in den letzten Jahrzehnten ein deutlicher Umbruch ergeben. In diesem Sinn schreibt er unter der Überschrift: „Jugend als kulturelle Konstruktion": „Die Zeit nach der Jahrhundertmitte ist dadurch gekennzeichnet, daß altgediente Konstrukteure von Jugend abtreten und die Macht der kulturellen Definition an *Newcomer*-Institutionen auf diesem Feld übergeht. Zu denen, die gezwungenermaßen ins zweite Glied zurücktreten, gehören die (industriellen) Arbeitsorganisationen, die großen Kirchen, das Militär, die lokale Nachbarschaft, der traditionale, erwachsenengeleitete Jugendverband. Als Gewinner gehen aus der Umbruchsituation zwischen industrieller Arbeits- und konsumierender Dienstleistungsgesellschaft die Massenmedien, die Freizeit- und Konsumindustrie, das Bildungs- und Wissenschaftssystem – und die Jugendlichen selbst hervor. Der Modus der Konstruktion von Jugend verändert sich dabei von einer autoritativ ‚verordneten' Zuschreibung durch Institutionen, die direkte Verfügungsgewalt über Jugend haben, in Richtung eines marktgenerierten Wettbewerbs um die zugkräftigste – marktgerechteste – Definition des Jungseins. Medien und Konsumindustrie treten auch nicht als direkte Kontrolleure von Jugendlichen auf, sondern als indirekt operierende Agenten, die sich zudem als Stellvertreter und Erfüllungsgehilfen jugendlicher Wunschproduktion geben. Damit gehen sie auf Konfrontationskurs zu pädagogischen, staatlichen Kontrolleuren und Konstrukteuren von Jugend und agieren zugunsten lebensgeschichtlich vorverlagerter Emanzipation der Heranwachsenden von kindlicher und jugendlicher Abhängigkeit und Unmündigkeit. Der verminderte pädagogische Druck und die veränderte gesellschaftliche Legitimitätslage gibt jugendlichen Akteuren gewisse Chancen, in den kulturellen Konstruktionsprozeß mit Eigeninteresse einzugreifen. Die veränderte Kontrollage veranlasste einige Jugendforscher, das generelle historische Ende einer durch autorisierte Instanzen kontrollierten Jugendphase in Europa zu diagnostizieren" (Zinnecker S. 477f.).

Die unter soziologischer Perspektive gestellten Diagnosen bezüglich des Generationenverhältnisses und der rechten „Konstruktion" von Jugend sind also ziemlich widersprüchlich: Während Hurrelmann die Position vertritt, die Formen der Lebensbewältigung im Jugendalter seien zu einem Paradigma für die gesamte Lebensspanne geworden, und die scheinbar spezifischen Probleme der Adoleszenz würden sich zunehmend im gesamten Lebenslauf ausbreiten, es käme also gewissermaßen zu einer Bedeutungsaufwertung von Jugend, sieht Hornstein angesichts des gesellschaftlichen Wandels und des damit verbundenen „Strukturwandels der Jugend" eher einen Bedeutungsverlust, gar ein Verschwinden der Kategorie Jugend: „In ihrer allgemeinsten Form besagt die These vom ‚Strukturwandel der Jugend', daß sich gegenwärtig nicht nur einzelne Verhaltensweisen, Orientierungsmuster und Einstellungen der Jugendlichen wandeln, sondern daß innere Qualität, Zuschnitt und Aufgabenstruktur des Jugendalters, das, was Jugend historisch-gesellschaftlich war, sich in unseren Tagen auflöst, an sein Ende gekommen ist, d. h. daß die Kategorie Jugend selbst (nicht nur die Verhaltensweisen der Jugendlichen) fragwürdig geworden ist und zur Disposition steht" (Hornstein 1988, S. 71). Dabei sieht Hornstein als Kern des Modells „Jugend" vor allem den Aspekt der Vorbereitung und Qualifikation für das spätere Leben, speziell für die Aufgaben des Berufs. Da die gesellschaftlichen Zukunftsversprechen aber zunehmend brüchiger, die Koppelungen von Ausbildungs- und Berufssektor zunehmend lockerer und ungewisser würden und die Jugendlichen somit ihre biographischen Chancen zunehmend in Frage gestellt sehen, würde auch ein zentrales Strukturmoment dessen, was „Jugend" bisher ausgemacht habe, wegbrechen. Zinnecker schließlich konstatiert nicht einen Verlust, sondern eher eine Befreiung der Jugend von traditionellen erwachsenen Definitionsansprüchen und begrüßt den Gewinn an Autonomie und an Möglichkeiten, in den kulturellen Konstruktionsprozess aktiv mit einzugreifen.

16 Jugend als Selbstsozialisation und Selbstinitiation

Der Hinweis Zinneckers, dass die maßgeblichen Autoritäten für die Konstruktion von Jugend sich ebenso gewandelt haben wie die „Konstruktionsmodalitäten", dass die Jugendlichen selbst heute größeren Einfluss auf diese Konstruktions- und Definitionsprozesse haben als früher, legt einen weiteren Deutungsaspekt von Jugend nahe, der in jüngster Zeit größere Aufmerksamkeit gefunden hat. Nicht nur im Hinblick auf die gesellschaftliche Definitionsmacht bezüglich dessen, was Jugend ist und wie Jugend sei, ist demnach die Autorität der Erwachsenen am Schwinden, sondern auch bezüglich der realen Einflüsse darauf, was Jugendliche denken, empfinden und tun.

Traditionell waren mit dem Begriff der Sozialisation ja eher die prägenden Einflüsse der Umwelt gemeint. So ist etwa in Böhms Wörterbuch der Pädagogik zu lesen: „*Sozialisation*, allg. Begriff für die soziale Prägung des Menschen durch Umwelt und → Milieu in Abgrenzung sowohl zu → Enkulturation als kultureller Bildung und → Personalisation als selbstschöpferischer Entfaltung der eigenen Personalität als auch zur → Erziehung als geplanter Lernhilfe. In übergreifendem Sinn faßt S. die komplexen, vielfältig differenzierten Prozesse der Vergesellschaftung des (heranwachsenden) Menschen zusammen." (Böhm 1982[12], S. 491). Der Begriff der „Selbstsozialisation" wäre nach diesem traditionellen Begriffsverständnis ein Widerspruch in sich selbst. Denn nach diesem traditionellen Begriffsverständnis ist Sozialisation per se „Fremdsozialisation". Hurrelmann hat dann zwar 1983 mit seinem Begriff des „produktiv realitätsverarbeitenden Subjekts" eine Formel geprägt, die die interpretierenden, stellungnehmenden, aktiv auswählenden und zurückweisenden Eigenleistungen des Subjekts irgendwie in das Sozialisationskonzept zu integrieren versuchte, und die für die jüngere Sozialisationsforschung höchst bedeutsam wurde. Dennoch blieb die angemessene Berücksichtigung der Subjektseite der prekäre Punkt in der Sozialisationsforschung (vgl. Bittner 1996; Vogel 1996).

Mit „Initiation" war im traditionellen Verständnis die Einführung der Novizen in die neuen Rollen gemeint. Sei es im ethnologischen Sinn die zeremonielle Überführung des pubertierenden Stammesnachwuchses in den Status eines vollwertigen Stammesmitgliedes, meist zugleich verbunden mit symbolischen Markierungen eines „Stirb-und-werde-Prozesses" und mit der Einweihung in kulturelle Geheimnisse und Überlieferungen, sei es im Sinne der feierlichen Aufnahme eines Novizen in eine besondere Gemeinschaft, wie etwa einen religiösen Orden, eine Bruderschaft oder einen Geheimbund. Solche Initiationsprozesse finden in der Regel in bestimmten rituellen Formen und unter der Regie besonders ehrwürdiger und verdienter Mitglieder jener Gemeinschaft statt, in die hinein die Aufnahme der Novizen erfolgen soll. Der Begriff der „Selbstinitiation" ist auch hier zunächst ein Widerspruch in sich selbst.

In Baackes Buch „Die 13 bis 18-jährigen" gibt es ein Kapitel mit dem Titel: Jugend als Initiation. Darin geht Baacke zunächst auf die Initiationsriten von Naturvölkern ein und auf die biographische Rolle, die die Militär- und Kriegserfahrungen für viele Jugendliche im vergangenen Jahrhundert in Europa gespielt haben. Dann aber zieht er den Vergleich zur aktuellen Jugendsituation: „Während die Initiationsriten in den Naturvölkern selbstverständlich, aber auch bei uns bisher von den Erwachsenen ersonnen und kontrolliert wurden, entwickelt die Jugend in den westlichen Gesellschaften zunehmend eigene rites de passage, also solche, die von der Erwachsenengeneration nicht unmittelbar geplant oder gewollt sind" (Baacke 1979, S. 25).

Unter „Selbstinitiation" werden dabei dann jene Arrangements und Prozeduren verstanden, die Jugendliche heute in eigener Regie inszenieren, um sich selbst ihres „Nicht-mehr-Kind-Seins" zu versichern, um Statuspassagen sichtbar zu markieren oder um sich gegenseitig beim Eintritt in neue Erfahrungsfelder jenseits der Familie zu unterstützen. Sei es in Form von Mutproben, gemeinsamen Grenzüberschreitungen oder in der Ausbildung von eigenen Gruppenstrukturen mit eigenen Ritualen.

Ein interessantes Beispiel für einen solchen Akt der „Selbstinitiation" findet sich wiederum in Benjamin Leberts „Crazy": Die Gruppe der fünfzehnjährigen Schüler ist aus dem Internat ausgebüxt und hat sich auf den Weg nach München gemacht. Dort landen sie schließlich in einer Stripteasebar und Benjamin, der Ich-Erzähler, wagt es, unter der Anfeuerung seiner Kumpels, der Tänzerin einen Geldschein in den Slip zu stecken. Nach vollbrachter Heldentat entspinnt sich folgender Dialog zwischen den Jungen, die sich angesichts von so viel erwachsenenmäßiger, männlicher Coolness in euphorischer Stimmung befinden und sich wechselseitig ihre Grandiosität bestätigen:

„*Ihr wisst schon, daß ihr die Besten seid, oder?*" *frage ich.*
„*Die Besten, die ich je hatte.*"
„*Ja, ja*", *erwiderte Kugli.* „*Das wissen wir. Du bist betrunken.*"
„*Vielleicht bin ich das*", *entgegnete ich.* „*Aber ihr wisst, daß ihr die Besten seid. Die Besten, die ich je hatte.*"
„*Ja – und du bist auch der Beste, den wir je hatten*", *sagte Kugli genervt.* „*Das wissen wir!*"
„*Du bist sogar der Allerbeste*", *wirft Troy ein. Er lacht wieder.*
„*Wir sind alle die Besten*", *erwidere ich.* „*Helden. Crazy.*"

Und etwas später dann:
"Was war das Ganze?" fragt der dicke Felix. "Unser Ausbruch aus dem Internat? Die Flucht? Die Fahrt mit dem Bus? Dem Zug? Der Untergrundbahn? Das Striplokal? Für was das Ganze? Für wen war es gut? Wie könnte man es bezeichnen? Als Leben?"
Ich überlege. Für meinen geschundenen Kopf ist das alles ein wenig zu viel. Tief atme ich ein. Öffne den Mund: "Ich glaube, man könnte es als eine Geschichte bezeichnen", antworte ich. "Eine Geschichte, die das Leben schreibt" ...
"War es denn eine gute Geschichte?" fragt er. "Von was handelte sie? Von Freundschaft? Von Abenteuern?" (Lebert 2000)

Wenn sich unter dem Druck gesellschaftlicher Individualisierung traditionelle Milieus mit relativ geschlossenen Weltbildern und verbindlichen Lebensmustern zunehmend auflösen, wenn die Lebensmodelle und Wertorientierungen vielfältiger und diese Pluralität durch die Medien (die ja in der Regel gerade an den Kuriositäten und Extremen, die vom Mainstream möglichst weit abweichen, ein besonderes Interesse haben), zudem omnipräsenter wird, dann ist es offensichtlich, dass auch der Sozialisationsprozess immer weniger einfach als „Weitergabe-" und „Prägungsprozess" gedacht werden kann. Denn dann kommt den subjektiven Prozessen der Auswahl, der Bedeutungszuschreibung, der Exploration, der Hinwendung zu bestimmten Facetten dieses Kosmos und der Ablehnung anderer Facetten eine immer größere Bedeutung zu. Die Vorgaben der Eltern und Lehrer sind dann nicht mehr die verlässlichen Richtlinien dafür, was im Leben in dieser Gesellschaft wichtig und richtig ist, sondern sie sind nur mehr eine Ansicht unter vielen, eben eine „erwachsenenmäßige" und damit in den Augen der Jugendlichen häufig eine eher altmodische, langweilige und lustfeindliche. Schon Kinder, aber mehr noch Jugendliche, bestimmen durch ihre Entscheidungen ihre eigene Entwicklung maßgeblich mit. Sie wählen aus zwischen Freunden und Cliquen, zwischen Orten und Institutionen, mit/in denen sie ihre Zeit verbringen, zwischen jugendkulturellen Stilen und Aktivitäten, zwischen Bildungs-, Freizeit- und Konsumangeboten, zwischen Musikrichtungen und Fernsehsendern, zwischen Kinofilmen und Computerspielen, zwischen Werten und Vorbildern, die sie toll, „fett" oder „cool" finden. Und sie bestimmen durch diese Wahlen, durch das damit entstehende Profil von Erfahrungsräumen, in denen sie sich bewegen, die „prägenden Einflüsse", die „Milieus", denen sie ausgesetzt sind, selbst maßgeblich mit.

Jedoch vollzieht sich dieser Prozess heute wohl kaum noch in der Form einsamer selbstreflexiver Idealbildung oder als Vollzug eines bewussten Vorsatzes der „Selbstvervollkommnung", der gezielten Inthronisation des „Königs-Ichs" und der zielstrebigen Arbeit an der Überwindung all jener persönlicher Schwächen und Unzulänglichkeiten, die hinter dieser Idealsetzung zurückbleiben (wie man dies etwa in den Tagebuchaufzeichnungen von idealistisch gesonnenen jugendbewegten Jugendlichen zu Beginn des 20. Jahrhunderts durchaus vorfinden kann). Die Regel ist wohl eher die Entscheidung für bestimmte Richtungen und Trends innerhalb der Vielfalt des gleichzeitig Vorhandenen und damit letztlich doch ein Mitschwimmen in bestimmten Teilströmungen des sehr viel breiteren gesellschaftlichen Mahlstroms, die als besonders attraktiv erscheinen. Von daher bedeuten diese Entscheidungen für bestimmte Trends, Vorlieben, Styles meist eben auch die Entscheidung für bestimmte Gruppierungen Gleichaltriger (und umgekehrt). Wenn es einen Konsens in der jüngeren Jugend- und Sozialisationsforschung gibt, dann darüber, dass die Bedeutung solcher Peergroup-

Einflüsse in den letzen Jahrzehnten deutlich zugenommen hat. „Als Aktivität einer Gruppe oder einer ganzen Generation verstanden, bezeichnet Selbstsozialisation die Sozialisation der Peers, also den Tatbestand, daß Kinder und Jugendliche sich gegenseitig selbst sozialisieren, auch ohne Beihilfe der älteren Generation" (Zinnecker 2000, S. 282). Dies entspricht dem Muster des „konfigurativen" Transfers von Kultur, also der Weitergabe durch die Gruppe der Altersgleichen, welches Margaret Mead schon 1968 dem „postfigurativen" Muster gegenübergestellt hatte, bei dem die Überlieferung durch Ältere im Vordergrund steht. Entsprechend kommt Zinnecker beim Blick auf die aktuelle Forschungslandschaft der Kindheits- und Jugendforschung zu dem Fazit: „In vielen aktuellen Untersuchungen spiegelt sich die Überzeugung wider, daß die entscheidenden Impulse zur Sozialisation heute von den Peers und nicht mehr von den Sozialisationsinstanzen der älteren Generation herrühren" (ebd., S. 283).

Unter anderem wegen dieses Trends zur Selbstsozialisation und zum stärkeren sozialisatorischen Einfluss der Peers und der Medien hat Giesecke schon 1985 das „Ende der Erziehung" proklamiert und auch Zinnecker stellt die Frage danach, „wie ... es um Erziehung und Pädagogik in einer Epoche der Selbstsozialisation" steht (ebd., S. 285). Auch seine Einschätzung ist ziemlich skeptisch: „Die planmäßige und professionell betriebene Veränderung von Personen der nachwachsenden Generation will vielfach nicht mehr gelingen. Das Misslingen geht deutlich über das hinaus, was in den siebziger Jahren als ‚Technologiedefizit der Pädagogik' beschworen wurde (Luhmann/ Schorr 1982). Eher lassen sich die Haupt- und Nebeneffekte der Pädagogik als ‚Irritationen' beschreiben, die unvorhersehbare Prozesse der Selbstsozialisation bei Kindern und Jugendlichen auslösen. Voraussagbar ist jedenfalls, daß eine absichtsvoll zum Zweck der Erziehung betriebene Kommunikation zwingend damit einhergeht, daß Motive der Ablehnung und des Eigensinns sich bei den Adressaten verdoppeln" (ebd.). – Keine besonders rosigen Aussichten für die Pädagogik!

Pädagogische Positionen

17 Jugend als Rebellion und Provokation

Dies ist vermutlich die gängigste Vorstellung im Hinblick auf das Jugendalter. Irgendwie gehören der Gestus der Rebellion und die Lust an der Provokation dazu wie der Stimmbruch und das Sprießen des ersten Bartflaumes. Es ist weniger ein wissenschaftliches Deutungsmuster, sondern zunächst die aus Alltagserfahrungen stammende, „lebensweltorientierte" Vorstellung, die gerade bei Schilderungen aus der Perspektive von Eltern und Lehrern besonders im Vordergrund steht. Zugleich ist dieser Aspekt in der wissenschaftlichen Jugendforschung ziemlich unterbelichtet. Dort wird, mit Bezug auf die Antworten, die die Jugendlichen in standardisierten Fragebögen abgeben und bei denen dann etwa herauskommt, dass die Mehrzahl der Jugendlichen die eigenen Kinder ähnlich erziehen will, wie sie selbst erzogen worden sind, gerne gefolgert, dass das Eltern-Kind-Verhältnis im Jugendalter heute doch überwiegend harmonisch sei und dass somit die Vorstellung von pubertätsbedingten Krisen, Konflikten und Konfrontationen innerhalb der Familie gar nicht (mehr) der Realität entspräche. Nun ist es freilich zweierlei, ob ein Jugendlicher im ruhigen Gespräch mit einem fremden Interviewer auf die Frage nach der Gesamteinschätzung seiner Familiensituation antwortet, oder ob er auf die „nervigen" Anfragen seiner Mutter, wann er eigentlich sein Zimmer aufzuräumen gedenke, antwortet oder gar auf die Vorhaltungen seines Vaters, dass der Fünfer in der letzten Matheschulaufgabe nicht nur mit der „Gemeinheit" der Lehrer, sondern auch mit mangelndem Lerneifer zu tun habe.

Wenn auf die erhöhte Konfliktanfälligkeit in jener Zeit verwiesen wird, dann wird sie meist eher pauschal mit den Notwendigkeiten der Ablösung und der Identitätsfindung in Zusammenhang gebracht. Dies erklärt freilich noch nicht all die Phänomene der „Aufmüpfigkeit", „Unbotmäßigkeit", „Trotzigkeit", „Ruppigkeit", „Respektlosigkeit", sowie die ausgesprochene Lust an der Provokation, am „Veralbern" und „Verarschen", die doch für die betroffenen Erwachsenen den Umgang mit den Jugendlichen oft so schwierig machen.

Diese Dimension kommt eher in den entsprechenden Aufbereitungen des Themas „Pubertät" in den Medien zum Tragen. Dort ist in einer Titelstory vom „Süßen Horror Pubertät" und von der „Entmachtung der Eltern" die Rede (Spiegel 22/2001). Und dort heißt es an anderer Stelle: „Generationen von Eltern fragen sich, was in ihren Sprösslingen vorgeht, wenn sie sich in aggressive Kotzbrocken oder dünnhäutige Diven verwandeln" (Focus 30/2003, S. 71), oder „Keine Frage, die Pubertät setzt die Nerven aller Beteiligten einer Belastungsprobe aus und viele Eltern fragen sich zu Recht: Wer ist dieser Alien da am anderen Ende des Tischs?" (Stern 48/2002, S. 248). Bisweilen wird auch versucht, dem, was zunächst als Belastung und Versagen erscheint, eine positive Deutung zu geben. So heißt es in einem Psychologie heute Artikel zum Thema Jugendalter mit dem Titel „Opposition vom Dienst": „Demonstrative Aufsässigkeit und Rebellion gegen die bisherigen Normen kann vorkommen und ist als ‚gesund' einzuschätzen. Eine konfliktarme Entwicklung kann eher Anlass zur Sorge geben als eine konfliktreiche" (de Jong 2001, S. 38).

In dem Roman „Seelenarbeit" von Martin Walser wird auf recht subtile Weise dargestellt, wie eine solche „Entmachtung der Eltern" in der konkreten familiären Auseinandersetzung aussehen kann, wie erzieherische Situationen unter der hohen emotionalen Anspannung der Beteiligten bisweilen entgleisen, wie Jugendliche es schaffen, durch ihr provokatives Verhalten Eltern zu Handlungen zu bringen, mit denen diese sich selbst ins Unrecht setzen (vgl. Göppel 1994).

Julia, die halbwüchsige Tochter in der Familie Zürn hat im Gegensatz zu ihrer Schwester Magdalena den Weg der offenen Rebellion gegen die häuslichen Verhältnisse gewählt. Sie missachtet souverän die elterlichen Bemühungen, ihr noch Grenzen zu setzen oder irgendwelchen Einfluss auf ihren Umgang zu nehmen. An einer Stelle wird sie deshalb auch als die „Göttin der Provokation" tituliert.

Als der Vater, nach einer langen Dienstfahrt spät nachts heimkommt, wird er von seiner Frau sogleich mit dem Problem konfrontiert, dass die Tochter Julia noch nicht zu Hause sei. Durch diese Tatsache wird die ersehnte Heimkunft zur Enttäuschung. Die Eltern, Agnes und Xaver Zürn, liegen bis in die frühen Morgenstunden hinein in ihren Betten, „als hätten sie Krach gehabt. Vollkommen getrennt". Schließlich erscheint Julia und es kommt zum Konflikt:

„Wo du warst, will ich wissen, schrie Xaver. Er war dagegen, daß er schrie. Aber er mußte schreien. Er konnte nichts mehr unterscheiden. Alles einfach alles schoß jetzt zusammen in ihm zu einem steinharten Punkt. Julia ruckte ihren Kopf auf dem langen Hals noch ein bisschen nach oben und sagte ruhig: Mir hond no mords oin draufgmacht. Daß sie Dialekt sprach, war ihm, wenn niemand da war, egal. Aber ihr Jargon plus Dialekt, das war ihm zuviel. Wer? schrie Xaver, wer? Was schreisch'n wieder rum wie blöd, sagte sie, des lauft mir nämlich total it nei, bloß daß's woisch. Er ging auf sie zu, als wolle er sie schlagen. Aber er wollte sie nur vertreiben. Sie sollte Angst vor ihm haben und wegrennen, hinauf in ihr Zimmer, daß man sie los wäre. Aber wer so geht und steht, wie Julia in dieser Nacht ging und stand, der kann sich nicht umdrehen wie ein Hase und weghoppeln. Xaver spürte das, als er auf sie zuging. Sie rannte nicht weg. Sie blieb stehen, erwartete ihn, schaute ihn an, als sei sie viel größer als er. Da blieb ihm nichts anderes übrig, fand er, als sie zu schlagen. Wär' sie doch weggerannt! Sie sah doch, daß er kam, um sie zu schlagen. Er hätte sich ja lächerlich gemacht, wenn er so anlief und dann doch nicht schlug. Also schlug er. Sie drehte ihren Kopf noch ein wenig hinauf, er erreichte nur ihr Kinn. Für einen zweiten Schlag fehlte ihm die Entschlossenheit. Sie sah ihn jetzt an, als habe sie ihm etwas bewiesen. Sie war ihm nur so weit ausgewichen, daß er sie doch noch traf. Aber auch so weit, daß der Schlag nicht mehr besonders weh tat. Aber ein Schlag war es doch. Es war bewiesen: Er schlug seine Kinder ins Gesicht. Ihre Lippen schälten sich vollends von den Zähnen ... Der Augenglanz wurde ganz hart, die Augenbrauen hoben sich genau um den Millimeter, der dem übrigen Gesichtsausdruck die Qualität Verachtung hinzufügte, und sie sagte nicht besonders laut: Arsch, und ging" (Walser 1979, S. 100f).

Solche häuslichen Konfliktszenen zu sammeln, zu dokumentieren, in Mikrointeraktionsstudien die Aufschaukelungsprozesse zu analysieren, wäre ein sehr spannendes, doch leider kaum realisierbares Forschungsprojekt. In aller Regel sind dabei keine „teilnehmenden Beobachter" zugegen und die Vorstellung, dass man Familien bittet, in solchen spannungsgeladenen Situationen erst einmal Tonband oder Videokamera einzuschalten, ist auch nicht sonderlich realistisch.

Nicht nur im familiären Bereich, sondern auch in der Schule führt diese Lust an der Provokation und an der Konfrontation dazu, dass gerade der Unterricht in den Mittelstufenklassen von vielen Lehrerinnen und Lehrern als besonders anstrengend und nervenaufreibend wahrgenommen wird. Michael Maas, der in diesem Feld als teilnehmender Beobachter tätig war, fasst seine Eindrücke folgendermaßen zusammen: „Viele Jugendliche suchen geradezu die Konfrontation mit Erwachsenen und können dann am wenigsten einen harmoniesüchtigen und konfliktscheuen Lehrer gebrauchen, der die adoleszente Suche nach Konfrontation letztlich ins Leere laufen lässt. Innerhalb der Sekundarstufe I werden besonders die Jahrgänge 7 und 8 von vielen Lehrerinnen und Lehrern als besonders schwierig und konfliktträchtig empfunden. Während die Jugendlichen zum Ende ihrer Schulzeit in aller Regel den Eindruck machen, wieder ‚zur Vernunft' gekommen zu sein, und zielgerichtet auf ihren jeweiligen Schulabschluss hinarbeiten, wird die Geduld der LehrerInnen in den Jahrgängen 7 und 8 oft genug bis aufs Äußerste strapaziert. Wasser- und Essenschlachten beim Mittagessen, ein nicht enden wollender Strom provozierender bis beleidigender Äußerungen der Schüler, ihr Zur-Schau-Stellen der eigenen Uninteressiertheit, die sonderbare Mischung von extremen Ansprüchen und extrem kindlichen Betragen, der verantwortungslose Umgang mit Tischen, Heften oder Büchern, zähe Diskussionen, penetrante Albernheiten – all dies kann Lehrerinnen und Lehrern ihre Arbeit gründlich verleiden und wirft die Frage auf, ob schulischer Unterricht, so wie er heute üblicherweise praktiziert wird, überhaupt dem Jugendalter angemessen ist" (Maas 2000, S. 4f).

Wenn Schüler dieses Alters von der Schule erzählen, dann rücken die Inhalte, die Themen, um die es dort geht, meist ganz in den Hintergrund. Was erzählenswert ist und was im Zentrum der Aufmerksamkeit steht, das sind vor allem die Zwischenfälle und Konflikte. Sei es, dass man sich lauthals über einen Lehrer empört, der in autoritärer Manier seine Macht ausgespielt hat, indem er mit Noten Druck gemacht oder Verweise verteilt hat, sei es, dass man sich über die individuellen Eigentümlichkeiten und Verschrobenheiten einzelner Lehrer lustig macht, sie parodiert und karikiert oder sei es, dass man einzelne Schüler als Helden feiert, weil sie es gewagt haben, mit besonders gewitzten, provokativen, schlagfertigen Kommentaren den Zumutungen der Lehrer Paroli zu bieten. Alles, was die bestehenden starren Rollenverhältnisse und den institutionellen Sinn der Schule in Frage stellt, was den Hauch von Rebellion und Subversion an sich hat und den geregelten Alltagstrott der Schule aufbricht, alles was die vermeintliche „Autorität und Würde" der dort tätigen Erwachsenen ankratzt oder dazu geeignet ist, den Ernst der Situation ins Lächerliche oder Groteske zu ziehen, ist den Schülern dieses Alters in der Regel willkommen.

Vieles von dem, was an jugendkulturellen Moden und Outfits in den letzten Jahren aufgekommen ist, von den bunt gefärbten Haaren über die Piercings bis zu den axtschwingenden Monstern und brennenden Totenköpfen auf den Outfits von Heavy Metal Fans oder den Stachelhalsbändern der Punks, dient außer der „Schönheit" wohl auch in beträchtlichem Maß der Lust an der Provokation. Auch das Che Guevara Revival in jüngster Zeit, die massenhafte Verbreitung des bekannten Bildes auf T-Shirts, Buttons und Postern, ja sogar auf Socken und Taschentüchern, dürfte ähnlichen Motiven geschuldet sein. Der weitaus größte Teil der Jugendlichen, die sich heute mit der Ikone schmücken, hat wohl nie eine Zeile von Che Guevara gelesen und ist auch an der Geschichte der kubanischen Revolution wenig interessiert. Das Bild stellt einfach die Verkörperung von Widerstand, Rebellion und Unbeugsamkeit, verknüpft mit markanter entschlossener Männlichkeit, dar und ist wohl deshalb so attraktiv. Der greise Ho Tschi Min etwa, dessen Bild zur Zeit der Studentenunruhen ebenfalls durch die Straßen getragen wurde, hat jedenfalls kein solches Revival erlebt.

Inzwischen gibt es auch eine eigene Industrie, die sämtliche Jugendkulturen mit einem breit gefächerten Angebot an speziellen Artikeln bedient. In den Katalogen solcher „Szenenausstatter", wie etwa den Firmen EMP oder Nuclear Blast, kann man auch ein großes Angebot an T-Shirts finden, mittels derer man den eigenen Körper gewissermaßen zur Litfasssäule für entsprechend provokative Botschaften an den Rest der Welt umfunktionieren kann. Dort kann man dann in breiten Lettern Sätze lesen wie die folgenden, denen man eine gewisse Originalität nicht absprechen kann: „Ich denke, also bin ich dagegen", „Ich bin nicht auf der Welt um zu sein, wie andere mich gern hätten", „Ich bin mit der Gesamtsituation unzufrieden", „Wo ich bin herrscht das Chaos, aber ich kann ja nicht überall sein", „Wir sind die Leute, vor denen uns unsere Eltern immer gewarnt haben", „Mit jedem Tag den ich älter werde, wächst die Zahl derer, die mich am Arsch lecken können", „Same Shit – Different Day". Daneben kann man auch mit allerhand eher dümmlichen Sprüchen („Ich habe kein Problem mit Alkohol – nur ohne", „Trinkst Du noch oder säufst Du schon?") sein Bekenntnis zum extensiven Konsum von Alkohol oder zum Cannabiskonsum zur Schau tragen. Und natürlich dient auch dies eher der Provokation.

18 Jugend als Risiko

Die Lust der Jugendlichen an der Provokation steht in engem Zusammenhang mit ihrem Autonomiestreben. Da Jugendliche in der Regel davon überzeugt sind, dass sie selbst am besten wissen, was für sie gut ist, und dass sie des Rates und erst recht der Ermahnungen und Einschränkungen durch Erwachsene nicht mehr bedürfen, versuchen sie sich ihrer Überlegenheit und Unabhängigkeit häufig dadurch zu versichern, dass sie diejenigen, die sich anmaßen, ihnen noch immer Vorhaltungen und Vorschriften machen zu wollen, entwerten oder gar der Lächerlichkeit preisgeben. Zinnecker hat auf das Dilemma hingewiesen, dass eine absichtsvoll zum Zweck der Erziehung betriebene Kommunikation seitens der Erwachsenen zunehmend mit der Tendenz einhergeht, „daß Motive der Ablehnung und des Eigensinns sich bei den Adressaten verdoppeln" (Zinnecker 2000, S. 285). All dies wäre weniger problematisch und könnte sehr viel leichter als entwicklungsnotwendiges Ablöseverhalten einfach so hingenommen werden, wenn es nicht gleichzeitig die ausgeprägte Lust der Jugendlichen am Risiko gäbe, die es Erwachsenen dringend geboten erscheinen lässt, Jugendliche aufzuklären, zu beraten, zu warnen, zu beeinflussen. Zu den in den Jugendszenen gängigen Sprüchen zählen unter anderem eben auch solche wie „No risk – no fun" oder „If life gets boring – risk it!". Es gibt eine Vielzahl von empirischen Belegen dafür, dass das Risikoverhalten in verschiedenen Lebensdimensionen im Jugendalter deutlich zunimmt. Zugleich tauchen viele potentielle Gefahrenquellen erst mit der zunehmenden Unabhängigkeit und Mobilität ihres Freizeitverhaltens im Horizont der Jugendlichen auf. Diese Grundkonstellation, vermehrte „Versuchungen" bei zugleich geschwächter „Vernunft" und zunehmend zurückgewiesener „erzieherischer Bevormundung", hat schon immer die Pädagogen beunruhigt und dazu geführt, das Jugendalter unter der Perspektive eines besonderen Risikos zu betrachten.

Inzwischen gibt es einen eigenen Zweig der Jugendrisikoforschung (vgl. Engel/Hurrelmann 1993; Raithel, 1999, 2000, 2001; Limbourg/Reiter 2003). Die anthropologische Grundannahme, die dieser Forschungsrichtung zugrunde liegt, haben Limbourg und Reiter folgendermaßen zusammengefasst: „Jugendliche haben ein im Vergleich zu Erwachsenen nur wenig ausgeprägtes Bewusstsein für Gesundheit, Krankheit, Sicherheit und Gefahr. ... Sie neigen zu einer risikoreichen Lebensweise und verunglücken häufiger als Erwachsene. Obwohl ihr Verhalten objektiv gesundheitsgefährdend ist, wird es von den Jugendlichen selbst aber nicht als die eigene Gesundheit beeinträchtigend wahrgenommen. Grund dafür ist der ‚*jugendliche Egozentrismus*', d. h., die Jugendlichen sind phasenweise sehr stark auf sich selbst bezogen, sie orientieren sich nach innen. Diese alterstypische erhöhte Selbstwahrnehmung verstellt ihnen den Blick für die realistische Einschätzung der Außenwelt mit ihren Gefahren. ... Die Jugendlichen erleben sich als einzigartig und überschätzen ihre Fähigkeiten. Diese Selbstüberschätzung geht mit Größenideen einher. ... Jugendliche glauben außerdem, dass sie ‚unverwundbar' sind und ihnen deshalb nichts passieren kann. ... Jugendliche lehnen sich gegen die Normen und Regeln einer von Erwachsenen dominierten Gesellschaft auf. Das Übertreten von Normen und Regeln kann als ‚Protest' gegen die Welt der Erwachsenen verstanden werden und in diesem Zusammenhang kann auch das Risikoverhalten ein Ausdruck der Opposition gegenüber der Autorität der Erwachsenen sein." Hinzu kommt die starke Peergroup-Ausrichtung im Jugendalter und das Phänomen, dass Gruppeneinflüsse im Hinblick auf die Risikobereitschaft oftmals verstärkend und enthemmend wirken: „Der Konformitätsdruck in der Gruppe führt zu verzerrten Denk- und Entscheidungsprozessen, die einzelne Gruppenmitglieder daran hindern, durchdachte Entscheidungen zu treffen. Für die Gruppenzugehörigkeit tun Jugendliche alles – auch/oder besonders Risiken in Kauf zu nehmen" (Limbourg/Reiter 2003, S. 16f.).

Welche sind die Hauptrisiken, die heutigen Eltern beim Eintritt ihrer Kinder in die Pubertät vor allem Sorgen bereiten? Würde man eine entsprechende Elternumfrage machen, dann kämen wohl vor allem folgende Punkte zur Sprache: psychische Erkrankungen wie Depressionen oder Essstörungen, übermäßiger Alkohol- oder Nikotinkonsum, Einstieg in den Konsum illegaler Drogen, problematische frühzeitige Sexualerfahrungen und ungewollte Schwangerschaften, Beteiligung an delinquenten Handlungen, Anschluss an radikale politische Gruppierungen, Versinken in einer generellen „Null-Bock-Mentalität" oder im exzessiven Medienkonsum und Vernachlässigung der Schule, riskantes Verhalten im Straßenverkehr oder im Freizeitbereich. Dabei handelt es sich bei den erstgenannten Risiken, den psychischen und psychosomatischen Erkrankungen, eher um Probleme, die den Jugendlichen *widerfahren*, um Krankheiten, die typischerweise erstmals im Jugendalter „ausbrechen". Bei den anderen genannten Risiken handelt es sich dagegen eher um Phänomene, auf die sich die Jugendlichen *einlassen* bzw. die sie aufgrund ihrer Neigung zu riskanten Verhaltensweisen *aktiv suchen*.

Kinder haben eine ausgeprägte Aversion gegen Alkohol und Zigaretten. Wenn sie einmal an einem Bier-, Wein- oder gar Schnapsglas nippen, sagen sie in aller Regel, dass dies scheußlich schmecke. Angetrunkene Erwachsene finden sie höchst peinlich oder widerlich. Auch die ersten Züge, die Kinder mehr aus Entdeckungsgründen heimlich an einer erbeuteten Zigarette machen, haben ihnen wohl kaum jemals wirklich geschmeckt. Da sie wissen, dass Rauchen gesundheitsschädlich ist, können sie es kaum verstehen, warum Erwachsene das überhaupt machen, immer wieder diesen übelschmeckenden, stinkenden und dazu noch krankmachenden Rauch einzuatmen. Im Jugendalter ändert sich diese Einstellung. Alkoholische Getränke und Zigaretten werden für die Jugendlichen zunehmend attraktiver – sowohl als Erwachsenen-Statussymbole als auch als Mittel, eigenes Erleben, eigene Stimmung und Befindlichkeit gezielt zu manipulieren.

Eine anschauliche Schilderung davon, wie sehr das Rauchen aus der Perspektive der Pubertierenden als Prestigesymbol der Erwachsenheit erscheint, findet sich wiederum in Benjamin Leberts Roman „Crazy":

Auf ihrem Weg nach München sind die Jungen in der Rosenheimer Bahnhofshalle angekommen und Janosch steuert ein Tabakkiosk an:
„Was willst du?" frage ich Janosch, als er auf das kleine Fenster zuläuft.
„Zwei Zigarren", antwortet er.
„Zwei Zigarren?" wiederhole ich. „Wofür?"
„Zum Rauchen", entgegnet Janosch. „Für uns."
„Für uns?" frage ich. „Warum?"
„Weil wir Männer sind. Und Männer rauchen eben Zigarren", antwortet er. „Hast Du noch nie Independence Day gesehen?"
„Ja schon", antworte ich. „Aber die haben doch die Welt vor Außerirdischen gerettet. So was haben wir doch nicht getan, oder?"
„Nein, so etwas haben wir nicht getan", antwortet Janosch. „Aber so etwas Ähnliches."
„Und was? Wenn ich fragen darf."
„Wir sind aus dem Internat ausgebrochen", antwortet Janosch. „Für uns war das mindestens genauso schwer, wie die Erde vor Außerirdischen zu retten. Du mußt es immer im Verhältnis sehen" (Lebert 2000 S. 132).

Die Frage, in welchem Alter wie viele Jugendliche mit dem Rauchen beginnen, wie sich Mädchen und Jungen, Gymnasiasten und Hauptschüler hier unterscheiden, welchen Einfluss das Gesundheitsbewusstsein und die Akzeptanz des Freundeskreises hierbei haben und wie sich all diese Tendenzen im Laufe der Jahre verschoben haben, ist durch die seit 1973 von der Bundeszentrale für gesundheitliche Aufklärung wiederholt durchgeführten Repräsentativerhebungen zur Drogenaffinität Jugendlicher und junger Erwachsener im Alter von 12–25 Jahren relativ gut untersucht (vgl. BZgA 2002).

Man weiß heute einiges über die Faktoren, die mit frühem intensivem Nikotinkonsum in Zusammenhang stehen. So ist dieser selbst wiederum ein sehr sensibler Indikator für eine schwierige, stressreiche Lebenssituation und für ein geschwächtes Selbstwertgefühl. Man weiß auch – und dies unterstreicht wiederum den Risikocharakter des Jugendalters – dass die Suchtentwicklung im Jugendalter besonders schnell erfolgt und dass das Risiko, lebenslang zur Gruppe der Raucher zu gehören, eng mit dem Einstiegsalter zusammenhängt. Je später jemand mit dem Rauchen beginnt, desto größer ist die Chance, dass es nur eine Episode bleibt. Je früher der Einstieg, desto größer das Risiko, nie mehr davon loszukommen. Wenn man weiterhin bedenkt, dass die meisten der befragten Raucher im Erwachsenenalter angeben, sie würden gerne vom Rauchen loskommen und wünschten, sie hätten nie damit begonnen, dann sind dies schon starke Argumente dafür, nach Kräften darauf hinzuwirken, dass Jugendliche frühen Tabakkonsum meiden. Von daher muss der Trend, dass die Raucherquote bei den 12- bis 15-jährigen Jungen von 1993 bis 2002 von 11% auf 18% und bei den 12- bis 15-jährigen Mädchen von 12% auf 21% angestiegen ist, besonders nachdenklich stimmen (ebd.).

Während bei der jugendlichen Lust am Rauchen wohl vor allem die damit vermeintlich verbundene „Coolness", die „Lockerheit", die „souveräne erwachsene Geste" im Vordergrund stehen, ist es im Hinblick auf die ersten intensiveren Alkoholerfahrungen sicher noch stärker die Neugierde an der gezielten Veränderung des Bewusstseinszustandes. Auch hierzu wiederum eine kleine Sequenz aus Leberts Buch „Crazy":

Im Vorfeld einer geplanten „Saufparty" auf dem Mädchengang reflektiert Benjamin sein bisheriges Verhältnis zum Alkohol:

„Ich muß zugeben, daß ich sehr wenig trinke. Ich habe immer das Gefühl, mir könnte dabei etwas abhanden kommen. Etwas, das ich vielleicht brauchen könnte. Mein Verstand vielleicht. Keine Ahnung warum. Aber heute trinke ich" (Lebert 2000, S. 69).

Barbara Sichtermann hat diesen Umschwung in der Haltung gegenüber den „Genussgiften", dieses nun aufkommende Interesse an der „Berauschung" sogar zu einem sicheren Kennzeichen für das Ende der Kindheit erklärt: „Man könnte die Grenzlinie zwischen Kindheit und Pubertät ziemlich treffsicher entlang der aufkeimenden Bereitschaft eines Teenagers ziehen, sich in einen Rauschzustand zu versetzen. Wenn diese Bereitschaft mit einer gewissen minikriminellen Energie gepaart ist, wenn also die erste Zigarette, der erste Brandy oder der erste Joint in aller Heimlichkeit und ziemlicher Aufregung konsumiert und die Veränderung des Körpergefühls und des Bewusstseins mit Neugier und einer Mischung aus Genuss und Ekel erfahren werden, dann ist das Kind kein Kind mehr" (Sichtermann 2002, S. 212).

Auch die Entwicklung des Alkoholkonsums der Jugendlichen über die Jahre hinweg ist differenziert dokumentiert. Hier gibt es insgesamt seit 1973 eine eher rückläufige Tendenz, was die Gesamtmenge des konsumierten Alkohols in Form von Bier, Wein, Spirituosen oder Mixgetränken bei den 12–25-Jährigen betrifft, und es zeigt sich eine eher graduelle Zunahme des konsumierten Alkohols mit dem Lebensalter. Auch in Bezug auf den frühen intensiven Alkoholkonsum gibt es Belege dafür, dass dieser mit erhöhter Wahrscheinlichkeit in eine lebenslange Suchtkarriere mündet, vor allem dann, wenn damit zugleich eine Häufung weiterer belastender Milieufaktoren einhergeht. Je früher Kinder bzw. Jugendliche beginnen, Alkohol zu trinken, desto größer ist offensichtlich die Gefahr, dass sie zu gewohnheitsmäßigen oder gar abhängigen Alkoholkonsumenten werden.

Obwohl der Konsum von Tabak und Alkohol unter „volksgesundheitlichen Aspekten" sicherlich das größte Problem darstellt, handelt es sich doch um „Genussgifte", die Bestandteil unserer Kultur sind, die legal erhältlich sind und die die Erwachsenen selbst durchschnittlich in höherem Maße konsumieren als die Jugendlichen. Anders verhält es sich mit den illegalen Drogen wie Cannabis, Ecstasy, LSD oder Kokain. Zum einen ist mit ihrem Konsum immer das Risiko verknüpft, mit kriminellen Szenen in Kontakt und mit dem Gesetz in Konflikt zu geraten, zum anderen hat ihr Konsum insofern eine andere Qualität, als er eindeutiger und zielgenauer darauf ausgerichtet ist, die eigene psychische Befindlichkeit zu manipulieren. Während Alkohol kulturell und sozial in der Erwachsenengesellschaft verankert ist – Feiern sind hierzulande kaum ohne alkoholische Getränke denkbar und es gibt landauf, landab unzählige Bier- und Weinfeste, bei denen schon im Namen die Einnahme alkoholischer Getränke zum Hauptzweck der Veranstaltung erklärt wird –, unterliegt der Konsum illegaler Drogen doch sehr viel stärker der Geheimhaltung. Während ein „gekonnter" Umgang mit Alkohol damit gewissermaßen zum sozialisatorischen Normalprogramm in unserer Gesellschaft gehört, und die Eltern zu Silvester vielleicht auch schon dem 14-jährigen Sohn ein Gläschen Sekt zum Mitanstoßen einschenken, besteht im Hinblick auf die illegalen Drogen doch in der Regel das Ideal der Abstinenz. Die Situation, dass Eltern gemeinsam mit ihren Kindern einen Joint rauchen, dürfte wohl eher selten sein. Selbst wenn sie zu ihren eigenen „Jugendsünden" in dieser Hinsicht stehen und entsprechende Explorationsversuche ihres Nachwuchses deshalb nicht überdramatisieren, werden die meisten doch von solcher ausdrücklichen Billigung Abstand nehmen.

Auch wenn der Konsum illegaler Drogen in manchen Jugendszenen inzwischen ziemlich verbreitet ist, entspricht es doch (entgegen manchen überzogenen Einschätzungen) auch heute keineswegs der Norm, dass Jugendliche regelmäßig Drogen nehmen. In der jüngsten Studie der Bundeszentrale für gesundheitliche Aufklärung ergab sich bei der Gesamtgruppe der 12- bis 25-Jährigen eine Lebenszeitprävalenz, also eine zustimmende Antwort auf die Frage, ob man *jemals* illegale Drogen genommen hat, von 27%. Ganz überwiegend handelt es sich dabei um den Konsum von Cannabis (26%). Die entsprechenden Werte für andere Drogen liegen deutlich darunter: 4% für Ecstasy und je 2% für LSD und Kokain. Da die Gesamtgruppe ein ziemlich großes Altersspektrum erfasst, sind die differenzierteren Angaben zu den einzelnen Altersgruppen wichtig. So lag die Lebenszeitprävalenz für den Konsum illegaler Drogen für die 14–15-Jährigen bei 12%, für die 16–17-Jährigen bei 29% und für die 18–19-Jährigen bei 38% und steigt dann in den höheren Altersgruppen nicht mehr an (BZgA 2002).

Bei einem Großteil handelt es sich dabei allerdings eher um einen Explorationskonsum, der nicht zu regelmäßigem Konsum führt. Die 12-Monats-Prävalenz, also die positive Antwort auf die Frage, ob man *während der letzten 12 Monate* illegale Drogen konsumiert hat, fällt bei der Gesamtgruppe der 12- bis 25-Jährigen mit 13% nur etwa halb so hoch aus wie die Lebenszeitprävalenz und sie erreicht in der Gruppe der 16–17-Jährigen mit 21% ihr Maximum. Zu einem regelmäßigen Konsum illegaler Drogen bekennen sich nur 3%.

Über die letzten zehn Jahre betrachtet, hat sich der Drogenkonsum nicht wesentlich verändert. Die 12-Monats-Prävalenz lag 1993 bei 11%, 1997 bei 15% und 2001 bei 13%. Das durchschnittliche Einstiegsalter für den Konsum von Cannabis hat sich jedoch in jenem Zeitraum etwa um ein Jahr nach vorn auf 16,5 Jahre verlagert. Verändert hat sich auch die Probierbereitschaft gerade gegenüber Cannabisprodukten, die in gewissem Sinne den Ruch der „Droge" verloren haben und eher als „alternatives Genussmittel" salonfähig geworden sind. (Was sich u. a. auch in dem verbreiteten, „bekennerhaften" Tragen von Cannabisblättern auf Buttons und T-Shirts oder als Silberschmuck ausdrückt). Waren es 1993 nur 25%, die angaben, Haschisch könnte man vielleicht mal versuchen, so waren es 2001 immerhin 45%, die sich so äußerten. Dass Cannabis in jugendlichen Cliquen präsenter, alltäglicher ist als früher, drückt sich auch darin aus, dass 1993 erst 33% der Jugendlichen angaben, sie hätten „ein Drogenangebot erhalten" (in den meisten Fällen wohl das Angebot, mitzurauchen, wenn irgendwo ein Joint kreiste), 2001 aber schon 48% der Jugendlichen dies bejahten. Zwar gaben über 80% der Jugendlichen an, sie hätten das erste Angebot dieser Art abgelehnt. Dennoch kann man wohl davon ausgehen, dass in dem Maß, wie der Konsum im Bekanntenkreis normaler und unbefangener wird, auch die Wahrscheinlichkeit steigt, doch einmal auf das Angebot einzugehen.

Insgesamt kann man also sagen, dass heute relativ viele Jugendliche mit illegalen Drogen in Kontakt kommen und verhältnismäßig viele diese auch probieren oder kurze Zeit damit experimentieren. Der Anteil von Jugendlichen, die aktuell illegale Drogen konsumieren oder dies regelmäßig tun, ist dagegen gering und konzentriert sich sehr stark auf Cannabisprodukte. Es ist wichtig, den Unterschied von Explorationskonsum und Dauerkonsum zu betonen, weil beides doch sehr unterschiedliche Phänomene mit sehr unterschiedlicher sozialer und entwicklungsbezogener Relevanz sind.

Der Besitz und Konsum illegaler Drogen verstößt zwar gegen bestehende Gesetze, fällt somit unter den weiten Bereich der Delinquenz, ist in dem Sinne aber kein antisoziales Verhalten, bei dem die Eigentumsrechte, die körperliche Unversehrtheit oder die Freiheit und Würde anderer Menschen verletzt, oder bei dem Dinge mutwillig zerstört oder beschädigt werden. Auch in diesem Bereich gibt es jedoch eine typische Zunahme von entsprechenden Delikten im Jugendalter und damit ein erhöhtes Risiko für Jugendliche, sich auf entsprechende Aktivitäten einzulassen.

Geht man von der Polizeilichen Kriminalstatistik aus, dann kann man feststellen, dass im Jahr 2002 die Gruppe der Jugendlichen (14–18 Jahre) mit 12,8% und die Gruppe der Heranwachsenden (18 bis unter 21 Jahre) mit 10,6% am Gesamtaufkommen aller zur Anzeige gebrachten Straftaten deutlich überrepräsentiert war. D. h. knapp ein Viertel aller Straftaten geht auf das Konto dieser Altersgruppe, die nur sechs Lebensjahre umfasst. Bei einzelnen „jugendspezifischen Delikten" ist der Anteil dieser Altersgruppe sogar noch größer. So beträgt er etwa bei Raubdelikten knapp 50%. Bei „gefährlicher und schwerer Körperverletzung" liegt der Anteil der 14–21-Jährigen bei 36,4%. Beide Formen von Gewaltdelikten stellen eine ausgesprochene Männerdomäne dar, ihr Anteil daran beträgt zwischen 85% und 90%. Anders dagegen bei dem vielleicht „harmlosesten", zugleich aber am häufigsten zur Anzeige gebrachten Delikt überhaupt, beim Ladendiebstahl, bei dem männliche und weibliche Täter gleichermaßen beteiligt sind. Hier kann man eher von einer Domäne der Jüngeren sprechen, denn hier ist die Gruppe der 14–16-Jährigen mit weitem Abstand „Spitzenreiter".

Eine besonders beunruhigende Tendenz der letzten Jahre ist der Anstieg der Tatverdächtigenzahlen der Jugendlichen im Zusammenhang mit der Gewaltkriminalität. So ist im Zeitraum von 1984–1998 die Rate der Gewaltdelikte bei den 14–18-Jährigen um das Dreifache, bei den 18–21-Jährigen um etwa das Doppelte angestiegen, während sie in den anderen Bevölkerungsgruppen ziemlich konstant blieb. Aber nicht nur als Tatverdächtige von Gewaltkriminalität hat die Zahl der Jugendlichen in den letzten Jahren deutlich zugenommen, sondern auch als Opfer von Gewalthandlungen (vgl. Pfeiffer 2001).

Worin besteht nun im Hinblick auf die Delinquenz das spezifische Risiko im Jugendalter? Ist es eher so, dass die während der kindlichen Entwicklungsjahre angestauten sozialen und moralischen Defizite nun, angesichts der größeren Körperkraft und des erweiterten Handlungsspielraumes in „kriminelle Energie" umschlagen und somit deviante Entwicklungswege ihre logische Fortsetzung in delinquenten Handlungen finden, die nun erst mit dem entsprechenden Einschüchterungspotential und der nötigen Härte oder aber mit der entsprechenden Geschicklichkeit durchgeführt werden können? Oder ist es so, dass eher unbedarfte Jugendliche in jenen Jahren aufgrund ihres Explorationsdranges, ihrer „Kick-Suche", ihrer „Risikoblindheit" in Geschichten „hineinschlittern", sich zu Taten „hinreißen lassen", die sie bei gründlicher Überlegung eigentlich nicht tun würden, die somit gar nicht in ihrer Tendenz liegen?

Es gibt wohl beide Muster. Einerseits gibt es weitgehenden Konsens darüber, dass es sich gerade bei aggressiv-antisozialen Verhaltensstörungen um ein Phänomen mit ausgesprochen ungünstiger Prognose handelt und es wurden in der Lebenslaufforschung an Risikogruppen recht klar die typischen Milieuhintergründe und Entwicklungswege beschrieben (vgl. Olweus 1979; Loeber 1990; Moffitt 1993). Wegen der hohen Stabilität antisozial-aggressiver Verhaltensmuster hat eine entsprechende Einschätzung durch Mitschüler und Lehrer in der Grundschule eine erstaunlich hohe prognostische Bedeutung im Hinblick auf die Kriminalitätsbelastung der späteren jungen Erwachsenen. Fend hat den typischen jugendlichen Delinquenten dieses dauerhaft stabilen Musters mit Rekurs auf Farrington folgendermaßen beschrieben: Es sei meist ein männlicher, „mit Eigentumsdelikten belasteter Jugendlicher, ... der in Familien hineingeboren wurde, die ein geringes Einkommen hatten und relativ groß waren. Seine Eltern waren selber schon mit dem Gesetz in Konflikt geraten. In seiner Kindheit wurde er unzureichend beaufsichtigt, harsch behandelt und häufig bestraft. Die Eltern selbst hatten viel Streit und/oder lebten getrennt. Er hat eine eher unterdurchschnittliche Intelligenz und schwache Schulleistungen, stört in der Schule viel, ist hyperaktiv und impulsiv und schwänzt häufig, bzw. macht keine Schulaufgaben. Er sucht sich Freunde aus, die selber delinquent sind. Sein delinquentes Verhalten ist eher vielseitig als spezialisiert. In der Frühadoleszenz fällt er durch frühen Kontakt mit Alkohol und Nikotin sowie durch ein frühes Interesse am anderen Geschlecht auf" (Fend 2000, S. 448f.).

Dies wäre die Sicht von früh identifizierbaren, typischen delinquenten Karrieren. Natürlich handelt es sich dabei um ein Klischee, aber doch eben um eines, in dem die Ergebnisse vielfältiger und aufwendiger Studien in extremer Form zusammengefasst und verdichtet sind.

Andererseits ist es jedoch so, dass etwa die Hälfte derer, die im Jugendalter durch delinquente Handlungen auffallen, im Kindesalter unauffällig war und auch im späteren Erwachsenenalter unauffällig bleibt. Hier handelt es sich offensichtlich eher um jugendalterspezifische Eskapaden. Diese andere, eher optimistische Sicht auf Jugenddelinquenz wird etwa im 10. Kinder- und Jugendbericht der Bundesregierung vertreten. Dort heißt es: „Sozialwissenschaftler haben der Vermutung, die Normenverstöße der Kinder und Jugendlichen seien ein Vorläufer der Erwachsenenkriminalität, wohlbegründet widersprochen. Fast alle Kinder und Jugendlichen begehen aus Experimentier- und Erlebnisdrang, zur Stärkung des Selbstwerts oder um Anerkennung anderer zu erlangen, aus Protest oder zur Abgrenzung von den Normen der Erwachsenenwelt Handlungen, die ihnen als ‚kriminell' ausgelegt werden können. Immer noch kann man davon ausgehen, daß es sich bei diesen Verstößen um überwiegend alterstypisches, episodenhaftes Verhalten handelt, das keine kriminelle Karriere vorbereitet" (BMFSFJ 1998, S. 127). Noch optimistischer formuliert Montada: „Jugenddelinquenz ist so häufig, dass sie als normales Entwicklungsphänomen und nicht als Entwicklungspathologie zu interpretieren ist: Sie ist ein Anpassungsversuch einer ansonsten intellektuell und sozial normalen Teilpopulation an eine spezifische Situation" (Montada 1995, S. 1029).

Natürlich spielt dabei auch die Art der delinquenten Handlung eine wichtige Rolle. Eltern, die unverhofft damit konfrontiert werden, dass ihr ansonsten unbescholtener 14-jähriger Sohn beim Ladendiebstahl erwischt oder die 16-jährige Tochter mit 2 Gramm Haschisch entdeckt wurde, haben wohl weniger Anlass zu tief greifender Sorge, dass ihre Kinder in eine delinquente Karriere abgleiten könnten als Eltern von Jugendlichen, die in Delikte wie Raub oder Köperverletzung verwickelt sind, bei denen andere Personen massiv bedroht oder verletzt wurden und die zudem schon während ihrer ganzen Entwicklung hindurch immer wieder durch antisoziale Tendenzen aufgefallen sind. Was freilich nicht heißt, dass sie die erstgenannten Vorkommnisse bagatellisieren sollten.

Folgen für die eigene Zukunft und Gesundheit sowie für die Gesundheit und Unversehrtheit anderer Menschen hat auch noch eine weitere Risikodimension des

Jugendalters, die nun gar nichts mit kriminellen Intentionen oder delinquenten Karrieren zu tun hat, sondern eher mit jugendtypischer Risikoverleugnung und Selbstüberschätzung: Verkehrsunfälle stellen mit Abstand die häufigste Todesursache im Jugendalter dar. Jedes Jahr kommen in Deutschland etwa 1300 Jugendliche und junge Erwachsene im Alter von 15–20 Jahren im Straßenverkehr zu Tode, etwa 20 000 Jugendliche und junge Erwachsene erleiden dort Jahr für Jahr schwere Verletzungen. Limbourg und Reiter haben den jugendpsychologischen Hintergrund dieses tragischen Geschehens auf folgende Formel gebracht: „Hohe Risikobereitschaft, Selbstüberschätzung, ‚Kick-Suche', Vorstellung von ‚Freiheit und Abenteuer', Imponiergehabe und fehlende Erfahrung bilden ein vielfach fatales Bedingungsgefüge für den Verkehrsunfall in dieser Altersgruppe" (Limbourg/Reiter 2003, S. 12). Ihr Artikel trägt die Überschrift „Denn sie wissen nicht, was sie tun. Jugendliches Risikoverhalten im Straßenverkehr". Er spielt damit auf den gleichnamigen Film mit James Dean an, vor allem auf die bekannte Schlüsselszene, in der die beiden rivalisierenden Jugendlichen in einer Art Mutprobe in gestohlenen Autos auf eine Klippe zurasen und einer von ihnen dabei zu Tode kommt.

Besonders aussagekräftig im Hinblick auf die Differenz zwischen unterschiedlichen Verkehrsteilnehmern und damit für die Risikoträchtigkeit des jugendlichen Verhaltens im Straßenverkehr ist das „verkehrsleistungsbezogene Risiko", die Relation, die sich ergibt, wenn man die Anzahl der Verunglückten pro Million gefahrene Kilometer ins Verhältnis setzt. Sie beträgt bei den 25–44-jährigen Autofahrern 0,3. Bei den 18-Jährigen Autofahrern ist sie mit 2,0 dagegen fast siebenmal so hoch. Noch sehr viel dramatischere Werte ergeben sich für die jugendlichen Mofa-, Moped- oder Motorradfahrer im Alter von 15–17 Jahren. Sie erreichen einen Faktor von 40, der also 120-mal höher liegt als der älterer Autofahrer und etwa 13-mal höher als der erfahrener motorisierter Zweiradfahrer im Alter von 25–44 (ebd., S. 14).

Die dominierende Ursache bei den Unfällen Jugendlicher ist die „nicht angepasste Geschwindigkeit". So sind sie auch deutlich häufiger in Unfälle verwickelt, bei denen keine weiteren Fahrzeuge beteiligt sind, sondern bei denen aufgrund der überhöhten Geschwindigkeit die Kontrolle über das Fahrzeug verloren geht, es von den Fliehkräften aus der Kurve getragen wird und im schlimmsten Fall gegen einen Baum oder einen Mast prallt. Häufig kommt dabei auch noch die Wirkung von Alkohol- oder Drogenkonsum hinzu, die deshalb besonders fatal ist, weil dadurch einerseits die Risikobereitschaft erhöht, gleichzeitig aber die Reaktionsbereitschaft und damit die Fahrtauglichkeit vermindert wird. Das Fahrverhalten junger Männer ist insgesamt wesentlich risikofreudiger als das junger Frauen. Sie sind sowohl bei den Geschwindigkeitsunfällen als auch bei den Alkoholunfällen deutlich überrepräsentiert.

Als pädagogische Reaktion auf die verschiedenen Dimensionen jugendlichen Risikoverhaltens gibt es eine Vielzahl von spezifischen Aufklärungs- und Präventionsprogrammen: Programme zur Raucherprävention, zur Drogenprävention, zur Gewaltprävention, zur Unfallprävention, etc. Diese können hier nicht im Einzelnen vorgestellt werden. Sie zielen in erster Linie auf eine Bewusstmachung der entsprechenden Risiken und auf die Förderung von Gesundheitsbewusstseins ab. Eine andere Richtung wäre die, das „Risikobedürfnis" der Jugendlichen ernst zu nehmen und ihm gewissermaßen „entschärfte" Betätigungsfelder, etwa im Rahmen der Erlebnispädagogik anzubieten. In diesem Sinne beendet Raithel seinen Aufsatz über das Mutprobenverhalten Jugendlicher mit dem paradox klingenden Fazit: „Die Jugend sucht das Risiko, sie benötigt Risikobewältigung, um erwachsen zu werden und wir müssen unseren Jugendlichen

Möglichkeiten bieten, sich ohne zu großes Risiko ‚riskant' verhalten zu können" (Raithel 2003, S. 672).

Niebaum hat im Hinblick auf die jugendspezifische Neigung zum Risiko, die in der Summe doch einen hohen Tribut an Opfern, an Toten, Verletzten und lebenslang Behinderten nach sich zieht, gefordert, die Entwicklung von „Risikokompetenz" als der Fähigkeit, „Auswirkungen riskanten Verhaltens auf sich und auf die Umwelt angemessen einzuschätzen und daraus individuell und sozial verträgliche Handlungskonsequenzen zu ziehen" (Niebaum 2003, S. 26), bei Jugendlichen stärker und gezielter zu fördern. Eine solche „Risikokompetenz" stellt nämlich ihrer Meinung nach „eine durchaus wichtige und eigenständige Entwicklungsaufgabe der Jugend im 21. Jahrhundert dar".

19 Jugend als Verdichtung von „Entwicklungsaufgaben"

Mit dem Stichwort in der Überschrift ist ein weiteres wichtiges Deutungsmuster von Jugend angesprochen, welches das Jugendalter vor allem als eine Zeit der Häufung oder Verdichtung von „Entwicklungsaufgaben" betrachtet. Dieses Deutungsmuster ist derzeit wohl das prominenteste überhaupt und findet sich als Referenzkonzept in nahezu sämtlichen neueren entwicklungspsychologischen Lehrbüchern über das Jugendalter (vgl. Oerter/Dreher 1995; Fend 2000; Flammer/Alsaker 2002; Kasten 1999; Grob/Jaschinsky 2003).

Dabei ist das Konzept eigentlich eher pädagogischen Ursprungs[1]. Es wurde von Robert J. Havighurst in seinem Buch „Developmental Tasks and Education" von 1948 eingeführt als ein Konzept zum Verständnis „gelingender" und „misslingender" menschlicher Lebensläufe und auch als Rahmen, um Eltern, Lehrer und Erzieher für die „teachable moments", d. h. für die Perioden besonderer Empfänglichkeit für bestimmte Lernprozesse, zu sensibilisieren. Mit seinem Interesse für den gesamten menschlichen Lebenslauf und für die besondere Rolle, die dem Jugendalter darin zukommt, mit seiner Ausweitung des Blicks hin auf die gesellschaftlichen Erwartungen, welche als Entwicklungskontext eine wichtige Rolle spielen, mit seinem Grenzgängertum zwischen Pädagogik und Entwicklungspsychologie sowie mit seiner Betonung der sensiblen Perioden für einzelne Entwicklungsaspekte und mit seinem „epigenetischen Entwicklungsverständnis", das davon ausgeht, dass die Art der Lösung der vorausgehenden Aufgaben die der jeweils nachfolgenden beeinflusst, hat Havighurst dabei durchaus eine deutliche Nähe zu seinem Zeitgenossen Erik Erikson. Havighurst definiert das, was er unter einer „Entwicklungsaufgabe" versteht, folgendermaßen:

„Eine ‚Entwicklungsaufgabe' ist eine Aufgabe, die in oder zumindest ungefähr zu einem bestimmten Lebensabschnitt des Individuums entsteht, deren erfolgreiche Bewältigung zu dessen Glück und Erfolg bei späteren Aufgaben führt, während ein

---

[1] Havighurst war von seiner Ausbildung her eigentlich promovierter Chemiker. Er hatte in Harvard im Bereich der Atomforschung gearbeitet und war erst später in das pädagogische Feld gewechselt. Zunächst beschäftigte er sich dort mit der Didaktik der Naturwissenschaft, später dann mit Fragen der vergleichenden Erziehungswissenschaft und der Andragogik. 1940 erhielt er eine Professur für „Education" an der Chicago University.

Mißlingen zu Unglücklichsein, zu Mißbilligung durch die Gesellschaft und zu Schwierigkeiten mit späteren Aufgaben führt" (Havighurst 1956, S. 215).

Wodurch entstehen solche Entwicklungsaufgaben? Wer gibt sie vor? Wer „stellt" sie? Havighurst nennt drei unterschiedliche Quellen, denen sie „entspringen": Zunächst die körperlichen Reifungsprozesse, die als solche zwar unwillkürlich und endogen gesteuert ablaufen und somit natürlich keinen Aufgabencharakter an sich tragen, die aber jeweils neue Erfahrungs- und Verhaltensmöglichkeiten eröffnen und die in ihren Folgen psychisch und sozial verarbeitet werden müssen. Weiterhin die gesellschaftlichen Erwartungen, die Vorstellungen davon, welche Verhaltensweisen und Kompetenzen in einer bestimmten Kultur als „normal", „angemessen", „gewöhnlich" für eine bestimmte Altersstufe gelten. Und schließlich die konkreten individuellen Wünsche und Werte, die Zielsetzungen, die sich das Individuum selbst für seinen weiteren Entwicklungsweg vornimmt, und an denen es seine eigenen Entwicklungsfortschritte misst.

Seine große Verbreitung verdankt das Konzept der Entwicklungsaufgaben vermutlich seiner vielfältigen Anschlussmöglichkeit. Insgesamt ist es vor allem durch folgende sieben Aspekte gekennzeichnet:

- *Epigenität*: D. h. es geht von einem geordneten und gestuften menschlichen Entwicklungsprozess aus, in dem die einzelnen Entwicklungsaufgaben ihren quasi natürlichen Ort haben. Sie treten erst dann in den Horizont, wenn die entsprechenden reifungsbedingten Voraussetzungen gegeben sind. Damit ist das Konzept anschlussfähig an die traditionellen Phasenlehren der Entwicklungspsychologie.
- *Kontextualität*: D. h. Entwicklungsaufgaben stellen gesellschaftliche Normalitätserwartungen dar und sind somit immer in einen historisch-kulturellen Kontext eingebettet. Sie spiegeln immer das wieder, was in einer bestimmten Epoche und in einer bestimmten Gesellschaft als besonders wichtig erachtet wird. Damit zielt das Konzept ab auf ökologische Validität und ist anschlussfähig an die Kulturtheorie und die Jugendsoziologie.
- *Subjektivität*: Entwicklungsaufgaben, die im Sinne gesellschaftlicher Erwartungen an die Jugendlichen „herangetragen" werden, müssen von diesen erkannt, realisiert, ernst genommen, akzeptiert werden. Damit ist das Konzept anschlussfähig an Subjekttheorien und an Bildungstheorien, die solche Prozesse der „Autopoiesis", der „Selbstbildung" beschreiben.
- *Aktivität*: Entwicklungsaufgaben müssen nicht nur erkannt und angenommen werden, zu ihrer „Lösung" ist auch Aktivität, Engagement, Anstrengung erforderlich; gerade dann, wenn das Subjekt sich mit besonderen Herausforderungen und Hindernissen konfrontiert sieht. Damit ist das Konzept anschlussfähig an die „Bewältigungsforschung", die sich mit den unterschiedlichen Weisen der Problemverarbeitung und mit den diversen „Copingstrategien" befasst.
- *Normativität*: Die Lösung von Entwicklungsaufgaben steht immer im Spannungsverhältnis von „Gelingen und Misslingen". Es spielen somit bei der Entscheidung der Frage, inwieweit bestimmte Entwicklungsaufgaben bei einem Individuum als „angemessen bewältigt" gelten können, unweigerlich Vorstellungen vom „guten Leben" eine Rolle. Damit ist zwangsläufig auch der Anschluss an ethische Fragestellungen impliziert.
- *Prospektivität*: Gerade mit der von Havighurst benannten dritten, der individuellen Quelle von Entwicklungsaufgaben bekommen individuelle Wünsche, Zielsetzungen, Ich-Ideale einen wichtigen Stellenwert. Entwicklung wird damit nicht allein als Ergebnis vorangegangener Ereignisse erklärt, sondern mit Bezug auf die Antizipa-

Jugend als Verdichtung von „Entwicklungsaufgaben"

tion künftiger Ereignisse und Zustände. Damit ist ein Anschluss an die Lebenslauf- und Biographieforschung gegeben, die versucht, der Bedeutung solcher Schlüsselmotive in menschlichen Lebensläufen nachzuspüren.

- *Pädagogizität*: Wenn es darum geht, dass Jugendliche „Aufgaben zu bewältigen" haben, dann stellt sich natürlich immer auch die Frage nach den förderlichen und erschwerenden Rahmenbedingungen, in denen dies stattfindet, sowie nach den notwendigen und hilfreichen Unterstützungsleistungen, die geboten sein müssen, wenn das Subjekt auf sich allein gestellt mit der Bewältigung dieser Aufgaben überfordert ist. Damit ist die pädagogische Dimension angesprochen. Gleichzeitig ist jedoch das Primat der Eigenleistung und Eigenaktivität des Subjekts betont. Erziehung ist in diesem Sinne nicht als „Machen", „Formen", „Lenken", „Beibringen" denkbar, sondern eben nur als „Erleichtern", „Unterstützen" und „Herausfordern".

Angesichts der beschriebenen „Kontextualität" können Kataloge von zentralen Entwicklungsaufgaben für eine Lebensphase, insbesondere solche für das Jugendalter, nicht „sub specie aeternitatis" formuliert werden, sondern müssen immer wieder auf ihre Kultur- und Zeitgemäßheit überprüft werden. Mitte des vorigen Jahrhunderts hat Havighurst seinen Katalog mit jenen zehn Entwicklungsaufgaben aufgestellt, die er damals als zentral für den 12–18-jährigen amerikanischen Nachwuchs ansah. Mitte der achtziger Jahre haben Dreher und Dreher versucht, in Gruppendiskussionen mit 15–18-jährigen deutschen Jugendlichen diesen Katalog anzupassen und zu aktualisieren. In seinem Lehrbuch der Entwicklungspsychologie des Jugendalters hat auch Fend auf das Konzept der Entwicklungsaufgaben als Gliederungsprinzip seiner Darstellung zurückgegriffen. Bei ihm steht die Diskussion der einzelnen Entwicklungsaufgaben des Jugendalters unter dem von Pestalozzi entlehnten Generalmotto: „Der Jugendliche als Werk seiner selbst". Alle drei Kataloge sollen hier in einer Übersicht vergleichend gegenübergestellt werden. Dabei ist die übliche Reihenfolge z. T. etwas verändert, um in Form einer Synopse eher die sich entsprechenden Themen zuordnen zu können.

Katalog der Entwicklungsaufgaben nach Havighurst 1952	Katalog der Entwicklungsaufgaben nach Dreher/Dreher 1985	Katalog der Entwicklungsaufgaben nach Fend 2000
Entwicklung neuer und reiferer Beziehungen mit den Gleichaltrigen beider Geschlechter	Aufbau eines Freundeskreises: Zu Altersgenossen beiderlei Geschlechts werden neue, tiefere Beziehungen hergestellt	Umbau sozialer Beziehungen
Erwerb einer maskulinen oder femininen sozialen Rolle	Sich das Verhalten aneignen, das man in unserer Gesellschaft von einem Mann bzw. von einer Frau erwartet	
Erreichung emotionaler Unabhängigkeit von Eltern und anderen Erwachsenen	Von den Eltern unabhängig werden bzw. sich vom Elternhaus loslösen	

Pädagogische Positionen

Katalog der Entwicklungsaufgaben nach Havighurst 1952	Katalog der Entwicklungsaufgaben nach Dreher/Dreher 1985	Katalog der Entwicklungsaufgaben nach Fend 2000
Seinen eigenen Körper akzeptieren und wirksam einsetzen	Akzeptieren der eigenen körperlichen Erscheinung: Veränderungen des Körpers und des eigenen Aussehens annehmen	Den eigenen Körper bewohnen lernen
Erwerb ökonomischer Unabhängigkeit		
Berufswahl und Berufsausbildung	Wissen, was man werden will und was man dafür können (lernen) muss	Umbau der Leistungsbereitschaft und des Verhältnisses zur Schule
		Berufswahl als Entwicklungsaufgabe
Vorbereitung auf Heirat und Familie	Aufnahme intimer Beziehungen zum Partner (Freund/Freundin)	Umgang mit Sexualität lernen
	Vorstellungen entwickeln, wie der Ehepartner und die zukünftige Familie sein sollen	
	Über sich selbst im Bilde sein: Wissen, wer man ist und was man will	Identitätsarbeit als Entwicklungsaufgabe
Erwerb von Begriffen und intellektuellen Fähigkeiten zur Ausübung der bürgerlichen Pflichten und Rechte		
Anstreben und Entfaltung sozialverantwortlichen Verhaltens		
Aneignung von Werten und einem ethischen System als Leitlinien eigenen Verhaltens	Entwicklung einer eigenen Weltanschauung: sich darüber klar werden, welche Werte man hoch hält und als Richtschnur für sein eigenes Verhalten akzeptiert	Bildung als Entwicklungsaufgabe
	Entwicklung einer Zukunftsperspektive: Sein Leben planen und Ziele ansteuern, von denen man glaubt, dass man sie erreichen kann	

Für alle drei Kataloge trifft zu, dass es sich bei den benannten Entwicklungsaufgaben um entwicklungspsychologisch-pädagogisch „geglättete", „zurechtgestutzte" Kategorien handelt. Würde man Jugendliche direkt fragen, was sie derzeit für sich und ihre

Entwicklung in der nächsten Zeit als besonders wichtige Aufgaben und Ziele ansehen, würden diese wohl kaum antworten, es ginge ihnen vordringlich um den „Erwerb von Begriffen und intellektuellen Fähigkeiten zur Ausübung der bürgerlichen Pflichten und Rechte", sondern es kämen eher konkretere Dinge zur Sprache wie: „die Mittlere Reife schaffen", „eine Lehrstelle als Arzthelferin finden", „den schwarzen Gürtel im Judo machen", „endlich abnehmen und das Wunschgewicht erreichen", „im 6. Grad Klettern", „als Gitarrist mit der Band, in der man spielt, groß rauskommen", „eine große LAN-Party organisieren", „die Aufmerksamkeit des Jungen, für den man schon lange schwärmt, ergattern", „im Kontakt mit Mädchen nicht mehr immer so schüchtern zu sein", „bei Streitereien mit den Eltern nicht immer gleich auszurasten", „daheim durchsetzen, dass man mit der Clique in den Urlaub fahren darf" etc.

Bittner hat das Konzept der Entwicklungsaufgaben unter anderem wegen dieser Diskrepanz scharf kritisiert. Es würde sich zu weit entfernen vom subjektiven Bewusstsein derer, die entsprechende Entwicklungsprozesse durchlaufen, es sei zu kognitivistisch angelegt und würde die unbewussten Motive und Strebungen, die häufig stärker lebensleitend seien als die bewussten Vorsätze und Entscheidungen, nicht zureichend berücksichtigen. Außerdem sei es in seinen engen Vorstellungen davon, wie eine „gelingende Lösung" bestimmter Entwicklungsaufgaben auszusehen habe, zu stark normativ. Überhaupt würde dieses Konzept in unangemessener Weise den ganzen Lebenslauf didaktisieren, wenn es ihn als eine Abfolge von „Aufgaben" mit entsprechenden „Lernzielen" und „Lösungen" darstelle (Bittner 2001, S. 21f., S. 45ff.): „Wird Entwicklung als eine Abfolge von Aufgaben und ihrer Bewältigung verstanden, so resultiert daraus eine problematische Pädagogisierung des Entwicklungskonzepts. Die Schullaufbahn wird sozusagen zum Modell des Lebens: eine Aufgabe folgt der anderen; wenn ich das Pensum einer Klasse ‚bewältigt' habe, kann ich in die nächste aufsteigen. Ob das Leben wirklich so läuft?" (ebd. S. 46).

Diese Kritik trifft einerseits zu, andererseits muss man das Konzept der Entwicklungsaufgaben keineswegs so eng normativ oder gar didaktisch verstehen. Natürlich ist es nicht so, dass die Jugendlichen sich gezielt ihren „Aufgabenkatalog" vornehmen und eine Entwicklungsaufgabe nach der anderen gezielt angehen und anschließend als „bewältigt" abhaken, um sich der nächsten zuzuwenden. Natürlich gibt es im Hinblick auf die „Entwicklungsaufgaben" keine formelle „Versetzung". Aber andererseits kommt ein Jugendlicher, wenn die Berufswahlentscheidung mit dem Schulabschluss näher rückt, gar nicht umhin, sich Gedanken darüber zu machen, was er werden will und welche Schritte er zur Erreichung dieses Zieles machen muss. Ein Jugendlicher, dem es auch mit 20 Jahren noch nicht gelungen ist, eine enge, vertrauensvolle, intime Beziehung zu einem Freund oder einer Freundin aufzubauen, der wird sich, auch ohne dass er mit der vorgegebenen Normativität eines Katalogs von Entwicklungsaufgaben konfrontiert wird, fragen, warum er sich hier so schwer tut, entsprechende Beziehungen herzustellen und ob mit ihm alles in Ordnung ist. Ein Jugendlicher, der mit 14 noch sagt, er möchte nicht mit ins Skilager, weil er da ja eine ganze Woche lang von seinen Eltern getrennt sei, macht sich in jedem Fall zum Gespött seiner Klassenkameraden.

Man kann die Entwicklungsaufgaben ganz einfach auch als mehr oder weniger parallel laufende bedeutsame Entwicklungsthemen des Jugendalters betrachten, als Themen, mit denen eine Auseinandersetzung im Jugendalter unausweichlich ansteht. Die ideale Zielperspektive für diese Auseinandersetzung liegt dabei in dem, was in den einzelnen Punkten der obigen Kataloge formuliert wurde, die Summe ihrer „erfolgreichen Bewältigung" ergibt dann schließlich so etwas wie „Erwachsensein".

20 Jugend als besonders intensives, subjektiv höchst unterschiedlich erlebtes Lebensgefühl

Die bisherigen Deutungen des Jugendalters waren aus der Außenperspektive, aus der Sicht unterschiedlicher wissenschaftlicher Positionen formuliert. Es handelte sich um Versuche, jeweils etwas Spezifisches und Prägnantes aus der unermesslichen phänomenologischen Vielfalt dessen herauszuheben, was sich bei Jugendlichen mit unterschiedlichen Biographien und in unterschiedlichen Lebensumständen an Veränderungen des Denkens, Fühlens und Erlebens in jener Zeit ereignet. Nun haben Jugendliche jedoch vor aller theoretischen Deutung eine eigene Vorstellung davon, was es bedeutet, Jugendlicher zu sein. Sie erleben diese Phase in der Regel durchaus bewusst als eine Lebensphase besonderer Bedeutsamkeit und Intensität, in der innerhalb kurzer Zeit viele neue Erfahrungen auf sie einstürmen und sie sich mit vielen neuen Herausforderungen auseinandersetzen müssen, als eine Phase zugleich, in der vieles noch im Offenen, Nicht-Festgelegten liegt, und in der auch aus der subjektiven Sicht noch viel Unklarheit und Unbestimmtheit bezüglich des eigenen Weges herrschen. Benjamin Lebert sprach in diesem Sinn von der Jugend als einem „großen Fadensuchen".

Was kommt heraus, wenn man Jugendliche nicht mit standardisierten Fragebögen konfrontiert, in deren Fragestellungen und Antwortvorgaben sich immer schon die theoretischen Vorannahmen der Verfasser widerspiegeln, sondern einfach einen ganz weiten und offenen Erzählimpuls vorgibt? Was rückt bei den Jugendlichen selbst ins Zentrum, wenn sie in komprimierter Form versuchen, Auskunft über das Charakteristische ihres Lebensgefühls zu geben? Wie breit die Spanne der Erlebnisgrundstimmung der Jugendlichen ist, machen folgende beiden Statements deutlich (vgl. Behnken 1985, S. 251 ff.):

„Mir macht das Jungsein Spaß. Mir ist voll bewußt, daß ich jetzt und in den nächsten Jahren am meisten Kraft besitze, daß ich in der Jugend am schönsten bin, daß die Jugend die unbeschwerteste Zeit ist, daß ich noch unabhängig und frei bin. Das sind alles für mich schon genügend Gründe, warum ich froh bin, und warum ich versuche, diese Zeit total zu genießen und sie auszukosten." (19-jährige Abiturientin)

„Mir persönlich fiel kein Thema ein, in dem man die positiven Seiten der Jugend darstellen könnte. Vielleicht bin ich ein Schwarzseher, aber mir fällt nur Negatives ein, man denkt nur an Drogen, Schule, Krach im Elternhaus. Diese drei Dinge machen auf mich eigentlich den stärksten Eindruck bezüglich der Jugend. Ich finde alles um mich herum düster und grau – ich bin einsam." (15-jähriger Schüler)

Etliche Jugendliche haben das Entdecken von Neuem, das Explorieren von Situationen, Ideen und Gefühlen, die sie als Kind so nicht wahrnahmen und erlebten, als das zentrale Merkmal des Jugendalters benannt. Die Jugendzeit wird somit als eine einzige große Entdeckungsreise erlebt:

„Es gibt so viele schöne Sachen auf der Welt, so viele Gedanken und neue Ideen, so viele schöne Situationen, die man erleben kann, wenn man nur will ... Jungsein heißt für uns zu entdecken, Sachen aufzunehmen, Neues kennenzulernen und sich Gedanken zu machen. Das Leben ist (er)lebenswert!" (16-jähriger Gymnasiast)

Nicht immer jedoch wird dieses Feld von Neuem, von Chancen und Optionen, die sich auftun, so uneingeschränkt positiv erlebt. Häufiger ist eine gewisse Ambivalenz zu spüren: Einerseits die Möglichkeiten, die sich auftun, gleichzeitig aber auch eine gewisse Angst, diese Möglichkeiten nicht entsprechend nutzen zu können, hinter den eigenen Ansprüchen zurückzubleiben, die Angst, dass sich das, was jetzt noch als eine so große Offenheit voller Versprechungen erscheint, sich irgendwann als eine Illusion erweisen wird, das Bewusstsein der unvermeidlichen Begrenzung, die Einsicht, dass jede biographische Wahlentscheidung zugleich auch eine Festlegung und damit auch eine Beschränkung, den Ausschluss anderer Optionen bedeutet:

„...diese 5 Jahre in der Pubertät, in der Phase des Erwachsenwerdens, wiegen meines Erachtens doppelt, vielleicht sogar dreimal soviel wie andere Jahre. THE MOST IMPORTANT YEARS OF ANYBODY'S LIFE. Weil für die meisten Dinge im Leben hier Weichen gestellt, Fundamente gemauert, Verhaltensweisen und Ansichten geprägt werden." (18-jährige Gymnasiastin)*

Es sind also „riskante Chancen", die sich da auftun, die immer auch die Möglichkeit des Versäumens, der Fehlentscheidung und des Scheiterns in sich bergen. Wieder andere wehren sich gegen die Festlegungen und Einengungen, erleben gerade den Widerspruch, die Konfusion, das beständige Fluktuieren von Gefühlen und Stimmungslagen als das eigentlich besondere jener Lebensphase, in der sie sich befinden:

„Wie ich bin: Bin aggressiv, bin ruhig, bin lustig, aber ernsthaft, bin ich, bin manchmal schon so alt, bin dann doch jung, gerade jung genug, um nie alt zu sein, bin gesellig und bin so ein einsamer Hund ... bin so optimistisch, kenne so viel Pessimistisches, bin so schwierig und kann so leicht den Tag erleben ... bin so glücklich und kenne das Unzufriedensein so gut, bin so, bin geradeso, bin immer das, was ich bin und auch nichts, bin alles und nichts." (20-jährige Studentin)*

Und schließlich gibt es auch noch diejenigen, für die weder das Merkmal des offenen Horizonts noch das der Ambivalenz und der Widersprüchlichkeit zutrifft, weil sie kaum Chancen und Perspektiven für sich sehen und früh zu resignieren drohen:

„Ich glaube, die Zeit zwischen fünfzehn und achtzehn ist das einsamste Alter des Lebens. Alles, was man tut, scheint falsch zu sein. Wie immer man sich gibt, es wirkt sich ungünstig für sich selber aus. Neue Freunde sind schwer zu finden, man fühlt sich von allen alleingelassen." (16-jährige Hauptschülerin)*

Bei diesen Statements handelt es sich um komprimierte individuelle Beschreibungen des eigenen aktuellen Lebensgrundgefühls im Jugendalter. Jedes Statement hat seine eigene Note, seine eigene Weise, die zentralen Dinge auf den Punkt zu bringen. Man kann sich gut vorstellen, dass die in den Statements enthaltenen Tendenzen dann auch irgendwie Einfluss darauf haben, wie die Betroffenen auf die Fragen aus den Fragebögen der empirischen Jugendforschung antworten. Etwa auf Fragen wie die folgende aus der Shell Jugendstudie: „Wie stellen Sie sich ihre eigene Zukunft vor? Man kann ja die Zukunft, wie das eigene Leben so weitergehen wird, eher düster oder eher zuversichtlich sehen. Wie ist das bei Ihnen?" Die Jugendlichen haben bei der Beantwortung dieser Frage die Möglichkeit, sich zwischen drei Alternativen zu entscheiden: „eher düster", „eher zuversichtlich" oder „gemischt, mal so – mal so".

Aus jugendsoziologischer Sicht mögen die Verlaufskurven solcher Antworttendenzen über die Zeit hinweg und die darin zum Ausdruck kommende Widerspiegelung gesamtgesellschaftlicher Stimmungslagen und makroökonomischer Trends von Bedeutung sein. Aus pädagogischer Sicht sind der Blick und die Sensibilität für die individuell unterschiedlichen Wahrnehmungen und Befindlichkeiten der Jugendlichen wesentlich. Aus entwicklungspsychologischer Sicht mögen die typischen Verlaufskurven der Antworttendenzen auf bestimmte Fragen, etwa auf solche nach dem Wohlbefinden und der erlebten Konfliktintensität in der Familie, durchaus von hoher Relevanz sein. In pädagogischer Hinsicht sind jedoch auch hier die unterschiedlichen Qualitäten der Konfliktmuster, die sich in Familien aufbauen, sowie die individuellen Formen der Durchsetzungs-, Kompromiss-, und Abgrenzungsstrategien, die Jugendliche in jenen Ablösungskämpfen verfolgen, von wesentlich größerer Bedeutung.

Solche qualitativen Aspekte, solche differenzierten Beschreibungen individuellen Erlebens kommen am authentischsten in „Geschichten", in „autobiographischen Berichten", in „narrativen Texten" zum Ausdruck. In pädagogischen Kontexten geht es letztlich immer um konkrete und komplexe Problemlagen und damit darum, individuelle Lebensgeschichten zu verstehen und subjektive Sinnperspektiven nachzuvollziehen. Allgemeine Durchschnittsnormen dessen, was in der gegenwärtigen Jugendgeneration „in" und „out", was als „normal" gilt, stellen dabei sicherlich wichtige Hintergrundfolien dar, können jedoch nicht ohne weiteres als normativer Maßstab gelten. Medianwerte aus der Jugendforschung, die Auskunft darüber geben, wann Jugendliche heute im Durchschnitt welche Erfahrungen erstmals gemacht haben, sind zwar interessant, sagen aber noch gar nichts über die höchst unterschiedlichen Weisen aus, in denen diese Erfahrungen subjektiv erlebt und verarbeitet wurden. Entwicklungspsychologische Durchschnittswerte bezüglich der Verhaltensweisen, Interessen, Kompetenzen, moralischen Urteile etc., die in einem bestimmten Lebensalter üblich sind, stellen ebenfalls nur einen sehr groben Orientierungsrahmen dar, um die Lage eines konkreten Jugendlichen zu verstehen.

Bittner hat zwei grundlegende Thesen „zur wissenschaftlichen Dignität der autobiographischen Alltagserzählung für die Humanwissenschaften im Allgemeinen und für die Pädagogik im Besonderen" formuliert, die auch in diesem Buch Beherzigung finden sollen:

1. „Wissen über Menschliches hat die Grundform einer Erzählung.
2. Der autobiographischen Erzählung als der Grundform des Wissens über Menschliches gebührt Respekt. Sie ist stets klüger als ihr Interpret." (Bittner 2001, S. 61)

Natürlich stellt sich auch hier die Frage nach den Möglichkeiten der Systematisierung und Generalisierung entsprechenden „Wissens". Bittner hat seine Position zu diesem Problem schon 1979 in eine sehr pointierte These gegossen, in welcher er die gängige Sichtweise der empirischen Forschung mit einem diametral entgegengesetzten Standpunkt konfrontiert. Dort wird nämlich, gewissermaßen als das „forschungsleitende Paradigma" der narrativen Pädagogik, folgendes Ideal aufgestellt: „Wenn es gelänge, einen einzigen menschlichen Lebenslauf in seinem ‚so und nicht anders' vollständig durchsichtig zu machen, wüßten wir zugleich alles Wissenswerte über alle nur erdenklichen Lebensläufe", und Bittner wandelt diesen Satz dann auch noch auf die menschlichen Erziehungsgeschichten ab: „Wenn es gelänge, die Erziehungsgeschichte eines einzigen Individuums richtig, d. h. vollständig und mit den zutreffenden Bedeutungsakzenten darzustellen, wären gleichzeitig alle nur denkbaren Erziehungsgeschichten mit aufgeklärt" (Bittner 1979, S. 126 f.). Natürlich fügt Bittner dann sogleich hinzu, dass dies ein fiktives Ziel sei, da die „vollständige Biographie" oder die „vollständige Erziehungsgeschichte" quasi die Quadratur des Zirkels bzw. den Stein der Weisen einer solchen narrativen Pädagogik darstellen würde. Dennoch sei diese Perspektive als erkenntnisleitendes Ideal sinnvoll.

Von Seiten der empirisch-statistischen Jugendforschung mag man gegen diese Forderung nach stärkerer Berücksichtigung der individuellen Entwicklungsgeschichten und der subjektiven Varianten des Erlebens den Einwand erheben, dass diese eben nicht „repräsentativ", sondern „zufällig" und „idiosynkratisch" seien. „Wissen über Menschliches", so könnte man ein wenig boshaft-zugespitzt formulieren, hat in dieser Tradition eher die Grundform eines Kreuzes auf einem Fragebogen (bzw. der Summation und Korrelation vieler solcher Kreuze, die von vielen Personen eingetragen wurden).

Interessant ist, dass Helmut Fend, der das wohl umfassendste und materialreichste aktuelle Lehrbuch zur Entwicklungspsychologie des Jugendalters verfasst hat, im ersten Satz der Einleitung zu diesem Buch auch sich selbst als Geschichtensammler und Geschichtenerzähler charakterisiert: „In diesem Lehrbuch", so heißt es dort, „werden Geschichten erzählt, was Forscher in Versuchen, die Lebensphase der Adoleszenz systematisch zu beschreiben und zu erklären, herausgefunden haben. Diese Erfahrungen und Erkenntnisse aus Forschungsgeschichten habe ich hier zu systematisieren versucht, sie in eine Ordnung gefügt" (Fend 2000, S. 19). Wirkliche konkrete Geschichten, Narrationen, Fallbeispiele, tauchen dann freilich nur ganz sporadisch in Fends Buch auf. Ganz überwiegend handelt es sich um Zusammenfassung und Diskussion eigener und fremder empirisch-statistischer Forschungsbefunde.

Im Vorwort hat er sein Kernanliegen und seinen Anspruch auf die Formel gebracht: „dem Leser ein umfassendes Verständnis der Entwicklungsprozesse in einer kritischen Lebensphase zu geben", denn ein Lehrer brauche, um professionell handeln zu können, dringend „ein Verständnis dafür, was in den vor ihm sitzenden Schülern vorgeht, was sie bewegt, welche Probleme sie haben, wie sie die Welt, die Schule und sich selbst sehen und wie sich dies im Verlauf der Entwicklung ändert" (ebd., S. 17). Dies ist freilich eine Forderung, die nach Konkretion und Narration geradezu verlangt. Um als Pädagoge zu einem angemessenen Verständnis der inneren Welt der Jugendlichen zu kommen, fordert Fend neben der Auseinandersetzung mit wissenschaftlicher Literatur auch noch die Aufarbeitung der eigenen Jugendzeit, die als Folie für das Verständnis der Jugend anderer unverzichtbar ist. Die Notwendigkeit einer solchen selbstreflexiven Wendung ergibt sich für Fend aus der Besonderheit der psychologischen Wissenschaften, daraus nämlich, dass diese „auf einen Wirklichkeitsbereich treffen, der sich schon vor der wissenschaftlichen Erschließung selbst ‚versteht', also über Selbstreflexivität verfügt". Deshalb fasst Fend sein eigenes Lehrbuch auch ausdrücklich auf als eine Einladung, „das eigene Alltagswissen zur Jugendphase zu prüfen und weiterzuentwickeln" (ebd., S. 18).

In zwei Hauptseminaren zum Thema „Entwicklungsaufgaben und Probleme des Jugendalters" habe ich versucht, diese Einladung aufzugreifen. Gemeinsame Textgrundlage für diese Seminare war jeweils der dritte Teil aus Fends Lehrbuch. Dieser dritte Teil trägt die Überschrift: „Der Jugendliche als Werk seiner selbst" und versucht, in systematischer Form das jugendpsychologische Wissen zu den Fragen, wie Jugendliche sich mit den Entwicklungsaufgaben „den Körper bewohnen lernen", „Umgang mit Sexualität lernen", „Umbau sozialer Beziehungen", „Umbau der (schulischen) Leistungsbereitschaft", „Bildung" (d.h. kulturelle, moralische, existentielle, religiöse und politische Weltorientierung) und „Identitätsarbeit" auseinandersetzen, zu präsentieren.

Die Intention bei der Konzeption dieses Seminars ging dahin, die Studierenden in dem von Fend begründeten Sinn zur selbstreflexiven Auseinandersetzung mit ihren eigenen Jugenderfahrungen anzuregen und sie gleichzeitig zu motivieren, ihr Alltagswissen zur Jugendphase zu überprüfen und weiterzuentwickeln. Deshalb bestand die Leistung, die die Studierenden im Rahmen dieses Seminars erbringen mussten darin, dass sie in anonymisierter Form sechs persönliche autobiographische Statements zu ihrer je individuellen Form der Auseinandersetzung mit den einzelnen Entwicklungsaufgaben des Jugendalters formulieren sollten. Die Aufgabenstellung wurde folgendermaßen konkretisiert: „Bei den Statements sollte es sich nicht um bloße Zusammenfassungen des Textes handeln, auch nicht in erster Linie um kritisch kommentierende Stellungnahmen zum Text, sondern primär um *persönliche Resonanz auf den Text*, um die Auseinandersetzung mit der Frage, *wie war das eigentlich bei mir?* Was habe ich in dieser Hinsicht erlebt? Was war mir wichtig? Welche konkreten Episoden und Begebnisse fallen mir ein, die für mich in den einzelnen Entwicklungsbereichen bedeutsam waren? An welche Ideen, Phantasien, Hoffnungen, Gefühle, Wünsche, Ängste, Empörungen, Enttäuschungen, Bewältigungsstrategien etc. aus jener Zeit kann ich mich erinnern? Wie ordne ich meinen persönlichen Entwicklungsverlauf ein angesichts der Bandbreite differentieller Entwicklungsverläufe, die bei Fend dargestellt werden?" Weiterhin wurden die Studierenden ermuntert, bei ihren Reflexionen eventuell auf erhalten gebliebene Dokumente aus jener Zeit (Briefe, Gedichte, Tagebücher etc.) zurückzugreifen. Ersatzweise konnten die Studierenden auch narrative Interviews mit Jugendlichen aus ihrem Bekanntenkreis zu den einzelnen Entwicklungsaufgaben führen. Die Statements zu den einzelnen Entwicklungsaufgaben hatten einen durchschnittlichen Umfang von zwei bis drei Seiten und wurden unter einer anonymen Codenummer eingereicht. Insgesamt haben 76 Personen an diesen Seminaren aktiv teilgenommen. Auf diese Weise kam eine Zahl von ca. 450 solcher biographischer Statements, die insgesamt vier dicke Ordner füllen, zusammen.

Freilich stellt die Gruppe derer, die sich hier ausführliche schriftliche Gedanken gemacht haben über die Art und Weise, wie sie mit den Entwicklungsaufgaben des Jugendalters umgegangen sind, keinen repräsentativen Querschnitt der Bevölkerung dar. Weibliche Personen sind, wie es an Pädagogischen Hochschulen eben allgemein der Fall ist, deutlich überrepräsentiert. Zudem handelt es sich um Personen mit überdurchschnittlichem Bildungsstatus, denn alle haben die Hochschulreife erworben. Zudem ist bekannt, dass gerade die Lehramtsstudierenden sich ganz überwiegend aus einem spezifischen gesellschaftlichen Milieu rekrutieren. Nach einer neueren Untersuchung stammen sie zu etwa zwei Dritteln aus dem „liberal-intellektuellen Milieu" (vgl. Mägdefrau/Schuhmacher 2002). Dennoch lässt sich bei der Lektüre der Statements auch hier, in dieser relativ homogenen Gruppe, schon eine durchaus eindrucksvolle Bandbreite der Familiensituationen, der Lebensläufe und der Schulkarrieren erkennen.

Wenn die Verfasser der autobiographischen Reflexionen in diesem Sinne nicht unbedingt repräsentativ sind für ihre Generationsgenossen aus anderen sozialen Milieus und anderen Bildungsgängen, so sind sie doch auch als spezielle Teilgruppe von besonderem Interesse. Man kann davon ausgehen, dass die eigenen biographischen Erfahrungen generell von großer Bedeutung für die späteren pädagogischen Einstellungen und für den Umgangsstil mit Kindern und Jugendlichen sind. Vielleicht hat die Art und Weise, wie man selbst die Entwicklungsaufgaben des Jugendalters bewältigt (oder eben auch nicht so recht bewältigt) hat, mehr Einfluss darauf, welches Maß an Einfühlung und Verständnis man für die Problemlagen von Jugendlichen aufzubringen vermag als die Lektüre entwicklungspsychologischer Lehrbücher. Von daher ist es auch aus erziehungswissenschaftlicher Sicht durchaus interessant zu wissen, wie angehende

Lehrer und Lehrerinnen eigentlich über die Probleme des Jugendalters, über Themen wie Eltern-Kind-Beziehungen, Cliquen, Freundschaftsbeziehungen, Sexualität, Drogen, Essstörungen, Identität etc. denken und wie dieses Denken mit ihren eigenen persönlichen Erfahrungen zusammenhängt.

Aus welcher Position heraus haben die Studierenden diese Reflexionen verfasst? Die Studierenden waren im Schnitt zwischen 19 und 24 Jahre alt. Formell waren sie also alle Volljährige, Erwachsene. Die Frage jedoch, wann das Jugendalter eigentlich endet und ob die Gruppe der 19–24-Jährigen noch dem Jugendalter zuzurechnen ist, ist auch innerhalb der Jugendforschung umstritten. Die Aufforderung an die Seminarteilnehmer zu Beginn des Seminars, sich selbst und ihr Lebensgefühl in einer Art „TED-Abstimmung", also in einer bewusst dichotomen Entscheidungssituation als entweder „noch dem Jugendalter zugehörig" oder als „klar jenseits des Jugendalters" einzuordnen, brachte das Ergebnis, dass etwa drei Viertel der Teilnehmer dazu tendierten, sich doch noch eher als Jugendliche zu sehen. Die erkennbare Schwierigkeit, mit dieser Aufgabe umzugehen, eine klare Zuordnung zu treffen, zeigte aber auch, dass sie sich in einer Grenz- und Übergangssituation befinden. Ich vermute, dass dies durchaus eine günstige Voraussetzung für einen solchen Reflexionsprozess über die Bewältigung der Entwicklungsaufgaben darstellt: Einerseits haben die Studierenden in diesem Alter noch eine große innere Nähe, noch eine plastische Erinnerung an die Gefühle und Gedanken, die sie in den letzten Jahren vornehmlich beschäftigt haben, an die Entdeckungen und Eroberungen, die sie in jener Zeit gemacht haben, an die Kämpfe und Krisen, die sie ausgefochten und durchlitten haben. Gleichzeitig haben sie aber auch schon ein Stück reflexive Distanz dazu, sind in den überwiegenden Fällen nicht mehr ganz so verwickelt. Sie konnten also ein Stück zurücktreten von den mehr oder weniger stürmischen Ereignissen der letzten Jahre und konnten schon so etwas wie eine vorläufige Bilanz dieser Entwicklungsprozesse ziehen. Für viele waren gerade der Studienbeginn und die räumliche Trennung von ihrer Familie und ihrem Herkunftsmilieu ein bedeutsamer Einschnitt, der sie zum Nachdenken brachte.

Natürlich waren die Verfasserinnen und Verfasser bei der Formulierung ihrer Texte auch nicht gänzlich unbeeinflusst von theoretischen Vorgaben. Sie hatten die Kapitel aus Fends Lehrbuch zu den einzelnen Entwicklungsaufgaben gelesen. Sie hatten damit Stichworte, Anhaltspunkte, typische Problembereiche vorliegen. Da Fend immer wieder darum bemüht ist, das breite Spektrum der unterschiedlichen Entwicklungskontexte und der differentiellen Entwicklungsmuster darzustellen, hatten sie eine relativ große Bandbreite möglicher Entwicklungspfade vorgegeben und somit kam es wohl nahezu zwangsläufig zu entsprechenden Selbsteinschätzungen: Bin ich eher ein Frühentwickler oder ein Spätentwickler? Gehöre ich eher zu der Gruppe der risikofreudigen oder der risikoscheuen Jugendlichen? War meine allgemeine Haltung gegenüber der Schule eher von Erfolgszuversicht oder von Angst vor Misserfolg geprägt? De facto spielen in den Statements solche direkten Bezugnahmen und Selbstzuordnungen jedoch nur eine untergeordnete Rolle. Ganz überwiegend hat dieser Reflexionsimpuls dazu geführt, Erinnerungen zu reaktivieren, konkrete Episoden und Erfahrungen zu berichten, Geschichten zu erzählen.

Im Folgenden soll also das, was Jugendliche über sich selbst, über ihren Entwicklungsweg, über ihr subjektives Lebensgrundgefühl und über ihre je eigene Art der Auseinandersetzung mit den Entwicklungsaufgaben des Jugendalters zu sagen haben, ernst genommen werden. Sie sollen mit den autobiographischen Beschreibungen ihrer Erfahrungen zu Wort kommen.

In der empirischen Jugendforschung und der modernen Entwicklungspsychologie besteht in den letzten Jahren die Tendenz, das Jugendalter nicht mehr als normative Krise, sondern als mehr oder weniger unproblematische Übergangsphase zu beschreiben. In diesem Sinne fasst Paulsen das Jugendbild der jüngeren, überwiegend fragebogenbasierten Jugendforschung folgendermaßen zusammen: „Seit den achtziger Jahren beschreiben Wissenschaftler die Heranwachsenden weniger dramatisch. Die Pubertät sei, betonen sie, weder eine besonders grüblerische noch eine besonders leidvolle Phase. Die Jugendlichen seien durchwegs pragmatisch und selbstbewußt. Sei sähen die Zukunft skeptisch, doch ohne daran allzuschwer zu tragen. Sie entzögen den Eltern emotionale Zuwendung, blieben ihnen aber freundlich verbunden. Die erwachende Sexualität verursache kaum noch ernsthafte Probleme" (Paulsen 1993, S. 132).

Wenn in den autobiographischen Statements doch vielfach eher problematische Aspekte zum Ausdruck kommen, häufiger Krisen und Konflikte beschrieben werden, dann mag dies mit den unterschiedlichen Formen der „Datengenerierung" zu tun haben: Wenn man in einem Fragebogen etwa anzukreuzen soll, ob man als Jugendlicher die momentane Befindlichkeit als „sehr gut", „gut", „mittelmäßig", „eher schlecht" oder „sehr schlecht" einschätzt, oder ob man die Belastungen und Probleme der aktuellen Lebenssituation als „sehr groß", „groß", „mittelmäßig", „gering" oder „sehr gering" erlebt, dann wird sicherlich ein großer Teil positive oder durchschnittliche Werte ankreuzen. Einerseits, weil jeder sich selbst und sein Leben gerne in einem positiven Licht sieht, andererseits, weil man sich natürlich auch dann, wenn das eigentliche subjektive Lebensgefühl eher getrübt ist, immer bewusst ist, dass es viele Menschen gibt, die mit sehr viel gravierenderen Problemen und Schwierigkeiten zu kämpfen haben, dass man also keine rechte Legitimation hat, sich hier so deutlich auf der negativen Seite zu verorten.

Wenn jemand dagegen rückblickend auf die gerade vergangenen Jugendjahre schaut und sich darüber in einem erzählenden Text äußert, wird er sich eher auf markante Ereignisse, auf Krisensituationen, Konfliktkonstellationen, vielleicht aber auch auf besonders positive Situationen, auf Erfahrungen von Stolz, Verliebtheit, Selbständigkeit beziehen. Solche Episoden, in denen sich etwas zuspitzt, etwas zum Durchbruch kommt, Situationen, die mit intensiven Emotionen verknüpft sind, bleiben stärker in Erinnerung und bieten damit mehr und interessanteren Stoff zum Erzählen als der Alltagstrott und die damit verbundene „Durchschnittsbefindlichkeit". „Normalität" ist unter narrativen Gesichtspunkten weniger erzählenswert als „Abweichung". Allgemeines Wohlbefinden lässt sich problemlos auf einer Skala mit dem Kreuzchen an der entsprechenden Stelle vermerken, aber man kann kaum eine ausführliche und spannende Geschichte darüber erzählen, wie unkompliziert die eigene Jugendzeit war und wie wohl man sich im Allgemeinen gefühlt hat. Kämpfe und Konflikte, Laster und Leiden, Scham und Schmerz lassen sich dagegen sehr viel dramatischer und differenzierter beschreiben. In der Grundtendenz trifft vielleicht auch auf das autobiographische Erzählen das zu, was Robert Gernhard in dem Gedicht mit dem Titel „Leiden und Leben und Lesen und Schreiben" einmal ironisch über die Situation des Dichters gereimt hat:

Scheiß der Hund drauf, das Gelingen
läßt sich leider nicht besingen.

Wer will vom Gelingen lesen?
Höchstens reichlich flache Wesen.
    (Gernhard 1990, S. 60)

Die folgenden Ausschnitte aus den autobiographischen Statements Jugendlicher und junger Erwachsener können einerseits kaum den Anspruch der Repräsentativität im empirischen Sinne erheben, andererseits aber vielleicht doch Exemplarizität im jugendkundlichen Sinn. Es sind zunächst einmal Aussagen, die junge Erwachsene in ernsthafter Reflexion über ihre höchstpersönlichen Erfahrungen im Jugendalter gemacht haben. Als solche verdienen sie prinzipiellen Respekt. Es handelt sich auch keineswegs um eine besonders exotische Teilgruppe, etwa um eine Hochrisikogruppe mit multiplen Problembelastungen, sondern ganz überwiegend um relativ behütet aufgewachsene Jugendliche zumeist aus bürgerlichem, genauer aus dem liberal-intellektuellen Milieu. Angesichts dieser relativ großen sozialen Homogenität der Gruppe ist es wiederum erstaunlich, welch große Bandbreite unterschiedlicher Erfahrungen und Erlebnismuster im Umgang mit den Entwicklungsaufgaben des Jugendalters sich in den autobiographischen Berichten abzeichnet.

Weiterhin muss man sehen, dass nicht nur beim Niederschreiben der autobiographischen Texte eine gewisse Tendenz zur Hervorhebung des Konflikthaften, Krisenhaften, Dramatischen wirksam ist, sondern noch einmal bei der sekundären Bearbeitung durch denjenigen, der dass umfangreiche Material sichtet und eine entsprechende Auswahl „interessanter", „relevanter", „typischer", „prägnanter", „spannender" Selbstaussagen zusammenstellt.[2]

Es handelt sich bei der Darstellung um den Versuch eines Mittelwegs zwischen der rigorosen Forderung nach einer vollständigen Transparenz der einzelnen Entwicklungs- und Erziehungsgeschichte, wie sie in Bittners Paradigma der narrativen Pädagogik gefordert wurde, und dem traditionellen „Glauben, die Menge der erhobenen Daten bringe den Erkenntnisgewinn" (Bittner 1979, S. 126). Dieser Versuch liegt somit vielleicht auf jener Linie, mittels derer Bittner sein rigoroses idiographisches Paradigma später relativierte, als er 1994, wiederum als These zur pädagogischen und psychoanalytischen Interpretation autobiographischer Texte, formulierte: „Jedes Erkennen und Benennen beruht auf der Differenz. Jedes Erzählen singulärer Schicksale und Lebenserfahrungen fordert den Vergleich mit anderen singulären Schicksalen und Erfahrungen heraus" (Bittner 1994, S. 24). Es geht also immer um die Betrachtung von Ähnlichkeiten und Unterschieden, um die Erkennung von typischen Mustern und extremen Varianten. Gerade die große Varianz unterschiedlicher Problemkonstellationen und Erlebnisweisen im Hinblick auf die Entwicklungsaufgaben des Jugendalters macht deutlich, dass diese Bandbreite schwerlich an einer einzelnen, noch so sehr in allen Bedeutungsakzenten zutreffend aufgeklärten Fallgeschichte darzustellen wäre.

---

[2] Unter dem Druck, den Umfang dieses Buches in vorgegebenen Grenzen zu halten, mussten die zunächst sehr viel umfangreicheren Zusammenstellungen ausgewählter Originalzitate aus den autobiographischen Berichten zu den einzelnen Entwicklungsaspekten immer stärker gekürzt werden. Interessierte Leser können die ursprüngliche Sammlung der Zitate im Internet unter der Adresse www.rolf-goeppel.de herunterladen.

Teil B: Die Auseinandersetzung mit zentralen Entwicklungsaufgaben im subjektiven Erleben der Betroffenen

1 Mit den körperlichen Veränderungen der Pubertät zurechtkommen und zu einem positiven Verhältnis zu seinem eigenen Körper finden

Die offensichtlichsten Veränderungen, die während der Jahre zwischen 12 und 16 mit den Jugendlichen vorgehen, sind die des Körpers. In jenen Jahren erleben die meisten einen wahrhaften Wachstumsschub, legen z. T. innerhalb eines Jahres bis zu 10 Zentimeter zu. Aber nicht nur das Längenwachstum beschleunigt sich in jener Zeit, auch die Körperproportionen werden andere. Dem Pubertierenden wächst nach und nach ein neuer, veränderter, erwachsener Körper zu. Die Schultern der Jungen werden breiter, sie gewinnen an Körperkraft, ihre Gliedmaßen werden länger und schlaksiger. Die Mädchen bekommen weibliche Rundungen an Po und Hüften und ihre Brüste beginnen zu sprießen. Durch die Vermehrung des Unterhautfettgewebes und der Muskelmasse kommt es häufig innerhalb von kurzer Zeit zu einer deutlichen Gewichtszunahme. Haare beginnen plötzlich zu wachsen, wo früher keine waren. Die Geschlechtsorgane verändern ihre Größe und ihr Aussehen. Mit der ersten Menstruation und der ersten Pollution kündigt sich an, dass der Körper nun auch ein sexuell funktionsfähiger, reproduktionsfähiger Körper ist. Mit diesen körperlichen Veränderungen gehen somit auch eine starke Bewusstwerdung der eigenen Geschlechtsrolle und eine definitive Festlegung auf dieselbe einher. Es ist nun in viel deutlicherem Sinn als früher ein Frauen- bzw. Männerkörper, mit dem man sich arrangieren muss. In gewisser Hinsicht führt dieser Körper nun plötzlich ein Eigenleben, tut Dinge, mit denen man nicht rechnet und die man nicht recht kontrollieren kann: Sei es, dass man plötzlich verlegen wird und errötet, in Situationen, in denen man früher unbefangen war, sei es, dass man von Erektionen zu unpassenden Gelegenheiten überrascht wird, sei es, dass die Brüste schneller und größer wachsen als man dies sich eigentlich wünschte und beim Laufen unangenehm wogen, seien es die Schmerzen und „Unpässlichkeiten" im Zusammenhang mit der Menstruation, seien es Gerüche und Ausdünstungen, die man früher so an sich nicht kannte oder seien es Pickel, die just zu dem Zeitpunkt aufblühen, an dem man sie am wenigsten gebrauchen kann. Gleichzeitig ermöglicht dieser Körper neue Empfindungen, neue interessante Spannungs- und Lustqualitäten, die ertastet und erprobt sein wollen.

Dieser neue, veränderte Körper fühlt sich von innen anders an als sich der kindliche Körper angefühlt hat und er wird von außen mit anderen Blicken wahrgenommen und betrachtet. Gerade diese Veränderung der Blicke registrieren die Betroffenen, die ja selbst mit erhöhter Aufmerksamkeit die Wandlungen, die sich in ihrem Körper abspielen, verfolgen, in der Regel mit großer Sensibilität. Neue Situationen von Irritation und Unsicherheit, von Unbehagen und Scham, von Lust und Stolz in Zusammenhang mit dem Körper tun sich auf. Aber nicht nur auf den eigenen Körper und dessen Veränderungen ist die Aufmerksamkeit gerichtet. Auch die Körper von anderen, von gleichgeschlechtlichen und gegengeschlechtlichen Freundinnen und Freunden werden nun mehr als früher mit verändertem, taxierendem, kritisch-vergleichendem Blick wahrgenommen. Neben dem eigenen Körper und den Körpern der Freunde und Bekannten gibt es auch noch die perfekten Körper der Werbeplakate, der Fitness- und Modemagazine, mit denen kaum jemand konkurrieren kann, die aber doch ständig vor Augen führen, wie der Körper eines jungen Menschen eigentlich auszusehen hat.

All die Veränderungen, die man am eigenen Körper wahrnimmt, die Differenzen, die man bei den Vergleichen mit den Körpern anderer feststellt und die veränderten Blicke, die man bei anderen im Hinblick auf den eigenen Körper spürt, müssen psychisch verarbeitet werden. Sie haben Einfluss auf das Lebensgefühl und auf das eigene Selbstkonzept. Dabei kommt es gerade im Jugendalter häufig zu Ungleichzeitigkeiten in der Entwicklung: Der Körper kann in seiner Entwicklung der seelischen Befindlichkeit vorauseilen, damit nach außen etwas suggerieren, dem noch gar keine innere Realität und Bereitschaft entspricht. Er kann aber auch in seiner Entwicklung hinterherhinken und die Betroffenen mit dem Problem konfrontieren, dass sie in dem, wie sie denken, fühlen und empfinden, von ihrer Umgebung häufig unterschätzt werden.

1.1 Ängstliche Abwehr versus freudige Begrüßung der körperlichen Veränderungen

In den autobiographischen Statements zeigt sich, wie höchst unterschiedlich die körperlichen Veränderungen der Pubertät von den betroffenen Subjekten erlebt werden können. Die Spannbreite reicht von einer eher furchtsamen, ablehnenden Haltung, die diese körperlichen Veränderungssignale als bedrohlich erlebt und am liebsten noch möglichst lange im kindlichen Status und im kindlichen Körper verbleiben möchte, bis hin zum sehnsüchtigen Wunsch, der eigene Körper möge endlich auch jene Attribute von fortschreitender Pubertätsentwicklung zeigen, welche bei gleichaltrigen Freunden schon deutlich erkennbar sind:

Ich konnte mit den zahlreichen körperlichen Veränderungen vor allem in der Anfangsphase sehr schlecht umgehen. ... Permanent hatte ich das seltsame Gefühl: ‚Das bin nicht ich! Dieser Körper gehört mir nicht!' und stellte mir oft die Frage, wie ich nun mit meinem neuen Körper umgehen soll. Besonders schlimm fand ich die Menstruation, obwohl ich sehr erleichtert war, als ich ‚meine Tage' bekam. Diese Freude verging aber sehr schnell, da ich sehr starke Schmerzen hatte. (K 25w)

Ich fühlte mich hässlich, dick und bombig. Ich wollte lieber ein kleines Mädchen bleiben, das alle Welt süß findet. So wie Caroline aus meiner Klasse. Wie kann ich denn süß sein, mit Periode, wackelndem Busen, Schamhaaren und meiner Figur? Ich beschloss, dass etwas unternommen werden musste. Was konnte ich machen? Abnehmen um jeden Preis, dann bildet sich mein Busen wieder zurück, ich werde dünner, meine Periode bleibt aus. (K 26w)

Ich habe sehnsüchtig darauf gewartet endlich in die Pubertät zu kommen. Ich musste sogar aus diesem Grund mein größtes Hobby, das Fußballspielen aufgeben. Es war mir einfach nicht möglich, mich mit meinen Vereinskameraden nach dem Spiel/ Training zu duschen (und das war Pflicht). Ich musste also aus der Fußballmannschaft austreten, da ich mir sicher war, ich würde von meinen Mitspielern ausgelacht werden, wenn ich mich auszöge – als Grund gab ich natürlich was völlig anderes an (keine Zeit aufs Training zu kommen, muss viel lernen, usw.) In dieser Zeit des Wartens auf die körperlichen Anzeichen einer Veränderung war meine sexuelle Erregbarkeit in keinsterweise niedriger als in der Pubertät selbst. Gerade in der Phase vor der sehnsüchtig erwarteten Pubertät waren meine sexuellen Phantasien am ausschweifendsten. (K35m)

Natürlich hatte nicht nur ich eine Veränderung an mir bemerkt, sondern auch meine Umwelt. Bemerkungen zu meiner Figur oder meinem Aussehen nervten mich zu dieser Zeit grundsätzlich, egal ob sie gut oder böse gemeint waren. Ich war von meiner körperlichen Veränderung einfach so genervt und konnte mich mit dieser Gestalt überhaupt nicht identifizieren, so dass ich daraufhin einfach nicht angesprochen werden wollte. Ein Lehrer den ich schon in der 7. Klasse hatte und den ich dann in der 11. wiederbekam sagte spontan am ersten Schultag vor versammelter Klasse zu mir: „Na, du hast dich aber verändert, das etwas Weiblichere steht dir aber viel besser. Gefällst mir richtig!" Genau so ein Kommentar schaffte es, mir den kompletten Tag zu versauen! Obwohl wahrscheinlich hinter keiner Bemerkung eine negative Intention steckte, reagierte ich immer gekränkt darauf. (K45w)

So erinnere ich mich noch ganz genau, wie ich vor etwa neun Jahren, ich war gerade mit meinen Eltern im Urlaub und hatte viel Zeit zu denken, auf meinem Bett lag und panische Angst davor hatte, in ein paar Wochen dreizehn Jahre alt zu werden. Es war irgendwie ein sehr unangenehmes, ja erdrückendes Gefühl in mir. Ich habe gedacht: oh Mann, jetzt bist du bald ein Teenager! Aber ich wollte kein Teenager sein, ich wollte einfach nicht diese erste „magische" Altersgrenze erreichen. Ich wollte klein bleiben und behütet. Ich kam mir in diesem Moment so allein und gefordert von der großen Welt vor. ... Dass ich Probleme damit hatte, älter zu werden und somit den Status des Kindes zu verlieren, zeigte sich auch, dass ich nicht wollte, dass sich mein Körper entwickelt. Ich denke, dass ich ein Normalentwickler war, aber in dieser Zeit war es mir noch zu früh. Zum Beispiel als meine Brust zu wachsen begann, wollte ich dies nicht, ich trug immer weite T-Shirts und machte meinen Rücken krumm. Ich hatte auch höllische Angst davor meine erste Regelblutung zu bekommen, denn damit war nun das Ende der unbeschwerten Kindheit besiegelt. (K 63w)

In den autobiographischen Statements überwiegen die Erinnerungen, die von Gefühlen des Unbehagens, der Unzufriedenheit und der Entfremdung im Zusammenhang mit den körperlichen Veränderungen der Pubertät berichten, deutlich. Dies fällt bei den Texten, die aus weiblicher Feder stammen, noch mehr auf als bei jenen, die von Männern verfasst wurden. Dabei sind es recht unterschiedliche Aspekte, die zu jenem Unbehagen führen: Einerseits das Bewusstsein vom nahenden Ende der Kindheit, die Trauer um den Verlust von kindlicher Unbeschwertheit, Sorglosigkeit und der umfassenden Behütetheit durch die Eltern. Dazu kommen aber auch die Prozesse im Körper selbst, die dazu führen, dass einem der vertraute Körper zunehmend fremd wird, dass er innerhalb relativ kurzer Zeit Dimensionen und Proportionen annimmt, die einen unförmig und unvorteilhaft erscheinen lassen, die nicht mehr niedlich und „süß" sind. Als weiteres Problem wird auf die Unstimmigkeit hingewiesen, die daraus erwächst, wenn mit der körperlichen Entwicklung die geschlechtsspezifischen und sexuellen Ausprägungen des Körpers eine deutliche Betonung erfahren, obwohl dem noch gar kein inneres Bedürfnis entspricht. Aber natürlich gibt es auch den umgekehrten Fall: Dass die sexuellen

Phantasien schon früh rege sind, aber der Körper allzu lang seine kindliche Form beibehält. Schließlich die beobachtenden Blicke und die Bemerkungen der Umgebung, der Eltern, Lehrer, Klassenkameraden, die vor allem dann eine besonders große Belastung darstellen, wenn man mit seinem individuellen Entwicklungstempo nicht im Mainstream mitschwimmt, sondern besonders früh oder besonders spät dran ist und somit also irgendwie als Exot aus dem Rahmen fällt. Das Gefühl, mit seiner ungewöhnlich frühen (oder späten) Entwicklung von der Normalität abzuweichen, im Blickpunkt aller zu stehen, durch die früh ausgeprägten körperlichen Reifungsmerkmale in den Augen der Klassenkameraden gar als „eklig" zu erscheinen, stellt eine besonders schwere Bürde dar. Es wird deutlich, wie groß die Sensibilität der Jugendlichen in dieser Hinsicht ist. Selbst Bemerkungen bezüglich der sich entwickelnden Körperlichkeit, die von den Erwachsenen durchaus anerkennend gemeint sind, können sehr leicht missverstanden und als Kränkung erlebt werden.

Fend hatte in seiner empirischen Längsschnittstudie unter anderem die folgende Frage an die Jugendlichen gestellt: „Was hältst Du davon, daß sich Dein Körper verändert und erwachsen wird?". Mit dieser Frage sollte in direkter Weise die subjektive Bewertung der Pubertät erfasst werden. Die Antworten, die Fend erhielt, offenbarten „eine überwiegend positive Einstellung zum Pubertätsprozeß" (Fend 2000, S. 236). In der 7. Jahrgangsstufe hätten nur 10% der Mädchen negative Einstellungen geäußert und in der 9. Jahrgangsstufe hätte es überhaupt keine negativen Reaktionen mehr auf die pubertätsbedingten körperlichen Veränderungen gegeben. Dies steht natürlich in einem gewissen Widerspruch zu den autobiographischen Erinnerungen, welche die Studierenden formuliert haben. Über die Ursachen für diese Diskrepanz kann man vielfältig spekulieren: Neigen Jugendliche in der Beantwortung von Fragebögen dazu, Problembereiche zu unterdrücken und eher oberflächliche, (für sie selbst) unverfängliche Antworten auf die Fragen zu geben? Oder entsteht bei der rückblickenden autobiographischen Perspektive unvermeidlich eine Tendenz, Schwierigkeiten und Probleme überzudramatisieren? Haben junge Erwachsene mit eher problematischen Entwicklungslinien im Hinblick auf ihre Körperlichkeit eine spezielle Affinität zum Lehramtsstudium? Sammeln sich überhaupt dort in besonderem Maße diejenigen, die mit dem Erwachsenwerden größere Schwierigkeiten hatten?

Da das Einsetzen der Pubertät um bis zu sechs Jahre differieren kann, hat die Frage nach der Bedeutung des körperlichen Entwicklungstempos für den Einzelnen auch in der empirischen Entwicklungspsychologie des Jugendalters relativ große Beachtung gefunden. Denn in der Tat befindet sich jemand, bei dem die körperliche Reifung sehr früh einsetzt und rasch voranschreitet hinsichtlich der Entwicklungsaufgabe, mit diesen körperlichen Veränderungen klar zu kommen, in einer anderen Situation als jemand, der hier eher im Durchschnitt liegt oder gar als jemand, der eher spät dran ist. Maßgeblicher Bezugspunkt bei der Frage, ob das, was da mit dem eigenen Körper passiert, „normal" ist, sind die Gleichaltrigen. Wer hier durch eine besonders akzelerierte Entwicklung vorauseilt, steht, solange die Mehrheit der Entwicklungsgenossinnen und -genossen noch eher der kindlichen Sphäre verhaftet ist, in der Gefahr, sich von diesen zu entfremden, in eine Außenseiterposition zu geraten. Da die Themen und Probleme, die nun bedeutungsvoll werden, bei der Mehrheit der Gleichaltrigen noch nicht so recht „angesagt" sind, fehlen auch die Gesprächspartner für den entsprechenden Erfahrungsaustausch. Zudem ist bei einer solchen frühen körperlichen Reifung wohl auch die Gefahr einer Disharmonie zwischen körperlicher und seelischer Entwicklung größer. Zumindest stand auch in den autobiographischen Statements das

Gefühl, von einer körperlichen Entwicklung „überrumpelt" zu werden, für die man innerlich eigentlich noch gar nicht recht bereit ist, häufig im Zusammenhang mit einem sehr früh einsetzenden Reifungsprozess.

Diejenigen dagegen, die mit ihrer körperlichen Entwicklung sehr spät dran sind, mögen sich bisweilen auch fragen, ob bei ihnen alles „normal" ist, sie mögen auch einige Zeit lang mit der Situation leben müssen, von den Gleichaltrigen nicht so ganz für voll genommen oder gar als die „Kleinen", als die „Zurückgebliebenen", als die „Schwächlinge" gehänselt zu werden. An der Kinokasse oder beim Eintritt in die Disco können sie leicht blamiert werden und auf dem beginnenden Feld der erotischen gegengeschlechtlichen Annäherung, des „Miteinander-Gehens", haben sie keine besonders günstigen Karten. Dafür haben sie viele Modelle, an denen sie sich orientieren können und klarere Vorstellungen, was auf sie zukommt. Die Veränderungen, die sie dann an ihrem Körper erleben, werden in der Regel freudig begrüßt, weil sie schon lange sehnsüchtig erwartet wurden.

Die Tendenz in den empirischen Studien zu dieser Frage geht dahin, dass es deutliche geschlechtsspezifische Unterschiede hinsichtlich der Frage nach der Bedeutung des relativen Entwicklungsstandes gibt. Demnach ist es für beide Geschlechter insgesamt am günstigsten „on-time" zu sein. Während für die Mädchen eher eine akzelerierte körperliche Reifung mit erhöhten Entwicklungsrisiken und größerer subjektiver Belastung verbunden ist, ist es bei den Jungen eher eine retardierte, verspätete körperliche Reifung. Das mag auch mit der geschlechtsspezifisch unterschiedlichen Art der Gewichtszunahme in der Pubertät und ihrer Bewertung durch die Betroffenen zusammenhängen. Während frühentwickelte Mädchen häufig mit ihrer körperlichen Entwicklung unzufrieden sind, weil sie rasch an Gewicht zunehmen und weil sie die entwicklungstypische Vermehrung des Unterhautfettgewebes als unvorteilhaft erleben, haben die früh entwickelten Jungen damit, dass sie in die Höhe schießen, breitere Schultern bekommen und muskulöser werden, kaum Probleme. Groß, stark und muskulös zu sein, entspricht in der Regel dem Männlichkeitsideal, dass sie seit ihrer Kindheit internalisiert haben. Das Weiblichkeitsideal der Mädchen rankt dagegen eher um Vorstellungen, die sich mit „schlank", „grazil", „zierlich" umschreiben lassen, und da kann es leicht als bedrohlich erlebt werden, wenn man sich schon mit 12 bis 13 Jahren jenseits dieses Ideals befindet. Die Jungen wachsen also mehr oder weniger schnell auf dieses Ideal zu, die Mädchen wachsen oft früh schon darüber hinaus. Fend kommt mit Bezug auf die Daten seiner Untersuchung zu dem zusammenfassenden Fazit: „Früh entwickelte Mädchen sind eher depressiv, haben ein beeinträchtigtes Selbstkonzept des Aussehens und eine beeinträchtigte Selbstakzeptanz" (Fend 2000, S. 249).

Frühentwickelte Jugendliche bewegen sich häufig in älteren Peergroups, die ihnen vom Entwicklungsstand her eher entsprechen als die Gleichaltrigen. Gerade früh entwickelte Mädchen werden aufgrund ihrer körperlichen Erscheinung häufig von deutlich älteren Jungen umworben. Daher sind sie natürlich auch früher als ihre Altersgenossen mit Risikoverhaltensweisen wie Rauchen, Alkohol und Drogen konfrontiert und haben früher sexuelle Kontakte. Bei spätentwickelnden Jungen, also bei solchen, die von ihrer Statur her lange relativ klein und kindlich wirken und häufig darunter leiden, dass sie die geschätzten äußerlichen Attribute von Männlichkeit und Kraft nicht vorweisen können, gibt es indes eine gewissen Tendenz, das damit verbundene Minderwertigkeitsgefühl durch forcierte Übernahme von Verhaltensweisen, die Erwachsenheit symbolisieren, wie Rauchen und Alkoholkonsum, zu kompensieren (Flammer/Alsaker 2002, S. 89f.).

1.2 Das Erleben der Menarche – „Katastrophenerlebnis" versus „eine Art Fest"

Bei den meisten autobiographischen Berichten zum Umgang mit der Entwicklungsaufgabe „mit den körperlichen Veränderungen der Pubertät klarkommen", die aus der Feder von weiblichen Personen stammten, wurde mehr oder weniger ausführlich auf ein besonders markantes Ereignis eingegangen, das eine zentrale Rolle im Rahmen der pubertären Entwicklung spielt: die Menarche. Während die sonstigen körperlichen Entwicklungsprozesse eher allmählich und kontinuierlich verlaufen, stellt die erste Monatsblutung tatsächlich einen Einschnitt dar, in dem sich die Erfahrung des Übergangs von der Kindheit zum Erwachsensein in besonderer Weise verdichtet. In diesem Sinne sind in vielen Berichten die konkreten Umstände dieses Ereignisses, die gefühlsmäßigen inneren Reaktionen und die in der Familie dadurch ausgelösten äußeren Reaktionen sehr detailliert beschrieben. Die Bedeutsamkeit, die die Menarche in den subjektiven Erfahrungsberichten einnimmt, ist auch deshalb erstaunlich, weil das Thema in der einschlägigen Literatur als eher randständig erscheint. Im Handbuch der Kindheits- und Jugendforschung kommen die Stichworte „Menarche" oder „Menstruation" auf knapp 1000 Seiten überhaupt nicht vor. In Oerter/Montadas Standardwerk wird auf über 1000 Seiten in einem knappen Absatz darauf eingegangen, in dem es lapidar heißt: „Mädchen stehen dem neuen Ereignis durchaus nicht immer positiv gegenüber" (Oerter/Dreher 1995, S. 334). Flammer/Alsaker gehen überwiegend auf die „säkulare Akzeleration" ein, auf das Phänomen, dass sich das durchschnittliche Menarchealter in den letzten 120 Jahren um etwa vier Jahre nach vorn verlagert hat.

Die Tatsache, dass die Erinnerungen an die Menarche in den autobiographischen Reflexionen der weiblichen Studierenden einen so breiten Raum einnehmen, ist auch deshalb erstaunlich, weil das Thema in dem entsprechenden Kapitel aus Fends Lehrbuch, das die Betroffenen im Vorfeld gelesen hatten, nur eine sehr randständige Bedeutung hat. Zwar wird bei Fend betont, Menarche und Spermarche seien „Schlüsselereignisse für die Reifeeinschätzungen", um die sich viele aus Unwissenheit resultierende Spekulationen der Jugendlichen ranken, im Weiteren ist die Menarche dann aber eigentlich nur als relativ eindeutiger, einfach handhabbarer Indikator für die Bestimmung des relativen Entwicklungstempos und damit für die Festlegung von Akzeleration und Retardation von Interesse, nicht jedoch im Hinblick darauf, welche Gefühle und welche psychischen Prozesse dieses Ereignis bei den Betroffenen auslöst. Deshalb sollen sie hier zunächst einmal mit ihren Erinnerungen zu Wort kommen:

Als ich den Fleck in der Hose entdeckte mit elf Jahren, war ich mir nicht sicher, ob das jetzt schon wirklich die Periode sein sollte. Mir ist es sehr schwer gefallen, von der Kindheit loszulassen. Ich kann mich erinnern, dass ich dachte: ‚jetzt kannst Du Kinder bekommen' und ich habe den ganzen Nachmittag nur noch geweint. Das alles hatte mich damals überfordert, da ich von meinem Wesen noch sehr kindlich war – ich denke, auch abgesehen von der körperlichen Sache, ist mir die Abnabelung vom Elternhaus schwer gefallen. Für mich waren die Tage schon etwas, für das man sich schämen sollte. Der Gedanke an die Sexualität und den eigentlichen Sinn der Blutung – dass man empfängnisbereit war, erschreckte mich total. (K11w)

Es war für mich einfach schockierend, obwohl ich von meinen Eltern aufgeklärt wurde. Dieses ungewohnte Gefühl im Bauch, meist mit Schmerzen verbunden, noch dazu dieses eklige Blut fand ich einfach schrecklich. Ich habe den ganzen Tag geweint, weil ich es rückgängig machen wollte und die Tatsache ‚Du wirst jetzt Frau' nicht akzeptieren konnte. Für mich war die Menstruation nichts Aufregendes, sondern im Gegenteil, eine Katastrophe. (K18w)

Die erste Konfrontation mit der sich anbahnenden Pubertät hatte ich während eines Sommerurlaubes im damaligen Jugoslawien. Als ich nach dem Schwimmen meinen Badeanzug im Auto wechselte, musste ich mit großem Entsetzen feststellen, dass sich etwas Schwarzes in meinem Genitalbereich befand. Mit lautem Schrei nach meiner Mama rufend, musste ich diese – Entdeckung erst einmal verarbeiten. Diese Situation ist noch sehr gut in meiner Erinnerung, besser als alle anderen folgenden Körperentwicklungsstadien, die ich weiterhin dann noch zu durchlaufen hatte. Aus heutiger Sicht gesehen war es fast gar wie ein Schockerlebnis. Ich denke unbewusst wurde mir klar, dass ich mich von nun an verändern würde. (K41w)

Ich gehöre wohl zu den typischen Frühentwicklern, ich bekam bereits in der 4. Klasse, also mit 10, meine erste Periode, und musste schon mit 11 einen BH tragen, was ich total nervig fand. Meine erste Regel habe ich als etwas sehr Positives erlebt, meine Mutter hat mich rechtzeitig darauf vorbereitet (selbst eine Frühentwicklerin), sodass ich gut gewappnet war und wusste, was mit mir los war. Außerdem hat sie sich mit mir gefreut und so etwas wie ein spontanes, zweisames „Frauwerde-Fest" mit meinem ersten Sekt und viel Schokolade mit mir veranstaltet. Auch die Reaktionen meiner Freundinnen waren positiv und sie waren als Spätentwickler lange neidisch auf BHs etc., so dass ich mir immer erwachsen vorkam. (K46w)

Ich hatte überhaupt kein Selbstbewusstsein; während sich meine Mitschülerinnen auf ihre Periode freuten, stand ich am Tag, an dem „es zum ersten Mal passierte", im Bad und weinte. Ich hatte das Gefühl, etwas verloren zu haben und etwas Neues dazu bekommen zu haben, das ich gar nicht wollte und für das ich noch gar nicht reif war. Mir war es furchtbar peinlich als meine Mutter, die ich natürlich eingeweiht hatte, es meinem Vater und meiner Oma erzählte. Mit ihrer Bemerkung, „jetzt bist du eine richtige Frau", löste sich in meinem Inneren ein Gefühl, dass ich bis heute noch nicht beschreiben kann. Bisher hatte es mich immer sehr zu meinem Vater gezogen; wir spielten und alberten sehr viel miteinander, doch auf einmal hatte ich das Gefühl, dass das mit dem Eintritt meiner Periode nun ein Ende hatte. Heute weiß ich, dass es auch für ihn schwer war zu sehen, wie „sein kleines Mädchen" erwachsen wird, und dass er darauf eben mit Unbeholfenheit reagierte. Erst als ich entdeckte, dass ich in meiner Klasse nicht die Einzige und Erste war, die die Regel schon hatte, beruhigte ich mich etwas, später konnte ich sogar mit meinen Mitschülerinnen darüber reden und Späße darüber machen. (K 48w)

Insgesamt überwiegen in den autobiographischen Statements der Studierenden die negativen Erinnerungen deutlich. In etwa zwei Drittel der Texte sind die Beschreibungen des Erlebens eindeutig negativ getönt. Relativ häufig ist gar von einem „Schock-" bzw. „Katastrophenerlebnis" die Rede. Nicht selten auch von Tränen, Irritation, Scham, Schmerz, Ekel, Peinlichkeit und Gefühlen der Überforderung. Typischerweise stehen diese negativen Gefühlsreaktionen eher bei einem überraschenden, sehr frühen Eintritt dieses Ereignisses im Vordergrund. Die Mädchen sahen sich plötzlich mit etwas konfrontiert, für das sie sich nicht reif fühlten. Gerade bei denen, die noch ziemlich in ihrer kindlichen Welt verhaftet sind, kommt es zu einem deutlichen Bruch in ihrem

Welterleben und zu einem Gefühl des Verlustes: *„Ich hatte das Gefühl, etwas verloren zu haben und etwas Neues dazu bekommen zu haben, das ich gar nicht wollte und für das ich noch gar nicht reif war."* Der unvermeidliche Abschied vom unbeschwerten Kindsein wird schmerzlich bewusst. Der Gedanke an Sexualität und Empfängnisbereitschaft erschreckt eher, als dass er als eine Verheißung auf Kommendes erlebt wird. Bisweilen kommt es gar zu regelrechten Entfremdungsgefühlen vom eigenen Körper, in dem da gegen den eigenen Willen etwas vorgeht, das unheimlich und suspekt erscheint, das mit Schmerzen verknüpft ist und das ungewohnte hygienische Maßnahmen erforderlich macht.

Es gibt freilich auch ganz konträre Erfahrungsberichte. Sie stammen typischerweise von Autorinnen, die erst später in ihrer Entwicklung mit dem Ereignis der Menarche konfrontiert wurden. Hier ging nicht selten ein sehnsüchtiges Warten auf diesen, eigentlich schon länger anstehenden, Entwicklungsschritt voraus. Auch hier herrscht freilich bei vielen eher Ambivalenz vor: Sie sind zwar prinzipiell froh über den Eintritt des Ereignisses, atmen beruhigt auf, dass bei ihnen körperlich offensichtlich alles normal ist, spüren den Stolz, nun auch endlich zum Kreis derer zu gehören, „die sie schon haben", sie sind zugleich aber doch auch recht ernüchtert über die lästigen Folgeerscheinungen, die Schmerzen und die Einschränkungen, die die Menstruation mit sich bringt. Andere wiederum bleiben davon weitgehend verschont. Für sie ist die ganze Geschichte eine vollkommen unspektakuläre körperliche Angelegenheit, *„etwas ganz Normales", „etwas ganz Natürliches, was eher nebenbei läuft und was man sowieso nicht beeinflussen kann."* Einige wenige schließlich erinnern ihre erste Menstruation als etwas ausdrücklich Positives, etwas Spannendes, für ihre Identität als Frau hoch Bedeutungsvolles, das sie mit Stolz erfüllt über das, was da an aufregenden Dingen in ihrem Körper passiert; Stolz auch über diesen markanten Sprung auf dem Weg zum Erwachsenwerden. Ein einziges Mal wird in diesem Zusammenhang auch von einer entsprechenden feierlichen Rahmung des Geschehens durch die Mutter berichtet, welche diese positive Konnotation betont: ein spontanes *„Frauwerde-Fest"* mit dem ersten Schluck Sekt und viel Schokolade.

Einen bedeutsamen Einfluss auf das Erleben hatte die Art und Weise, wie die Mädchen darauf vorbereitet waren. Manche fühlten sich im Vorfeld gut informiert und entsprechend gut gewappnet. Eine beträchtliche Zahl der Betroffenen aber wurde relativ unvorbereitet mit den Geschehnissen konfrontiert und fühlte sich eher verunsichert und hilflos. Dabei ist die Kommunikation zwischen Müttern und Töchtern in diesem Feld offensichtlich häufig recht schwierig. Selbst Verfasserinnen, die betonen, eigentlich ein gutes Verhältnis zu ihrer Mutter gehabt zu haben, geben an, dass sie es als *„äußerst peinlich und unangenehm"* empfanden, mit ihr darüber zu sprechen. Viele haben das Eintreffen dieses Ereignisses denn auch längere Zeit verschwiegen, bevor sie es der Mutter *„beichteten"* oder diese es zufällig erfuhr. Manche versuchten sich bei der nächtlichen Lektüre von entsprechenden Büchern unter der Bettdecke über jene Körpervorgänge schlau zu machen, die sie erlebten. Bisweilen haben die Mädchen wohl auch die Ambivalenz der Mütter gespürt. Etwa dann, wenn diese einerseits betonten, *dass es „schön" und „nicht schlimm" sei,* was da jetzt passiert sei, sie die Tochter dann aber doch wie eine Kranke behandelten. Auch der häufig in jener Situation von Müttern oder Vätern formulierte Satz, dass die Tochter *„nunmehr eine Frau sei",* wurde von den meisten Betroffenen keineswegs als angemessen und erfreulich, sondern eher als peinlich und befremdlich erlebt, als etwas, das nicht recht mit ihrer subjektiven Befindlichkeit zusammenpasste, die sich ja nicht über Nacht von einem eher kindlichen Grundgefühl hin zu einem eher reifen, erwachsenen Lebensgefühl verwandelt hatte. Dazu wird in einem Fall berichtet, dass gerade dieser Satz eine merkwürdige Distanz in das bisher sehr gute, vertrauensvolle Vater-Tochter-Verhältnis gebracht habe, weil er gewissermaßen auf einen Schlag die Unbefangenheit im spielerischen Umgang miteinander zunichte machte. Auch die gutgemeinten Versuche des Umfeldes, das ganze Geschehen ausdrücklich positiv zu bewerten, waren für die Mädchen anscheinend nicht immer so recht überzeugend: *„Meine Mutter und Schwester gaben mir sogar das Gefühl, dass es als etwas durchaus Positives zu sehen ist. Aber in meinem Innern war ich mir da ehrlich nicht so sehr sicher"* heißt es entsprechend in einem Statement.

Hauswald und Zenz haben 1992 in einer interviewbasierten Studie mit Mädchen im entsprechenden Alter untersucht, mit welcher Erwartungshaltung und mit welcher Art von Vorinformation Mädchen heute im Durchschnitt mit der Menarche konfrontiert werden. Dabei zeigte sich, dass über die Hälfte der Mädchen noch kein entsprechendes Gespräch über die anstehenden Ereignisse mit ihren Müttern geführt hatte. Entsprechend kommen die Autorinnen zu einem sehr kritischen Fazit: „Offensichtlich ist ... die Vermittlung von Erkenntnissen über die Menstruation tabuisiert ... Dazu gehört, daß weder über die Familie noch durch die Schule ein angemessenes Wissen über die biologischen Abläufe der Menstruation vermittelt wird. Kein Wunder, daß fast alle Mädchen über nur sehr ärmliche Erkenntnisse hinsichtlich dieses Vorgangs verfügen, und es paßt erst recht dazu, daß die Mädchen, die die Menarche besonders negativ erleben, zu denjenigen gehören, die besonders wenig von ihr wissen" (Hauswald/Zenz 1992, S. 59).

In früheren Zeiten war das Ereignis der Menarche sicher für viele Mädchen mit erheblicher Verunsicherung und Angst, mit Phantasien von Krankheit, körperlicher Beschädigung und innerer Verletzung verbunden. Im Zeitalter der sexuellen Aufklärung wird wohl kaum noch ein Mädchen gänzlich ohne Erwartungshaltung, ohne Wissen um die physiologischen Zusammenhänge und die allfälligen hygienischen Maßnahmen, die zu treffen sind, mit diesem Ereignis konfrontiert. Immerhin ist Werbung für Binden, Slipeinlagen und Tampons täglich im Fernsehen und in sämtlichen Jugend- und Frauenzeitschriften zu finden. Von daher ist es fast schon etwas verwunderlich, dass in den autobiographischen Statements so häufig von schockartigen Erlebnissen im Zusammenhang mit der Menarche berichtet wird.

„Menstruation – immer noch ein Tabu?" hat Mertens das Kapitel über das Thema Menstruation in seinem psychoanalytischen Lehrbuch über die Entwicklung der Psychosexualität und der Geschlechtsidentität überschrieben. In der Tat ist die Situation hier widersprüchlich. Das Thema wird in der Werbung gleichzeitig beständig präsentiert und zum Verschwinden gebracht. Daher kann man trotz der vielfachen medialen Präsenz von einer gesellschaftlichen Tabuisierung sprechen. Von der Befürchtung, dass etwas von jenen Körpervorgängen nach außen dringen könnte, lebt eine ganz besonders werbeintensive Branche, die beständig verbesserte, noch größere Sicherheit spendende Innovationen anpreist. Der immense Aufwand, der zur Herstellung dieses Images von perfekter Frische, uneingeschränkter Aktivität und permanentem Wohlbehagen auch während der „Tage" betrieben wird, belegt nur, wie groß das Tabu und die damit verbundenen Ängste vor Unreinem, Schmutzigem auch heute noch sind.

Neben dem eher pragmatischen Aspekt des rechten Umgangs mit den erforderlichen hygienischen Maßnahmen und den rechten Verbergungsstrategien gibt es aber wohl auch heute noch einen anderen, tieferen, symbolischen Aspekt des Erlebens dieses körperlichen Wandels. Die Menarche ist auch heute noch für die meisten Mädchen eine deutliche Zäsur hinsichtlich ihres Körpererlebens und ihrer Selbstwahrnehmung als Geschlechtswesen und markiert eine wichtige Etappe des „Abschieds von der Kindheit". Denn sich mit der Tatsache der Menstruation innerlich zu beschäftigen, heißt ja auch, sich mit der eigenen Geschlechtsrolle und der Gebärfähigkeit auseinander zu setzen. Das Gefühl, dass damit etwas zu Ende geht und etwas Neues anfängt, unabhängig davon, ob man innerlich schon bereit dafür ist, ist wohl eine recht typische Erfahrung. Durch die mit der Menstruation meist verbundenen Schmerzen werden die inneren Geschlechtsorgane, die das Mädchen bisher eher theoretisch aus Darstellungen in Biologie- und Aufklärungsbüchern kannte, erstmals konkret erfahrbar. Es kommt also zu einer deutlichen, wenn auch eher schmerzvollen Bewusstheit und damit gewissermaßen erst zu einer psychischen Inbesitznahme der gesamten eigenen weiblichen Genitalausstattung. Diese Tatsache, dass das „Frauwerden" und „Frausein" häufig in ausgeprägtem Maß mit Schmerzen gekoppelt ist, mag unter dem Vorzeichen der Geschlechterspannung aber bisweilen auch zu ausgesprochenen Benachteiligungsgefühlen Anlass geben.

Weiter oben wurde moniert, dass die Erfahrung der Menarche als tiefgreifender und nicht selten hochdramatischer Entwicklungseinschnitt vom Mainstream der aktuellen Jugendpsychologie eher ignoriert wird. Einzig im Rahmen der psychoanalytischen Theorien des Jugendalters findet dieses Ereignis größere Beachtung. Ruth Waldeck hat versucht, die Bedeutsamkeit dieses Entwicklungseinschnittes in Worte zu fassen, die sicher nicht auf alle, aber doch auf einen beträchtlichen Teil der oben zitierten Verfasserinnen autobiographischer Statements zutreffen dürften: „Auch für die Mädchen heute ist die Menarche noch ein Moment, in dem die Knie zittern, ein Augenblick, in dem die Zeit stille steht und in dem sich im Lebensgefühl ein Abschnitt eröffnet. Mit der Entdeckung des ersten Blutstropfens ist das Leben in seinem gewohnten Gang schlagartig unterbrochen; die Kindheit steht plötzlich als eine in scharfem Schnitt abgetrennte Lebensphase da, sie ist unwiederbringlich verloren ... Die Menarche ist immer ein tief bewegendes Erlebnis; es ist in seiner schnittartigen Intensität wohl nur der Geburt eines Kindes oder dem Tod einer geliebten Person vergleichbar" (Waldeck 1988, S. 341f.).

Dass die entscheidenden körperlichen Reifungsprozesse des Mädchens in der Pubertät unter dem Vorzeichen von Schmerz und gesellschaftlicher Tabuisierung stehen, sehen feministisch engagierte Wissenschaftlerinnen als fatale Benachteiligung des Mädchens an: „Wenn dem Mädchen im Moment des Frauwerdens eingeschrieben wird, daß die Menstruation schmutzig und deshalb zu verstecken ist, wird auch sein Stolz auf den Körper gebrochen. Wenn das, was es zur Frau macht, nicht gezeigt werden darf, ist ihm der Grundstein seiner weiblichen Identität geraubt. Die Frau kann ihr Selbstideal und ihre Lebensentwürfe nicht darauf aufbauen, sie ist und bleibt angewiesen auf die Vorstellungen von Weiblichkeit, die ihr angeboten werden. Sie braucht ständig Bestätigung von außen" (ebd. S. 344).

1.3 Das subjektive Erleben des Wachstums der Brüste – „Flachbrett" versus „Doppsball"

Die Menarche markiert einen prägnanten, klar datierbaren Entwicklungseinschnitt, der die Betroffenen mit der Reifung der inneren Geschlechtsorgane und damit mit den Tatsachen von Geschlechtlichkeit und Gebärfähigkeit konfrontiert. Das Eintreten dieses Entwicklungseinschnitts ist jedoch für die Umwelt nicht unmittelbar erkennbar. Es hängt von der Offenheit und Vertraulichkeit des einzelnen Mädchens ab, wen es davon in Kenntnis setzt. Äußerlich sieht der Körper eines Mädchens nach der Menarche nicht anders aus als vorher. Das äußerlich sichtbare Zeichen für die Veränderung des Mädchenkörpers hin zum Frauenkörper ist vor allem das Wachstum der Brüste. Dieses Wachstum lässt sich viel weniger verbergen als die Reifung von Eierstöcken und Gebärmutter. Gleichzeitig sind die weiblichen Brüste als sekundäre Geschlechtsmerkmale auch sehr viel stärker erotisch besetzt als die inneren Körperorgane und -vorgänge. Sie sind in der Art und Weise, wie sie in der Kunst und in den Medien präsentiert werden, Blickfang, Reiz, Verlockung, Objekt der Begierde, Ausdruck der Sinnlichkeit, Mittel der Verführung... Die Mädchen, deren Brüste zu wachsen beginnen, sind sich bewusst, dass diese neuen Wölbungen keine „neutralen" Körperregionen sind, sondern solche, die in besonderer Weise mit ihrer sexuellen Attraktivität zu tun haben. Sie sind sich dessen auch dann bewusst, wenn ihnen noch gar nichts daran liegt, als besonders sexuell attraktiv wahrgenommen zu werden. Gerade dies macht häufig den Konflikt im Zusammenhang mit dem frühen Brustwachstum aus. Zugleich sind sie sich durchaus der sehr unterschiedlichen Art und Weise bewusst, mit der die Natur hier die einzelnen weiblichen Wesen ausstattet, so dass es natürlich eine spannende Frage ist, wie gut bzw. wie schlecht sie es wohl mit einem selbst meinen wird, welche Größe und welche Form sie einem zugedacht hat.

Ich kann mich an viele Situationen erinnern, wo es mir schwer fiel, mich in meiner Rolle als Mädchen/Frau zurecht zu finden. Obwohl ich begann, mich für das andere Geschlecht in neuer Weise zu interessieren, wurde ich vom Wunsch, ein Kind zu bleiben, immer wieder hin und her gerissen. Ein eindrucksvolles Beispiel war sehr viel später, als ich ca. 17-jährig mit Freunden im Skiurlaub war. Wir saßen in lockerer Runde, ich hatte ein Auge auf einen Jungen geworfen (er auch auf mich). Es wurden Witze über ‚Titten' und anderes gemacht, alle mussten lachen. Da sagte der Junge zu mir, dass ich ja auch einen ordentlichen ‚Vorbau' hätte. ... Bestimmt hat er es nicht böse gemeint, vielleicht eher als Kompliment, jedoch war meine Verfassung so aus den Fugen geraten, dass ich raus rannte, wütend, traurig, verletzt war und gleichzeitig auch ein bisschen stolz, kurz, ich bekam einen Heulanfall und war kaum zu beruhigen (alle waren übrigens sehr betreten und wussten gar nicht, was los sei, ich ja auch nicht). Bis heute empfinde ich, obwohl ich mich in meine Rolle als Frau sehr gut eingefunden habe, eine knabenhafte Figur erstrebenswert. (K3w)

In der achten Klasse erlebte ich eine kurze Umbruchphase. Die Einstellung mir selbst gegenüber, meinem Körper gegenüber, wurde etwas positiver. Nicht, dass ich mich auf einmal akzeptierte, aber die Natur meinte es besser mit mir, d.h. ich wurde attraktiver. Einige Jungs fanden Interesse an mir und ich machte die ersten Erfahrungen mit dem anderen Geschlecht. Auf einmal war ich nicht mehr das hässliche Entlein, sondern eine hübsche Erscheinung. Doch konnte ich mich trotzdem nicht mit meinem Körper abfinden. Es gab ständig etwas zu kritisieren. Mein Busen war immer noch zu klein, meine Beine zu dünn, meine Augen braun, ... Ich entsprach einfach nicht meinem Schönheitsideal (d.h. dem allgemeinen, durch die Medien vermittelten Ideal).

Mit 15 Jahren lernte ich meinen ersten Freund kennen (die Beziehung dauerte fünf Jahre). Es war dies wohl die selbstzerstörerischste, extremste Phase meines Lebens. Man könnte glauben, dass eine feste Beziehung einem Bestätigung gibt, das Selbstwert-

gefühl stärkt. Doch nichts von alledem trifft auf mich zu. Ich habe immer mehr Hassgefühle meinem Körper gegenüber entwickelt, habe eine klare Trennung gemacht, zwischen dem Körper, in dem ich, leider, leben musste, und meiner Seele, mir selbst. Es fing alles noch harmlos an. Ich spielte mit dem Gedanken, zum Schönheitschirurgen zu gehen, wollte eine Hormonbehandlung machen, damit meine Brüste wachsen. Aber die Hassgefühle wurden immer stärker. Verfiel in tiefe Depressionen, traute mich manchmal nicht auf die Straße. Ich hielt es in meinem Körper nicht mehr aus, fügte mir selbst Schnittwunden zu, bis hin zum Selbstmordversuch, und dies alles, weil ich davon überzeugt war, ich könnte nur geliebt werden, wenn ich gut aussehe (wie oberflächlich von mir). (K22w)

Ich beneidete ein Mädchen in meiner Klasse, die noch keinen Busen hatte und auch sonst ziemlich dünn war. Auch meine ältere Schwester war dünner als ich ... ich fing an, meinen Busen abzubinden, mit Mullbinden. Ich hasste es, wenn sie sich beim Laufen bewegten. Wenn es warm war, war es besonders schlimm. Dann waren sie weich und noch größer als sonst. Ich fühlte mich hässlich, dick und bombig. (K26w)

Schon mit 11 Jahren hatte ich einen recht gut entwickelten Busen, Größe 75C, mit dem ich keinesfalls gut zurecht kam und auf den ich kein bisschen stolz war. Fast alle Mädchen aus meiner Klasse zeigten zu diesem Zeitpunkt erst eine anfängliche Entwicklung des Busens, ich stach also aus der Masse hinaus. Das machte mich nicht stolz auf meine frühe Entwicklung, sondern schien mir nur Probleme einzubringen. Den Sportunterricht habe ich gehasst, da hier sehr schnell für alle deutlich wurde, ‚wie viel' ich schon hatte. Ich versuchte zwar immer nach Möglichkeit, meinen Oberkörper unter möglichst weiten T-Shirts zu verbergen, doch durch die Bewegungen im Sportunterricht fiel die Größe natürlich trotzdem auf. Und da wir damals noch gemeinsam mit den Jungs in einer Halle Sportunterricht hatten, wurde ich deshalb sehr oft mit Worten wie „Doppsball" gehänselt. Die Nachmittage nach dem Sportunterricht waren damit für mich meistens gelaufen. Auch gut gemeinte Ratschläge älterer Klassenkameradinnen und meiner Mutter doch einen guten BH anzuziehen, fielen bei mir auf fruchtlosen Boden. Körperlich war ich zwar schon so weit entwickelt, einen BH tragen zu müssen, doch seelisch fühlte ich mich dazu noch keineswegs bereit. Durch einen BH fühlte ich mich in meinem körperlichen Empfinden eingeschränkt, älter gemacht, als ich eigentlich war. (K56w)

Die Aussagen zeigen, mit welch hoher Sensibilität und mit welch kritisch vergleichendem Blick das Wachstum der eigenen Brüste von vielen Mädchen beobachtet wird. Dabei ist es wiederum so, dass ein sehr früh einsetzender körperlicher Reifungsprozess, der den kindlichen Körper plötzlich mit erwachsenen-weiblichen Attributen ausstattet, die dem inneren Erleben nicht gemäß sind, als besonders problematisch erlebt wird. Hier, in diesem frühen Stadium ist es in der Regel keinesfalls das Gefühl von Stolz, das mit dem Wachstum der Brüste einhergeht, sondern eher Verunsicherung und Beschämung. Es wird von diversen Versuchen berichtet, diese zunächst merkwürdig erscheinenden weiblichen Wölbungen mittels gekrümmter Körperhaltung, weiter T-Shirts oder Schlabberpullis zu kaschieren, ja gar den Busen mittels Mullbinden abzubinden. Besonders im Zusammenhang mit dem Sport werden diese körperlichen Veränderungen von vielen als störend erlebt. Situationen im Zusammenhang mit dem Sportunterricht, mit dem Hallenbad, der Umkleidekabine und den Duschen werden überhaupt sehr häufig als die zentralen Momente des Beobachtens, Beobachtetwerdens und Vergleichens genannt. Der Körper wird weicher und fülliger, damit in der Regel weniger „drahtig" und athletisch. Eine Autorin schildert ihr subjektives Körpergefühl in jener Zeit als „*hässlich, dick und bombig*". Die neuen Rundungen behindern beim sportlichen Wettstreit mit den Jungs, sie wippen und wogen beim Laufen auf unangenehme Art und ziehen damit die Blicke der anderen auf sich. Wenn man sich dabei aufgrund der eigenen Frühreife deutlich von den anderen, noch eher kindlichen Mädchen abhebt, wird diese Aufmerksamkeit noch größer. Sind dazu noch vorpubertäre Jungen in der Szene mit dabei, dann sind entsprechende Hänseleien nahe liegend.

Bald jedoch sind die Blicke der Jungen andere und die Mädchen spüren, dass die Blicke der Jungen sich verändern, dass zunehmend Anerkennung und Begehren mitschwingen. „*Ich spürte die Blicke der Jungs, fühlte mich begehrt und war sehr stolz, zu den Mädchen zu gehören, die beim anderen Geschlecht ankamen*", so berichtet eine Verfasserin über jene Landschulheimerfahrungen, die sie in der 7. Klasse gemacht hat und bei der ihr zum ersten Mal jene Veränderung im Blick der Jungen bewusst geworden war.

Die Frage, ob und wie die Jungen nun die körperlichen Veränderungen wahrnehmen und kommentieren dürfen, ist sehr heikel. Einerseits berichtet eine Verfasserin von heller Empörung und einem Heulanfall angesichts der Bemerkung eines Jungen auf einer Skifreizeit, sie hätte einen „*ordentlichen Vorbau*", andererseits gibt sie aber auch zu, gleichzeitig „*auch ein bisschen stolz*" darauf gewesen zu sein.

Mit der Frage: „*wer gehört zu den Mädchen, die beim anderen Geschlecht ankommen*" kommt gleichzeitig natürlich auch ein starkes Moment von Neid und Konkurrenz ins Spiel. Gerade in Bezug auf die Entwicklung des Busens ist es mit zunehmendem Alter so, dass Komplexe und Minderwertigkeitsgefühle eher bei den Mädchen aufkommen, die sich hier irgendwie als zu kurz gekommen erleben. In einem Bericht wird der zu klein geratene und nicht wachsen wollende Busen gar zum zentralen Kristallisationspunkt für Selbsthass und Entfremdungserleben gegenüber dem eigenen Körper. Das ganze Lebensglück und -unglück erscheint in diesem Fall abhängig von der Annäherung an das Schönheitsideal, auf das man sich fixiert hat.

Eine häufig erwähnte kritische Schlüsselsituation im Hinblick auf diesen Aspekt der Entwicklung und des Körpererlebens stellt der Kauf oder das Geschenktbekommen des ersten BHs dar. Kein anderes Kleidungsstück symbolisiert wohl in so hohem Maß erwachsene Weiblichkeit. Deshalb wird es von denjenigen, die sehr früh entwickelt sind und denen deshalb früh ein solches Kleidungsstück angesonnen wird, auch eher mit Unbehagen und Widerwillen getragen und als Einschränkung der Freiheit erlebt. „*Durch einen BH fühlte ich mich in meinem körperlichen Empfinden eingeschränkt, älter gemacht, als ich eigentlich war*" heißt es entsprechend in einem Bericht. Die Einkaufssituation im Wäschegeschäft wird in einem Text als „*reinster Horror*" beschrieben. Das sicher gut gemeinte Geschenk eines Push-up-BHs von Seiten der Mutter wird in einem anderen Bericht als tiefe Kränkung erlebt, weil er den Mangel, dem die Mutter damit abhelfen wollte, nur noch offensichtlicher macht, statt ihn zu beheben.

1.4 Die schwierige Akzeptanz des eigenen Körpers und die Tücken der Konkurrenz

Das Wachstum, die rechte Größe und die rechte Form des Busens stellen freilich nur einen Aspekt im größeren Kontext des Umgangs der Jugendlichen mit den körperlichen Veränderungsprozessen dar. Und zwar jenen Aspekt, der neben der Menarche am deutlichsten die sexuelle Reife und die Differenz zwischen dem männlichen und dem weiblichen Körper signalisiert. Der Körper wird nicht nur größer, schwerer, stärker, rundlicher, sexuell funktionsfähiger, männlicher, weiblicher etc.; sein Aussehen wird auch subjektiv und intersubjektiv immer wichtiger.

Die Körperlichkeit erfährt im Jugendalter eine enorme Bedeutungsaufwertung. Das Thema „Schönheit", „Attraktivität" bekommt für viele Jugendliche einen zentralen Stellenwert. Damit sind zwangsläufig auch schärfere Wahrnehmungen all der Einschränkungen und Abweichungen vom erstrebten Ideal und entsprechende Leiden, Ärgernisse und Frustrationen verbunden. Die Entwicklungsaufgabe, „mit den körperlichen Veränderungen der Pubertät zurechtkommen und ein positives Verhältnis zu seinem eigenen Körper finden", beinhaltet ja immer auch, sich mit der Nichtperfektheit des eigenen Körpers zu arrangieren, ihn zu mögen, auch wenn er nicht dem der Models entspricht.

Hier fällt mir schlagartig wieder ein, welche Faszination sog. ‚Muskelmänner' bereits im vorpubertären Alter von ca. 11–12 Jahren auf mich ausübten. Bereits beim kindlichen Spiel mit muskelbepackten, sog. ‚Actionfiguren' oder bei der späteren Lektüre von Bodybuildingzeitschriften haben sich in meiner Vorstellung präzise Schönheitsideale ausgeprägt, denen ich unter allen Umständen später selbst entsprechen wollte. Das Idealbild des großgewachsenen, muskulösen und sonnengebräunten Adonis meiner Phantasiewelt stand mein Spiegelbild diametral entgegengesetzt: Was ich dort bis zu meinem 17. Lebensjahr erkannte, war eine schmalschultrige, sehnige und blasse Figur. In meiner Phantasie schienen der Erfolg beim anderen Geschlecht sowie die Anerkennung Gleichaltriger zwingend an jene körperlichen Attribute gekoppelt, die ich nicht vorweisen konnte. Mein Denken war geprägt von der Frage: ‚Bleibe ich immer so schmal (= schwächlich aussehend) oder sehe ich mit etwa 20 Jahren vollkommen anders, meinem Idealbild näher gerückt, aus? ... Ein unerwarteter Wachstumsschub (vor allem in die Breite) setzte dem negativen Körpergefühl ein Ende und relativierte mein Verhältnis zum Idealbild des ‚Muskelmannes' und ich konnte mich in meinem Körper zunehmend ‚wohlfühlen'. (K5m)

Ich habe wirklich ganz genau beobachtet, wie sich mein Körper verändert. Viele Stunden habe ich vor dem Spiegel verbracht und meine Figur, mein Gesicht, meine Augen und meine Haare begutachtete und ausprobiert, wie ich in verschiedenen Klamotten aussehe. Dabei kam ich eigentlich immer zu dem Schluss, dass ich mit meinem Aussehen zufrieden bin und im Vergleich mit den anderen gut mithalten kann. Oft habe ich mich auch direkt mit meinen Klassenkameradinnen gemessen und überlegt, ob ich hübscher bin oder nicht. Diese Art Konkurrenzkampf war wahrscheinlich an meiner Schule besonders ausgeprägt, weil ich bis zur elften Klasse eine Mädchenschule besucht habe. Dazu fällt mir ein, dass eine Mitschülerin in der siebten Klasse eine Rangliste aufgeschrieben hat, in der sie alle Schülerinnen der Klasse nach ihrer Attraktivität aufgelistet hat. Sich selber hatte sie an die erste Stelle gesetzt, danach eine große Lücke gelassen und dann alle anderen aufgelistet. Die Liste ließ sie dann durch die Klasse gehen, was natürlich für riesige Aufregung sorgte und eine generelle Antipathie gegen diese Schülerin. (K13w)

Die wohl stigmatisierendste, traumatischste Erfahrung machte ich in einem Feriencamp. Ich war damals elf und verbrachte zwei Wochen gemeinsam mit meiner besten Freundin in diesem Jugendlager. Tragischerweise musste ich damals feststellen, dass Beliebtheit und Erfolg (was die zwischenmenschlichen Beziehungen betrifft) sehr eng mit dem Äußeren verbunden sind. Mein äußeres Erscheinungsbild war damals nicht sehr vorteilhaft. Meine beste Freundin dagegen sah ziemlich niedlich aus und war auch, im Gegensatz zu mir, sehr offen. So kam es, dass ich keinen Anschluss fand, auf den Partys keiner der Jungs mit mir tanzen wollte, und schlimmer noch, sich einige aus meiner Gruppe über mich lustig machten. Sie nannten mich Kröte wegen meiner riesigen Augen. Manchmal forderten sie mich auf, Grimassen vorzuführen. Ich machte mit, spielte den Clown. Doch innerlich verbrannte ich vor Schmerz. ... Damals fing ich auch an, Tagebuch zu schreiben. Wenn ich diese Zeilen heute lese, muss ich weinen. Darüber weinen, dass ein Mensch solche Hassgefühle sich selbst gegenüber haben konnte. Ich wollte mehr als einmal meinem Leben ein Ende setzen, fühlte mich allein, von allen gehasst. Ich bezeichnete mich selbst als Monster (unglaublich!), fühlte mich als Opfer einer oberflächlichen Gesellschaft. Doch muss ich zugeben, dass ich mein Leiden und Selbstmitleid einfach so hinnahm. Pure Resignation. Tja, die Erkenntnis darüber, dass, je besser man aussieht, desto beliebter ist man, hat mich wohl immer wieder verfolgt. ... Zusammenfassend kann ich über diese erste Phase nur sagen, dass sie tiefe Wunden bei mir hinterlassen hat. Einerseits akzeptierte ich zwar die Veränderungen meines Körpers, doch ließ ich mich zu sehr durch meine Umwelt beeinflussen. Da ich kein starkes Selbstwertgefühl hatte, zudem noch übermäßig schüchtern war, konnte es ja nur in einer Katastrophe enden (oder fast). (K 22w)

Ich war mit 14/15 Jahren einfach noch nicht fertig bzw. noch nicht annähernd so weit wie die anderen Mädchen in meiner Klasse. Man könnte insgesamt zusammenfassen: Ich war mit meinem Aussehen unzufrieden, hatte deshalb kein Selbstbewusstsein, traute mich daher nicht vor den anderen so zu sein, wie ich war, und lernte dadurch keine neuen Freunde kennen, hatte also keine soziale Akzeptanz. (K37w)

Ich glaube, bis zu meinem 16. Lebensjahr habe ich mir nie wirklich viel Gedanken über meinen Körper gemacht. Ich war durchschnittlich groß, schlank, hatte eher zu wenig Brust als zuviel. Ich sah mich eher als der sportliche Typ, den ich auch verkörperte, sogar verkörpern wollte und meine Figur passte dazu. Mit 16 begann ich die Pille zu nehmen. Ich weiß bis heute nicht, ob es an der Pille lag oder ob dieser letzte, aber dafür ordentliche Entwicklungsschub von alleine kam... Mein kompletter Körper veränderte sich: alles wurde runder, meine Hüften und Oberschenkel, sogar mein Gesicht (!!) und meine Brüste (der einzige persönliche Lichtblick zur damaligen Zeit). Zeitweise drehte sich alles in meinem Kopf um meine Figur. Mein Körper übernahm, so schien es mir, die völlige Kontrolle über mich. Gefühle wie Machtlosigkeit kamen auf, ich fühlte mich sogar teilweise von der Natur ungerecht behandelt. (K45w)

Natürlich merkte ich damals, dass sich mein Körper und die der anderen verändern. Im Nachhinein war die Veränderung meines Körpers durch die Pubertät für mich positiv. Ich war als Kind sehr pummelig. Rund um den Bauch hatte ich Rettungsringe. Ich litt sehr darunter. Manchmal versuchte ich diese Rettungsringe mit Hilfe einiger Gürtel wegzuschnüren, in dem ich mir vor dem zu Bett gehen mehrere Gürtel um den Bauch band. Natürlich blieb der Erfolg aus und sie waren am nächsten Morgen immer noch vorhanden, meine Rettungsringe. Während der Pubertät verbesserte sich der Zustand um den Bauchbereich und mein Körper nahm weibliche Rundungen an. Wobei ich an den wichtigsten Stellen für meinen damaligen Geschmack etwas zu wenig abbekam. Zum Glück hatte meine damals beste Freundin das gleiche Problem mit der Oberweite und somit konnten wir uns gegenseitig trösten. (K49w)

Auch hier ist die Spannbreite der Erfahrungen und Erinnerungen wiederum sehr groß. Sie reicht von Personen, die ganz locker und selbstbewusst äußern, sie hätten sich in ihrem Körper immer wohl gefühlt und wären gar nie auf die Idee gekommen, zu dick, zu hässlich etc. zu sein, und von Personen, die die wohltuende Wirkung der kontinuierlichen positiven sozialen Rückmeldung bezüglich ihres Aussehens schildern, bis hin zu Autorinnen, die über traumatische Situationen der Kränkung und Zurückweisung berichten, welche sie auf Mängel in ihrer körperlichen Erscheinung zurückführen.

Insgesamt ist jedoch das hohe Maß an Aufmerksamkeit, das der Körper in jenen Jugendjahren erfahren hat, sowie das hohe Maß an Unzufriedenheit mit der eigenen körperlichen Erscheinung auffällig, das aus den Statements spricht. Im Nachhinein wundert sich eine Verfasserin über ihre damalige Obsession mit dem Thema: *"Eigentlich weiß ich auch gar nicht mehr, warum sich in dieser Zeit alles in meinem Kopf um meine Figur drehte, es war eben so."* Häufig wird von Situationen berichtet, in denen die Verfasserinnen als Jugendliche ihren Körper vor dem Spiegel ausgiebig musterten und dann in der Regel recht unzufrieden waren mit dem Ergebnis dieser Untersuchung. Hauptpunkte der körperbezogenen Selbstkritik sind dabei meist die Figur, der zu kleine Busen, das Gesicht, das nicht hübsch genug ist. Bisweilen enden solche Situationen der *"Körperbeschau"* dann auch mit einer vernichtenden Totalkritik, mit der Feststellung etwa, *"dass es nichts an mir gab, was mir gefallen hätte"*. Deutlich wird auch, dass die körperliche Schönheit von den wenigsten Betroffenen als ein Persönlichkeitsfaktor neben anderen betrachtet wird, der also irgendwie in die Gesamtbilanz von anderen Faktoren wie Charme, Humor, Intelligenz, Verlässlichkeit etc. eingeht, sondern als der zentrale Punkt, auf den es entscheidend ankommt. Entsprechend wird in vielen Texten eine sehr enge Verknüpfung zwischen subjektiver Zufriedenheit mit dem eigenen Aussehen und dem eigenen Selbstwertgefühl geknüpft. Nur wenigen gelingt es, sich hier bewusst von dem Druck überzogener Perfektionsvorstellungen zu lösen und ein positives Gefühl zum eigenen Körper, auch mit seinen Macken und Mängeln, aufzubauen. Bei anderen steigert sich das Unbehagen am eigenen Körper bis zur Verzweiflung und zum Selbsthass. Situationen allein vor dem Spiegel oder im sozialen Rahmen bei der Betrachtung von Photos und Videoaufnahmen, auf denen man selbst zu sehen ist, werden als tiefe Demütigung erlebt. Das Phantasma vom perfekten Körper wird häufig durch entsprechende Abbildungen in den Medien verschärft, seien es die Muskelmänner in den Bodybuilding-Magazinen, die Models in den Modezeitschriften oder die Teen-Stars in BRAVO. Auch die soziale Akzeptanz wird in engem Zusammenhang mit der körperlichen Erscheinung gesehen. Früh taucht hier bei manchen, angesichts der Tatsache, dass das begehrte Gut „Schönheit" so ungleich unter den Menschen verteilt ist und dass vermeintlich diejenigen, die mit den größeren körperlichen Vorzügen ausgestattet sind, auch noch in sozialer und kommunikativer Hinsicht vielfach besser gestellt sind, ein Grundgefühl der Ungerechtigkeit der Welt auf. Eine Verfasserin bringt die Kette der vermeintlich logischen Zusammenhänge folgendermaßen auf den Punkt: *„Ich war mit meinem Aussehen unzufrieden, hatte deshalb kein Selbstbewusstsein, traute mich daher nicht vor den anderen so zu sein, wie ich war, und lernte dadurch keine neuen Freunde kennen, hatte also keine soziale Akzeptanz"*.

Dabei bemerken manche durchaus die Relativität der Schönheitseinschätzungen und wundern sich im Nachhinein darüber, warum die positiven Rückmeldungen, die sie von ihrer Umgebung hinsichtlich ihrer körperlichen Entwicklung und ihres Aussehens bekommen haben, so wenig an ihrem negativen Selbstbild ändern konnten. Gleichzeitig wird auch hier deutlich, wie kritisch und sensibel in jenem Alter der Umgang mit sämtlichen Anmerkungen und Kommentaren ist, die sich auf die körperlichen Merkmale beziehen. Eine Verfasserin erzählt, wie sehr sie eine eigentlich anerkennend gemeinte Bemerkung ihres Lehrers verunsichert habe, weil Bemerkungen zu ihrer Figur oder ihrem Aussehen sie in jener Zeit ganz grundsätzlich genervt hätten, da sie stets einen sehr wunden Punkt bei ihr berührten.

1.5 Das Erleben der eigenen erotischen Ausstrahlung und die begehrenden Blicke anderer

Besonders im Hinblick auf die in jenem Alter anstehenden ersten Annäherungsversuche an das andere Geschlecht spielt das Thema der körperlichen Attraktivität eine besondere Rolle. Hier stellt die körperliche Attraktivität das wichtigste Mittel zum Zweck dar. In etlichen der autobiographischen Statements schimmert dies durch: Etwa wenn ein Mädchen irrtümlich denkt, es müsste so dünn wie möglich sein, *"um den Jungs zu gefallen"*. Oder wenn sich jemand daran erinnert, welch *"tolles Gefühl"* es war, zu erleben, dass man durch dezentes Schminken und durch figurbetonte Kleidung die Jungen dazu bringen konnte, sich für einen zu interessieren. Andererseits gibt es natürlich die tiefe Kränkung, zu erleben, dass wegen des weniger attraktiven Äußeren keiner der Jungs auf den ersten Partys mit einem tanzen will oder dass man sogar wegen bestimmter körperlicher Merkmale gehänselt und verspottet wird. Gerade die Bemerkungen, die Jungen über die körperlichen Vorzüge und Mängel der Mädchen machen, werden hochsensibel registriert: *"Doch wehe, ein Junge machte Witze über meinen Körper. Ich nahm zu diesem Zeitpunkt alles sehr persönlich und legte jeden Kommentar auf die Goldwaage."*

Natürlich gibt es auch schon hübschere und weniger hübsche Kinder. Und natürlich lieben viele Mädchen es auch schon im Kindergarten und Grundschulalter, sich „schön zu machen", sich zu frisieren und zu schmücken. Bisweilen gibt es auch dort schon Konkurrenz und Spott über körperliche Mängel. Mit der Pubertät kommt aber ein neues Moment hinzu, dass über die bloße Schönheit im Sinne von Anmut und Ebenmaß hinausgeht. Es geht nun eben auch um das „gewisse Etwas", um erotische Ausstrahlung, darum, anziehend, attraktiv, verlockend auf die Jungen zu wirken. Es ist eine merkwürdige, ambivalente Macht, die da den Mädchen zuwächst und derer sie sich zunehmend bewusst werden. Barbara Sichtermann hat diesen Aspekt eindrucksvoll beschrieben: „So ist das mit der erotischen Ausstrahlung: sie ist eher eine Tönung, eine Atmosphäre, ein ‚Appeal' als ein fest umreißbares Attribut, und deshalb ist sie als Machtquelle so schwer zu fassen. Und doch ist sie unglaublich wirksam. Alle heranwachsenden Mädchen spüren das. Urplötzlich sind sie im Stande, einen Raum voller Menschen zum Verstummen zu bringen, wenn sie eintreten. Blicke zu zwingen, ihnen zu folgen, wenn sie vorbeigehen. Aufmerksamkeiten auf sich zu ziehen mit der Macht eines Magneten. Natürlich besitzen sie nicht alle diese Macht in voller Stärke. Aber die meisten verfügen über ein gutes Stück. Und zu Beginn, während der Pubertät, ist ihnen ihre neu gewonnene Macht sowohl unerklärlich als auch unheimlich und manchmal sogar peinlich" (Sichtermann 2002, S. 98). Auch zu dieser speziellen Facette des Erlebens der eigenen Körperlichkeit noch einige Auszüge aus den autobiographischen Berichten:

Die Hüften und das Becken wurden breiter (mit 12) und so wurde ich auch älter geschätzt, als ich eigentlich war. ... Dies machte sich dadurch bemerkbar, dass ich am Strand von vielen älteren Jungs angemacht worden bin. Ich war körperlich vielleicht schon weiter, aber nicht geistig, denn ich wusste nicht, wie ich auf die Anmache reagieren sollte. Das war mir damals sogar noch peinlich. (K2w)

Mit ca. 15 Jahren merkte ich, dass ich für die Männerwelt interessant und attraktiv war. Doch ich wusste nicht, wie ich auf die sozialen Rückmeldungen zu reagieren hatte. Noch heute kann ich mich daran erinnern, wie schockiert und gelähmt ich war, als mir zwei Bauarbeiter hinterher pfiffen. Diese scheinbar normale Situation löste in mir gemischte Gefühle aus: Einerseits stellte für mich das Pfeifen eine Bestätigung dar ... andererseits konnte ich die ‚notgeilen' Blicke der Männer nicht ertragen und musste wegschauen, denn ich fühlte mich dadurch wie ein Vieh auf dem Markt, das zur Schau gestellt wird. In diesem Augenblick interessierten sich die Männer weder für meine Gefühle, Fähigkeiten, Stärken, noch für mein Inneres, nur mein Körper, also die Hülle, zählte für sie und das empfand ich als erniedrigend. (K 25w)

Als ich 15/16 Jahre alt war, litt ich sehr darunter, dass ich immer aufgefallen bin. Es kam für mich sehr plötzlich, als hätte sich die Mode geändert, obwohl ich mich nicht verändert hatte. Plötzlich sahen mich alle an und fanden, dass ich sehr gut aussehe, aber ich war innerlich ein sehr ernster Mensch. Es gab viele Jungs, die auf mich zugingen und ich brauchte oft lange, bis ich wusste, dass es gar nicht um mich ging. Das machte mich sehr traurig und nachdenklich. Bereits in der Tanzschule habe ich erfahren, dass es immer nur um das Aussehen aus ihrer Sicht ging und dass eine eigene Partnerwahl, von Seiten der Mädchen, nicht möglich war. Mein Körpergefühl war ständig von meinem inneren Gefühl und Denken getrennt. Auch hielten mich viele zu dieser Zeit für 25/26 Jahre alt. (K 34w)

Für mich galt ein zur Schau stellen auf dem Markt der Begehrten als etwas zu Vermeidendes, als ein Teil unseres Kulturkreises, in den ich mich weder durch Schminken meiner Pickel noch durch Tragen von Markenkleidung fügen wollte. Eine Spielregel, die ich für mich außer Kraft setzen wollte. Vielmehr wollte ich in mir wohnen, ähnlich einer inneren Emigration. Nicht als eine Art Vieh wollte ich beurteilt werden, meinen Wert nicht aus der Beurteilung durch das andere Geschlecht ziehen, weil hierbei zu viele Aspekte meiner Persönlichkeit sich verloren hätten. ... Das Spiel um Körperkult und Bewertungen anderer geht mehr oder weniger sichtbar weiter, in diesem Sinne befindet sich mein Körper als beurteilbares Objekt noch auf der Spielfläche. Wer diese Ebene der Spielfläche jedoch verlassen hat, bin ich, mein Leib. (K47w)

Spielt das Thema für die Jungen eine geringere Bedeutung? Natürlich sind auf der vorliegenden Datenbasis keine gesicherten empirischen Aussagen dazu möglich. Ein männlicher Autor äußert immerhin die Erinnerung, dass er in jenem Alter relativ wenig Wert auf sein Äußeres gelegt habe, weil er der Überzeugung gewesen sei, dass es für einen Mann nicht auf Schönheit, sondern auf Attribute wie „kommunikative Kompetenzen" und andere Statussymbole ankäme. Ein anderer, der offensichtlich während seiner ganzen Jungend im Hinblick auf das Thema „körperliche Attraktivität" auf der Sonnenseite gewandelt ist, äußert sich selbstbewusst über die Wechselwirkung von innerer und äußerer Schönheit: *„Jugendliche, die sich selbst schön finden, haben eine ganz andere Ausstrahlung"*. Und selbst jener Verfasser, der sich längere Zeit während seiner Jugend zunächst ernsthafte Sorgen darüber gemacht hatte, ob er wohl immer so schmalbrüstig bleiben würde, wurde beim nächsten Wachstumsschub, der die erwünschte Korrektur brachte, mit seinem Körper versöhnt und fühlte sich dann entsprechend wohl mit ihm. Aus den autobiographischen Statements der männlichen Studierenden kann man zumindest den Eindruck gewinnen, dass das „Grundgefühl des Nichtgenügens" in Bezug auf die eigene körperliche Ausstattung (Haug 1988, S. 50), das bei den Ausführungen der Kommilitoninnen oftmals so vorherrschend ist, bei ihnen weniger verbreitet ist.

Fend hat im Rahmen seiner Studien das Ausmaß und den Verlauf des Selbstkonzepts des Aussehens mit Fragebogen-Items erhoben wie z. B.: „Manchmal beneide ich Klassenkameraden, die besser aussehen als ich", „Wenn ich besser aussehen würde, hätte ich auch mehr Freunde", „Verglichen mit anderen sehe ich eigentlich ganz gut aus" oder: „ich habe mir schon manchmal gewünscht, ich würde ganz anders aussehen". Dabei ergab sich, dass die Mädchen ihr Aussehen signifikant negativer beurteilten als die Jungen. Etwa 60% der Mädchen, aber nur 35% der Jungen gaben an, sie hätten sich schon einmal gewünscht, ganz anders auszusehen (Fend 2000, S. 237). Im längsschnittlichen Verlauf erreichte die Selbsteinschätzung der eigenen Attraktivität bei den Mädchen etwa im Alter von 13–14 Jahren einen Tiefpunkt. Bei den Jungen gab es einen ansteigenden Verlauf mit einem geringfügigen Einbruch bei den Fünfzehnjährigen.

Auch der in vielen autobiographischen Erinnerungen behauptete und beklagte enge Zusammenhang zwischen körperlicher Attraktivität und sozialer Beliebtheit wurde von Fend empirisch untersucht, indem er Ergebnisse aus soziometrischen Befragungen in den Schulklassen mit den Einschätzungen des Selbstkonzepts der eigenen Attraktivität aus den Fragebögen korrelierte. Dabei ergab sich nur eine sehr niedrige faktische Beziehung zwischen den Beliebtheitswahlen und den Selbsteinschätzungen der eigenen körperlichen Attraktivität.

Selbst mit dem „Erfolg beim anderen Geschlecht", also mit den Angaben auf die Frage, ob man in eine feste gegengeschlechtliche Freundschaft eingebunden ist oder war, hing die Selbsteinschätzung der eigenen körperlichen Attraktivität nur in sehr geringem Maße zusammen. Dagegen gab es einen sehr hohen Zusammenhang zwischen der Selbsteinschätzung der eigenen physischen Attraktivität und dem Selbstwertgefühl insgesamt. Wer seinen Körper nicht mochte, hatte in der Regel auch Probleme, sich als Person anzunehmen. In diesem Sinn meint Fend, dass der Prozess, den eigenen Körper, so wie er sich im Jugendalter entwickelt und verändert, „bewohnen zu lernen, von strategischer und prototypischer Bedeutung für die Identitätsfindung im Jugendalter" schlechthin sei (ebd., S. 242).

In einer jüngeren empirischen Untersuchung hat Marcus Roth die Geschlechtsunterschiede im Körperbild Jugendlicher und deren Bedeutung für das Selbstwertgefühl untersucht. Er hat dafür 326 Schülerinnen und Schüler im Alter zwischen 13 und 16 Jahren einen entsprechenden Fragebogen vorgelegt. Auch er kam zu dem Ergebnis, dass das Verhältnis der Mädchen zu ihrem Körper problematischer ist als das der Jungen. Sie hatten eine höhere Aufmerksamkeit auf ihren Körper, waren unzufriedener mit ihrer Figur, schätzten die sportlichen Fähigkeiten ihres Körpers ungünstiger ein und zeigten einen stärkeres Gefühl der Körperentfremdung (Roth 2002, S. 151). Auch er betont, dass der Zufriedenheit mit der körperlichen Erscheinung ein zentraler Stellenwert im Hinblick auf das generelle Selbstwertgefühl zukommt. Der entsprechende Zusammenhang sei deutlich stärker ausgeprägt als der zwischen schulischen Fähigkeiten und Selbstwertgefühl, oder der zwischen wahrgenommener Peer-Beliebtheit und Selbstwertgefühl. Deshalb kommt Roth zu dem Fazit: „Demnach scheint das Selbstwertgefühl der Jugendlichen vorrangig von der Bewertung ihres physischen Erscheinungsbildes determiniert zu sein" (ebd., S. 153). Dabei tendieren Mädchen noch stärker als Jungen dazu, ihr Selbstwertgefühl vom körperlichen Erscheinungsbild abhängig zu machen. Zugleich haben sie eine geringere Kontrollüberzeugung, im Sinne ihrer Wünsche Einfluss auf ihre körperliche Erscheinung nehmen zu können, sie fühlen sich also in höherem Grad dem, was mit ihrem Körper passiert oder eben nicht passiert, ausgeliefert.

Zur Erklärung der Frage, warum dies so ist, wie es ist, hat Karin Flaake unter feministisch-psychoanalytischen Gesichtspunkten einige interessante Überlegungen angestellt. Sie geht davon aus, dass in unserer Kultur unterschiedliche Definitionen für attraktive Weiblichkeit und Männlichkeit existieren; dass die Mädchen und die Jungen somit, wenn sie sich auf die Suche nach ihrer geschlechtlichen Identität machen, mit unterschiedlichen Bildern und entsprechenden Geboten konfrontiert werden: „Weiblichkeit ist gesellschaftlich immer noch weniger durch ein eigenes sexuelles Begehren, durch ein aktives Wünschen und Wollen, durch Lust und Potenz bestimmt, denn auf Begehrtwerden, auf Attraktivsein für das andere Geschlecht ausgerichtet" (Flaake 1998, S. 23).

Flaake sieht in dieser Abhängigkeit vom männlichen Begehren, von der männlichen Anerkennung der eigenen Körperlichkeit, ein Dilemma für die Mädchen. Einerseits, weil hinsichtlich der körperlichen Erscheinung den Möglichkeiten der Gestaltung, Perfektionierung und Korrektur dessen, was die Natur dem Einzelnen vorgegeben hat, enge Grenzen gesetzt sind, andererseits weil es häufig zu einer Art Selbstverkleinerung und Konkurrenzvermeidung führe, um in vermeintlich männlich besetzten Domänen den Jungen nicht ins Gehege zu kommen. Dafür ist die Konkurrenz innerhalb des eigenen Geschlechts im Bereich des Stylings und der Körperpräsentation dann umso größer. Natürlich gewinnen damit auch die kulturellen Ideale größeres Gewicht: Mädchen sind nach Flaake „in weitaus stärkerem Maße als Jungen beeinflußt ... von gesellschaftlichen Schönheitsnormen. Ihre Selbsteinschätzung und ihr Selbstbewußtsein hängen entscheidend ab von ihrem Körpergefühl, zugleich ist dieses Körpergefühl aber häufig gekennzeichnet durch eine große Unsicherheit über das eigene Aussehen, durch Unbehagen und Unzufriedenheit, sowie eine starke Angst, bestimmten, als maßgeblich angesehenen Vorstellungen von Schönheit nicht genügen zu können. In diesen Vorstellungen von Schönheit ist ihre Nichterfüllbarkeit immer schon angelegt, sie scheint zentraler Bestandteil dieser Norm zu sein" (Flaake, 1992, S. 143).

1.6 Das Ideal der Schlankheit als Leidensquelle

Dabei wird ein zentraler Aspekt der kulturellen Schönheitsnormen für viele Mädchen in besonderer Weise zum Problem. Jener Aspekt, an dem durch entsprechende Disziplin noch am ehesten so etwas wie Einflussnahme, Gestaltung, Formung, Korrektur möglich scheint, nämlich das Ideal der Schlankheit. Hier, bei der Reduzierung und Kontrolle des Gewichts, machen viele Mädchen während ihrer Jugendzeit immer wieder die Erfahrung, an eigenen Wünschen und Ansprüchen zu scheitern.

Da ich selbst sehr weiblich gebaut bin, ist es mir nie möglich gewesen, ein wirklich schmales Erscheinungsbild abzugeben, doch im Alter von 15–16 bzw. 14–16 wollte ich das noch nicht so sehr wahr haben und habe alles daran gesetzt, rank und schlank zu sein. ... Ich hatte mir erhofft, dass ich durch ein schlankes Aussehen womöglich einen Freund fände, doch den bekam ich erst, nachdem ich meine ‚schlimmste Phase' überstanden hatte ... denn zu dieser Zeit hatte ich gar keine Ausstrahlung, weil ich mit mir selbst so unzufrieden war. Heute weiß ich, dass Aussehen nicht alles ist und dass eine natürliche Ausstrahlung und Charakter viel wichtiger sind als Äußerlichkeiten. ... Ich war von der Magersucht nur ein ganz kleines Stückchen entfernt, wenn meine Familie und meine beste Freundin mich nicht ständig darauf hingewiesen hätten, dass ich so dünn hässlich bin. (K14w)

Probleme mit meinem Gewicht, was sicherlich etwas zu hoch war, hatte ich nicht, soweit ich mich erinnern kann, da ich nie wirkliche Vergleichsmöglichkeiten mit realen Personen (also nicht aus den Medien) hatte, da fast alle, die ich kannte, kleiner waren als ich. Ich habe mich in meinem Körper auch immer wohl gefühlt (von der Gewöhnung an den ersten BH mal abgesehen), so dass ich nie auf die Idee gekommen wäre, zu dick, zu hässlich etc. zu sein. (K46w)

Ich machte also wie eine Besessene Sport, ließ alle Süßigkeiten weg und nahm ab. Mit jedem Kilo, das ich verlor, wurde mein Umfeld liebenswürdiger zu mir, ich bekam Anerkennung, nach der ich mich so sehr sehnte, und ich hatte das Gefühl, dass mich meine Eltern, ganz besonders meine Mutter, mehr liebten und stolz auf mich waren. Aber gleichzeitig war ich auch schwach und konnte ab und zu dem Süßen nicht widerstehen. Wenn ich also wieder ein, zwei Kilo zugenommen hatte, hasste ich mich selbst. Mein ganzes Leben, meine Stimmung war davon abhängig, was der Zeiger meiner Waage am Morgen anzeigte. (K 48w)

So weit meine Erinnerung zurückgeht, finde ich mich schon zu dick. Erst in letzter Zeit ist mir bei der Betrachtung alter Fotos aus Zeiten, in denen ich mich garantiert zu dick fand, aufgefallen, dass ich aus meiner heutigen Sicht damals überhaupt nicht dick und eigentlich auch sehr hübsch anzusehen war. Ich selbst empfand mich aber damals als mit das Hässlichste, was bei uns an der Schule rumlief. Ich war immer davon überzeugt, dass alles besser würde, sich alle um mich reißen würden, wenn ich nur schlanker und somit schöner wäre. ... Ich bin seit meiner Pubertät bis heute (seit ca. 15 Jahren) esssüchtig. Die Esssucht ist neben der Bulimie und der Magersucht die dritte Essstörung, die aber in der Öffentlichkeit kaum beachtet wird. Durch aktive Teilnahme in einer Selbsthilfegruppe für Frauen mit Essstörungen ist mir erst bewusst geworden, wie viele Frauen sich in der Pubertät von einem kaputten Schönheitsideal beeinflussen lassen, häufig trotz besseren Wissens. (K62w)

Aus der Vielzahl der autobiographischen Erinnerungen, die sich mit dem Thema Schlankheit/ Figurprobleme/Abnehmen auseinandersetzen, wird deutlich, welch hohen Stellenwert dieses Thema im Problemhorizont der jungen Mädchen einnimmt. Die weibliche Form ist hier berechtigt, denn dieses Thema wurde explizit von keinem der männlichen Autoren angesprochen. Diese litten zwar bisweilen darunter, wenn sie zu lang zu klein blieben oder wenn sie dem maskulin-muskulösen Ideal ihrer Phantasie nicht entsprachen. Aber keiner von ihnen berichtet vom täglichen Kampf mit den Pfunden. Dagegen sind es von den 57 jungen Frauen immerhin vier, die davon berichten, dass ihre Jugendzeit von einer manifesten, krankhaften Essstörung überschattet war und fünf weitere bekennen, dass sie mit ihrer Obsession in Sachen Gewichtskontrolle nur sehr knapp an einer solchen „vorbeigeschrammt" sind. Insgesamt taucht etwa bei der Hälfte der Verfasserinnen das Thema der Unzufriedenheit mit der Figur und das Bemühen um Gewichtsreduktion durch Fasten oder durch Diäten auf. Ganze fünf äußern explizit, dass das Gewicht für sie nie ein Problem dargestellt habe, da sie immer essen konnten, soviel sie wollten, ohne dabei dick zu werden.

Bei etlichen wird der Wunsch nach einer besseren Figur ganz eng mit dem Wunsch nach sozialer Anerkennung verknüpft. Sie erhoffen sich, durch das schlanke Aussehen eher einen Freund zu finden, in der Beliebtheitsskala nach oben zu steigen, von den Jungen mehr gemocht zu werden. Die Gedanken „dünn sein" und „akzeptiert werden" fallen dann quasi zusammen. Für einige hat sich dieser Zusammenhang zwischen Gewicht und sozialer Akzeptanz sogar durch Erfahrung bestätigt: *„Mit jedem Kilo, das ich verlor, wurde mein Umfeld liebenswürdiger zu mir, ich bekam Anerkennung, nach der ich mich so sehr sehnte"*.

Für manche Jugendlichen stand offensichtlich das ganze Jugendalter unter dem Vorzeichen eines beständigen Kampfes gegen die Pfunde und damit gegen den eigenen Körper. Die Stimmungslage, die Selbstzufriedenheit, das ganze Lebensgefühl wurden *„davon abhängig, was der Zeiger meiner Waage am Morgen anzeigte"*. Es werden Vorsätze gefasst und Diätpläne ausgearbeitet, es werden Tabellen angelegt und es wird Buch geführt, um das Problem in den Griff zu bekommen. Hier, auf diesem Feld des Kampfes gegen die Pfunde kann man durch Disziplin, durch *„willensstarke Tat"*, durch *„eigene Aktion"* etwas unternehmen, um sich dem Ideal vom schlanken Körper anzunähern. Jedes Gramm Gewichtsverlust wird dann als Erfolg, ja als „Genuss" erlebt. Nur selten bringen die Maßnahmen freilich dauerhaft den gewünschten Erfolg. Der Körper scheint sich dem Willen zu widersetzen. Die Verlockungen von Schokolade und Süßigkeiten werfen die guten Vorsätze immer wieder über den Haufen. Entsprechend muss man sich dann mit schlechtem Gewissen, mit Versagensgefühlen, gar mit Gefühlen von Selbsthass herumschlagen, wenn auf der Waage die Stunde der Wahrheit schlägt.

Bei manchen wird *„Abnehmen um jeden Preis"* zur Devise. Und der Preis, den Einzelne zahlen, ist hoch. Diejenigen, die manifeste oder latente Essstörungen entwickelt haben, erkennen durchaus die selbstzerstörerischen Tendenzen ihres Verhaltens. Einzelne haben sich so heruntergehungert, dass sie tatsächlich in lebensbedrohliche Zustände gerieten, die *„eisige Grenze"* berührten. Die Auseinandersetzungen mit dem Essen und dem Gewicht werden zum zentralen Lebensinhalt, der alles andere, das ganze normale „Erlebnisprogramm" des Jugendalters, vor allem eben die geselligen Formen des Umgangs mit Gleichaltrigen in den Hintergrund rückt. In einem anderen Text wird ganz offen der Versuch, mittels Fasten die Entwicklung der sexuellen körperlichen Reife zurückzudrängen, angesprochen: *„Abnehmen um jeden Preis, dann bildet sich mein Busen wieder zurück, ich werde dünner, meine Periode bleibt aus"*. Diese Berichte sprechen somit für die These von Tillmann Habermas, der die Magersucht deutet als „einen neurotischen Bewältigungsversuch zweier zentraler Entwicklungsaufgaben der frühen und mittleren Adoleszenz, ... der Ablösung vom Elternhaus und der Integration des sexuell gereiften Körpers in das Selbstbild (Habermas 1995, S. 1071). Dabei wird aus den Erfahrungsberichten derjenigen, die von der Magersucht betroffen waren bzw. sind, auch die merkwürdige, fast wahnhafte Tendenz zur verzerrten Körperwahrnehmung deutlich. Obwohl sie nur noch „Haut und Knochen" sind, obwohl sie von der Umgebung deutlich mitgeteilt bekommen, wie schlimm sie in ihrem abgemagerten Zustand aussehen, fühlen sie sich noch immer zu dick und setzen das Fasten fort. Jene Selbstbeschränkung der Nahrungsaufnahme, die zunächst gestartet wurde, um dem Ideal des perfekten Körpers nahe zu kommen, wird zum Zwang, der auch dann nicht aufgegeben werden kann, wenn sie sich, was das Körpergewicht anbelangt, objektiv schon längst weit jenseits dieses Ideals befinden.

Manche, die phasenweise anorektische oder bulimische Tendenzen entwickelt hatten, schafften es jedoch, wieder zu einem normalen Essverhalten zurückzufinden, bevor die Störung sich so verfestigt hat. Bei ihnen scheint als Motivation für das Fasten auch mehr die soziale Anerkennung durch die Gleichaltrigengruppe im Vordergrund zu stehen als der Kampf gegen jene reifebedingten Entwicklungen des Körpers, die mit dem Verlust des Kindheitsstatus und dem Aufkeimen der Sexualität zu tun haben. Als ausschlaggebend dafür, damals *„die Kurve noch einmal gekriegt"* zu haben, werden von den Betroffenen unterschiedliche Erfahrungen benannt: Schlichte rationale Einsicht in die Schädlichkeit des Hungerns und bewusste Distanzierung von den übertriebenen Schlankheitsidealen, abschreckende Beispiele von magersüchtigen Mädchen aus dem Umfeld, die in stationäre Behandlung mussten, vor allem aber Gespräche mit den Müttern, die es schafften, auf einfühlsame und engagierte Art ihren Töchtern die möglichen fatalen Folgen des extremen Fastens deutlich zu machen. Denjenigen, die manifeste Essstörungen entwickelt hatten, gelang es zum Teil erst später im Rahmen von Selbsthilfegruppen oder durch Inanspruchnahme therapeutischer Hilfe, ihre Essprobleme in den Griff zu bekommen.

Für viele Frauen ist es offensichtlich ein langwieriger und mühsamer Prozess, ein freundschaftliches Verhältnis zu ihrem Körper zu entwickeln und sich von überzogenen Schlankheitsidealen zu befreien. In diesem Sinn schreibt eine Verfasserin: *„Der Weg, meinen Körper zu akzeptieren, wie er ist, war lang"*, und eine andere betont, dass sie sich inzwischen definitiv von jenem Körperideal der Models, dem sie früher unter großen Entsagungen nacheiferte, verabschiedet habe: *„Heute weiß ich aber auch, dass ich diese Traumfigur nie erreichen kann, da mein Körperbau für solche Modelfiguren gar nicht geeignet ist."*

Die Tendenz, die in den autobiographischen Berichten deutlich zum Ausdruck kommt, dass nämlich das Thema Gewicht und Schlankheit einen zentralen Problempunkt für viele weibliche Jugendliche darstellt, lässt sich auch durch die Ergebnisse empirischer Studien bestätigen, von denen Flammer und Alsaker zusammenfassend berichten. Demnach ist es so, dass sich zwischen 50 % und 80 % der Mädchen zwischen 11 und 19 Jahren zu dick fühlen und dass etwa 60 % bis 80 % den Wunsch haben, Gewicht zu verlieren. Bei den gleichaltrigen Jungen sind es nur 13 % bis 26 %, die sich zu dick fühlen. Bei ihnen scheint der Wunsch abzunehmen auch rationaler. Denn bei den Jungen äußerten überwiegend diejenigen den Wunsch nach Gewichtsreduktion, die tatsächlich übergewichtig waren. Das Gewicht, das sie anstrebten, entsprach in der Regel dem Normalgewicht. Bei den Mädchen ergab sich jedoch die paradoxe Situation, dass auch viele den Wunsch nach Gewichtsreduktion äußerten, die von ihrem Gewicht her eigentlich im Bereich des Normalgewichts lagen. Bei ihnen war es also häufig nicht das objektive (an entsprechenden Tabellen zu überprüfende) Übergewicht, das den Wunsch auslöste, Pfunde zu verlieren, sondern eher das subjektive Gefühl, im Verhältnis zu Klassenkameradinnen oder zu medialen Idealfiguren zu dick zu sein. Die Mädchen strebten im Durchschnitt ein Gewicht für sich an, das 10 % bis 25 % unter dem Normalgewicht für ihre Größe lag und damit in einem Bereich, der unter gesundheitlichen Aspekten eher bedenklich ist. Fend spricht deshalb von einer in unserer Kultur weit verbreiteten „Gewichtsneurose" (Fend 2000, S. 235).

Entsprechend der Bedeutsamkeit dieses Wunsches, abzunehmen, finden Schlankheitskuren und Diäten unter weiblichen Jugendlichen eine immer größere Verbreitung. Nahezu alle Mädchen- und Frauenzeitschriften bringen in regelmäßigen Abständen entsprechende Diätprogramme mit werbewirksamen Versprechungen von der Traumfigur, die mittels dieser Anleitungen innerhalb weniger Wochen erreichbar sei. Bei Umfragen unter 14–17-jährigen Mädchen, wer im letzten Jahr eine Diät gemacht habe, ergaben sich in den USA und in Europa Werte von um die 60%. Diese Zahl ist auch deshalb bedenklich, weil man weiß, dass bei Anorexiepatientinnen strenge Diäten häufig den Einstieg in das zwanghafte Hungern darstellten. (Flammer/Alsaker 2002, S. 285f.). Auch bezüglich der Sorgen und Leiden in Sachen Gewicht und Figur scheinen die sehr früh entwickelten Mädchen in einer ungünstigeren Situation zu sein als ihre später reifenden Geschlechtsgenossinnen. Da die Bezugspunkte für entsprechende Körpervergleiche in der Regel die Gleichaltrigen sind, ist dies verständlich. Denn während die akzelerierten Mädchen schon die pubertätstypische Zunahme des Unterhautfettgewebes an sich erleben, haben die meisten Klassenkameradinnen noch kindlich zierliche und schlanke Körper.

Insgesamt kann man sagen, dass im Hinblick auf die autobiographischen Auseinandersetzungen mit der Entwicklungsaufgabe, mit den körperlichen Veränderungen der Pubertät zurechtkommen und ein positives Verhältnis zum eigenen Körper finden, die Themen „Erleben der Menstruation", „Schönheit" und „Gewicht" die dominierenden Themen darstellten. Während beim Thema „Erleben der Menstruation" eine relative Leerstelle in der empirischen Entwicklungspsychologie zu verzeichnen war, muss nun umgekehrt im Hinblick auf das Thema „Gewicht" eine relative Leerstelle in der psychoanalytischen Literatur vermerkt werden. Zumindest entspricht die Relevanz, die das Thema dort hat, in keiner Weise der Bedeutsamkeit, die es im subjektiven Erleben und Erinnern der jungen Frauen hat.

2   Ein lustvolles, selbstbestimmtes und verantwortliches Verhältnis zur Sexualität entwickeln

Der Körper, der in den Pubertätsjahren eine deutliche Verwandlung erfährt, wird nicht nur größer, schwerer, erwachsener, kräftiger und leistungsfähiger, er bekommt nicht nur eine deutlichere weibliche oder männliche Kontur, er hat nicht nur größere oder geringere Nähe zu aktuellen Schönheits- und Schlankheitsidealen, sondern er wird auch nach innen sexuell empfindungsfähiger und nach außen sexuell attraktiver. Eine neue Sphäre von Empfindungen, von Erregungen, von Faszination und Verwirrung tut sich den Jugendlichen auf. In dieser Sphäre, mit diesen Gefühlen müssen sie sich zurechtfinden lernen. Ihre eigenen Blicke, mit denen sie die Wesen des anderen Geschlechts betrachten, verändern sich zunehmend und sie nehmen wahr, dass auch die Blicke, die sie und ihren Körper treffen und taxieren, häufig eine neue Färbung haben. Sie spüren eine innere Unruhe und erste Anzeichen jenes merkwürdigen Magnetismus, der ihre Aufmerksamkeit immer mehr auf ganz bestimmte Attribute der Personen ihrer Umgebung hinlenkt. Und es erwacht der Wunsch nach Erkundung und Eroberung jenes Terrains, das nach all dem, was sie in den zurückliegenden Jahren gehört, gesehen und gelesen haben, mit so großen Versprechungen verknüpft ist.

Freilich ist es nicht so, „daß der Sexualtrieb zur Pubertätszeit in die Kinder fährt wie im Evangelium der Teufel in die Säue" (Freud, GW Bd. VIII, S. 43). Natürlich kennen sie aus ihrer Kinderzeit Erregung und körperliche Lustgefühle und natürlich wissen sie, zumindest dann, wenn sie in einigermaßen intakten Verhältnissen aufgewachsen sind, was Nähe, Vertrauen, Zärtlichkeit und Sehnsucht bedeuten. Dennoch ist ihnen klar, dass es nun um etwas Neues geht, um etwas, das sich von den bekannten familiären Beziehungsmustern und Gefühlsregungen deutlich unterscheidet.

2.1 Mystifizierung und Banalisierung der Sexualität

Klassische Theoretiker des Jugendalters, die von Jugend als einer „zweiten Geburt" sprachen, wie etwa Rousseau oder Spranger, hatten mit dieser Metapher, die ja doch eine radikale Wandlung des Selbst- und Weltverhältnisses zum Ausdruck bringen will, vor allem dieses Erwachen der Sexualität im Auge. „Wir werden sozusagen zweimal geboren: einmal um zu existieren, das zweite mal um zu leben; einmal für die Gattung und einmal für das Geschlecht" heißt es bei Rousseau. Bei Spranger sind nach den methodischen Vorerwägungen und dem Versuch einer Gesamtcharakteristik des Jugendalters gleich die ersten drei Kapitel dem Thema Erotik und Sexualität gewidmet. Auch in den klassischen psychoanalytischen Ansätzen zum Jugendalter spielen natürlich der „Triebschub der Pubertät" und damit die Sexualität eine zentrale Rolle.

In den jüngeren entwicklungspsychologischen Darstellungen stellen dagegen die Integration der sexuellen Impulse in die Persönlichkeitsstruktur und der Aufbau entsprechender Partnerbeziehungen nur mehr einen Teilbereich aus einem umfangreichen Kanon von Entwicklungsaufgaben dar. Eine interessante Ausnahme macht hier das Buch „Frühlingserwachen" von Barbara Sichtermann, die bewusst ein „monokausales" Erklärungsmodell für die Vorgänge der Pubertät wählt:

„Alles, was jetzt kommt, jede ‚Veränderung', jede Verwandlung, jeder Bruch, jede Wende – alles hat mit dem Geschlecht zu tun. ... Man muss versuchen, die ganze Inszenierung der Pubertät mit all ihren Bizarrerien und Exzessen von der erwachenden Sexualität her zu verstehen, nur dann kommt man dahinter, wie alles zusammenhängt. Nur dann bringt das Nachdenken über diese Zeit mehr hervor als ein paar brüchige Faustregeln und rasch entwertete Rezepte. Die Sexualität sollte als eine Macht angesehen werden, welche die geistige Ordnung und die körperliche Integrität der kindlichen Persönlichkeit zerstört und die deshalb in dieser biographischen Epoche eine psychophysische ‚Baustelle' errichtet, deren Anblick und Ausstrahlung einfach nicht friedlich und harmonisch sein kann. Man darf sich im Gegenteil die Verwüstungen, die von der Libido in die meist sorgfältig gepflegten Gärten der kindlichen Seelenlandschaft hineingetragen werden gar nicht wild und abschreckend genug vorstellen" (Sichtermann 2002, S. 28f.). Dieses Programm wird dann mit erstaunlicher Konsequenz in diesem Buch durchgehalten und es führt zu sehr interessanten Perspektiven auf die unterschiedlichen Facetten dessen, was sich in jenen Jahren abspielt.

Mit der Art und Weise, wie Sichtermann hier über die Verwüstung der „sorgfältig gepflegten Gärten der kindlichen Seelenlandschaft" durch die Kraft der Libido schreibt, zeigt sie freilich auch unverhoffte Nähe zu konservativ-katholischen Autoren vergangener Epochen: Im „Illustrierten Hausbuch für christliche Familien" von Franz Tischler aus dem Jahre 1909 werden über Dutzende Seiten hinweg die sittlichen Gefährdungen der Jugend durch die Macht der Sinnlichkeit beschworen, und man gewinnt einen guten Eindruck davon, wie sehr von Geheimnis und Gefahr umgeben zu jener Zeit für Jugendliche das Thema „Sexualität" gewesen sein muss, aber auch, welche Anziehungskraft und Faszination von diesem dunklen, verlockenden Bezirk ausgegangen sein muss, wenn der Franziskanerpater es nötig hat, so schwere Geschütze dagegen aufzufahren:

„Wenn in der Jugendzeit kein guter Same in das so empfängliche Erdreich des Herzens gelegt wird, dann ist die Gefahr groß, daß sich darin allerlei Giftsamen sammeln und üppig emporsprossen werden. Eben zu dieser Zeit erwachen die natürlichen Neigungen mächtig und reißen nur zu leicht die noch nicht genug erstarkte Vernunft mit sich fort. ... Wenn die Schrift sagt, daß ‚Sinn und Gedanken des menschlichen Herzens zum Bösen geneigt sind von seiner Jugend an' (Gn 8, 21), so offenbart sich dieses Verderbnis nirgends mehr als im unordentlichen Verlangen nach Fleischeslust. Daher jenes Brennen der Begierlichkeit. Anderer Laster enthält sich der Mensch leichter; aber dieser Feind will nicht zur Ruhe kommen, mit ihm haben wir die ganze Zeit unseres Lebens zu kämpfen ... Wehe aber dem Jüngling, der seine Lippen an den Becher der bösen Lust setzt, er verunreinigt Geist, Phantasie und Herz mit wüsten, ekelhaften Bildern und Begierden, streift alles Höhere, Geistige und Edle ab, entweiht sich, missachtet seine Bestimmung, wirft den schönsten und kostbarsten Schmuck der Jugend weg" (Tischler 1909, S. 322f).

Drückt sich hier noch das verzweifelte Bemühen um die Repression jener unheimlichen und bedrohlichen Kräfte aus, so hatte sich 60 Jahre später das Blatt deutlich gewendet. Nun ging es gerade um die Freisetzung jener gewaltigen Veränderungskräfte, die der Sexualität zugesprochen wurden. In diesem Sinn schreibt Sigusch: „Zur Zeit der sexuellen Revolution wurde die Sexualität mit einer solchen Mächtigkeit ausgestattet, daß einige davon überzeugt waren, durch ihre Entfesselung die ganze Gesellschaft stürzen zu können. Andere verklärten die Sexualität zur menschlichen Glücksmöglichkeit schlechthin. Generell sollte sie so früh, so oft, so vielfältig und so intensiv wie nur irgend möglich praktiziert werden. Generativität, Monogamie, Treue, Virginität, Askese waren Inbegriff und Ausfluß der zu bekämpfenden Repression" (Sigusch 1998, S. 1240).

Heute ist das Verhältnis zur Sexualität in der Regel dagegen wesentlich nüchterner und unspektakulärer: Sexualität erscheint heute weder als die große Gefahr, welche die göttliche Weltordnung zum Einsturz bringen könnte, noch als das revolutionäre Potential, das die bürgerliche Gesellschaft aus den Fugen hebt, noch als die große Verheißung, das Arkanum, welches das Leben erst zur wahren Fülle bringt. Eher erscheint sie den Jugendlichen als ein einerseits interessanter und spannender, andererseits aber auch heikler und riskanter neuer Erfahrungsbereich, über den man wohl schon vieles weiß, der nun aber erst allmählich für einen selbst lebenspraktisch relevant wird und mit dem man sich also entsprechend auseinander zu setzen hat.

2.2 Tabuisierung und mediale Dauerpräsenz

Heutige Jugendliche sind in einer kulturellen Umwelt aufgewachsen, in der Sexualität kein tabuisiertes Geheimnis mehr ist, sondern ein Thema, das in vielfältigen Formen in den Medien gezeigt und besprochen wird. „Fleischeslust" wird nicht mehr als ein böses Laster, gegen das ein lebenslanger Kampf auszutragen wäre, angesehen, sondern als selbstverständlicher Aspekt von Lebensqualität. Ein werbetechnischer Kampf wird heute eher um wirksame pharmazeutische Mittel zur Aufrechterhaltung und Ermöglichung von „Fleischeslust" auch im höheren Alter geführt.

An den Werbeflächen von Bushaltestellen, an denen unter anderem Grundschüler auf ihren Schulbus warten, schaltete die Bild-Zeitung vor einiger Zeit unter dem Motto „Bettkästchengeschichten" eine Werbekampagne, bei der mehr oder weniger nackte junge Frauen, Typ „Mädchen von nebenan", zusammen mit pseudo-emanzipatorischen Sprüchen abgebildet waren, die Appetit auf die in der Bild-Zeitung dann nachzulesenden ausführlichen Berichte von ihrem Intimleben machen sollten: „Mein Rekord liegt bei 8 Stunden", „Mittags kriege ich Hunger. Auf Sex" und, besonders suggestiv: „Ich mag's gerne sanft – hinterher." An jedem Kiosk prangen Dutzende von Magazinen mit barbusigen Frauen auf dem Titel und Überschriften wie „Die intimen Bekenntnisse sexhungriger Schülerinnen" oder „Wahnsinnsorgasmen mit dem Vibrator". In den Fernsehzeitschriften finden sich jede Menge Anzeigen für Telefonsex, in denen „naturgeile Kims", „nymphomane Lolitas", „tabulose Nataschas" oder „gestrenge Chantals" versprechen, dem Anrufer fernmündlich innerhalb kürzester Zeit höchste Lust zu verschaffen. In den Talkshows, die an den Nachmittagen auf vielen Kanälen laufen, werden mit Vorliebe Leute mit besonders bizarren sexuellen Präferenzen eingeladen, um sich dort vor großem Publikum über ihre speziellen Neigungen auszubreiten. In den beliebten Vorabendserien und Soaps kommen, damit das Geschehen immer wieder interessant wird, alle Formen beziehungsmäßiger Verwicklungen und erotischer Verstrickungen vor und natürlich Sexszenen in Hülle und Fülle. Die beliebtesten Teen-Komödien der letzten Jahre (FSK ab 12) drehten sich um den Plot, dass pubertäre Jungs Wetten darauf abschließen, dass sie es schaffen würden, bis zu einem gewissen Stichtag ihre Jungfräulichkeit zu verlieren und dieses Vorhaben dann entsprechend trick- und pointenreich in Szene setzen (American Pie, Harte Jungs) bzw. darum, dass Mädchen es drauf anlegen, dem Mysterium des Orgasmus mit allen Mitteln auf die Spur zu kommen (Mädchen, Mädchen). Im Abendprogramm der Privatsender räkeln sich in den Werbepausen hüllenlose Damen auf ihren Betten und preisen ihre Dienste und ihre Telefonnummern an. Im Internet muss man bei einer beliebigen Suchmaschine nur Stichworte wie „Erotik" oder „Sex" eingeben, schon hat man Links zu Hunderten von Pornoseiten, auf denen man dann, sortiert nach Rubriken wie: Teens, Lesben, Amateure, Asiatinnen, Black, Bizarr, Fetisch, Oral, Anal, Schwangere, Gay, Orgien, etc., an Tausende von entsprechenden Photos und Videos gelangen kann.

Durch die mediale Dauerpräsenz ist die Sexualität nicht mehr das große Geheimnis und Mysterium, das sie lange Zeit für die Heranwachsenden war. In gewissem Sinn, d. h. als Darstellung in den Medien, ist Sexualität heute eher veralltäglicht und banalisiert. Postman ist bekanntlich so weit gegangen, dass er die Differenz zwischen Kindern und Erwachsenen wesentlich an der Existenz eines Wissensgefälles, an der Aufrechterhaltung eines Bezirks der „Erwachsenengeheimnisse" festmachte und augrund der Erosionstendenzen dieser Differenz durch die Bildmedien ein „Verschwinden der Kindheit" voraussagte (Postman 1983).

2.3 Spannende Lektüre: die Aufklärungsseiten von Jugendzeitschriften

Man kann sich insgesamt den kulturellen Wandel, der hinsichtlich der öffentlichen Enttabuisierung und der medialen Präsentation von Informationen und Bildern zum Thema Sexualität in den letzten hundert Jahren stattgefunden hat, kaum tiefgreifend genug vorstellen. Dennoch bedeutet die Alltäglichkeit entsprechender Bilder in den Medien keineswegs, dass für Jugendliche heute alle Aspekte um das Thema „Sexualität" klar wären und dass es keine Irritationen und Fragen mehr gäbe. Das „Hauptmaterial" auf das Jugendliche sich bei ihren Bemühungen stützen, diese Lücken zu schließen, sind die entsprechenden Jugendmagazine, allen voran BRAVO. Für viele Jugendliche in den letzten Jahrzehnten spielte diese Zeitschrift eine wichtige Rolle als Informationsquelle bezüglich der „Fallstricke der Liebe" und der „Geheimnisse der Sexualität". Entsprechend wird auch in den autobiographischen Statements oft auf die entsprechende Lektüre verwiesen:

Ein lustvolles, selbstbestimmtes und verantwortliches Verhältnis zur Sexualität entwickeln

Aufgeklärt wurde ich vor allem über die berühmten Doktor Sommer-Seiten in der BRAVO, die ich natürlich trotzdem begeistert gelesen und unter meinem Bett versteckt habe. – Meine Mutter hätte solche Zeitungen bestimmt nicht gut gefunden (dass sie sie trotzdem gefunden hat, davon gehe ich aus...) (S7m)

Ich las ungefähr zwischen 13 und 17 Jahren eifrig BRAVO. Man wollte sich schließlich über alles, was in dieser Phase als wichtig erschien, informieren. Durch diese Zeitschrift wurde ich am Ende bis ins letzte Detail aufgeklärt, da in ihr ja alles, ohne irgendein Tabu zur Sprache kommt. (S37w)

Als positiv betrachte ich es allerdings, dass Mädchen auch durch Zeitschriften wie BRAVO erkennen können, dass sie „aktiv" sein und die Initiative ergreifen dürfen, und dass sie den Mut haben, dazu zu stehen, was sie (hinsichtlich der Sexualität) wollen oder (noch) nicht wollen. Bei mir persönlich hat sich dieses Bild, als Mädchen eigenständig sein zu dürfen, durch die Medien teilweise verstärkt. (S44w)

Mein ganzes Wissen über Sexualität erlangte ich also in der Schule und natürlich aus der BRAVO. Meine Freundinnen und ich veranstalteten regelrechte Dr. Sommer Partys, auf denen wir die gut gemeinten Ratschläge aus der Rubrik „Liebe, Sex und Zärtlichkeit" diskutierten und analysierten. Wenn ich heute die BRAVO aufschlage, stelle ich fest, dass sich die Probleme, die Jugendliche mit der Pubertät und mit der Sexualität haben, nicht verändert haben und sich wohl auch nie verändern werden. (S48w)

Darauf folgte die sog. BRAVO-Zeit. (Ich nenne sie mal so.) Man hing zu dritt, zu viert, zu fünft (alles Mädchen natürlich) über der BRAVO und blätterte sich zur Rubrik: „Liebe, Sex und Zärtlichkeit" und kommentierte Dr. Sommer. Nach mehrmaliger Lektüre konnte man die Fragen in den nächsten Ausgaben schon selbst beantworten. Die Probleme der Jungs und Mädels wurden eher belächelt und man fragte sich: Wie können die nur so etwas Blödes fragen? Das weiß man doch ... Das hatten wir doch im Sexualunterricht in Bio ... Aber ich kann mich noch erinnern, dass meine damalige beste Freundin und ich auf dem Heimweg oft ähnliche Fragen besprachen (z. B. was bedeutet „französisch" in diesem Zusammenhang), weil wir es nicht wussten und uns nicht trauten, es vor den restlichen Freundinnen zu fragen, um nicht aufzufallen. Bis dahin wurde Sexualität von mir nicht wirklich ernst genommen. Jungs waren immer noch meistens blöd. (S51w)

Zu Hause, gegenüber den Eltern wird die BRAVO eher schamvoll versteckt. Es ist den Jugendlichen dort meist peinlich, bei der einschlägigen Lektüre ertappt zu werden. Meist werden diese Zeitschriften von den Eltern, wenn sie denn entdeckt werden, mit mehr oder minder gemischten Gefühlen toleriert. Bisweilen sind die Eltern auch tatsächlich entsetzt und äußern moralische Bedenken. BRAVO wird offensichtlich von vielen Eltern nicht als die seriöse, sachliche Informationsquelle angesehen, die sie den Kindern wünschen, um sich über das Thema Sexualität zu informieren. Natürlich muss man sehen, dass es auch eine deutliche Differenz zwischen dem Alter der dort mit ihren sexuellen Erfahrungen und Erlebnissen präsentierten Jugendlichen und den durchschnittlichen Lesern gibt. Die BRAVO-Lektüre ist gerade für die jüngeren, eher vorpubertären und pubertären Altersgruppen von besonderem Interesse. Neugier, Interesse für die Informationen, Bilder, Leserbriefe und Fotostories in der BRAVO wird dann von manchen erschreckten Eltern gleich als entsprechendes reales Handlungsinteresse des eigenen Nachwuchses missdeutet.

Im Freundeskreis, gerade unter Mädchen, wird die Lektüre der entsprechenden „Doktor-Sommer-Seiten" öfter als Gruppenereignis in einer Mischung aus Neugier und Belustigung inszeniert. Das Blättern in der Zeitschrift bietet Anknüpfungspunkte, um mit den Gleichaltrigen ins Gespräch über die entsprechenden Themen zu kommen, um sich kundig und erfahren zu geben und sich über dumme Fragen in Leserbriefen zu mokieren, oder aber um doch noch bestehende Wissenslücken aufzufüllen. Ausdrücklich wird von manchen im Nachhinein die aufklärerische Bedeutung solcher Jugendmagazine gerechtfertigt und eine Autorin verweist dabei speziell auf die emanzipatorische Botschaft, die ihr dort vermittelt worden sei, nämlich, dass Mädchen *„ ‚aktiv' sein und die Initiative ergreifen dürfen, und dass sie den Mut haben, dazu zu stehen, was sie (hinsichtlich der Sexualität) wollen oder (noch) nicht wollen".*

Auf den eher problematischen Aspekt dieser Lektüre, dass nämlich in BRAVO und in anderen Jugendmagazinen in der Regel irreführende Altersnormvorstellungen hinsichtlich der sexuellen Erfahrungen präsentiert werden, und dass zahlreiche Leser und Leserinnen dadurch hinsichtlich der Normalität ihres eigenen sexuellen Entwicklungsweges verunsichert werden, soll weiter unten noch eingegangen werden.

2.4 Peinliche Situationen: Aufklärungsgespräche mit den Eltern

Als Gegenstand medialer Darstellung, als Bilderflut und Talk-Show-Thema ist Sexualität heute in der Tat sehr alltäglich. Als konkrete persönliche Erfahrungstatsache und als reales zwischenmenschliches Gesprächsthema ist sie dagegen nach wie vor eine höchst heikle, knifflige, prekäre Angelegenheit. Es herrscht eine erstaunliche Diskrepanz zwischen der Selbstverständlichkeit, mit der in den Medien alles gezeigt und beredet wird, und der Verschämtheit und Befangenheit, mit der das Thema im realen Leben nach wie vor besetzt ist. Wie schwer sich vielfach auch heute noch Erwachsene und Jugendliche damit tun, über dieses Thema offen und unverkrampft zu sprechen, das wird aus vielen der autobiographischen Statements nur allzu deutlich:

Mit meinen Eltern habe ich über Sex und Aufklärung so gut wie nie gesprochen. Ich bin mir ziemlich sicher, dass es mir damals sehr peinlich gewesen wäre und meinen Eltern möglicherweise auch. Wenn im Fernsehen eine ‚Liebesszene' kam, haben sie entweder weggeschaltet oder wir mussten sozusagen die Augen zumachen. (S2w)

Meine Mutter übernahm zu Hause die Rolle der ‚Aufklärerin'. Sie konnte nicht nur ohne Schamgefühl über ihr eigenes Sexualleben berichten, sondern versuchte auch meine Wissenslücken auf diesem Gebiet mit Informationen und Erfahrungsberichten zu füllen. ... Ich kann mich noch gut an diesen Abend erinnern, an dem mich meine Mutter definitiv aufklärte, damals war ich 12. Die zwei wichtigsten Sachen, die sie mir vermittelt hat, waren: ‚Du kannst zu jedem Zeitpunkt zu mir kommen, wenn Du Probleme hast' und: ‚Sex ist eines der schönsten Dinge der Welt'. (S22w)

Sexualität war/ist in meiner Familie ein absolutes Tabu-Thema, über das nie gesprochen wurde/wird. Meine Familie ist sehr konservativ, betrachtet alle Abweichungen von der Norm als unzulässig. Ein großer Fehler ist die fehlende Aufklärung der Kinder. Ich musste mich selbst, so weit es ging, aus den Jugendzeitschriften, im Gespräch mit Freundinnen aufklären. Zu Hause wurden einfach keine Fragen gestellt. Folge davon ist – ich habe heute noch Hemmungen über dieses Thema zu sprechen. Diese Entwicklungsaufgabe trägt einen großen Teil zu der Identitätsbildung eines Menschen bei. Bei mir haben Unwissenheit, Scham und Verwirrung zu einigen Hemmungen und Komplexen geführt. Was allerdings positiv in der Familie war, meine Eltern haben eine hohe Meinung von Liebe, gegenseitigem Respekt, gegenseitiger Akzeptanz und Treue (haben das auch vorgelebt). (S38w)

Durch eine relativ verklemmte Erziehung in Sachen Sexualität empfand ich den Verlust der Jungfräulichkeit als etwas Besonderes und sah dem Ersten Mal mit etwas Bange entgegen. Meinen ersten festen Freund hatte ich mit 15, war sogar schon fast 16. Nach einigen Wochen in meiner Beziehung hatte ich so ziemlich das erste „Mutter-Tochter-Gespräch". Wir hatten es von der Pille und es kostete mich irre viel Überwindung, das Gespräch so offen zu führen. Doch der Zeitpunkt schien günstig und ich wollte diese Offenheit meiner Mutter gegenüber. Das Gespräch drehte sich um Freundinnen, um meinen Freund und um Verhütung. Anfangs dachte ich, meine Mutter wäre soweit, sich diese Dinge anzuhören. Das Gespräch endete mit Tränen. Meine Mutter war hell entsetzt und war den Tränen nahe, dass ihr kleines Mädchen schon mit dem Gedanken spielte, und ich verkroch mich weinend in meinem Zimmer, ratlos über so viel Unverständnis. (S55w)

Da ich in einem sehr offenen Elternhaus aufwuchs, wurde ich bereits sehr früh aufgeklärt. Meine Mutter erklärte mir bereits vor Beginn der Grundschule die wichtigsten Fundamente (Fortpflanzung, Menstruation, Verhütung, Missbrauch), während meine älteste Schwester mir darüber hinaus auch Tipps und Tricks zum Thema Verliebtheit, wichtige Eigenschaften bei Jungs, Ausgehen etc. verriet. Ich wusste also im Verhältnis zu den anderen Mädchen in meiner Altersstufe ziemlich früh ziemlich viel. (S60w)

Von denjenigen, die sich explizit zur Frage nach der Art und Weise des familiären Umgangs mit dem Thema Sexualität bzw. zu ihren Erinnerungen an mehr oder weniger geglückte oder aber auch missglückte Aufklärungsgespräche mit ihren Eltern geäußert haben, sind es etwa zwei Drittel, bei denen eher eine Tabuisierung und ein verkrampfter Umgang mit der Thematik in der eigenen Familie vorherrschte. Etwa ein Drittel berichtet von eher lockeren Umgangsweisen und offenen Gesprächen. Mehrfach ist vom „*absoluten Tabu-Thema Sexualität*" die Rede. Bisweilen beschränkten sich die Aufklärungsgespräche rein auf die Erläuterung der biologischen Sachverhalte, auf moralische Belehrungen darüber, wie sich ein „*anständiges Mädchen*" in dieser Hinsicht zu verhalten hat, oder auf Warnungen vor verfrühten sexuellen Erfahrungen und deren mögliche Konsequenzen. „*Mutter-Tochter-Gespräche*", die von den Töchtern gesucht wurden, weil sie sich die Pille verschreiben lassen wollten, führten mehrfach zu heftigen Irritationen bei den Müttern, die ihre Töchter noch weit weg von solchen Interessen wähnten, bisweilen ist auch von Fassungslosigkeit, Entsetzen, von gescheiterten Gesprächen und von Tränen die Rede. Zum Teil wird auch berichtet, dass überhaupt kein Bedürfnis bestand, mit den Eltern über jenes heikle Thema zu sprechen, dass die Jugendlichen, angesichts der Art und Weise, wie zu Hause mit dem Thema Sex umgegangen wurde, es schlicht zu peinlich fanden, mit ihren Eltern darüber Gespräche zu führen. Eine Verfasserin stellt grundsätzlich in Frage, ob Eltern hier überhaupt die richtigen Ansprechpartner sein können: „*Auch bei vielen Eltern dürfte dieses Thema eher ein Tabuthema sein. Am Bedürfnis der Jugendlichen über ihre Fragen oder Erfahrungen mit den Eltern zu sprechen, muss vermutlich ebenso gezweifelt werden*". Manche betonen auch die dauerhaften Folgen, die der unsichere, verklemmte, verkrampfte familiäre Umgang mit dem Thema Sexualität bei ihnen hinterlassen habe:

„Bei mir haben Unwissenheit, Scham und Verwirrung zu einigen Hemmungen und Komplexen geführt", heißt es in einem Statement und eine andere Verfasserin meint: *„Noch heute werde ich rot, wenn jemand einen zweideutigen Witz im Beisein meiner Eltern erzählt".*

Einige wenige heben freilich auch ausdrücklich den offenen, lockeren, unverkrampften Umgang hervor, der in ihrer Familie hinsichtlich des Themas Sexualität geherrscht habe. Hier wurde dann von den Eltern als Kernbotschaft vermittelt, Sexualität sei *„etwas ganz Normales... das einfach dazugehört", „etwas Schönes für Mann und Frau, was aber eingebettet sein sollte in eine Ehe",* etwas, das großen Spaß mache, *„wenn beide es wollen und sich ganz toll lieb haben",* ja dass Sex etwas sei, was zu den *„schönsten Dingen der Welt"* gehöre.

Die autobiographischen Statements führen zu einem etwas anderen Bild als dem, das sich bei einschlägigen Fragebogenerhebungen ergibt. In der jüngsten Wiederholungsbefragung der Bundeszentrale für gesundheitliche Aufklärung, bei der 2565 Jugendliche zwischen 14 und 17 Jahren befragt wurden (BZgA 2002), wurde unter anderem danach gefragt, ob Jugendliche eine Vertrauensperson haben, mit der sie über sexuelle Probleme reden können. 91% der Mädchen und 77% der Jungen gaben an, dass sie eine solche Person in ihrem Umfeld hätten. Dabei rangiert die Mutter für beide Geschlechter an der Spitzenposition. 67% der Mädchen und 47% der Jungen nannten sie. Dahinter rangieren mit 49% bei den Mädchen und mit 45% bei den Jungen gleichgeschlechtliche Altersgenossen. Die Väter spielten mit 40% bei den Jungen ebenfalls noch eine recht beachtliche Rolle. In ähnlicher Häufigkeit wurden von Mädchen und Jungen auch gegengeschlechtliche Freunde bzw. Partner genannt. Auch die spezielle Frage, ob eine besondere Beratung im Hinblick auf angemessene Verhütung durch die Eltern erfolgt sei, wurde gestellt. Hier gaben etwa drei Viertel der Mädchen und etwas mehr als die Hälfte der Jungen an, dass solche Beratungsgespräche stattgefunden hätten, und die Mehrzahl äußerte sich offenbar zufrieden mit der elterlichen Verhütungsberatung.

Milhoffer hat in ihrer Untersuchung bei den 8–14-Jährigen in ähnlicher Weise Fragen danach gestellt, mit wem die Kinder und Jugendlichen sprechen könnten, wenn sie Fragen zur Sexualität hätten, und auch dort ergab sich ein ähnliches Bild. Zugleich zeichnet sich hier ein deutlicher Alterstrend in dem Sinne ab, dass mit zunehmendem Alter die Freunde und Freundinnen einen immer größeren Stellenwert als Gesprächspartner in sexuellen Fragen bekommen, insbesondere bei den Mädchen ist dieser Trend sehr stark ausgeprägt.

Die konkreten Erfahrungen von Tabuisierung, Verdrucksheit, Peinlichkeit, die in vielen autobiographischen Statements zur Sprache kamen, finden in den Fragebogenerhebungen kaum eine Widerspieglung. Jugendliche mit solchen Erfahrungen konnten dies dort freilich auch lediglich dadurch zum Ausdruck bringen, dass sie eben bei Mutter oder Vater *kein* Kreuzchen beim entsprechenden Item, das nach den Vertrauenspersonen in sexuellen Angelegenheiten fragt, machten.

Üblicherweise wird unter sexualpädagogischen Aspekten von den Eltern nachdrücklich gefordert, offen, locker, unbefangen mit dem Nachwuchs über alle Fragen menschlicher Sexualität zu sprechen. So etwa meint Norbert Kluge in einem Interview auf die Frage, was Eltern tun können, um ihrer Verantwortung gerecht zu werden: „Wir müssen frühzeitig beginnen, die Kinder auf Pubertät und Sexualität vorzubereiten. Und zwar schon in Kindergarten und Grundschule. Natürlich sollen wir im Kindergarten nun nicht Verhütungsmethoden erklären. Aber wir müssen den Kindern vermitteln, dass es ganz normal ist, über sexuelle Dinge zu sprechen. In einer selbstverständlichen Atmosphäre. Präzise, sachgerecht, so dass wir davon später nichts mehr zurücknehmen müssen" (Kluge 2001, S. 132).

Das ist schön und gut. Dennoch wird diese Forderung jenen Eltern (von denen es, wie die Statements zeigen, auch heute noch durchaus zahlreiche gibt), die große Probleme damit haben, offen und unbefangen über sexuelle Probleme zu reden, wenig nützen. Die entsprechenden Hemmungen und Unsicherheiten lassen sich nicht einfach per wohlmeinender sexualpädagogischer Forderung in Luft auflösen.

Barbara Sichtermann, der man nun eine sexualfeindliche, prüde Position wahrlich nicht vorwerfen kann, hat in ihrem Buch „Frühlingserwachen" das entsprechende Kapitel über die Eltern-Kind-Kommunikation in Sachen Sexualität mit dem Titel „Sex ist kein Thema zwischen Eltern und Kids" überschrieben. Dies mag angesichts der gewohnten sexualpädagogischen Forderungen zunächst überraschen, ja vor den Kopf stoßen. Sichtermann begründet ihren Standpunkt jedoch folgendermaßen: „Die schambesetzte Zone des Sexus, die sich jetzt vor den Kindern auftut, und in die sie angstvoll und entzückt ihre Fußspitzen setzen, steht ganz unter dem Zeichen des Geheimnisvollen – das ist auch das erste, was die Kinder spüren. Sie *wollen* über ihre Ängste und Vorfreuden nicht reden, jedenfalls nicht mit ihren Eltern, von denen sie – das wissen sie sehr genau – sich immer weiter entfernen werden, je tiefer sie in jene schambesetzte Zone eindringen. Es gehört zu den unglücklichsten Missverständnissen im Verhältnis der Generationen, Eltern unter den Verdacht mangelnder Aufklärung und Anleitung zu stellen, sobald die heranwachsenden Kinder mit ihrer Sexualität in Konflikte geraten. In Wahrheit sind die Eltern auf diesem Felde weitgehend einflusslos" (Sichtermann 2002, S. 239).

Sichtermann geht es jedoch eher darum, den Kindern und Jugendlichen peinliche sexualpädagogische Belehrungen, moralische Vorträge, neugierige „Verhöre" und ängstliche Kontrollen zu ersparen, und nicht darum, ihnen entsprechende Auskünfte zu verweigern. Ihr zentrales Prinzip lautet „das Mitteilungs- und Fragebedürfnis der *Kinder* entscheidet" (S. 240). Sie ist sich jedoch auch dabei der Tatsache wohl bewusst, dass das Thema „Sexualität" trotz aller wohlmeinenden sexualpädagogischen Appelle ein schwieriges und heikles Gesprächsobjekt zwischen Eltern und Kindern bleibt: „Unsere aufgeklärte Zeit mag nichts davon hören, dass ein Thema wie Sex, gern als ‚natürlichste Sache der Welt' apostrophiert, von Geheimnis und Peinlichkeit umwabert sei. Man kann doch über alles offen reden, gerade in der Familie, also nichts wie ran an den heiklen Stoff. Es wird aber immer so sein, dass das Reden über Sexualität schwierig ist – weil die Scham, mit der sie legiert ist, seit Adam und Eva den Apfel aßen, einem unbefangenen Umgang mit ihr entgegensteht" (ebd., S. 240).

2.5 Zwischen vertrauensvoller Toleranz und ängstlicher Kontrolle – die Haltungen der Eltern zur Sexualität ihrer Kinder

Nicht jedoch nur als potentielle Aufklärer und Berater, also als Vermittler bestimmter Informationen, spielen Eltern eine Rolle, sondern natürlich auch als Vertreter bestimmter Werthaltungen und moralischer Orientierungen im Hinblick darauf, wie Sexualität in Beziehungen einzubinden ist und ab welchem Alter, in welchen Formen und unter welchen Voraussetzungen man sich darauf einlassen darf. In etlichen autobiographischen Berichten tauchen in diesem Sinne die von den Eltern vermittelten Grundlinien im Hinblick auf das „angemessene Verhalten" und die „rechte Sexualmoral" auf. Dabei sind es freilich nicht nur die Mahnungen und Appelle, die hier relevant sind, sondern auch die ganz konkreten Grenzen der elterlichen Toleranz (etwa im Hinblick auf das Übernachten des Freundes) und die ganz konkreten Formen der Ausübung elterlicher Kontrolle (etwa im Hinblick auf das Ausgehen).

Für mich war die Kopplung Intimität – langjährige Beziehung ein unbedingtes Muss, denn insgeheim steckte der Grundgedanke, dass ich als Mädchen einen ‚Ruf zu verlieren' hätte, tief in mir. Erst als ich mich aus dem Lebensumfeld meiner Eltern auch räumlich entfernt hatte, konnte ich diesen inneren Zwang ablegen. (S3w)

Oft stellte ich mir die quälende Frage: „Darfst du denn überhaupt Lust und sexuelles Verlangen empfinden? Was denken die Eltern von dir?" Rückblickend kann ich konstatieren, dass es ein mühsamer und schmerzlicher Prozess war, bis ich mich der familiären Kontrolle entziehen konnte und Sexualität als etwas Normales, was zum Leben dazu gehört, betrachtete. Vor allem in der Anfangsphase habe ich mich nach dem Geschlechtsakt unwohl und unrein gefühlt. Denn am nächsten Tag konnte ich vor allem meinem Vater nicht in die Augen sehen. Es hat mich sehr viel Zeit und Geduld gekostet, bis ich mich endlich meinem Partner öffnen konnte, ohne mich dabei schmutzig und wertlos zu fühlen. (S26w)

Was die Einschränkung bezüglich sexueller Zurückhaltung von meinen Eltern betrifft, muss ich sagen, dass meine Eltern eher Angst hatten, ich könnte zu früh schwanger werden (meine Eltern waren 18 und 19, als das erste Kind zur Welt kam). Deshalb waren sie sehr dahinter, dass ich nicht zu lange mit meinem Freund alleine war und meine Mutter hatte keine Einwände dagegen, dass ich die Pille nehmen wollte. (S28w)

Rückblickend auf diese Zeit sehe ich mich Sichtweisen zur Sexualität aus dem 19. Jh. seitens meiner Eltern ausgesetzt. „Rein bleiben und abwarten, bis sich der Märchenprinz mindestens mit mir verlobt hat" würde ich in Anlehnung an den Text die Sexualmoral meiner Mutter zusammenfassen. Ich kann mich an keine Gespräche oder Gesprächsinhalte erinnern, in denen mir dies vermittelt wurde, ich weiß nur noch, dass es so war. Die Mutter meiner engen und einzigen Freundin aus der Klasse, streng altkatholisch und obermoralisch, hat dazu direkt und indirekt durch ihre Tochter diese Anschauung unterstützt und mir erfolgreich eingeimpft. So erinnere ich mich, dass eine Jungenfreundschaft bis zum Alter von ca. 17 Jahren schlicht und einfach tabu war, dass man bzw. frau sich nur vom festen Freund mit ehrlichen Absichten küssen lässt und Sex nur nach längerem Zusammensein und bei Heiratsabsichten erlaubt ist. Mein Wunsch nach einem Freund war allerdings seit etwa der siebten Klasse sehr groß, womit für mich aber nicht der Wunsch nach sexueller Aktivität verbunden war, sondern der nach Geborgenheit und Anerkennung. Wie eine solche Freundschaft über Jahre hinaus ohne Sexualität aussehen und funktionieren sollte, darüber hatte ich keinerlei Vorstellungen. (S52w)

Meine Eltern waren sehr, sehr streng, was das Besuchen bei Nacht und vor allem das Übernachten des ersten Freundes anbetraf. Sie ließen mich nie bei ihm schlafen und erlaubten mir auch nicht, ihn über Nacht mit zu mir zu nehmen, obwohl ich schon 18 war. Als ich 17 war, durfte ich nicht einmal längere Zeit bei meinem Freund im Zimmer sein, da seine Mutter ja sonst schlecht von mir denken könnte! Wenn ich zurückdenke, finde ich gut, dass meine Eltern so streng waren, da es mir nichts „gebracht" hätte, früher mit einem Jungen zu schlafen, ich es sogar gut finde, dass es nicht früher geschehen ist. Und das lag mit Sicherheit auch an den Umständen, die durch meine Eltern herbeigeführt wurden. Anfangs hatte ich noch die Einstellung, bis zur Heirat zu warten, was dann aber doch nicht gelang, ist im Nachhinein aber auch nicht weiter schlimm. ... Meine Beziehung zu meinen Eltern ist und war immer sehr eng und herzlich. (S69w)

Dass, was die Verfasserinnen an elterlichen Reglementierungen im Hinblick auf den Umgang mit dem anderen Geschlecht und an elterlichen Einflüssen im Hinblick auf ihre Sexualmoral erinnern, geht ganz überwiegend in Richtung von nachdrücklichen Ermahnungen zur Vorsicht, Zurückhaltung und Verzicht und keineswegs in Richtung von Aufforderung, Ermunterung oder Ermutigung. Dies ist zunächst nicht weiter verwunderlich. Nur einmal wird – bezeichnenderweise von einem männlichen Autor – explizit erwähnt, *„Rahmenbedingungen, die Regulierung meiner Sexualität betreffend, waren bei mir nie vorhanden, meine Eltern gaben mir niemals solche vor"*. Zum einen sind es natürlich die Ängste vor einer frühen, ungewollten Schwangerschaft, die die Eltern vielfach beunruhigen, daneben aber häufiger grundsätzliche moralische Bedenken gegen frühe sexuelle Kontakte. Vorstellungen, wie die, dass die Töchter *„einen Ruf zu verlieren"* hätten, dass *ein „unverbindliches Ausprobieren in diesem Alter nicht in Frage kommt"*, dass *„je später man die ersten sexuellen Erfahrungen macht, es umso besser ist"*, dass *„Jungenfreundschaft bis zum Alter von ca. 17 Jahren schlicht und einfach tabu"* sind, dass überhaupt *„Sex nur nach längerem Zusammensein und bei Heiratsabsichten erlaubt ist"*, verdeutlichen dies.

Die nachträglichen Einschätzungen und Bewertungen dieser zum Teil recht weitgehenden elterlichen Regulierungen fallen erstaunlich gegensätzlich aus. Einerseits werden sie beklagt als lästige Kontrollen und Einmischungen in die persönlichen Belange, als rückständige, aus dem 19. Jahrhundert stammende, lustfeindliche Haltungen, die einem während der Jugend als *„innere Zwänge"* eingeimpft wurden, von welchen man sich dann später erst mühsam frei strampeln musste. Die Enthaltsamkeitsforderungen der Eltern werden als *wirklichkeitsfremd und wenig hilfreich* beurteilt und die damit in Zusammenhang stehende Ablehnung der Pille als unverständlich und riskant. In einzelnen Fällen haben diese elterlichen Haltungen den sexuellen Genuss der Liebesbeziehungen über längere Zeit hinweg durch Schuldkomplexe und Entwertungsgefühle vergällt: *„Darfst du denn überhaupt Lust und sexuelles Verlangen empfinden? Was denken die Eltern von dir?"*. Zudem werden sie im Rückblick kritisch mit einem prüden, passiven, rückständigen Bild der Frauenrolle in Verbindung gebracht, von dem man sich inzwischen distanziert hat.

Andererseits werden die Beschränkungen von manchen aber durchaus auch im Nachhinein legitimiert und gutgeheißen: Es wird die Dankbarkeit gegenüber der Mutter betont, die einem *„eingebläut"* hatte, auf den *„Richtigen"* zu warten. *„Aus heutiger Sicht finde ich das gut so und voll in Ordnung"* heißt es in Bezug auf die christlich-konservative Haltung der Eltern, die zu einem relativ späten Beginn der Aufnahme sexueller Beziehungen geführt hatte, und ähnlich in einem anderen Text: *„Wenn ich zurückdenke finde ich gut, dass meine Eltern so streng waren, da es mir nichts ‚gebracht' hätte, früher mit einem Jungen zu schlafen"*.

Natürlich muss man sehen, dass die Verbote, Kontrollen und Einschränkungen, die Tabuisierungen und Moralisierungen sexueller Beziehungen im Jugendalter früher noch wesentlich ausgeprägter waren, dass sich hier erst durch die Entwicklung sicherer kontrazeptiver Mittel und die dadurch wiederum ermöglichte „sexuelle Revolution" überhaupt so etwas wie ein Explorationsraum, ein „psycho*sexuelles* Moratorium" für Jugendliche aufgetan hat. Die meisten Eltern erkennen heute durchaus an, dass die Jugendlichen ein Recht darauf haben, in ihren romantischen Freundschaftsbeziehungen auch den Bereich der Sexualität zu erkunden und entsprechende Erfahrungen zu machen. Die Toleranzspielräume sind deutlich größer geworden. In der Studie zur Jugendsexualität, die von Gunter Schmid 1990 als Replikationsstudie zu einer zwanzig Jahre zuvor erhobenen Befragung durchgeführt wurde, gaben etwa vier Fünftel der koituserfahrenen 16- und 17-jährigen Jungen und Mädchen an, dass sie mit ihrem festen Freund, ihrer festen Freundin bei einem von beiden zu Hause ungestört sexuell zusammenkommen können, so oft sie es wollen. Bei der Antwort auf die Frage, ob die Eltern wohl von der Koituserfahrung ihres Sohnes oder ihrer Tochter wissen, gaben 1990 etwa doppelt so viele Jugendliche an wie 1970, dass dies mit Sicherheit der Fall sei. (Wobei freilich auch 1990 noch etwa 40% der Eltern nicht so recht im Bilde darüber waren, welche Etappen ihre Kinder auf dem Weg ihrer sexuellen Entdeckungsreise nun eigentlich schon zurückgelegt hatten (Lange 1999, S. 7)). „Sexuelle Betätigung im Jugendalter, allein oder zu zweit, wird heute von vielen Eltern akzeptiert oder sogar befürwortet. Geschlechtsverkehr findet ganz überwiegend nicht mehr heimlich an konspirativen Orten statt, sondern zu Hause inmitten der Familie". Sigusch spricht deshalb von einer „Familiarisierung der Jugendsexualität", die nun ihrerseits bisweilen neue Probleme im Sinne einer fürsorglichen Belagerung mit sich bringe (Sigusch 1998, S. 1248).

Dieser Trend zur Offenheit, zur Toleranz und zur Akzeptanz ist zwar sicherlich vorhanden, dies bedeutet jedoch keineswegs – das zeigen auch die oben zitierten autobiographischen Äußerungen –, dass damit alle Ängste, alle Sorgen, alle Einschränkungen und alle Konflikte um dieses Thema zwischen Eltern und Kindern aus der Welt sind. Die Empfindungen der Eltern angesichts der ersten sexuellen Erkundungen und Beziehungen ihrer Kinder sind auch heute wohl noch meist recht ambivalent. Einerseits wollen sie natürlich, dass ihre Kinder zu sexuell reifen und genussfähigen Menschen heranwachsen, und sehen ein, dass dafür entsprechende Erfahrungen notwendig sind. Sie wissen, dass dies ein Bereich ist, der mit intensiven Gefühlen, mit möglichen seelischen Verletzungen und Enttäuschungen sowie unter Umständen eben auch mit gravierenden biographischen Folgen verbunden ist und damit einer entsprechenden Verantwortlichkeit bedarf. Wohl deshalb fühlen sie sich häufig gedrängt, eher zu bremsen, zu warnen, zur Zurückhaltung zu mahnen. Wie die erwachende Sinnlichkeit mit der erforderlichen „Sittsamkeit" und Verantwortlichkeit zu vereinbaren ist, das ist eben das Problem.

2.6 „Erlaubt ist, was Spaß macht?" – die moralischen Prinzipien der Jugendlichen

Dieses Problem haben nicht nur die Eltern, sondern es spielt durchaus im Bewusstsein der Jugendlichen selbst eine wichtige Rolle. Der Bereich der Sexualität ist auch für die Jugendlichen einer, der sehr stark mit Fragen nach dem richtigen Handeln und damit mit moralischen Fragen verknüpft ist. Was will ich? Wozu bin ich innerlich wirklich bereit? Was sind Einflüsse von außen, von den Medien und von den Peers, und was sagt meine innere Stimme? Reicht die Intensität meiner Gefühle aus? Bin ich wirklich authentisch, mit dem was ich tue? Worauf will ich mich jetzt, in diesem Alter, in dieser Beziehung einlassen? Was sind für mich die Voraussetzungen? In welche Form von

Beziehung sollen die sexuellen Erfahrungen eingebunden sein? Ist es o.k., einfach aus Neugierde oder Lustverlangen sexuelle Bedürfnisse auch in eher unverbindlichen Beziehungen „auszuleben"? Muss man in einem bestimmten Alter bestimmte Erfahrungen einfach einmal gemacht haben? Diese Fragen spielten auch für die jungen Erwachsenen, die sich rückblickend mit ihrer Art und Weise des Umgangs mit der „Entwicklungsaufgabe Sexualität" auseinander setzten, eine große Rolle. In fast allen Statements fanden sich solche Aussagen zu den moralischen „Leitlinien" des eigenen Sexualverhaltens. Bisweilen wie oben, in expliziter Zustimmung und Abgrenzung zu den diesbezüglichen elterlichen Vorgaben, häufiger jedoch eher in Form eines Fazits zu den bisher gemachten persönlichen Erfahrungen in diesem Bereich.

Ich bin der Meinung, dass, wenn beide Partner das Gleiche wollen und die gleichen Vorstellungen haben und einer nicht in die Opferrolle fällt, ist das Alter, wann man Sex hat, relativ. Das Wichtigste ist, dass es von beiden gewollt ist. (S2w)

Generell ist mit dem Beginn der Sexualität auch ein ewiges Gefühlschaos voller unterschiedlichster Emotionen verbunden. Sexualität ist ein Punkt, der auch sehr verletzend wirken kann und das Verhältnis zwischen Jungen und Mädchen kompliziert macht. ... Ich denke, es ist sehr wichtig, dass man als Frau ein gewisses Maß an Selbstbewusstsein besitzt und fähig ist, ‚Nein' zu sagen und nur tut, was man auch wirklich will, aber das muss man erst lernen. (S17w)

Meiner Meinung nach kann jeder Mensch seine Sexualität so gestalten, wie er/sie es möchte. Solange die Sexualität beiden Partnern/Partnerinnen Spaß macht, halte ich nichts für verwerflich. Erst wenn einer der beiden Geschlechtspartner nicht bereit ist, Sexualität oder eine bestimmte Praktik zu geben, muss der Partner/in dies akzeptieren und auch respektieren. (S28w)

Sex war für mich damals nur denkbar in Verbindung mit einem Partner, den ich liebe, mit dem ich längere Zeit zusammen bin, und wenn beide den Wunsch nach Nähe/tiefer Verbundenheit haben. Sex bedeutete für mich auch Verantwortung, Vertrauen und gegenseitige Achtung/Rücksichtnahme. Im Nachhinein, denke ich, war dies für die Wahl des richtigen Zeitpunkts für das erste Mal oder überhaupt für die Bewältigung am meisten von Bedeutung. (S53w)

Mir war es von Anfang meiner Jugendzeit an wichtig, meine sexuellen Erfahrungen in eine Beziehung einzubinden, und ich hatte meine festen Prinzipien, von denen ich nicht abwich. Eins davon war die Tatsache, dass ich mein erstes sexuelles Erlebnis mit einem Mann machen wollte, den ich liebte und dem ich voll vertraute, was ich auch einhielt. Ich konnte die Klassenkameradinnen nicht verstehen, die unbedingt wissen wollten, wie es ist, mit einem Mann zu schlafen, und denen es dabei egal war, ob sie eine Beziehung hatten oder nicht. (S75w)

Meistgenannte Schlüsselbegriffe im Kontext dieser Reflexionen zu den Leitlinien des eigenen sexuellen Verhaltens sind sicherlich „Beziehung", „Liebe", „Vertrauen" und „Verantwortung". Von einer großen Mehrheit wird der Standpunkt vertreten, dass Sexualität nur in einer solchen Einbettung einen legitimen Platz hat. Dabei variieren freilich die Ansprüche bezüglich der Dauer und Verbindlichkeit der Beziehungen, in denen erste sexuelle Erfahrungen gesammelt werden sollen. Sie reichen von der Vorstellung, dass es nur in einer Beziehung in Frage kommt, die „für immer" hält – in einem

Text wird sogar die christliche Vorstellung der Keuschheit bis zur Ehe vertreten, wohl wissend, dass man sich damit heute in einer Minderheitenposition befindet – bis hin zum Bekenntnis eines jungen Mannes, dass er *„das romantische Bild, dass Sexualität ausschließlich in Verbindung mit Liebe praktiziert werden kann"*, inzwischen verloren hätte, dass er aber dennoch auch heute am Prinzip der Verantwortung und *„eine(r) gewisse(n) sozialen Bindung an den Sexualpartner (mit dem man keine Liebesbeziehung führt)"* festhalte. In der großen Mehrheit sind es wohl die „gemäßigteren" Vorstellungen, dass es eben eine längere, ernsthafte, vertrauens- und liebevolle Beziehung unter Jugendlichen sein müsse, in die die ersten sexuellen Erfahrungen eingebunden sein sollen. Diese muss zwar nicht für ewig halten und in die Ehe führen, aber sie muss doch einen gewissen Ernstcharakter und eine erkennbare Zukunftsperspektive haben. Einige Male wird dabei eher kopfschüttelnd auf Bekannte aus der Jugendzeit verwiesen, die *„von Bett zu Bett gehüpft"* seien, *„die unbedingt wissen wollten, wie es ist, mit einem Mann zu schlafen, und denen es dabei egal war, ob sie eine Beziehung hatten oder nicht"* oder die *„einfach mit irgend einem Jungen geschlafen haben, um endlich stolz der Clique berichten zu können, dass sie nicht mehr dem Club der Jungfrauen angehören"*. Diese werden gewissermaßen als „abschreckende Beispiele" präsentiert, von denen man sich mit seinen eigenen Vorstellungen und Ansprüchen energisch abgrenzt. Bisweilen wird dann im Nachsatz auch noch darauf verwiesen, dass diese Altersgenossinnen, die in diesem Sinne einen eher lockeren Umgang mit der Sexualität pflegten, dies bei späteren Begegnungen dann bitter bereut hätten. Oder es wird mit moralischem Zeigefinger auf den *„Grossteil der heutigen Jugendlichen"* gedeutet, der *„sich nicht wirklich der Verantwortung bewusst ist, die mit der Sexualität auf sie zukommt"* und dem es *„eher um das Ausprobieren und Testen"* geht, weil sie primär das Bedürfnis haben *„mitreden zu wollen"*.

Aus vielen Texten geht sehr deutlich hervor, dass Liebe, Nähe, Vertrauen für die Betroffenen ganz klar das Primäre ist und Sexualität dann das Sekundäre, das sich entwickeln kann, wenn dieser Rahmen stimmt: *Für mich ist von großer Bedeutung, dass Sexualität in Beziehungen eingebunden ist. Darin sollte die Sexualität der übrigen Vertrautheit nicht vorauseilen oder nachhinken und damit zur bloßen Basis oder formalen Konsequenz verkommen, sondern eingebettet sein in die sich ständig vollziehenden Entwicklungsschritte einer Partnerschaft. Hier ist ein organisches, sich wechselseitig bestätigendes und vertiefendes Verhältnis beider Dimensionen gefordert.* In einigen Texten wird eine explizite Abwägung und Gewichtung der Aspekte „Bindung" und „sexuelle Lust" im Kontext von Partnerschaft vorgenommen. Und dabei kommt tendenziell eher eine Abwertung der sexuellen Dimension zum Ausdruck. Eine Verfasserin meint etwa, Sexualität sei für sie primär *„Ausdruck von Vertrauen, Liebe und Zusammengehörigkeit"*, der *„reine sexuelle Akt"* spiele dagegen *„keine so große Rolle"*. Eine andere schreibt, ihr sei klar geworden, dass *„Partnerschaft alles bedeutet, der Geschlechtsverkehr absolut unwichtig ist im Vergleich. Eine Beziehung kann nur funktionieren, wenn die Basis stimmt, dann ist der Sex ein schmückendes Beiwerk"*. Entsprechend äußern sich manche eher kritisch gegen die *„Übersexualisierung in der Werbung, in den Medien und in den Jugend- und Frauenzeitschriften"*, die *„ein verzerrtes Bild von gelebter Sexualität"* präsentierten.

In einigen Statements kommt jedoch auch eine „progressivere Sexualmoral" zum Ausdruck, in deren Zentrum nicht mehr notwendig die Begriffe „feste Beziehung" und „Dauerhaftigkeit", sondern eher „Autonomie" und „sexuelle Selbstbestimmung" stehen und in der der *„Lust"* und dem *„Spaß"* am Erleben der Sexualität ein größerer Stellenwert eingeräumt wird. Hier ist gewissermaßen das Motto: *„Erlaubt ist, was Spaß* *macht und was beide wollen"* maßgeblich und dabei spielen dann weder das Lebensalter, noch die Dauer der Beziehung, noch die sexuellen Präferenzen eine zentrale Rolle. Hier wird ausdrücklich gefordert, jeder Mensch könne *„seine Sexualität so gestalten, wie er/sie es möchte. Solange die Sexualität beiden Partnern/Partnerinnen Spaß macht, halte ich nichts für verwerflich"*, und ähnlich wird in einem anderen Statement die Meinung vertreten *„dass, wenn beide Partner das Gleiche wollen und die gleichen Vorstellungen haben und einer nicht in die Opferrolle fällt, ist das Alter, wann man Sex hat, relativ. Das Wichtigste ist, dass es von beiden gewollt ist"*. Sexualität ist also eine Sache der Aushandlung zwischen zwei Personen. Es gibt keine verbindlichen äußeren Regeln und Gebote dafür: *„Es ist echt wichtig, zu begreifen, dass jede Person über ihre Sexualität alleine bestimmen kann und muss. Dass es keinen richtigen universellen, nur den individuellen Weg gibt"*. Verschiedentlich wird im Kontext dieser Autonomie- und Aushandlungsmoral der Sexualität freilich darauf hingewiesen, dass diese Fähigkeit zur Selbstbestimmung nicht einfach per se gegeben ist, sondern erst erworben werden muss, dass es gerade für Mädchen darum geht, diese Autonomie auch im Neinsagen zu Forderungen, denen man sich innerlich (noch) nicht gewachsen fühlt, durchzuhalten. Fast noch mehr als darin, *„zu tun, was man will"*, besteht Autonomie deshalb darin, *„nicht zu tun, was man nicht will"*. In diesem Sinne wird die Meinung vertreten es sei *„sehr wichtig, dass man als Frau ein gewisses Maß an Selbstbewusstsein besitzt und fähig ist, ‚Nein' zu sagen und nur tut, was man auch wirklich will, aber das muss man erst lernen"*. Dies Lernnotwendigkeit wird von einer anderen Verfasserin in einen pädagogischen Auftrag umformuliert: Jugendliche sollten *„von ihren Eltern, aber auch von der Gesellschaft so stark gemacht werden, dass sie in der Lage sind, zu bestimmen, wann sie bereit sind für ihre ersten sexuellen Erfahrungen, egal ob dies mit 14 Jahren der Fall ist, oder erst, wenn sie 18 Jahre und älter sind"*.

2.7 „One-Night-Stand?" – eine moderne „Gretchenfrage"

Wenn es einerseits die Forderung nach der Einbindung von Sexualität in feste und möglichst dauerhafte Partnerbeziehungen gibt und andererseits das Bekenntnis zur Autonomie und den Anspruch auf individuelle Lustsuche, dann wird die Frage, „wie hältst du es mit dem One-Night-Stand", gewissermaßen zur „Gretchenfrage", die sich heutigen jungen Erwachsenen stellt, wenn sie sich hinsichtlich ihres Standpunktes in Sachen Sexualmoral positionieren wollen. In etlichen Statements wird denn auch auf diesen „Knackpunkt" eingegangen:

Auch beim Thema „One-Night-Stand" habe ich erfahren müssen, dass es weitaus komplizierter ist, als es sich zunächst anhört. Bei meinen ersten Erfahrungen habe ich es nicht geschafft, mich gefühlsmäßig davon frei zu machen, auch wenn ich mir vorher absolut sicher war, dass mir dieser Typ nichts bedeutet, war es trotzdem ein komisches Gefühl. Ich habe mich als Objekt benutzt gefühlt, obwohl ich auch meinen Teil dazu beigetragen habe. (S17w)

Ich bin der Meinung, dass, wenn man eine ‚gesunde' Haltung zur Sexualität entwickeln will, man diese innerhalb einer intakten Beziehung zuerst erlernen und entwickeln muss. Hat man dann aber für sich herausgefunden, wie man zur eigenen Sexualität steht und was man zulässt und wo man Grenzen setzt, und kann dies selbstbewusst dem Sexualpartner entgegenbringen, sind z. B. One-Night-Stands akzeptabel, um seine Sexualität (ohne weitere Verpflichtung) auszuleben. (S50w)

Für mich persönlich war klar, dass ich Sex nur in Verbindung mit Liebe und nur in einer Partnerschaft haben wollte. Ich wollte auf keinen Fall einfach auf Neugierde, wie es Bekannte von mir gemacht hatten, das „Erste Mal hinter mich bringen". One-Night-Stands kamen für mich nie in Frage und werden auch niemals für mich in Frage kommen, da Sex etwas Besonderes ist und ich mich nur einer bestimmten Person hingeben möchte, einer Person, die ich liebe und der ich vertraue. Sex ist für mich nicht nur Triebbefriedigung, sondern auch Möglichkeit, den Partner, den man liebt, ganz nah zu spüren und mit ihm etwas zu teilen, was man mit keinem anderen tut. (S67w)

Einzelne „One-Night-Stands" parallel zu meinen ersten Beziehungen dienten dem Trieb- und Neugierdeabbau (Treue war in der Zeit des sexuellen Experimentierens eher hinderlich), waren jedoch nie so erfüllend wie die Verbindung von Liebe und Sexualität. (S70m)

Auch hier sind die Positionen durchaus abgestuft. Die meisten lehnen solche unverbindlichen erotischen Abenteuer klar ab. „*One-Night-Stands kamen für mich nie in Frage und werden auch niemals für mich in Frage kommen*". Diese Haltung dürfte auch für die meisten gelten, die in ihren Statements die Einbindung von Sexualität in feste Beziehungen betonten, ohne ausdrücklich das Stichwort „One-Night-Stand" anzusprechen; auch für diejenigen, die eher mit moralischen Bedenken und mit Bedauern auf entsprechende Verhaltensweisen bei Altersgenossinnen aus ihren Jugendcliquen zurückblicken. Daneben gibt es jedoch auch noch andere Sichtweisen. Etwa die, dass man zunächst in „*intakten Beziehungen*" „*eine ‚gesunde' Haltung zur Sexualität entwickeln*" und das notwendige Selbstbewusstsein in Sachen sexuelle Wünsche und Bedürfnisse erwerben müsse, dass es dann aber durchaus akzeptabel sei, seine Sexualität z. B. auch in One-Night-Stands ohne weitere Verpflichtung auszuleben. Bis hin zu der lockeren Bemerkung, dass *Treue* in der Zeit des sexuellen Experimentierens „*eher hinderlich*" gewesen wäre und einzelne „One-Night-Stands", die parallel zu den ersten Beziehungen zum Zwecke des „*Trieb- und Neugierdeabbaus*" angestrebt wurden, zwar „*nie so erfüllend*" gewesen seien wie die sexuellen Kontakte, bei denen auch Liebe im Spiel war – aber offensichtlich doch irgendwie lustvoll und interessant. Bezeichnenderweise stammt diese Bemerkung aus der Feder eines jungen Mannes. Von Seiten der jungen Frauen, die auf ihre sexuelle Entwicklung zurückblicken, ist kein einziger Text dabei, der die Sache so locker und spielerisch nimmt und Treue flapsig als eher hinderliche Größe einschätzt. Im Gegenteil gibt es hier etliche Kommentare, in denen nachträgliches Bedauern darüber ausgedrückt wird, dass man die ersten ernsthaften sexuellen Erfahrungen in Beziehungen und Situationen gemacht hat, die der biographischen Bedeutung der Sache eigentlich nicht wirklich gerecht wurden. Hier sind es viel häufiger Erfahrungen von Enttäuschung, Verletzung und Beschämung, die zum Teil durchaus länger nachwirkten. Selbst eine Verfasserin, die sich offensichtlich bewusst und aus freien Stücken auf solche unverbindlichen erotischen Abenteuer eingelassen hat, musste die Erfahrung machen, dass es für sie weitaus schwieriger war, als sie sich vorgestellt hatte, damit gefühlsmäßig umzugehen. Es blieb bei ihr trotz alledem „*ein komisches Gefühl*" und sie hat sich, obwohl sie selbst durchaus ihren Teil zum Zustandekommen dieser Situation beigetragen hatte, im Nachhinein „*als Objekt benutzt gefühlt*". Es ist kaum anzunehmen, dass der zuvor zitierte männliche Autor im Nachklang seiner „One-Night-Stands", die er zudem noch parallel zu festeren Beziehungen pflegte, von vergleichbaren emotionalen Irritationen und Skrupeln geplagt wurde.

2.8 Geschlechterdifferenzen hinsichtlich der sexuellen Wünsche und des sexuellen Erlebens

Hier gibt es im Erleben offensichtlich doch nach wie vor deutliche Unterschiede zwischen den Geschlechtern. Während eine liebevolle Beziehung für die meisten Mädchen eher die „conditio sine qua non" für die Bereitschaft darstellt, sich auf sexuelle Kontakte einzulassen, stellt sie für die Jungen eher so etwas wie die „conditio perfectionabilis", die Idealvorstellung dar, die die lustvolle Sache perfekt macht. Wenn die Situation nicht ganz dem Ideal entspricht, dann gibt es für sie immer noch starke Antriebe, sexuelle Annäherung dennoch zuzulassen oder anzustreben. In manchen Texten wird auf der Grundlage persönlicher Erfahrungen auch direkt in verallgemeinernder Form auf die Geschlechterdifferenzen hinsichtlich der Sexualmoral und hinsichtlich der gefühlsmäßigen Verwicklungen im Zusammenhang mit der Sexualität Bezug genommen:

Das Amüsanteste und auch Bitterste an meiner ‚Sturm-und-Drang-Phase' fand ich immer die Tatsache, dass man es Männern immer ansieht, wenn sie nur an Sex interessiert sind. Man – respektive frau freut sich auf einen netten Abend und der männliche Gesprächspartner ist wegen seines erhöhten Testosteronspiegels nicht in der Lage, zuzuhören. Vielmehr ist er nur in der Lage, mit schmachtendem Hundeblick dazusitzen und auf ein Stichwort zu warten. (S9w)

Das viel besagte ‚erste Mal' war für uns Teenager der Schlüssel zum Erwachsenwerden. In dieser Zeit stellte ich fest, dass Jungen und Mädchen verschiedene Vorstellungen von Liebe und Sexualität hatten. Während wir Mädchen uns den Sex nur in Verbindung mit der großen Liebe vorstellten, unterschieden die Jungen zwischen den beiden Begriffen und konnten sich sehr wohl das eine ohne das andere vorstellen. (S48w)

Zusammenfassend kann ich sagen, dass ich wohl lange gebraucht habe, bis ich wusste, was Partnerschaft und Sex für mich bedeuteten. Im Prozess des Herausfindens wurde mir klar, dass mir eine Partnerschaft alles bedeutet, der Geschlechtsverkehr absolut unwichtig ist im Vergleich. Eine Beziehung kann nur funktionieren, wenn die Basis stimmt, dann ist der Sex ein schmückendes Beiwerk. Wenn der Sex die Basis ist, kann meiner Meinung nach nichts dabei herauskommen. Und das sehen Männer in jüngeren Jahren, glaube ich, ganz anders. (S39w)

Drücken sich in den hier angesprochenen geschlechtstypischen Differenzen in den Motivationen und in den Verhaltenstendenzen im Bereich der Sexualität eher die Folgen unterschiedlicher Sozialisationserfahrungen und kultureller Rollenprägungen aus oder handelt es sich um tiefverwurzelte, evolutionär bedingte anthropologische Grundmuster?

Selbst wenn es solche Tendenzen als biologische Unterströmungen geben sollte, so ist doch unbestreitbar, dass die Haltungen zu Sexualität und Partnerschaft, die Einstellungen dazu, welche Wünsche, Erwartungen und Verhaltensweisen von Männern und Frauen, von Jungen und Mädchen in diesem Lebensbereich als „normal", „angemessen", „sittsam", „altmodisch", „verklemmt", „modern", „emanzipiert", „progressiv" etc. eingeschätzt werden, sehr stark kulturell geprägt sind. Zu Beginn dieses Kapitels wurde an Beispielen gezeigt, welch tief greifende Wandlungen sich diesbezüglich seit dem 19. Jahrhundert vollzogen haben.

Welche Haltungen zeichnen sich in den jüngeren empirischen Studien zur Jugendsexualität ab? Interessant ist hier vor allem die Replikationsstudie von Gunter Schmid, die einen Vergleich entsprechender Haltungen bei den Jugendlichen zwischen 1970 und 1990 ermöglicht. Wenn man dort die Trends betrachtet, dann kann man von einer Tendenz der Angleichung der Geschlechter im Hinblick auf die Erwartungen und Einstellungen bezüglich Sexualität und Partnerschaft sprechen. Eine Angleichung, die vor allem dadurch zustande kommt, dass die Jungen in dem, was sie den Interviewern zu Protokoll gaben, eher auf das romantische, bindungsorientierte (traditionell weibliche) Verständnis von Sexualität eingeschwenkt sind: 70% der 16–17-jährigen Jungen bekannten sich 1990 dazu, dass sie Geschlechtsverkehr nur mit Mädchen haben wollten, die sie richtig lieben. 1970 waren es nur 46% der Jungen, die so geantwortet hatten. Etwa die Hälfte stimmte damals noch den Items „Hauptsächlich mit Mädchen, die ich liebe, bei Gelegenheit aber ..." bzw. „GV mit jedem Mädchen, das mit gefällt und das dazu bereit ist" zu. Gerade die Akzeptanz der letztgenannten Formulierung ist drastisch zurückgegangen. Bei den Mädchen selbst hat sich in diesem Punkt wenig verändert. Wie schon zwanzig Jahre zuvor kam für 80% von ihnen Geschlechtsverkehr nur mit einem Jungen, den sie wirklich lieben, in Betracht. Knapp 10% und damit doppelt so viel wie 1970 wollten damit sogar bis zur Ehe warten.

Auch die Bedeutung der Treue hat in jenem Zeitraum markant zugenommen. Um die 90% der Jugendlichen bekennen sich ausdrücklich zum Treueversprechen in ihren Beziehungen. 1970 waren noch etwa 30% der Jungen und 20% der Mädchen für eine Vereinbarung als Fundament ihrer Beziehungen, die besagte, dass jeder u. U. auch mit anderen Partnern Geschlechtsverkehr haben konnte.

In einem anderen Punkt haben die Mädchen sich eher den traditionell männlichen Verhaltensmustern angeglichen und zwar hinsichtlich der sexuellen Initiative. Galt lange Zeit die Rollenverteilung, dass der Junge den aktiven Part zu spielen hat und das Mädchen sich mit sexuellen Wünschen eher zurückhaltend gibt und ziert, so haben in diesem Punkt die Mädchen deutlich aufgeholt: Auf die Frage, von wem beim letzten Koitus die Initiative ausgegangen sei, haben sich bei beiden Geschlechtern die Nennungen „vom Jungen" drastisch reduziert, die Nennungen „vom Mädchen" entsprechend deutlich erhöht. Mit Abstand am häufigsten, nämlich von jeweils etwa 70%, wurde jedoch die Antwortmöglichkeit „von beiden" gewählt. Zwanzig Jahren zuvor lag dieser Wert noch bei ca. 55%. Das heißt, wo, wann und wie Sexualität stattfindet, ist eine Aushandlungsgeschichte zwischen den Partnern, bei der beide sich mit ihren jeweiligen Wünschen und Bedürfnissen verständigen müssen.

Ein Junge, der sich öffentlich dazu bekennen würde, dass er von Treue nicht viel hält, dass er mit jedem Mädchen schlafen würde, das ihm gefällt und das dazu bereit wäre, und der dazu noch beansprucht, dass die Initiative für Sexualität vom Jungen auszugehen habe, der das Mädchen irgendwie „rumkriegen" müsse, würde sich als hoffnungsloser Macho heute unmöglich machen. Offensichtlich hat sich das Klima dessen, was man in Sachen Sexualität denken, fühlen, wollen und tun darf, im Laufe einer Generation ziemlich deutlich gewandelt. Lange kommentiert diese Befunde, die auf eine veränderte Geschlechterkonstellation im Hinblick auf die Sexualität verweisen, folgendermaßen: Die Geschlechterfrage ist also im Bewusstsein heutiger Jungen und Mädchen stärker präsent als früher. Die Jungen reagieren darauf zum einen anscheinend defensiv, indem sie sich von traditionellen Konzepten „männlicher Sexualität" abwenden, sich den „weiblicheren Idealen" von Liebe und Bindung annähern und sich als weniger triebhaft und „gefährlich" erleben oder darstellen. Seit den 90er Jahren dürften sich diese Trends eher fortgesetzt als abgeschwächt haben.

2.9 Das „erste Mal" zwischen „wunderbarem Erlebnis" und „purer Katastrophe"

Bei der Reflexion über den eigenen individuellen Entwicklungsweg in Bezug auf die Sexualität spielte freilich nicht nur die Auseinandersetzung mit den eigenen Ansprüchen und Idealen in diesem Bereich eine Rolle, sondern auch die konkreten persönlichen Erfahrungen und ihre nachträgliche Bewertung. Manche gingen auf erste spielerische sexuelle Erkundungen im Kindesalter ein, an die sie sich erinnern konnten, manche schilderten erste leidenschaftliche Schwärmereien und Verliebtheiten aus der Pubertät. Einige konnten die markanten Entwicklungsschritte ihres sexuellen Entwicklungsweges von der ersten Verliebtheit über den ersten Kuss und die ersten Pettingerfahrungen bis zum ersten Geschlechtsverkehr noch sehr genau zeitlich verorten. In den meisten autobiographischen Statements spielt jedoch gerade dieses „erste Mal" eine ziemlich zentrale Rolle als Markstein für die wirkliche Eroberung des Erfahrungsbereiches Sexualität. *„Das viel besagte ‚erste Mal' war für uns Teenager der Schlüssel zum Erwachsenwerden"* heißt es in einem der Statements. Und in der Tat, um diese Schlüsselerfahrung kreisen im Vorfeld viele Gedanken, Erwartungen, Sehnsüchte und Ängste. Im Nachhinein sind es dann recht unterschiedliche Einschätzungen und Bewertungen, die vorgenommen werden. Sie reichen von erfüllter Glückseligkeit und lustvoller Bestätigung der großen Erwartungen, über Ernüchterung und humorvolle Entmythologisierung bis hin zu Enttäuschung, Bedauern und tiefer Verletztheit. Dabei zeigt sich auch hier wiederum, wie groß die Bandbreite unterschiedlicher Erlebnisweisen ein und desselben Entwicklungsthemas sein kann:

Das Gefühl, geliebt zu werden, war damals unglaublich schön. Ich fühlte mich wie auf Wolken und war einfach total glücklich ... und so wuchs in mir das Verlangen nach mehr als nur kuscheln und küssen. Mir war diese Zeitspanne (drei Monate) sehr wichtig, weil ich auf keinen Fall etwas tun wollte, was ich nachher vielleicht bereuen würde ... Ich empfand es zu Beginn nicht als sehr angenehm. Ich hatte jedes Mal ziemliche Schmerzen, wenn er versuchte, in mich einzudringen. Es tat ihm sehr Leid und er versuchte, sehr vorsichtig zu sein. Die Lust verging uns beiden dann ziemlich schnell. Mit jedem Mal wurde es dann jedoch schöner. Wir lernten unsere Körper schrittweise immer besser kennen und ich konnte mich mit der Zeit immer mehr fallen lassen. (S4w)

Im Sommerurlaub gelang es mir dann, eine ‚Koitus-Situation' mit einer Mitreisenden zu arrangieren, welche allerdings aufgrund des beiderseitigen Alkoholpegels und unserer mangelnden Erfahrung zu einem absurden Schauspiel geriet. Noch dazu wurden wir von einer Schar Beobachter am Fenster jäh unterbrochen ... was mir einen schweren Schock versetzte und mich mit einem gestörten Sexualverständnis zurückließ. Zwar nicht mehr ‚unschuldig', aber schwer traumatisiert, schwor ich weitergehenden Sexualkontakten vorerst ab. Erst mit Mitte 16 war ich dann halbwegs wieder in der Lage, Sexualität voll auszuleben, nicht aber ohne an Versagensangst oder sonstigen Beklemmungen zu leiden. Erst mit etwa 18 oder 19 Jahren war ich frei von Ängsten und konnte mich auf meine Sexualität voll und ganz verlassen. Mein Nachholbedarf war riesig, weshalb ich mich in unzählige ‚Affären' stürzte. In diesem Alter stand Verliebtheit an zweiter Stelle. (S5m)

Irgendwann zogen wir uns gegenseitig auch aus. Wobei das eigentlich eher spielerisch vonstatten ging, so mit gegenseitigem Kitzeln und so. So etwas wie ein Orgasmus war damals noch weit, sehr weit entfernt. Einige Monate später hatten wir dann auch das erste Mal. Es war bei ihm. Seine Eltern waren nicht zu Hause. Das Einzige, das an dieser Betätigung schön war, war, dass es für uns beide das erste Mal war. Das war es dann aber auch schon. Der Rest war die pure Katastrophe. Ich denke, wir waren beide einfach neugierig, wie das ist. So hatte ich es mir in meinen Träumen nicht vorgestellt. Ein oder zwei Wochen später ging die Beziehung, die doch so schön und romantisch begonnen hatte, auseinander. Er hatte eine andere kennen gelernt und ich gegen Ende ein „Techtelmechtel" mit einem anderen gehabt. (S49w)

Es dauerte noch drei Jahre, bis ich meine „Unschuld" im reifen Alter von 19 verlor. Heute empfinde ich dies als zu spät. Es geschah im Urlaub, mit einem mehr oder weniger unbekannten Schönen. Glücklicherweise war es eine schöne Erfahrung, nur bin ich mir sicher, wäre es einige Zeit eher geschehen mit meinem damaligen festen Freund hätte ich mehr daraus ziehen können. So geschah es ein Stück weit aus dem Grund, es hinter mich zu bekommen. Hätte auch ganz schön in die Hose gehen können. (S55w)

Meine Erinnerung setzt diesbezüglich erst wieder bei meinem ersten festen Freund ein, mit dem ich dann auch geschlafen habe. Dieser Schritt lief dann zum ersten Mal auch richtig bewusst ab, ich habe ihn genossen und mit meinem Freund langsam daraufhin gearbeitet. Vorher war ich sogar mit meiner Mutter beim Frauenarzt und hatte mir die Pille verschreiben lassen. Bevor wir miteinander geschlafen hatten, hatten er und ich verschiedene andere Formen der sexuellen Annäherung ausprobiert und uns dann ganz bewusst einen Zeitpunkt herausgesucht, der uns angemessen erschien. Den haben wir dann auch richtig gefeiert und uns viel Zeit füreinander gelassen. Wir waren ungefähr ein Jahr zusammen. Danach war mein sexuelles Selbstbewusstsein keineswegs besser, es war nur viel einfacher, diesen Schritt mit einem anderen Mann zu tun, wo er nun schon einmal getan war. Ich habe eine lange Zeit gebraucht, um zu kapieren, dass ich mit niemandem schlafen muss, damit er mich liebt, und dies war ein sehr schmerzlicher Weg. (S56w)

Bei meinem ersten Geschlechtsverkehr war sowohl ich als auch der Partner 17 Jahre alt. Abgesehen vom Alter war dieses Ereignis eher ungewöhnlich. Sowohl er als auch ich hatten zu dem Zeitpunkt bereits eine(n) feste(n) Partner(in) und wir waren gar nicht ineinander verliebt. Er war ein Schulfreund, der nach einem Weinfest bei mir übernachtet hatte (was nicht ungewöhnlich war) und der in dieser Nacht genau wie ich zu viel getrunken hatte. Würde mir mein heutiger Partner einen Seitensprung mit dem folgenden Satz begründen, würde ich ihn wahrscheinlich erst auslachen und dann ohrfeigen, aber: Es ist einfach passiert! Keiner von uns hatte es geplant und hinterher war es uns beiden sehr unangenehm, vor allem, weil wir uns beide nicht mehr an Einzelheiten erinnern konnten. Allerdings hat es bei uns etwa zwei Jahre gedauert, bis wir ernsthaft miteinander darüber sprechen konnten und heute nehmen wir diesen Fehltritt mit Humor. Vorgestellt hatte ich mir mein „erstes Mal" natürlich eher so, wie es in der BRAVO stand, d.h. mit einem Jungen, den man WIRKLICH liebt, ohne

Druck und am besten mit dem schriftlichen Einverständnis beider Elternpaare an irgendeinem wundervollen Ort und romantischer Musik. Diese Variante eignet sich natürlich auch viel besser für ein zukünftiges vertrauliches Mutter-Kind-Gespräch als die Wahrheit. Dennoch denke ich, hat mir diese Erfahrung keine besonderen Schäden eingebracht. (S60w)

Mit knapp 17 war ich mit meinen Eltern im Urlaub und verliebte mich in einen jungen Mann auf dem Campingplatz, den ich dann tatsächlich kennen lernte. Die nächste Woche verbrachte ich viel Zeit mit ihm und seinem Freund. Leider war schnell klar, dass er mich nur nett findet und garantiert keine Beziehung mit mir will. Mein Wunsch nach mehr sexuellen Erfahrungen war aber so groß, dass ich es darauf anlegte, am letzten Abend von ihm entjungfert zu werden, was dann auch klappte. Aus heutiger Sicht bin ich froh, dass gerade er es getan hat, denn ich fand es nicht so toll wie erwartet (aber auch nicht schlimm). Ich bin froh darüber, dass ich ihn nie mehr gesehen habe. Das Ganze war dann natürlich auch ohne jeglichen Schutz, und die Menstruation kam selbstverständlich mehrere Tage später als gewohnt. Da habe ich ganz schön gezittert. Um die Gesundheit (AIDS oder ähnliches) hat man sich damals noch keine Gedanken gemacht. (S62w)

Erste „wahre" sexuelle Erfahrungen machte ich mit 13 Jahren auf einer Party, sie war 15, und nach reichlichem Alkoholgenuss verschwanden wir in einem Zimmer, wo ich in kürzester Zeit meinen ersten „richtigen" Kuss, mein erstes Petting sowie meinen ersten Geschlechtsverkehr erlebte. Im Nachhinein bereue ich dies ein wenig, da ich diese Erfahrungen gerne mit einem klaren Kopf und mit einem vertrauten, geliebten Mädchen gemacht hätte, andererseits stieg mein sozialer Status durch diese Aktion ungemein, ich war plötzlich „erfahren", hatte das gemacht, wovon meine Altersgenossen gerade erst zu träumen anfingen. Das Mädchen war am nächsten Tag für immer verschwunden. (S70m)

Die Erfahrungen des berühmten „ersten Mals" sind, was die Erwartungen und Motive im Vorfeld, die konkreten situativen Umstände und Erfahrungen beim „Vollzug" und die Einschätzungen und Bewertungen aus der nachträglichen zeitlichen Distanz anbelangt, höchst unterschiedlich.

Am besten in jeder Hinsicht schneiden wohl diejenigen ab, die in einer länger dauernden liebevollen Beziehung gemeinsam auf diesen Schritt „hinarbeiteten", die sich für das Erleben der Vorstufen Zeit ließen, bei denen ein gemeinsamer Wunsch der Partner heranreifen konnte, dass sie zusammen diese Erfahrung machen wollen. Eine idealtypische Beschreibung dieser Art ist etwa die folgende: *„Bevor wir miteinander geschlafen hatten, hatten er und ich verschiedene andere Formen der sexuellen Annäherung ausprobiert und uns dann ganz bewusst einen Zeitpunkt herausgesucht, der uns angemessen erschien. Den haben wir dann auch richtig gefeiert und uns viel Zeit füreinander gelassen"*. Das „erste Mal" wird langsam und bewusst angesteuert, als „Fest" zelebriert und genossen.

Ein ähnlich positiver Erfahrungsbericht wird ausdrücklich mit dem Satz: *„Im Nachhinein bereue ich nichts. Es war alles gut so, wie es passiert ist"* abgeschlossen, der deutlich macht, dass die Erinnerung an diese Situation wie eine Art innerer Schatz aufbewahrt wird. Ähnlich wird in einem weiteren Text fast so etwas wie ein zärtliches Gefühl oder gar Dankbarkeit gegenüber dem Jungen, mit dem diese erste Erfahrung körperlicher Liebe gemacht wurde, deutlich und es wird dort die Überzeugung vertreten, dass jener „Erste" ganz allgemein doch eine besondere bleibende Bedeutung im Leben einer Frau behält: *„Ich bin froh, dass ich meine ersten sexuellen Erfahrungen mit einem Menschen gesammelt habe, dem ich auch vertrauen konnte und der auf mich eingegangen ist. Ich bin der Meinung, dass dieser Mensch, mit dem man das ‚Erste Mal' erleben durfte, immer etwas Besonderes bleibt, zumindest für mich".*

Dass dieser liebevolle Rahmen des Vertrauens und der Geborgenheit gegeben ist, bedeutet jedoch noch keineswegs, dass die Erfahrungen des ersten Geschlechtsverkehrs automatisch auch besonders lustvoll und beglückend sein müssen. So berichtet eine Verfasserin, die sich in ihrer Liebesbeziehung *„wie auf Wolken"* fühlte und durchaus Verlangen nach *„mehr als nur kuscheln und küssen hatte"*: *„Ich empfand es nicht sehr angenehm. Ich hatte jedes Mal ziemliche Schmerzen, wenn er versuchte, in mich einzudringen. Es tat ihm sehr Leid und er versuchte, sehr vorsichtig zu sein. Die Lust verging uns beiden dann ziemlich schnell."* Der Rahmen ermöglichte es hier jedoch, gemeinsam über diese erste Enttäuschung hinwegzukommen und auch die Sexualität als einen gemeinsamen Lernprozess zu begreifen: *„Mit jedem Mal wurde es dann jedoch schöner. Wir lernten unsere Körper schrittweise immer besser kennen und ich konnte mich mit der Zeit immer mehr fallen lassen".*

Nicht nur in diesem Beispiel, sondern auch in zahlreichen anderen Texten sowohl aus weiblicher als auch aus männlicher Feder wird die Erfahrung des ersten Geschlechtsverkehrs hinsichtlich der damit verbundenen Lustqualitäten als eher enttäuschend und ernüchternd geschildert. *„Als besonders tolles Erlebnis habe ich das nicht in Erinnerung"* heißt es dort etwa. An einer anderen Stelle ist von *„einer wenig berauschenden Erfahrung"* die Rede. Oder: *„Ich empfand es nicht gerade als den absoluten Hammer. Es war schön, aber die wirkliche ‚Lust' stellte sich erst viel später ein."* Auch in anderen Texten wird von einem längeren Lernprozess hin zu einer lustvoll erlebten Sexualität berichtet: *„Fest steht jedenfalls, dass mir Sex lange Zeit keinen Spaß gemacht hat und ich nicht verstehen konnte, was irgendjemand daran toll finden konnte. Das hat sich später erfreulicherweise geändert."* Eine ähnliche Enttäuschung und eine sehr langsame Veränderung hin zu einem genussvolleren Erleben kommt in der Formulierung *„So etwas wie ein Orgasmus war damals noch weit, sehr weit entfernt"* zum Ausdruck. Eine andere Autorin schreibt über ihre ersten Erfahrungen: *„Es war mehr eine Enttäuschung und die Frage war, was alle denn so toll daran finden?"* Sie beklagt sich, dass von den Medien ein irreales Bild von perfekter, leidenschaftlicher, optimal lustvoller Sexualität verbreitete würde, demgegenüber ihre ersten persönlichen Erfahrungen eine ziemliche Ernüchterung darstellten. Durch dieses allgemeine Bild fiel es ihr auch schwer, ihrem Freund gegenüber zuzugeben, dass sie nicht allzu viel dabei empfunden hat. Die Tatsache, dass sie nicht die Einzige ist, der es beim ersten Geschlechtsverkehr so geht, hätte sie damals vielleicht entlastet. Inzwischen ist sie offensichtlich zu der allgemeineren Erkenntnis gelangt, denn sie meint: *„Gerade Mädchen empfinden den Sex nicht gleich von Anfang an als schön"*. Für eine andere Autorin waren die ersten sexuellen Erfahrungen sehr stark mit Schuldgefühlen und mit Gefühlen der Beschmutzung und Entwertung verbunden: *„Vor allem in der Anfangsphase habe ich mich nach dem Geschlechtsakt unwohl und unrein gefühlt"*. Wieder eine andere Verfasserin berichtet von Trauer und Tränen nach dem ersten Geschlechtsverkehr, weil die Realität des „ersten Mals" nicht den romantischen Vorstellungen entsprochen hat und weil ihr klar wurde, dass sie den Jungen, mit dem sie dieses Erlebnis hatte, eigentlich nicht so leidenschaftlich liebte, wie sie sich dies gewünscht hatte: *„Danach war ich sehr traurig und habe geweint"*. In wieder einem anderen Text wird gar der Begriff der „*Katastrophe*" bemüht, um auszudrücken, wie weit die erlebte Realität vom idealen Bild des perfekten Sex entfernt war.

Auch hinsichtlich der Umstände, wie dieses „erste Mal" zustande kommt, werden höchst unterschiedliche Situationen und Strategien geschildert. Da gibt es zum einen jene Paare, die gemeinsam im Rahmen von Vertrauen und Verliebtheit Schritt für Schritt „darauf hinarbeiten" und das Ganze gewissermaßen als intimes Fest planen und inszenieren. Zum anderen gibt es zahlreiche autobiographische Statements, in denen junge Frauen berichten, dass sie sich ohne rechte innere Bereitschaft, mehr aufgrund des Drängens ihres Freundes auf ihren ersten Beischlaf eingelassen haben und diesen Schritt im Nachhinein bedauern. Auf diese Problematik soll später noch ausführlicher eingegangen werden.

Daneben gibt es aber auch ganz andere Entwicklungen: So berichtet eine Autorin etwa davon, dass sie sich *„aus dem Grund es hinter mich zu bekommen"* im Urlaub auf eine kurzfristige Affäre *„mit einem mehr oder weniger unbekannten Schönen"* eingelassen habe. Die Erfahrung wird im Nachhinein als ambivalent bewertet. Einerseits war es *„eine schöne Erfahrung"*, andererseits meint sie, sie hätte *„mehr daraus ziehen können"*, wenn es in einer festen Partnerschaft erfolgt wäre. Während viele andere schreiben, dass sie im Nachhinein der Überzeugung sind, dass es für sie richtig war, die Erfahrung des „ersten Mals" relativ lange hinauszuziehen und auf „den Richtigen" zu warten, wird hier ausdrücklich vermerkt, dass die Verfasserin der Meinung ist, dass sie mit 19 Jahren eigentlich zu spät dran war.

Ähnlich wird in einem anderen Text davon berichtet, wie ein Mädchen ebenfalls im Urlaub strategisch ihre Entjungferung mit einem jungen Mann plant, von dem sie weiß, dass er eigentlich keine Beziehung mit ihr will: „*Mein Wunsch nach mehr sexuellen Erfahrungen war aber so groß, dass ich es darauf anlegte, am letzten Abend von ihm entjungfert zu werden, was dann auch klappte. Aus heutiger Sicht bin ich froh, dass gerade er es getan hat*". Auch hier wird das Ganze im Nachhinein ambivalent bewertet: Die Erfahrung des ersten Geschlechtsverkehrs selbst ist hier *„nicht so toll wie erwartet"*, jedoch ist die Betroffene froh darüber, einerseits ihre „Unschuld" und andererseits ihre „Urlaubsbekanntschaft" unmittelbar danach „loszuhaben". Was blieb, waren lediglich Ängste wegen möglicher unliebsamer Folgen jener Begegnung.

Wieder eine andere Konstellation, die gelegentlich auftaucht, ist die, dass der erste Geschlechtsverkehr mehr oder weniger zufällig und ungeplant einfach „passiert". Häufiger unter Einfluss erheblicher Mengen Alkohol. So kommt es in einem Bericht beim eigentlich ganz unerotisch geplanten gemeinsamen Übernachten nach einem Weinfest zum alkoholumnebelten Geschlechtsverkehr zwischen einem Mädchen und einem Schulfreund, was beiden am nächsten Tag höchst peinlich und unangenehm ist. *„Es ist einfach passiert! Keiner von uns hatte es geplant und hinterher war es uns beiden sehr unangenehm, vor allem, weil wir uns beide nicht mehr an Einzelheiten erinnern konnten."* Im Nachhinein wird diese Jugendepisode, die so ganz und gar in Kontrast zur gängigen, romantisch aufgeladenen Vorstellung vom „ersten Mal" stand, mit einer Mischung aus Bedauern und Humor betrachtet.

Wie verhält sich dieses Kaleidoskop von sehr unterschiedlich gelagerten Einzelerfahrungen zu dem, was aus der empirischen Sexualforschung über das durchschnittliche Erleben des ersten Geschlechtsverkehrs bekannt ist? In der repräsentativen Untersuchung der Bundeszentrale für gesundheitliche Aufklärung aus dem Jahr 2001 wurde danach gefragt und es ergab sich folgendes Bild: 80% der 14–17-jährigen Jungen, die schon Koituserfahrungen hatten, gaben zu Protokoll, dass sie ihren ersten Geschlechtsverkehr als „etwas Schönes" erlebt haben. Bei den Mädchen waren es dagegen nur 58%. Bei ihnen gaben 17% an, dass sie ihn als „nichts Besonderes" erlebt hätten, und 15% meinten gar, es sei „etwas Unangenehmes" gewesen. 10% wurden im Nachhinein von einem „schlechten Gewissen" geplagt. Die entsprechenden Werte bei den Jungen lagen mit 7%, 4% und 9% jeweils deutlich niedriger. Interessant ist das Detailergebnis, dass die Mädchen den ersten Geschlechtsverkehr um so eher genießen konnten, je älter sie dabei waren (BZgA, 2002, S. 54f.).

Gefragt wurde auch nach dem Grad der Bekanntheit mit dem Partner des ersten Geschlechtsverkehrs. 66% der Mädchen und 48% der Jungen gaben an, dass sie mit diesem Partner „fest befreundet" gewesen seien. Als „gut bekannt" stuften 24% der Mädchen und 35% der Jungen ihren ersten Sexualpartner ein. Von einer lediglich „flüchtigen Bekanntschaft" sprachen 10% der Jungen und 7% der Mädchen. Im Zeitvergleich über die letzten Jahre hinweg ergibt sich ein Trend in dem Sinne, das zunehmend mehr Jugendliche angeben, der erste Geschlechtsverkehr hätte sich ohne Vorausplanung völlig überraschend aus der Situation heraus ergeben. Immerhin 34% der Jungen und 25% der Mädchen stimmten dem zu. Es ist nahe liegend, dass bei solchen spontanen, ungeplanten Konstellationen, in denen sich der erste Geschlechtsverkehr ereignet, auch das Problem der Verhütung häufig weniger klar geregelt ist. Hier gibt es die Tendenz, dass das Risiko, in solche ungeplanten, überraschenden Koitussituationen „hineinzustolpern" umso größer ist, je jünger die Betroffenen beim ersten Geschlechtsverkehr sind (ebd., S. 53). Eine heikle Situation also: Je jünger die Betroffenen bei der ersten sexuellen Annäherung an das andere Geschlecht sind, desto höher das Risiko ungeplanten Geschlechtsverkehrs, je ungeplanter der erste Geschlechtsverkehr, desto ungeregelter das Verhütungsverhalten, je ungeregelter das Verhütungsverhalten, desto höher das Risiko einer ungewollten Schwangerschaft. Je jünger schließlich bei der Schwangerschaft, desto prekärer die damit verbundene biographische Problematik für die Betroffenen.

Eine weitere sehr frappierende Veränderungstendenz hinsichtlich des sexuellen Erlebens ergibt sich aus der Studie von Gunter Schmid. Hier wurden die befragten Jugendlichen gebeten, die Qualität ihres sexuellen Erlebens einzustufen. In Bezug auf vier unterschiedliche Dimensionen ihres Sexuallebens, nämlich im Hinblick auf ihren ersten Geschlechtsverkehr, ihren letzten Geschlechtsverkehr, ihr letztes Petting und ihre letzte Masturbation konnten sie dabei jeweils die Kategorien „es machte Spaß", „es war sexuell befriedigend" und „ich wollte es bald wiedermachen" ankreuzen. In allen vier Dimensionen waren dabei die Lust- und Zufriedenheitswerte bei den Mädchen deutlich niedriger als bei der Befragung im Jahr 1970. Damals lagen die Werte meist zwischen 60 und 80 Prozent. Nur mehr etwa ein Drittel der Mädchen gab in der Befragung von Schmid im Jahr 1990 zu Protokoll, dass der erste Geschlechtsverkehr Spaß gemacht habe, dass er sexuell befriedigend war oder dass sie es danach bald wieder machen wollten. Bezüglich des jüngsten Geschlechtsverkehrs waren die Werte etwas höher, aber auch hier gaben nur knapp 50% an, dass sie es „sexuell befriedigend" fanden, und weniger als 30% meinten, sie wollten es „bald wiedermachen". Für die letzten Pettingerfahrungen liegen die Werte ähnlich. Selbst bezüglich der letzten Masturbationserfahrung waren es weniger als die Hälfte der Mädchen, die angaben, dass ihnen dies „Spaß gemacht" habe, dass sie es „sexuell befriedigend" fanden oder dass sie es „bald wiedermachen" wollten (Lange 1999, S. 12).

Man stellt sich die Frage, was hier in jenen zwanzig Jahren passiert ist. Muss man von einem realen „Niedergang der weiblichen Lust" ausgehen? Oder ist es so, dass eher die Anspruchshaltungen gegenüber dem, was als befriedigende Sexualität erlebt wird, gestiegen sind? Oder ist es vielleicht so, dass 1970, auf dem Höhepunkt der „sexuellen Revolution", nur der Druck, sich sexuell „erfolgreich" und das heißt eben vor allem „lustfähig" zu präsentieren, größer war, dass somit unter Umständen Frustrationen und „Defizite" in diesem Bereich einfach weniger artikuliert wurden? Bei der Befragung der Bundeszentrale aus dem Jahr 2001 sind die Prozentsätze derer, die angaben, den ersten Geschlechtsverkehr als „etwas Schönes" erlebt zu haben, deutlich höher. Freilich wird man auch dies nicht ohne weiteres als Anzeichen für einen „Wiederanstieg" des Lusterlebens interpretieren dürfen, sondern muss sehen, dass hier wohl die ganz konkreten Itemformulierungen („empfand es *sexuell befriedigend*" vs. „empfand es als *etwas Schönes*") eine wichtige Rolle spielen.

Interessant sind auch die Verschiebungen, die sich hinsichtlich der Motivation für den ersten Geschlechtsverkehr in jener Zeitspanne ergaben. Deutlich zurückgegangen ist hier bei Jungen und Mädchen die Zustimmung zu dem Item: „Ich hatte ein starkes sexuelles Verlangen". Aber immerhin waren es 1990 noch 60% der Jungen, die sich dazu bekannten. Die Quote der Mädchen, die im gleichen Sinne das „starke sexuelle Verlangen" als Motiv hervorhob, war mit 30% dagegen nur etwa halb so groß. Für sie stand mit über 70% Zustimmung ganz klar das Motiv der Liebe im Vordergrund. Aber auch knapp über 60% der Jungen nannten als Motiv für den ersten Geschlechtsverkehr die Liebe zu ihrer Partnerin. Die dramatischste Veränderung ergab sich bei den Mädchen bezüglich der Aussage „Der Junge wollte es gern" als Motiv. Während 1970 noch über 80% diese Aussage als Motiv für den ersten Geschlechtsverkehr akzeptierten, waren es 1990 weniger als 30% der Mädchen, die den Wunsch des Jungen als relevantes Motiv ansahen und sich somit mehr oder weniger „dem Jungen zuliebe" auf diese Situation einließen (ebd., S. 9).

2.10 Wann ist der richtige Zeitpunkt? – Zwischen der Sorge, „Flittchen" und der Sorge, „Spätzünder" zu sein

Ein Thema, das viele Autorinnen und Autoren im Zusammenhang mit dem ersten Geschlechtsverkehr und mit den ersten sexuellen Erfahrungen nachdrücklich beschäftigte, ist die Frage des rechten, angemessenen Zeitpunktes. Damit verbunden ist natürlich einerseits die Frage nach dem sozialen Vergleich, nach dem, was die Altersgenossen schon an Erfahrungen gesammelt haben, aber natürlich auch nach dem, was von den maßgeblichen Medien in der Hinsicht darauf, was „normal", „üblich" und „angemessen" ist, transportiert wird. Andererseits aber auch die Frage nach der eigenen inneren Stimme, nach der subjektiven Bereitschaft, sich auf entsprechende Erfahrungen einzulassen. Bei vielen standen diese beiden Aspekte in deutlichem Kontrast. Sie fühlten sich nicht selten von den Prahlereien und den Spötteleien in der Peergroup, aber auch von den vermeintlich sehr frühen Durchschnittswerten, wie sie in BRAVO und anderen Jugendmagazinen verbreitet werden, unter Druck gesetzt, fühlten sich als „Nachzügler" und als „Spätzünder". Für manche bedeutete deshalb das „Zurechtrücken" der irreführenden Altersangaben, wie es in Fends Buch geschieht, die Betonung, dass es durchaus „normal" sei, „erst gegen Ende des zweiten und in der ersten Hälfte des dritten Lebensjahrzehnts ernsthafte sexuelle Beziehungen einzugehen" (Fend 2000, S. 63) eine ausgesprochene Entlastung. Wohl auf keinen anderen Detailpunkt aus dem Text von Fend ist häufiger direkt Bezug genommen worden.

Zudem muss ich auch bestätigen, dass ich mich gerade beim Lesen der BRAVO manchmal wirklich fragte, ob ich vielleicht nicht normal oder spät entwickelt sei, weil ich mir aus dem Geschriebenen folgendes Bild zurechtlegte: ‚Wer mit 15 oder 16 noch Jungfrau ist, der entspricht nicht der Norm'. Da meine Mitschülerinnen zu diesem Zeitpunkt aber auch noch Jungfrauen waren, stellte ich aber doch fest, dass es dann wohl doch o. k. sei, erst später den ersten Geschlechtsverkehr zu haben. (S15w)

Ich sehe es als sehr kritisch, dass Zeitschriften wie BRAVO oder BRAVO-Girl den Jugendlichen immer mehr vermitteln, es sei „in", möglichst früh sexuelle Erfahrungen zu machen. Die Jugendlichen stehen unter einem enormen Druck, rechtzeitig ihr erstes Mal zu erleben, um nicht als „Spätzünder" deklariert zu werden. Das wird nicht direkt ausgesprochen, aber der Druck auf die Jugendlichen wird immer größer, je mehr Freunde in den Kreis der „Erfahrenen" einsteigen. Ich selbst habe relativ früh, mit 15, meine ersten sexuellen Erfahrungen gesammelt. Ich war damals in einer festen Beziehung, so dass die äußeren Voraussetzungen gestimmt haben. Dennoch denke ich im Nachhinein, dass ich nicht wirklich bereit dazu war. Ich erinnere mich an Situationen, in denen ich weiter gegangen bin, als ich eigentlich wollte. Ich war verunsichert; wusste nicht, wie ich anders hätte reagieren sollen. Ich war einfach noch nicht selbstbewusst genug und nicht sicher, was ich bereit war zu geben. Ich hatte Angst, etwas falsch zu machen oder als „prüde" zu gelten. Heute hätte ich sicherlich oftmals anders reagiert, aber damals war ich einfach überfordert. (S17w)

Mein Gott, wie ich mich damals schämte, weil ich mit 18 noch Jungfrau war. (S18w)

In den nachfolgenden Jahren interessierte ich mich erst mal kaum für Sex. Ich fand mich nicht attraktiv und abgesehen von einigen (geheimen) Schwärmereien auch die Jungs nicht. Es war auch überhaupt kein Problem für mich, noch keinen Freund gehabt zu haben, im Gegenteil, ich war stolz und in dem Punkt sehr selbstbewusst, insgeheim gehässig, wenn eine Klassenkameradin wieder mal von einem Jungen zutiefst enttäuscht war, nach dem Motto: gut, dass ich diese Probleme nicht habe. Ich war keineswegs unsicher oder am Boden zerstört, noch keinen Sex mit einem Jungen gehabt zu haben. Obwohl ich dadurch nur mehr zur Außenseiterin wurde. In dieser Hinsicht war die Erziehung meiner Eltern erfolgreich, ich habe wirklich auf den Richtigen gewartet, auf den also, den ich lieb hatte, wie meine Mutter mir eingebläut hat. Dafür bin ich auch echt dankbar. (S32w)

Die Reflexion meiner Jugendzeit bezüglich des Themas Sexualität lässt sich sehr leicht, da sehr einseitig gelagert, zusammenfassen. In meinem Jugendalter haben keinerlei heterosexuelle Kontakte stattgefunden. Erst mit 20 war dies zum ersten Mal der Fall, ganz meiner Erziehung und meinen Vorstellungen entsprechend eingebettet in eine feste Beziehung zum ersten Freund, die schon seit zwei Jahren bestand und beiderseitig Zukunftsperspektiven hatte. In der Pubertät und Jugend ist also „nichts gelaufen". (S52w)

Ich habe meinen Weg in die weibliche Sexualität als recht gut in Erinnerung und hatte wenig Probleme, den Umgang mit der Sexualität zu lernen. Ich fühlte mich nie gezwungen, möglichst schnell das auszuprobieren, was einem in Zeitschriften wie der BRAVO ausführlich beschrieben wurde, und ließ mir Zeit, so wie ich es für richtig hielt. Ich wusste schon immer genau, was ich wollte, ob es um die Partnerwahl ging oder um sexuelle Praktiken, ich hätte nie etwas getan, von dem ich nicht überzeugt gewesen wäre oder das mir geschadet hätte. Sicher experimentiert man im Jugendalter gerne, wenn man etwas Neues kennen lernt, dennoch habe ich meine Grenzen genau abgesteckt und nichts getan, was mir zuwider war. (S75w)

Immer wieder wird hier die Erinnerung an das Gefühl artikuliert, mit den eigenen sexuellen Erfahrungen irgendwie nicht der Norm zu entsprechen, hinterherzuhinken, zu spät dran zu sein. Häufig ist dieses Gefühl mit erheblichen Verunsicherungen und Belastungen verknüpft. So ist etwa von *„Minderwertigkeitskomplexen"* und *„Torschlusspanik"* die Rede, mehrfach titulieren sich die Betroffenen selbst als *„Spätzünder"*, es wird wiederholt von *„enormem Druck"* berichtet, der auf einem lastete, von *Angst*, zur *Außenseiterin* zu werden, als *„prüde"* zu gelten, *„irgendwie rückständig, spätentwickelt und erfahrungsarm zu sein"*, von heftiger *Scham*, darüber, mit 18 noch Jungfrau zu sein. Bisweilen führt dieser erlebte Druck wegen der vermeintlichen Rückständigkeit auch dazu, sich tatsächlich auf sexuelle Erfahrungen einzulassen, für die eigentlich keine wirkliche innere Bereitschaft besteht. *Ich erinnere mich an Situationen, in denen ich weiter gegangen bin, als ich eigentlich wollte. Ich war verunsichert; wusste nicht, wie ich anders hätte reagieren sollen. Ich war einfach noch nicht selbstbewusst genug und nicht sicher, was ich bereit war zu geben. Ich hatte Angst, etwas falsch zu machen oder als „prüde" zu gelten.* Andere betonen selbstbewusst, sie hätten zwar wohl aus den Jugendzeitschriften und aus dem Umfeld der Gleichaltrigen diese Berichte über frühe Sexualerfahrungen mitbekommen, sich deswegen jedoch keineswegs als „unnormal" oder „minderwertig" gefühlt, sondern sich bewusst dazu bekannt, dass sie noch keine innere Bereitschaft dafür spüren, und im Übrigen darauf vertraut, dass das eigene Frühlingserwachen, *„die Zeit der großen Gefühle und Leidenschaft"* schon noch kommen wird". Bisweilen hätten sie sich in jener Zeit sogar nach dem Motto *„gut, dass ich diese Probleme nicht habe"* mit einer Mischung aus Stolz und Genugtuung von den Altersgenossinnen abgegrenzt, die sich sehr früh auf sexuelle Kontakte eingelassen hatten, und sich damit neben interessanten und berichtenswerten Erfahrungen eben auch viel Enttäuschung und Frustration eingehandelt hatten. Einmal wird sogar von einer Jugendentwicklung berichtet, in der in sexueller Hinsicht in den ersten zwanzig Lebensjahren *„nichts gelaufen"* sei, aber dann, trotz lustfeindlicher Erziehung und *„verkrampfter Jugendzeit"*, im Alter von 25 Jahren doch noch so etwas wie eine persönliche *„sexuelle Revolution"*, d. h. der Umschwung hin zu einem *erfüllten Sexualleben* stattgefunden habe.

Mehrfach betonen die Verfasserinnen auch ihr Erstaunen und ihr Gefühl der nachträglichen Entlastung angesichts der bei Fend vorgenommenen Korrekturen an den gängigen, in den Jugendmagazinen verbreiteten Vorstellungen vom Durchschnittsalter beim ersten Geschlechtsverkehr. Das Aha-Erlebnis, mit den eigenen persönlichen Erfahrungen in Wirklichkeit gar nicht, wie sie lange Zeit angenommen hatten, zu einer Minderheit von „Spätzündern" zu gehören, sondern eigentlich eher zur Mehrheit der Mädchen mit höherem Bildungsniveau, hatte für viele offensichtlich etwas sehr Erleichterndes. Eine Autorin meint, es hätte ihr *„viel gebracht"*, wenn sie ein Lehrer zur gegebenen Zeit *„über das richtige Alter aufgeklärt hätte"* und bedauert, dass dies *„leider... nie geschehen"* sei. In dem Sinn fordert sie und auch andere, diese befreiende Botschaft unter den Jugendlichen bekannter zu machen. Schließlich wird auch noch die immer stärkere mediale Präsentation von eher exotischen sexuellen Vorlieben und bizarren sexuellen Praktiken kritisiert. Eine Verfasserin bekennt, dass sie sich, wenn sie abends durch die Fernsehkanäle zappt, immer öfter bei dem Gedanken daran ertappt, dass sie selbst *„prüde oder frigide zu sein scheint"*, weil sie *„viele der gezeigten Praktiken als wenig anregend bzw. abstoßend empfindet"*.

Auffallend ist, dass diese Kritik an der gesellschaftlichen Sexualisierung ausschließlich von weiblicher Seite stammt. Auch die ganze Reflexion über den rechten Zeitpunkt und die innere Bereitschaft für die ersten sexuellen Erfahrungen und speziell für den ersten Geschlechtsverkehr ist ganz überwiegend ein Thema, das von den Autor*innen* artikuliert wird. Nur ein Junge äußert, dass er sich als „Spätzünder" empfand. Dabei bleibt bei ihm freilich offen, ob dies an der mangelnden inneren Bereitschaft oder aber am Mangel an Gelegenheit lag.

2.11 „Immer früher Sex"? – Problematische Altersnormangaben in den Medien

Nicht nur von BRAVO und anderen Jugendzeitschriften werden häufig irreführende Vorstellungen über das durchschnittliche Alter beim ersten Geschlechtsverkehr verbreitet. Auch seriösere Zeitschriften und bekannte Sexualpädagogen tragen bisweilen zur Verbreitung entsprechend schiefer Vorstellungen bei. So erschien etwa im Juli 2001 eine Ausgabe des FOCUS mit einer Titelstory über „Erste Liebe – Wissenschaftler diskutieren über den Sex der Teenies". Darin enthalten ein Artikel mit dem Titel „Immer früher Sex" und dem Untertitel: „Untersuchungen belegen, dass sich die Sexualreife der Deutschen sowie der Zeitpunkt des ersten Geschlechtsverkehrs stark vorverlagert haben". Dieser Artikel bezieht sich hauptsächlich auf eine neue Studie zur Jugendsexualität von Norbert Kluge: „Immer früher Sex. Um die Wirkung der biologischen Veränderung auf das Sexualverhalten zu untersuchen, befragten die Wissenschaftler 14- bis 17-Jährige, die bereits Geschlechtsverkehr hatten. Unter anderem wollten sie den Zeitpunkt des ersten Beischlafs erfahren. 1977 geborene Jugendliche verloren ihre Unschuld im Schnitt mit 15,6 Jahren, 1980 geborene Teenager mit 13,7 Jahren. Bei einem Vergleich der Befragungen aus den Jahren 1980 und 1994 stellte sich heraus, dass sich das Alter der Mädchen beim ‚ersten Mal' um zweieinhalb Jahre nach vorn verschoben hatte. Bei den Jungen sogar um drei Jahre. In diesem Jahr, rechnet Kluge seine Untersuchungen hoch, werden Jugendliche beim ersten Verkehr im Durchschnitt 14 Jahre alt sein" (Varga 2001, S. 130).

Kluge vertritt mit Nachdruck und höchst publikumswirksam die „Vorverlagerungsthese" und bringt dabei immer wieder den Medianwert von 14,8 Jahren (Mädchen) bzw. 14,9 Jahren (Jungen) für das heutige Kohabitarchealter Jugendlicher ins Spiel. Demnach würde mehr als die Hälfte der Jungen und Mädchen heute noch vor ihrem 15. Geburtstag den ersten Geschlechtsverkehr erleben. Da sich Kluges Durchschnittsberechnungen jedoch nur auf die Teilgruppe der *geschlechtsverkehrserfahrenen* 14–17-Jährigen beziehen und die anderen, noch nicht geschlechtsverkehrserfahrenen Jugendlichen gewissermaßen einfach unter den Tisch fallen lassen, ergeben sich diese grotesk verzerrten Zahlenwerte. Schaut man in Kluges Tabellen, dann sieht man, dass von den insgesamt 1481 befragten Mädchen und den 1522 befragten Jungen 1052 bzw. 1107 – insgesamt also mehr als zwei Drittel der Befragten! – noch gar keinen Geschlechtsverkehr hatten (Kluge 1998, S. 55).

Seriösere Angaben finden sich in der Studie von Schmid. Bezogen auf die befragte Gruppe der 16–17-jährigen Jugendlichen bringt Lange das zentrale Ergebnis dieser Studie auf die knappe Formel: „Rund drei Fünftel haben schon einmal Petting gemacht; circa ein Drittel hat schon einmal Geschlechtsverkehr gehabt". Da es sich um eine Replikationsstudie handelt, ist natürlich auch der entsprechende Zeitvergleich hier von besonderem Interesse, um etwas über mögliche Vorverlagerungs- oder aber Verzögerungstendenzen aussagen zu können. Das knapp zusammengefasste Ergebnis hierzu lautet: „Im Hinblick auf die heterosexuellen Erfahrungen gibt es kaum Unterschiede zwischen den Jugendlichen von 1970 und 1990" (Lange 1999, S. 6).

Auch Volkmar Sigusch, wohl einer der besten Kenner der entsprechenden Forschungslandschaft hierzulande, kommt in seinen Betrachtungen zu den Veränderungen der Jugendsexualität über die letzten Jahre hinweg zu einem ähnlichen Ergebnis. Demnach hat der eigentliche Wandel während der 60er Jahre stattgefunden. In diesem Sinn schreibt er: „Ende der 60er Jahre stellten wir fest, dass sich die damals 16- und 17-jährigen sexuell so verhielten, wie die 19- und 20jährigen zehn Jahre zuvor. Das, was ‚sexuelle Revolution' genannt wurde, bestand also hinsichtlich des Verhaltens darin, etwa drei Jahre früher mit Verabredungen, Küssen, Petting und Geschlechtsverkehr zu beginnen" (Sigusch 1998, S. 1242). Bezüglich der Frage, wie es im Vergleich dazu heute mit dem Sexualverhalten der Jugendlichen bestellt sei, verweist er vor allem auf die große Ähnlichkeit, „...weil Jugendliche heute mit Dating, Küssen, Petting und Geschlechtsverkehr nicht früher beginnen und auch keine umfangreicheren Erfahrungen machen als am Ende der 60er Jahre. Insofern hat sich die sexuelle ‚Revolution' nicht fortgesetzt. Berichte in den Medien, nach denen die heutige Jugend entweder sexuell enthemmt sei oder sich von der Sexualität ganz verabschiedet habe, gehen gleichermaßen an der Wirklichkeit vorbei" (ebd.). Differenzen zwischen damals und heute sieht er eher bezüglich der symbolischen Aufladung der Sexualität und der Deutungsmuster für das eigene sexuelle Verlangen und Erleben.

Auch die Ergebnisse der jüngsten Befragung der Bundeszentrale für gesundheitliche Aufklärung aus dem Jahr 2001 weisen in eine ähnliche Richtung. Knapp 40% der 16-Jährigen und etwas über 60% der 17-Jährigen haben demnach bereits Erfahrungen mit dem Geschlechtsverkehr. Der Medianwert, der Wert also, bei dem mehr als die Hälfte der Gesamtstichprobe das Kriterium „GV-erfahren" erfüllt, muss also irgendwo zwischen 16 und 17 Jahren liegen. Auch hier handelt es sich um eine Wiederholungsbefragung, so dass ein Zeitvergleich der Ergebnisse möglich ist. Dieser spricht ebenfalls nicht für eine markante Vorverlagerung der sexuellen Aktivitäten Jugendlicher in den letzten Jahren: „Seit 1994 ist der Anteil der Geschlechtsverkehrserfahrenen unter den 17-jährigen relativ stabil. Bei den Mädchen liegt er konstant bei zwei Drittel, bei den Jungen schwankt er um den Wert von 60%. Es gibt also immer auch eine relativ fest umrissene Gruppe, die erst spät in vollem Umfang in das Geschlechtsleben eintritt" (BZgA, 2001, S. 49). Wenn dieser Medianwert somit also relativ konstant geblieben ist, so wird beim genaueren Blick auf die Daten doch auch deutlich, dass es beim sehr frühen Einstieg in die genitale Sexualität eine gewisse Verschiebung gegeben hat. Waren es 1980 nur ganz wenige der 14-Jährigen, die angaben, schon Erfahrungen mit dem Geschlechtsverkehr gemacht zu haben (3% der Mädchen und 1% der Jungen), so lag dieser Prozentsatz bei den jüngsten Befragungen für beide Geschlechter bei um die 10%.

Noch in einer anderen Hinsicht kann man von einer erstaunlichen Konstanz über die Jahre hinweg sprechen, nämlich bezüglich der Antworten auf die Frage nach der Zahl der PartnerInnen, mit denen die Befragten bisher Geschlechtsverkehr hatten. Hier gaben in den Befragungen, die 1980, 1994, 1996, 1998 und 2001 durchgeführt wurden, ziemlich konstant jeweils die Hälfte der Mädchen und etwa ein Drittel der Jungen an, dass sie bisher nur mit einem Partner bzw. einer Partnerin Geschlechtsverkehr hatten. Zwei Partner bzw. Partnerinnen nannte bei beiden Geschlechtern etwa ein

Viertel der Befragten. Von mehr als drei Partnerinnen oder Partnern berichteten in den einzelnen Untersuchungen nur 10–15% der Mädchen und 20–26% der Jungen. Wie man sich die Differenzen in den Angaben der Jungen und der Mädchen hinsichtlich der Häufigkeiten erklären soll, bleibt rätselhaft. Wenn man davon ausgeht, dass bei jedem vollzogenen heterogenen Geschlechtsverkehr je ein Vertreter des weiblichen und des männlichen Geschlechts beteiligt sein muss, dann wundert man sich, warum die Jungen mit mehr Mädchen Geschlechtsverkehr hatten als umgekehrt Mädchen mit Jungen. Offensichtlich spielen geschlechtstypische Tendenzen, sich bei entsprechenden Befragungen eher als „zurückhaltende und treu" bzw. als „erfahren und erfolgreich" zu präsentieren, hier doch eine erhebliche Rolle.

2.12 Zwischen „ängstlichem Nachgeben" und „entschiedenem Abblocken" – der Umgang mit der Unterschiedlichkeit und der Ungleichzeitigkeit der sexuellen Wünsche

Die eben erwähnte Differenz hängt vielleicht aber auch mit dem Umstand zusammen, dass manche Erlebnisse, die von den Jungen eher als „sexuelle Erfolge" und „erotische Eroberungen" verbucht wurden, von den beteiligten Mädchen eher als ungute und unselige Situationen sexueller Bedrängnis erfahren wurden, die sie am liebsten verdrängen oder ganz tilgen würden. In den autobiographischen Reflexionen fanden sich zahlreiche Hinweise auf solche Situationen, in denen die Mädchen sich eher gedrängt und genötigt fühlten, und es im Nachhinein eher bereuen, dass sie sich auf die entsprechenden sexuellen Erfahrungen eingelassen haben.

Er wollte dann auch schon mit mir schlafen, was ich aber immer wieder abblockte. Als er sich daraufhin von mir zurückzog, bekam ich Angst, ihn zu verlieren. Mir war nicht bewusst, dass er ganz andere Absichten hatte, als eine feste Liebesbeziehung mit mir zu führen. Ich dachte, dass er mich zwar liebe, aber nur bei mir bliebe, wenn ich mit ihm schlafen würde. Mein ‚erstes Mal' war sehr unromantisch. Danach hat er sich nie wieder bei mir gemeldet. Ich kam mir ausgenutzt vor und habe wochenlang geweint. Dieses Erlebnis hat mich psychisch so belastet, dass es sich sehr negativ auf meine weitere Entwicklung auswirkte. Auf meine Risikobereitschaft und auf meine schulische Laufbahn. Ich konnte lange Zeit kein positives Verhältnis zu meiner Sexualität aufbauen, obwohl ich ein Jahr später einen liebevollen Freund fand. (S19w)

Ich habe die Erfahrung gemacht, dass ich als weiblicher Teil in einer partnerschaftlichen Beziehung mich früher eher nach meinem Freund gerichtet habe, als dass ich mir und ihm eingestanden habe, was ich wirklich will. Deshalb hatte ich auch größere Schwierigkeiten, den Forderungen meines ersten Freundes nachzukommen. Ich wollte einerseits nicht schon nach einer Woche Petting und Geschlechtsverkehr, andererseits wollte ich ihn ja auch nicht enttäuschen. Es war eine Gratwanderung, die schon nach vier Wochen in die Brüche ging. Ich kann von Glück sprechen, da die Beziehung von meiner Seite aus nicht sehr angenehm war. Ich fühlte mich, das weiß ich noch genau, die ganze Zeit von meinem Freund gezwungen, seine Wünsche zu befriedigen, ohne dass er sah, was ich eigentlich wollte. Er war vermutlich die ganze Zeit nur Sex-geil und ich hatte dann trotzdem riesige Probleme, als die Beziehung auseinander ging. Das war, als ich 16 Jahre alt war. Ich hatte ein halbes Jahr später einen neuen Freund. Doch hatte ich so eine Angst aufgebaut, einerseits, dass ich den Wünschen des neuen Freundes nicht gerecht werden könnte, andererseits, dass ich wieder viel mehr Zeit brauchen würde, mich an die Beziehung zu gewöhnen, um die Zärtlichkeiten auch richtig genießen zu können. Dementsprechend hatte ich, nachdem diese Beziehung nach zwei Monaten auseinander ging, erst mal zwei Jahre keinen Freund. ... Im Nachhinein denke ich, war ich einfach mit 16 noch nicht so weit, eine richtige Beziehung zu führen, mir hätten Streicheleinheiten und miteinander im Bett kuscheln bei weitem gereicht, den von mir ausgesuchten Männern reichte dies offenbar nicht. Wahrscheinlich wäre es besser gewesen, wenn ich mir damals selbst ein bisschen mehr Zeit gegeben hätte, um mir klarzumachen, was ich eigentlich will und was nicht oder noch nicht will. (S39w)

Mit gut 16 habe ich dann meinen ersten richtigen Freund kennen gelernt. Nach ca. zwei Monaten Beziehung feierte er seinen 18. Geburtstag. – Ganz typisch war ich mit einem zwei Jahre älteren Jungen zusammen. – Er dachte, ich würde mit ihm in dieser Nacht schlafen, denn er wollte unbedingt. Es wäre für uns beide das erste Mal gewesen und er fand sich mit 18 Jahren schon viel zu alt, um noch nicht Sex gehabt zu haben. Seine Freunde hatten ja auch schon alle, sagten sie zumindest. Ich hätte es vielleicht sogar getan, aber irgendwie drängte er mich so und so habe ich es gelassen. Ich wollte ein perfektes erstes Mal, mit Rosen, Sekt und Satinbettwäsche, nach einem romantischen Candle-Light-Dinner und nicht nach einer durchzechten Geburtstagsparty. Und wenn, dann nur für mich alleine und nicht als Geburtstagsgeschenk für einen Jungen. Seine Jungfräulichkeit kann man eben nicht verschenken. Er sah das anders. Nachdem in dieser Nacht nichts gelaufen ist, war auch unsere Beziehung recht schnell vorbei. Schon am nächsten Morgen nach der Party war er irgendwie abweisend zu mir. (S43w)

In meinen ersten sexuellen Erfahrungen musste ich das Überwältigungsverhalten männlicher Sexualität erleben. ... Von sozialem Umgang miteinander konnte keine Rede sein. Für die Männer war es reine Bedürfnisbefriedigung, für mich die erste sexuelle Erfahrung. Aber irgendwie muss ich das ja selbst so gewollt haben. Geborgenheit und Vertrauen, sowie echte Liebe beginne ich erst seit kurzem zu erleben. Auch wird mir bewusst, dass ich (fast) nur Dinge getan habe, die mir und meinem Erleben überhaupt nicht gemäß waren und auch mehr oder weniger gar nicht freiwillig passiert sind. (S54w)

Deutlich ist die Diskrepanz der Erwartungen und Bedürfnisse, von der hier immer wieder berichtet wird. Während die Mädchen durchaus einen Freund wollen, die damit verbundene Bestätigung und Anerkennung, die Nähe und die Geborgenheit, den Schutz und das Vertrauen, durchaus auch Zärtlichkeiten in Form von Händchenhalten, Küssen und Kuscheln mit ihm, gehen die Interessen der Jungen weiter. Sie drängt es in solchen jugendlichen Partnerbeziehungen oft schneller und intensiver nach weitergehenden Formen sexueller Intimität. Und entsprechend drängen sie die Mädchen. Diese sind dann häufig innerlich gespalten. Einerseits fühlen sie in sich oftmals nicht den gleichen Drang, nicht das gleiche sexuelle Verlangen, sondern eher Unsicherheit, Unbehagen, Hemmung und Widerstand. Hinzu kommen häufig Zweifel daran, ob die eigenen Liebesgefühle wirklich ausreichen, ob sie intensiv genug sind, sich „ganz hinzugeben", ob die Zeit des Sich-Kennenlernens und Vertrauen-Gewinnens wirklich schon ausreicht. Andererseits wollen sie natürlich eine „gute", „liebenswerte" Freundin sein und haben Angst, den Jungen zu verlieren, wenn sie sich allzu „verklemmt" und „spröde" geben. In diesem Sinne heißt es in einem Text: *„Ich dachte, dass er mich zwar liebe, aber nur bei mir bliebe, wenn ich mit ihm schlafen würde."* Und in einem anderen: *„Ich wollte einerseits nicht schon nach einer Woche Petting und Geschlechts-*

verkehr, andererseits wollte ich ihn ja auch nicht enttäuschen. Es war eine Gratwanderung, die schon nach vier Wochen in die Brüche ging." Wieder eine andere Verfasserin meint in Bezug auf ihre Erfahrungen als 16-Jährige: *„Mir hätten Streicheleinheiten und miteinander im Bett kuscheln bei weitem gereicht, den von mir ausgesuchten Männern reichte dies offenbar nicht"*, und ähnlich heißt es in einem weiteren Bericht, bei dem zunächst die zarten Entwicklungsschritte der ersten romantischen Jugendliebe geschildert werden: *„Und dann die Ernüchterung: er wollte mehr; aber ich war noch nicht so weit. Ich wollte mir Zeit lassen, denn eine Beziehung definiert sich doch nicht nur über den Sex."*

Die Umgangsweisen mit dieser ambivalenten Grundsituation, die berichtet werden, sind recht unterschiedlich. Manche lassen sich trotz ihres inneren Widerstands auf die sexuellen Wünsche ihres Freundes, die sie eher als Zudringlichkeiten erleben, ein: So heißt es in einem Text: *„Doch damals ging es mir eher darum, es meinen Freunden recht zu machen"*, und in einem anderen berichtet eine Autorin über eine frühe Pettingsituation, sie sei *„mit dieser Situation nicht wirklich glücklich"* gewesen *„und spielte einfach nur mit. Damals traute ich mich einfach nicht zu sagen, dass ich das gar nicht haben wollte, aus Angst, auf Ablehnung zu stoßen. Auch als mein Freund dann mit seiner Hand in meine Hose fuhr, wehrte ich mich dagegen nicht, obwohl mir diese Situation äußerst unangenehm war"*. Ihren Mangel an Widerstand bringt sie mit dem mangelnden Selbstwertgefühl, das sie in jenem Alter hatte, und mit ihrem Wunsch nach Anerkennung in Zusammenhang: *„Ich hatte damals kein besonders ausgeprägtes Selbstwertgefühl und wenn sich denn dann tatsächlich mal ein Junge für mich interessierte, dann gehörte Berühren für mich mit dazu, ob ich es nun wollte oder nicht. Vielleicht wollte ich mich damit für den Jungen attraktiver und begehrenswerter erscheinen lassen."*

Selbst der erste Geschlechtsverkehr, der Verlust der Virginität, der ja doch für die meisten Mädchen einen ziemlich bedeutsamen Einschnitt darstellt, passierte bei manchen aufgrund einer solchen Situation des Bedrängtwerdens: *„Es geschah eher, weil er es sich endlich wünschte. Ich habe nachgegeben und kaum Erinnerungen daran. Danach war ich sehr traurig und habe geweint."* In einem anderen Text wird gar mehr als nur verbales Drängen angedeutet, wenn es heißt: *„In meinen ersten sexuellen Erfahrungen musste ich das Überwältigungsverhalten männlicher Sexualität erleben..."*, und es wird bedauernd mit Blick auf die gesamten eigenen frühen Sexualerfahrungen festgestellt: *„dass ich (fast) nur Dinge getan habe, die mir und meinem Erleben überhaupt nicht gemäß waren und auch mehr oder weniger gar nicht freiwillig passiert sind"*. Trotz dieser offensichtlich doch ziemlich massiven Form von Bedrängnis, ja von Nötigung, stellt sich auch hier die Verfasserin die Frage nach ihrer Eigenverantwortung für diesen unglücklichen Verlauf, bei dem sie sich ziemlich ausgenutzt vorkam: *„Aber irgendwie muss ich das ja selbst so gewollt haben."*

Andere berichten selbstbewusster davon, dass und wie sie die ihnen zu weitgehenden Erwartungen und Ansprüche ihrer ersten Partner zurückgewiesen haben. Eine Verfasserin, der damals alles *„viel zu schnell"* ging, meint etwa: *„seine Versuche blockte ich jedoch entschieden ab. Das Ganze ging mir sehr schnell auf die Nerven und ärgerte mich auch, zumal er meine Meinung nicht recht zu akzeptieren schien"*. Eine andere verweigerte sich entschieden, den Vorstellungen ihres Freundes, dass sie ihm ihre „Jungfräulichkeit" quasi als Geschenk zum 18. Geburtstag darbringen sollte, entgegenzukommen, woraufhin die Beziehung dann recht bald zu einem Ende kam.

Immerhin zweimal wird auch von einer konträren Situation, vom Bedrängtwerden eines Jungen durch ein Mädchen berichtet. So schreibt eine Verfasserin über ihre Beziehung zu einem immerhin schon zwanzigjährigen Freund, der sich offensichtlich zunächst gegen ihre sexuellen Wünsche sperrte: *„Da musste ich erst mal mehrere Tage Überzeugungsarbeit leisten, bis er dann endlich bereit war, mit mir zu schlafen".* In diesem Fall liest man diesen Satz vielleicht eher mit Belustigung. Im umgekehrten Fall freilich wäre schnell der Vorwurf der Bedrängnis und der sexuellen Nötigung bei solch intensiver „Überzeugungsarbeit" bei der Hand. Schließlich berichtet auch ein männlicher Verfasser von einer frühen Beziehung zu einem Mädchen, *„das auf das erste Mal sehr fixiert war und förmlich darauf drängte".* Wie lange er brauchte und welche inneren Hürden er zu überwinden hatte, um diesem Drängen zu entsprechen, wird dann leider nicht mehr erwähnt.

Im Rahmen der Hamburger Befragung zur Jugendsexualität von Schmid wurde auch der Aspekt der sexuellen Belästigung und Gewalt erhoben und in einer eigenen Studie von Carmen Lange ausgewertet. Dabei ging es freilich um einen sehr viel weiteren Erfahrungsbereich als um den des „Gedrängtwerdens" in frühen Liebesbeziehungen. Im Einzelnen wurden hier Kategorien wie die Erfahrung mit Exhibitionisten, penetrantes Anstarren, verbale und gestische Belästigung, Anfassen, Küssen, erzwungenes Petting, Oralverkehr, der Versuch, Geschlechtsverkehr zu erzwingen, sowie der erzwungene Geschlechtsverkehr erfasst. Insgesamt berichteten etwa die Hälfte der 16 und 17-jährigen Mädchen und etwa ein Fünftel der Jungen davon, in irgendeiner Form schon einmal die Erfahrung sexueller Belästigung oder Gewalt gemacht zu haben. Überwiegend handelte es sich dabei freilich um verbale Anzüglichkeiten, um gestische Belästigung sowie um aufdringliches Angrabschen und Befummeln. Daneben kamen jedoch auch sehr massive Übergriffe vor. Aufgeteilt nach Schweregrad ordneten 8% der Mädchen und 1% der Jungen ihre Erfahrungen mit sexueller Belästigung und sexueller Gewalt als „schwerwiegend" ein. Auch wenn die Prozentangaben für die einzelnen gravierenden Formen sexueller Übergriffe eher niedrig sind, so sind die damit verbundenen Leiderfahrungen doch beträchtlich, wenn man bedenkt, dass von den insgesamt 362 befragten Mädchen immerhin 16 zum Petting, 11 zum Geschlechtsverkehr und 3 zum Oralverkehr gezwungen worden waren und 23 einen Vergewaltigungsversuch erlebt hatten.

Gerade weil für die Mädchen in aller Regel die Bereitschaft zur Hingabe so sehr von der Voraussetzung des Vertrauens abhängig ist, wird das gebrochene und missbrauchte Vertrauen auch dann, wenn überhaupt keine Form von Zwang oder Nötigung dabei im Spiel ist, als tiefe seelische Verletzung erlebt. In einem der Statements heißt es denn auch im Rückblick auf die Erfahrung des ersten Geschlechtsverkehrs mit einem Jungen, der unmittelbar danach die Beziehung beendete: *Ich kam mir ausgenutzt vor und habe wochenlang geweint. Dieses Erlebnis hat mich psychisch so belastet, dass es sich sehr negativ auf meine weitere Entwicklung auswirkte. Auf meine Risikobereitschaft und auf meine schulische Laufbahn. Ich konnte lange Zeit kein positives Verhältnis zu meiner Sexualität aufbauen, obwohl ich ein Jahr später einen liebevollen Freund fand".* Obwohl man hier gar nicht von einer „massiven Gewalterfahrung" im Sinne Langes sprechen kann, waren die Auswirkungen des Vertrauensbruchs und der Enttäuschung auf die weiteren Beziehungserfahrungen doch gravierend.

Zwar gab es während der letzten Jahrzehnte unbestreitbar einen Fortschritt in Richtung sexuelle Selbstbestimmung und partnerschaftliche Gleichberechtigung. Und man kann es durchaus als einen Niederschlag des jahrzehntelangen Kampfes vieler

Frauen um Selbstbestimmung ansehen, dass nach den einschlägigen Befragungen heute junge Frauen sehr viel häufiger als früher bestimmen, was in einer Beziehung geschieht und wie weit sexuell gegangen wird und dass sie ihrerseits sehr viel häufiger als früher die sexuelle Initiative ergreifen. Dennoch erscheint es, angesichts der in den autobiographischen Statements zum Ausdruck kommenden Erfahrungen und angesichts der bei Lange präsentierten Daten, doch etwas merkwürdig, wenn ein Bericht über die Veränderungstendenzen im Bereich der Jugendsexualität mit dem Titel „Starke Mädchen, verwirrte Jungs" überschrieben ist, und wenn dort dann zu lesen ist: „Die alte Sexualmoral (Anmache = Männersache) hat im Zug des feministischen Diskurses ausgedient. Das Machtgefälle zwischen den Geschlechtern ist aufgehoben, und Jungen erleben heute, daß sie den gleichaltrigen Mädchen auf dem zwischenmenschlichen Spielfeld unterlegen sind" (Focus, 43/1996, S. 244). Die These von der Aufhebung des Machtgefälles und von der Überlegenheit der Mädchen scheint ähnlich überzogen wie die These von der massiven Vorverlagerung erster sexueller Erfahrungen.

Andererseits kann man aber auch die Tatsache, dass Fragen wie „Was wollte ich selbst eigentlich?", „Inwieweit haben meine ersten sexuellen Erfahrungen meinen Wünschen und Vorstellungen entsprochen?", „Inwieweit habe ich mich drängen lassen zu etwas, wozu ich eigentlich noch gar nicht recht bereit war?" einen so großen Raum in den autobiographischen Reflexionen einnehmen, doch auch als Indiz auffassen für jene zentrale These, in der Schmid und Lange die Ergebnisse ihrer Studie zusammenfassen: „Während Jugendliche der 60er Jahre vom Zeitgeist der ‚sexuellen Befreiung' geprägt waren, ist es bei den heutigen Jugendlichen der Zeitgeist des ‚Geschlechterkampfes' genauer die Neuordnung der Geschlechterverhältnisse" (Schmid/Lange 1993, S. 78). Diese unabweisbare Virulenz der Geschlechterthematik führt bei Jungen und Mädchen zu unterschiedlichen Reaktionen: „Jungen verarbeiten diese Konfrontation mit der Geschlechterfrage offenbar häufig reaktiv oder defensiv, indem sie sich sexuell als weniger triebhaft oder gefährlich erleben oder darstellen und ihre Sexualität durch Liebe und Partnerorientierung ‚bändigen'. Sie lösen sich – in Ansätzen – vom traditionellen Konzept ‚männlicher' Sexualität und nähern sich ‚weiblichen' Idealen an, ohne allerdings die Mädchen diesbezüglich zu erreichen. Mädchen verarbeiten die Konfrontation mit der Geschlechterfrage zum einen offensiv, indem sie mehr Kontrolle und Autonomie in Sexualität und Beziehung anstreben; zum anderen kontraeuphorisch mit einem gehörigen Anteil an Skepsis gegenüber dem, was von Sexualität, vor allem von der Sexualität mit Männern, zu erwarten ist, mit einem geschärften Blick für die sexuellen Umgangs-Risiken, die viele von ihnen als sexuelle Belästigung oder als sexuelle Übergriffe bis hin zum Zwang und Gewalt selbst erfahren haben" (ebd.).

3 Sich von den Eltern „ablösen" und doch mit ihnen verbunden bleiben

Eine zentrale Entwicklungsaufgabe des Jugendalters besteht darin, das Verhältnis zu den eigenen Eltern umzugestalten, sich von kindlichen Idealisierungen, Anhänglichkeiten, Abhängigkeiten, Trotzigkeiten und Bequemlichkeiten zu lösen, einen eigenen Stand in der Welt zu gewinnen, immer mehr Entscheidungen selbst zu treffen aber auch selbst zu verantworten. Häufig wurde diese Aufgabe als „Ablösung" oder als „Loslösung" vom Elternhaus bezeichnet. Bei Havighurst heißt die entsprechende Entwicklungsaufgabe etwa: „Erreichung emotionaler Unabhängigkeit von Eltern und anderen Erwachsenen" und bei Dreher/Dreher: „Von den Eltern unabhängig werden bzw. sich vom Elternhaus loslösen". Bei Fend ist vorsichtiger vom „Umbau der sozialen Beziehungen" die Rede. Und vermutlich ist diese Formulierung angemessener. Denn in der Tat geht es ja um einen Umbau, um eine Veränderung in der Beziehungsqualität, nicht um ein Hinter-Sich-Lassen der Beziehungen zu den Eltern. Sullivan und Sullivan haben auf den paradoxen Charakter der Anforderungen, die sich hier für die Jugendlichen ergeben, hingewiesen: „Das Ziel der Adoleszenz beinhaltete die nahezu paradoxe Aufgabe, die eigene Unabhängigkeit von den Eltern zu vergrößern und zugleich die Zuneigung und Kommunikation mit ihnen aufrechtzuerhalten" (Sullivan/Sullivan 1980, S. 93). Stierlin hat für diese paradoxe Aufgabe den Begriff der „bezogenen Individuation" geprägt (Stierlin 1994).

3.1 Entwicklungsbedingte Veränderungen des Eltern-Kind-Verhältnisses

Schon die ganze Kindheit hindurch kommt es natürlich zu permanenten Umgestaltungen der Eltern-Kind-Beziehung. Es sind dauernde subtile Veränderungs- und Anpassungsprozesse, die hier stattfinden. Ganz selbstverständlich stellen sich die Eltern auf die sich im Laufe der Entwicklung ständig verändernden Möglichkeiten, Interessen und Bedürfnisse ihrer Kinder ein, erweitern den Raum der selbständigen Entscheidungsbefugnisse und der Freiheitsspielräume sowie andererseits den der Erwartungen, was Verantwortlichkeit, Frustrationstoleranz, Selbständigkeit oder Mithilfe im Haushalt anbelangt. Mit dem Eintritt in die Pubertät gewinnt dieser durch die Entwicklung bedingte Veränderungsprozess oftmals eine neue Dynamik. Die Feinabstimmung, die bis dahin in der Regel ganz gut funktionierte, gerät bisweilen außer Takt, weil das Tempo, mit dem die Heranwachsenden neue Rechte und neue Freiheitsspielräume für sich einfordern, sich nun deutlich beschleunigt und damit nicht selten dem Tempo, mit dem Eltern bereit sind, in dieser Hinsicht ihren Kontrollanspruch zurückzunehmen und entsprechende Freiheiten zu gewähren, deutlich vorauseilt. Wenn die Kluft hier sehr groß wird, kann es sein, dass die gegenseitigen Wahrnehmungen sich verengen und die Konflikte eskalieren. Die Heranwachsenden erleben dann die Eltern als primär verweigernd, verbietend und unterdrückend. Die Eltern erleben ihrerseits ihre Kinder immer mehr als fordernd, frech und respektlos. Die Jugendlichen berufen sich dabei in der Regel auf ihr subjektives Gefühl von Unabhängigkeit, Selbständigkeit und Selbstgehörigkeit, akzeptieren es immer weniger, dass andere sich anmaßen, über ihr Leben, ihren Umgang, ihre Zeit zu bestimmen. Die Eltern berufen sich auf ihre nach wie vor bestehende erzieherische Verantwortlichkeit und befinden sich nicht selten im Konflikt zwischen dem fordernden Ich des Kindes („wie könnt ihr mir dies verbieten?"), den

Forderungen des eigenen erzieherischen Über-Ichs („als Eltern müssen wir hier eine Grenze setzen") und den „pädagogischen Experten" im Bekannten- und Familienkreis („wie könnt ihr ihm dies erlauben?").

Zu dem jugendtypischen „Drang nach Autonomie", nach Selbstbestimmung hinsichtlich der eigenen Angelegenheiten – sei dies die Ordnung im Zimmer, die Wahl der Freunde oder die Verfügung über die eigene Zeit – kommt auch noch ein anderer Faktor, der das bisherige kindlich-vertrauensvolle Verhältnis zu den Eltern ins Wanken bringt. Bisher waren die Vorstellungen der Kinder von gut und böse, von richtig und falsch, von schön und hässlich, vom lebenswerten Leben und von der erstrebenswerten Zukunft sehr eng an die Vorstellungen der Eltern angelehnt. Die Eltern waren trotz aller Konflikte, die vorgekommen sein mögen, diejenigen, die die Maßstäbe setzten; zugleich waren sie diejenigen, die (im günstigen Fall) von Anfang an Versorgung, Sicherheit, Geborgenheit garantierten und zu denen die Kinder liebevoll-leidenschaftliche Beziehungen entwickelt hatten, die sie bewunderten und idealisierten.

Mit dem in der Pubertät sich weitenden sozialen und kulturellen Horizont und mit den nun auftauchenden kognitiven Fähigkeiten zum formal-operativen und damit zum abstrakten und kritisch-reflexiven Denken bekommt die Idealisierung der elterlichen Vorbilder und die Akzeptanz des elterlichen Weltbildes notwendig Sprünge. Die Relativität, Begrenztheit, ja vielleicht sogar Fragwürdigkeit der von den Eltern vertretenen Lebensformen und Maßstäbe wird nun deutlich, Diskrepanzen zwischen den von ihnen verbal vertretenen Idealen und ihrem realen Verhalten werden viel schärfer wahrgenommen, Unzulänglichkeiten und Schwächen der Eltern bisweilen gnadenlos aufgedeckt. Um zu einer größeren Autonomie im eigenen Denken und Urteilen zu kommen, ist es unausweichlich, dass die Jugendlichen zunächst vieles von dem in Frage stellen und manches von dem verwerfen, was in ihrem bisherigen kindlichen Horizont mehr oder weniger fraglose Gültigkeit hatte. Diese im Sinne der Autonomiegewinnung notwendige Entidealisierung der Elternfiguren ist jedoch keineswegs nur mit einem Triumphgefühl verbunden, sondern hinter den aufmüpfigen Überlegenheitsgesten und dem selbstherrlichen „...Ihr habt ja keine Ahnung" steckt oftmals auch viel Enttäuschung. Und gerade diese Desillusionierung führt dann zu überschießenden Reaktionen auf Seiten der Jugendlichen, zu Generalisierungen, die dann die Eltern bisweilen nur mehr als „Zumutung" erscheinen lassen.

3.2 Ablösungskonflikte – Schnee von gestern? ...

Ist diese These von der Zunahme der Konflikthaftigkeit im Eltern-Kind-Verhältnis im Zusammenhang mit der Pubertät eine Überdramatisierung, ein Relikt aus vergangenen Zeiten? Betrachtet man die neuere empirische Jugendforschung, dann könnte man fast diesen Eindruck haben. Hier sind die Autoren häufig darum bemüht, das positive Verhältnis, das heutige Jugendliche in der Regel zu ihren Eltern haben, hervorzuheben. So heißt es etwa bei Flammer und Alsaker: „Die Meinung, das Familienleben mit Jugendlichen bestehe im Wesentlichen aus schmerzlichen Spannungen und Streit, lässt sich nach wissenschaftlichen Untersuchungen nicht halten". Zahlreiche Untersuchungen hätten belegt, „dass die Beziehungen zwischen Eltern und pubertierenden Jugendlichen mehrheitlich positiv sind" (Flammer/Alsaker 2002, S. 172). Die Autoren führen das „Stereotyp von den schwierigen Jugendlichen" auf Projektionsneigungen der heutigen Erwachsenengeneration zurück: „Viele von ihnen mögen bedauern, dass ihre eigene Jugend vorbei ist und entwickeln Ängste, aber auch Phantasien, was sie tun könnten/würden, wenn sie noch einmal so ungebunden und im Vollbesitz ihrer Kräfte, ihrer Schönheit und ihrer sexuellen Attraktivität wären und das zu einer Zeit, die der Jugend mehr Freiheit gestattet als ihre eigene Zeit damals" (ebd., S. 173). Ist es also der bloße Neid und die Missgunst der Eltern, die hinter den Klagen über die „Unbotmäßigkeiten" des pubertierenden Nachwuchses stecken?

Auch in der jüngsten Shell Jugendstudie wird ein ausgeprägt harmonisches Bild vom aktuellen Eltern-Kind-Verhältnis im Jugendalter gezeichnet: „Es zeigt sich, dass unabhängig vom Geschlecht, regionaler Herkunft oder Schulformen das Verhältnis zu den Eltern bei neun von zehn Jugendlichen recht gut ist und sich mit zunehmendem Alter der Nachkommen noch verbessert" (Linssen/Leven/Hurrelmann 2002, S. 57). Als ein zentraler Indikator dafür, wie sich das Generationenverhältnis entwickelt hat, gelten in den Jugendstudien die Antworttendenzen auf die Frage, ob die Interviewten ihre eigenen Kinder einmal so erziehen würden, wie sie von den eigenen Eltern erzogen worden sind, oder ob sie es in der Erziehung des eigenen Nachwuchses ganz anders machen würden. Es erscheint durchaus plausibel, dass sich in der Antwort auf diese Frage recht gut die Gesamtbewertung der Erziehung, die man selbst genossen hat, widerspiegelt. Und in den Antworttendenzen auf diese Frage lässt sich in der Tat eine beeindruckende Zunahme der Übereinstimmung mit den elterlichen Erziehungshaltungen über die letzten Jahre hinweg beobachten. 69% der 12–25-Jährigen gaben bei der jüngsten Shell Jugendstudie an, dass sie ihre eigenen Kinder einmal „genau so" oder „ungefähr so" erziehen wollen, wie ihre Eltern sie erzogen haben. Bei Zinnecker, der 10–18-Jährige befragte, war die Zustimmung zu der entsprechenden Frage sogar noch ein Stück höher. Hier gaben 73% an, dass sie es „genau so" oder aber zumindest „so ähnlich" machen wollten. Mitte der siebziger und achtziger Jahre hatten auf die entsprechende Frage nur knapp über die Hälfte der Befragten grundsätzliches Einverständnis mit dem elterlichen Erziehungsstil zu Protokoll gegeben. Entsprechend heißt es bei Zinnecker u. a.: „Die Jahrzehnte des Protests gegen die elterliche Erziehung sind vorbei" (Zinnecker u. a. 2002, S. 38). Es ist jedoch fraglich, ob man diese durchaus markante und beeindruckende Veränderungstendenz bei den Antworten auf die Frage nach der Zustimmung zum elterlichen Erziehungsstil so ohne weiteres als Indiz für generelle Harmonietendenzen in den heutigen Familien nehmen darf. Es könnte auch damit zu tun haben, dass im Zeitgeist der siebziger und achtziger Jahre die Kritik an den bestehenden erzieherischen Verhältnissen sehr viel dominanter war (man denke nur etwa an die damalige Popularität der Bücher von Alice Miller!), und dass gleichzeitig alternative Erziehungsmodelle wie „antiautoritäre Erziehung" und „Antipädagogik" viel stärker in der öffentlichen Diskussion und im öffentlichen Bewusstsein waren und als real mögliche Utopien gehandelt wurden. Im heutigen öffentlichen Diskurs über Erziehung steht dagegen sehr viel stärker wieder die Forderung des „Grenzensetzens" im Vordergrund. Von daher fehlt vielleicht den befragten Jugendlichen heute eine Alternative, ein klares Programm, eine Vision davon, wie eine andere Erziehung überhaupt aussehen könnte. Entsprechend betrachten sie die Kämpfe und Konflikte zwischen Eltern und ihren pubertierenden Kindern zwar als bisweilen „stressig", sehen sie aber doch als letztlich mehr oder weniger unvermeidbar an.

Seiffge-Krenke hat in einer empirischen Studie zum Umgang Jugendlicher mit Stressereignissen herausgefunden, dass Jugendliche Streitsituationen innerhalb der Familie als viel „normaler", „unvermeidlicher" und „voraussehbarer" betrachten als Konfliktsituationen im Freundeskreis. Auch gaben sie an, sich im Kontext der Familie in solchen Situationen viel weniger um Zurückhaltung, Impulskontrolle und Kompromissbildung zu bemühen sondern eher dazu tendieren, ihrem Ärger Luft zu machen (vgl. Seiffge-Krenke 2002). Die Eltern werden also offensichtlich stärker als Gleichaltrige als Sparringspartner in Sachen Durchsetzung und Selbstbehauptung benützt. In den Konflikten geht es neben den eigentlichen Interessen, die man durchsetzen will, häufig auch noch um ganz andere Dinge: Etwa darum, die eigene kritisch-argumentative Rhetorik zu schärfen, dem Überlegenheitsgefühl hinsichtlich der Frage, wer am besten weiß, was „modern", „zeitgemäß", „angesagt", „fortschrittlich" ist, Ausdruck zu geben, die eigene Widerstandskraft zu erproben, die gerechte Empörung zu üben, die Wirkung von dramatischen Auftritten zu testen oder die Ausdauer in Sachen Schmollen und Beleidigtsein zu erkunden.

3.3 ... oder Eltern und Kinder im „Überlebenskampf"?

Betrachtet man den breiten Markt der Ratgeberliteratur, der sich direkt an Eltern pubertierender Kinder wendet, dann hat man nicht den Eindruck, dass das harmonische, verständnisvolle Miteinander heute die Regel ist und Krisen und Konflikte zwischen Eltern und Heranwachsenden sich mehr oder weniger aufgelöst hätten. Die Masse der einschlägigen Ratgeber und die entsprechenden Buchtitel sprechen doch eine ziemlich deutliche Sprache.[3]

Offensichtlich besteht ein hoher Beratungsbedarf gerade in diesem Abschnitt der Familienbiographie, in dem die Kinder flügge werden. Unterliegen auch die Ratgeberautoren den von Flammer/Alsaker vermuteten Projektionstendenzen, wenn sie schon in ihren Titeln das „Stereotyp des schwierigen Jugendlichen" bedienen? Oder wählen sie solche Titel, weil diese eben die real vorhandenen Irritationen und Nöte der Eltern

---

[3] „Pubertät ist, wenn die Eltern schwierig werden. Tagebuch einer betroffenen Mutter"(Arlt 2000), „Die härtesten Jahre... oder wie man die Pubertät überlebt" (Barlow/Skidmore 1998), „Puberterror. Ratgeber für alle, die mit Jugendlichen zu tun haben" (Baier 2003), „Pubertät? Kein Grund zur Panik!" (Beil/Nitsch/Schelling 1992), „Die Pubertät und ihre Krisen. Erzieherische Hilfen zur Überwindung von Schwierigkeiten" (Bockemühl 2001), „Nervenprobe Pubertät. Wie Eltern sie bestehen können" (Brosche/Luchs 2003), „Wenn Gefühle Achterbahn fahren. Pubertätskrisen und wie man sie überwindet" (Büchner 2000), „Dauernd ist sie beleidigt. Wie Töchter und Mütter gut durch die Pubertät kommen" (Eder 2002), „Flegelalter. Junge und Mädchen in der leiblichen Pubertät" (Ell 1973), „Baustelle Pubertät – Betreten verboten!? Teenager verstehen und in Krisen begleiten" (Faix/Rühle 2004), „Pubertät – echt ätzend. Gelassen durch die schwierigen Jahre" (Guggenbühl 2000), „Pubertät. Zwischen Happy und Depri" (Hunter/Phillips 2000), „Pickel, Sex und immer Krach" (Kaiser 2000), „Jugend im Zwiespalt. Eine Psychologie der Pubertät für Eltern und Erzieher" (Köhler 1999), „Ich krieg die Krise. Pubertät trifft Wechseljahre" (Lutz 2000), „Die Pubertät gemeinsam bewältigen" (Mitschka 1987), „Auf der Suche nach Orientierung. Die Pubertät in ihren Herausforderungen und ihren Schwierigkeiten" (Mugerauer 1995), „So richtig in der Pubertät. Was Eltern lassen sollten und was sie tun können" (Orvin 2000), „Pubertätskrisen junger Mädchen. Wie Eltern helfen können" (Pipher 2003), „Wie begleite ich mein Kind in schwierigen Phasen im Trotzalter und in Pubertät?" (Prekop 1999), „Das können doch nicht meine sein. Gelassen durch die Pubertät Ihres Kindes" (Raffauf 2000), „Jugendliche verstehen – Konflikte lösen. Pubertät im Licht des Familienstellens" (Rauscher 2004), „Pubertät. Loslassen und Haltgeben" (Rogge 1998), „Kinder loslassen – wann und wie? Behüten und Freiraum geben. So finden Sie die richtige Balance. Von der Geburt bis zur Pubertät" (Schindler 2002), „Pubertät. Konflikte verstehen. Lösungen finden. Chancen erkennen" (Spallek 2001), „Warum sie so seltsam sind" (Strauch 2003), „Pubertät – Das Überlebenstraining für Eltern" (Wüschner 2003).

ansprechen, wenn sie etwa von „Potenzterror" sprechen oder ein „Überlebenstraining für Eltern" auf den Markt bringen? Könnte es sein, dass die in der empirischen Jugendforschung behauptete „Harmonietendenz" auch damit zu tun hat, dass man letztlich gar nicht allzu viel über das erfährt, was sich in jenen Jahren an Auseinandersetzungen zwischen Heranwachsenden und ihren Eltern abspielt, wenn man den Jugendlichen in einem umfangreichen Fragebogen neben vielem anderem auch noch die Frage vorlegt, ob sie ihre Kinder später einmal genauso erziehen wollen, wie sie von ihren Eltern erzogen wurden?

3.4 Gesamteinschätzungen der eigenen Eltern-Kind-Beziehung

Deshalb soll hier zunächst wieder ein genauerer Blick auf das geworfen werden, was junge Erwachsene in freier Formulierung rückblickend über ihre Beziehungen zu ihren Eltern schreiben. Beim Lesen der verschiedenen Texte war gerade hier die Vielfalt höchst unterschiedlicher Familienatmosphären, die geschildert wurden, höchst unterschiedlicher Erfahrungen, die gemacht wurden, und höchst unterschiedlicher Bewertungen dieser Erfahrungen, die aus der reflexiven Distanz getroffen wurden, besonders eindrucksvoll. Bei der Auseinandersetzung mit dieser Entwicklungsaufgabe haben sehr viele Verfasser und Verfasserinnen auch so etwas wie eine Gesamteinschätzung, ein explizites Fazit, vorgenommen.

In diesem Alter waren meine Eltern für mich wichtige Ansprechpartner und Bezugspersonen, denn ich wusste immer, dass ich mich auf sie verlassen konnte, wenn ich etwas auf dem Herzen hatte. Sie schafften meiner Schwester und mir ein „schützendes Nest". ... Im Großen und Ganzen kann ich sagen, dass mein Verhältnis zu meinen Eltern in der Jugendzeit immer ganz gut war. Natürlich gab es auch Streitigkeiten, aber wo gibt es sie nicht. Meine Eltern waren auf alle Fälle immer für mich da, wenn ich sie gebraucht habe. (B1w)

Meine Eltern schafften zwar weiterhin noch ein schützendes Netz für mich, sie begleiteten mich auf meinem Weg zur Selbständigkeit, gleichzeitig konnten sie aber auch loslassen und meine Position, wenn auch nicht verstehen, so doch akzeptieren. Natürlich war dies keine konfliktfreie Zeit. Ich kann mich noch gut daran erinnern, wie häufig ich dachte, meine Eltern würden mich doch nicht wirklich verstehen. (B15w)

Den Umbau meiner sozialen Beziehungen habe ich in meiner Pubertät nur in Bezug auf meine Eltern als problematisch empfunden. ... Ich fühlte mich von der gesamten Familie unverstanden und ungeliebt. ... Meine Mutter erkundigte sich nicht mehr nach der Schule, bemerkte gar nicht, ob ich zu Hause war oder nicht. Ich musste mit meinen Problemen ganz alleine zurechtkommen und mir noch dazu Sorgen um meine Mutter machen. ... Es bemerkte auch keiner, als ich anfing, Drogen zu nehmen ... Ich fühlte mich meine gesamte Pubertät über von ihnen alleingelassen. (B19w)

So ergab es sich, dass ich zunächst das Teilziel Selbständigkeit erreichen wollte, während meine Mutter mich vor allem weiterhin in der Familie besitzen wollte. Und jeder benutzte seine eigenen Machtmittel. ... Ich selbst empfand meinen persönlichen Weg in die Selbständigkeit als ein permanentes Freistrampeln, ein Kämpfen gegen und Kämpfen für. Und dabei wollte ich doch nur das erreichen, was mir das Natürlichste der Welt zu sein schien: über den Tellerrand des heimischen Nestes blicken, ein paar Äste zur Seite biegen, um Neues zu entdecken. (B47w)

Als ich in die Pubertät kam, musste ich mir jedes Stückchen Freiheit erkämpfen. Ich trug Schlachten um jede Minute aus, die ich länger wegbleiben durfte. Ich konnte damals einfach nicht verstehen, warum ich nicht, wie alle meine Klassenkameraden auch, mit 16 Jahren bis 24.00 Uhr ausgehen durfte. ... Ich hatte damals eine blinde Wut auf meine Eltern und das Gefühl, zu niemandem zu gehören. Zum einen bildeten meine Eltern und meine Schwester zu Hause eine Einheit. Sie hatten nie Probleme miteinander und verstanden sich prächtig. Wenn einer der drei Probleme mit mir hatte, war die ganze Familie gegen mich. Immer wieder hielten mir meine Eltern vor, ich sei unvernünftig und ich solle mir doch meine jüngere Schwester zum Vorbild nehmen, die in ihrem Alter viel reifer wäre, als ich Ältere. (B48w)

Ordnet man die Statements nach der darin enthaltenen Gesamttendenz hinsichtlich der Bewertung des Eltern-Kind-Verhältnisses während der Jugendzeit, so kann man eine gewisse Dichotomisierung erkennen. Es wird entweder eine positive oder aber eine überwiegend negative Gesamteinschätzung vorgenommen. Gänzlich neutrale Darstellungen der Familiensituation finden sich so gut wie gar nicht. Auch ausgeprägte Ambivalenzen kommen selten zur Sprache. Etwa zwei Drittel der Verfasser äußern sich in ihrem Fazit deutlich positiv über ihre Eltern. Ein Drittel jedoch berichtet von problematischen, angespannten, konfliktreichen Elternbeziehungen. Typischerweise sind die positiven Bewertungen meist kürzer und häufig etwa nach folgendem Muster gestrickt: *„Das Verhältnis zu meinen Eltern war eigentlich immer recht gut; größere Probleme gab es nie. Mit meinen Eltern verbrachte ich auch weiterhin viel wichtige Zeit, auch wenn sie quantitativ weniger wurde. Das klingt jetzt so harmonisch. Ja, in gewisser Weise war es das auch. Aber Meinungsverschiedenheiten gab es genauso wie bei anderen"*. Wenn im Kontext eines solchen Fazits eine explizite Begründung für die positive Einschätzung gegeben wird, dann werden vor allem folgende Qualitäten und Vorzüge der Eltern als besonders maßgeblich hervorgehoben:

Die Eltern sind liebevoll, offen, zugewandt, haben stets einen verlässlichen Rahmen, ein *„sicheres Nest"* geboten. Sie vermitteln die Grundüberzeugung, dass man sich auf sie verlassen kann, dass sie stets für einen da sind, sie signalisieren, dass man mit allen Fragen und Problemen zu ihnen kommen kann. Sie machen deutlich, wie viel ihnen am Familienleben und an einem harmonischen Umgang liegt. Sie sind bereit, die Interessen ihrer Kinder bei ihren Planungen zu berücksichtigen. Sie haben grundsätzliches Zutrauen zu ihren Kindern und lassen ihnen Spielräume um eigene Erfahrungen zu machen. Sie zeigen ehrliches Interesse an der Entwicklung und am Wohlergehen ihres Nachwuchses, vertreten gleichzeitig aber auch eigene Standpunkte und sind zur kritischen Auseinandersetzung und Diskussion bereit. Sie bejahen die Elternrolle, die Generationenschranke und beanspruchen nicht „beste Freunde" für ihre Kinder zu sein. Sie begründen ihre Sorgen und ihre Verantwortlichkeit, die sie bisweilen zu Einschränkungen der Freiheitsspielräume ihrer Kinder veranlassen.

Sie vermitteln ein Gefühl grundsätzlichen „Angenommenseins", d.h. auch mit problematischen Seiten, Konflikten und Missstimmungen. Sie beziehen ihre Kinder bei Entscheidungen mit ein, nehmen ihre Meinungen ernst und pflegen eine „demokratische" Familienkultur, in der sie ihre Forderungen und Einschränkungen argumentativ begründen. Sie stehen ihren älter werdenden Kindern als ernsthafte Gesprächspartner zur Verfügung und es gelingt ihnen, diese immer wieder in gute Gespräche über alle möglichen Dinge zu verwickeln. Gleichzeitig schaffen sie es aber auch, ihre heranwachsenden Kinder „loszulassen", zu akzeptieren, dass sie zunehmend weniger Zeit in der Familie verbringen, immer mehr ihre eigenen Wege gehen, und dass andere Personen bedeutungsvolle Positionen in ihrem Leben einnehmen.

Häufiger wird unmittelbar nach einer solchen prinzipiell positiven Gesamteinschätzung der Familienatmosphäre noch hinzugefügt, dass es natürlich bisweilen auch Konflikte und Reibereien gegeben habe, dass diese aber immer wieder versöhnlich geendet und nie zu tieferer Verbitterung oder Entfremdung geführt hätten. Bisweilen wird auch auf den liebevollen Umgang der Eltern untereinander verwiesen, der modellhaft und überzeugend gewirkt hat. *„Meine Eltern gingen mit sich immer sehr liebevoll um und auch zu uns Kindern hatten sie ein liebevolles Verhältnis."*

Einige Verfasserinnen betonen auch, dass sie ihrerseits durch ihre umgängliche, wenig rebellische Art als Jugendliche maßgeblich zur Familienharmonie beigetragen haben. In diesem Sinne heißt es etwa *„ich habe es meinen Eltern eher leicht gemacht, weil ich leicht zu überzeugen und auch zu beeinflussen war"*, oder *„Mich selber würde ich in die Gruppe derer einordnen, bei denen die Beziehung zu den Eltern während der Pubertät wenig gelitten hat, da ich mich immer stark an ihren Vorstellungen orientiert habe, um nicht zu riskieren, dass sie mich weniger lieben könnten"*. In beiden Kommentaren bekommt die Betonung der Familienharmonie durch den Hinweis auf die wenig ausgeprägte Individuation – sei es wegen der leichten Beeinflussbarkeit oder wegen der Tendenz zur ängstlichen Konfliktvermeidung – einen etwas zwiespältigen Beigeschmack.

Womit werden andererseits die kritischen, negativ getönten Gesamteinschätzungen des Eltern-Kind-Verhältnisses im Jugendalter begründet? Was sind die Vorwürfe und Anklagen, die an die Eltern gerichtet werden? – Hier sind die Aspekte, die genannt werden, vielfältiger und die Geschichten, die erzählt werden, verwickelter als in den harmonischen Familienkonstellationen. Häufig ist es der Gesamteindruck der Nichtanerkennung der eigenen Wünsche und Interessen durch die Eltern, der bei den Betroffenen zurückbleibt. Zugleich die Forderung nach Gehorsam und Unterwerfung unter die Ansprüche der Eltern: *„... um das schützende Nest zu haben, musste ich erst einmal gehorchen"*. Es wird von *„endlosen Diskussionen"* berichtet, bei denen die *„Eltern immer das letzte Wort hatten"*, von Familiensituationen, bei denen *„jede Kommunikation in Streit endete"*, in denen sich die betroffenen Jugendlichen *„ungerecht, verständnislos"* behandelt und *verletzt* fühlten. In einem anderen Statement wird beklagt, dass die Eltern recht rigoros und vornehmlich mit den Mitteln von *Drohungen* und *Verboten „ihre Erwartungen und Wertvorstellungen in der neuen Generation realisiert haben wollten"*. Ein Anspruch, der so nicht funktionieren konnte, weil sich die Verfasserin mit ihren persönlichen Vorstellungen und Idealen *„nicht wahrgenommen und akzeptiert"* fühlte und zudem schon die frühe Basis für das Bedeutsamwerden der elterlichen Erwartungen nicht stimmte: *„Bereits in den Kindheitsjahren hatte ich eine emotionale Bindung zu den Eltern vermisst und Entfremdungsgefühle gegenüber meinen Eltern erlebt."* Alles in allem eine Jugendzeit in der Familie, die als *„sehr rebellisch und unharmonisch"* erlebt wurde. Auch in einigen weiteren Texten ist die Rede davon, dass die Betroffenen die ganze Jugendzeit als dauernden Kampf mit den Eltern in Erinnerung haben, als *„ein permanentes Freistrampeln"*, bei dem sie sich *„jedes Stückchen Freiheit erkämpfen"* mussten.

Eine Verfasserin berichtet, dass über zwei Jahre hinweg die Familienkommunikation nahezu zum Erliegen kam, *„gleich null"* war, dass sie die Beziehung zu ihren Eltern in jener Zeit als *„pure Katastrophe"* erlebt habe. Sie selbst hatte freilich in diesem Konflikt nicht die Rolle der unterdrückten Tochter, die sich, um die Liebe der Eltern nicht zu riskieren, den Erwartungen und Forderungen der Eltern anpasst, sondern sie reagierte mit heftiger Rebellion: *„Sie hatten Unrecht in allen Hinsichten. ... Ich fühlte mich überlegen, ich verspürte Genugtuung, wenn sie sich stritten, verspürte Hass, wenn sie mich kritisierten, war nur noch defensiv ihnen gegenüber. Stellte mich auf taub, denn sie hatten für mich von vornherein Unrecht"*.

Bei anderen stehen im Zentrum der Kritik weniger die Einschränkungen und die mühsamen Kämpfe um die Erringung von Freiheiten als vielmehr das Gefühl der Nichtbeachtung, der mangelnden emotionalen Resonanz innerhalb der Familie. So heißt es in einem Text: *„Ich bekam Bestätigung durch meine Umwelt, aber nicht durch meine Familie. Diese war sich nicht darüber bewusst, dass ich litt und sehr einsam war."* An den Folgen dieser Nichtbeachtung hat die Verfasserin noch heute zu tragen: *„Ich konnte kein gesundes Selbstwertgefühl oder keine Selbstsicherheit aufbauen, worunter ich heute noch leide. Dies nachzuholen ist extrem schwer."*

Nicht selten steht dieses Gefühl der Nichtbeachtung im Zusammenhang mit gravierenden Partnerschafts- und Lebensproblemen, in die die Eltern selbst verwickelt sind, und die es ihnen schwer machen, ihren Kindern die nötige Aufmerksamkeit und Zuwendung zukommen zu lassen: *„Am schlimmsten war aber, dass ich selber große Probleme hatte und diese keiner bemerkte. Ich interessierte meine Eltern gar nicht mehr, weil sie viel zu sehr mit sich selbst beschäftigt waren. Meine Mutter erkundigte sich nicht mehr nach der Schule, bemerkte gar nicht, ob ich zu Hause war oder nicht. Ich musste mit meinen Problemen ganz alleine zurechtkommen"*. Hier wird dann weiter von dramatischen Ereignissen und großen Sorgen um die sucht- und suizidgefährdete Mutter berichtet, so dass man wohl von einer Situation der Parentifizierung sprechen muss. Spannungen in der elterlichen Beziehung und tief greifende innere Konflikthaftigkeit der Eltern, die mit deren eigener problematischer Kindheitsgeschichte zusammenhängen, führten dazu, dass eine weitere Verfasserin so etwas wie eine Wahrnehmung der *„Eltern als liebendes Ehepaar"* und damit auch so etwas wie ein *„Gefühl familiärer Zusammengehörigkeit"* schmerzlich vermisste und zudem in schwerwiegende Loyalitätskonflikte hineingezogen wurde: *„... Ich wurde als Kind oft zu einer Verbündeten eines Elternteiles, anstatt das Gefühl einer Familie zu bekommen."* In wieder einer anderen Beschreibung sind es eher die Geschwisterrivalität und die problematische innerfamiliäre Rollenverteilung, die zur Isolierung und Entfremdung führen: *„Ich hatte damals eine blinde Wut auf meine Eltern und das Gefühl, zu niemandem zu gehören"*, und entsprechend erlebt sie schließlich die ganze Familie als gegen sich gerichtet.

Eine merkwürdig ambivalente Beschreibung findet sich bei einer Verfasserin, deren Jugendzeit von einer schwerwiegenden Magersucht überschattet war. Hier wird einerseits die ausgesprochene Harmonie in der Familie betont, hervorgehoben, dass das Verhältnis zu den Eltern *„immer gut gewesen"* sei, dass sie sich *„unterstützt"* und *„immer angenommen"* fühlte. Gleichzeitig wird aber auch von einer gewissen Fassadenhaftigkeit berichtet: Für die Mutter gab es keine schlechte Laune, echte Kommunikation über intime Probleme konnte kaum stattfinden. Vor allem aber: die Unterwerfung unter die idealisierte übermächtige Mutterfigur und das unumstößliche Harmoniegebot führen dazu, dass es zu keiner wirklichen Individuation, zu keinem *„Umbau der Beziehungen"* kommt. *„Ich fühlte mich bis zu meinem 20. Lebensjahr wirklich als Kind. Meine Eltern das Ideal und ich 5 Etagen tiefer. Ich fühlte mich aber auch gleichzeitig verantwortlich für meine Eltern, meine Geschwister. Ich hatte immer ein schlechtes Gewissen wenn es ihnen schlecht ging. Meine Eltern konnten mich nie* *loslassen, ich fühlte mich immer aber unterbewusst verpflichtet. Bei mir hat wohl das zweite Modell der Neuverwandlung nie stattgefunden und damit auch nicht der Schritt zur Selbständigkeit. Daraus folgte, dass ich mich auch nie als selbständiges Individuum entwickeln konnte."*

3.5 Erlebte Veränderungen im Eltern-Kind-Verhältnis beim Übergang ins Jugendalter

Das Heranwachsen der Kinder im Rahmen der Familie erfordert eine ständige Anpassungsleistung an die entwicklungsbedingten Veränderungen, an die neuen Fähigkeiten, Interessen, Probleme der Kinder. Natürlich finden auch bei den Eltern in jenen Jahren persönliche Veränderungsprozesse statt. Sie müssen sich zunehmend mit dem Älterwerden, mit der Begrenztheit der Lebensspanne und unter Umständen mit gesundheitlichen Beschwerden oder mit Problemen in Partnerschaft und Beruf auseinandersetzen. Dennoch sind in der Regel die psychischen Entwicklungsprozesse der Heranwachsenden in jener Phase dynamischer und heftiger als die der Eltern. Die Eltern kommen nicht daran vorbei, sich mit der Tatsache zu befassen, dass ihre Kinder keine Kinder mehr sind, dass sie sich nicht mehr wie früher vertrauensvoll-zärtlich oder trostsuchend an sie schmiegen, dass sie nicht mehr mit kindlicher Bewunderung zu ihnen aufschauen, dass sie neue Ansprüche stellen und neuen Risiken ausgesetzt sind. Wie nehmen die Jugendlichen aus ihrer Perspektive diese Veränderungen im Eltern-Kind-Verhältnis wahr und welche Strategien verfolgen sie selbst, um ihre veränderte Position deutlich zu machen? Lassen sich aus ihrer Sicht bestimmte Einschnitte, Phasen, Wendepunkte benennen? Wie verändert sich in diesem Zusammenhang ihr eigener Blick auf die Elternfiguren? Welche Haltungen seitens der Eltern erleben sie als maßgeblich für eine Verbesserung oder aber für eine Verschlechterung des Verhältnisses?

Ich habe den Eindruck, dass meine Eltern ihren Erziehungsstil beim Übergang meiner Kindheit zum Jugendlichen schon geändert haben und sich somit auf die Phase der Pubertät eingestellt haben. Als Kind habe ich sie wesentlich strenger in Erinnerung als später als Jugendlicher. So hatte ich in der Kindheit sehr oft auch Wut auf meine Eltern und habe mir in bestimmten Situationen andere Eltern gewünscht. Später war das gar nicht mehr so, dann war ich mit meinen Eltern voll und ganz zufrieden. So hat auch die Beziehungsebene zwischen uns nie gelitten, selbst wenn es kleine Konflikte gab. ... Im Nachhinein fällt mir wirklich auf, dass ich als Jugendlicher im Gegensatz zum Kind zum ersten Mal wirklich ernst genommen wurde und tatsächlich eine „Stimme innerhalb der Familie" hatte. Meine Eltern haben mir also die Möglichkeit gegeben, erwachsen zu werden, meine Meinung zu vertreten und mich von ihnen abzugrenzen. So hatte ich auch angemessene Freiheiten und musste nicht über alles Rechenschaft ablegen. (B13w)

Auch zu Hause war mein Verhalten dann eher rebellisch und mich wundert es eigentlich heute noch, wie liberal meine Eltern damit umgegangen sind. Ich durfte mit dreizehn dann auch schon weg, solange sie wussten, wie ich heimkomme. Ich denke, mein extrem aufmüpfiges Verhalten zur Pubertätszeit hängt sicherlich auch damit zusammen, dass ich Einzelkind bin und somit die ganze Aufmerksamkeit meiner Eltern auf mir lag. Ich musste mich mit Gewalt dagegen wehren, beziehungsweise davor flüchten, da es mir zu viel wurde. Ich bin nur sehr froh, dass meine Eltern das nötige Vertrauen in mich hatten und mich dann auch ziehen ließen. Ich hatte mit fünfzehn schon open end, was das heimkommen anbelangte und bekam auch schon Entscheidungsfreiheit und Verantwortung mir selbst gegenüber übertragen. Ich weiß genau, dass es meinen Eltern nicht leicht fiel, so zu handeln, da sie nie schlafen konnten bis ich wieder zu Hause war, aber sie hatten gemerkt, dass es das einzig Richtige für mich war, da ich sonst eben gegen ihren Willen mit viel schlimmeren Trotzreaktionen rebelliert hätte. (B41w)

Nach einer sehr schönen Kindheit, in der mir jeder Wunsch von den Augen abgelesen wurde, begann eine sowohl für mich als auch für meine Eltern sehr schwierige Zeit, die mit Autoritätsverlust und Intimisierung sehr treffend zu beschreiben ist. Meine Eltern kamen mit dem Erwachsenwerden ihres ersten Kindes nicht zurecht, es geschah ihnen (und mir) unerwartet und viel zu früh. ... Die Tatsache, dass ich in allen anderen Bereichen keinesfalls das erwünschte Ergebnis meiner „elterlichen Erziehung" darstellte, zerstörte unsere Beziehung vollständig, in den späteren Jahre meines Jugendalters gab es keinerlei Konversation mehr (außer geschrienen Auseinandersetzungen); alles, was ich zu dieser Zeit benötigte, holte ich mir in meinen Beziehungen (bei denen ich sehr viel Wert auf Vertrauen und Festigkeit legte) sowie bei meinen Freunden. (B70m)

Diese Distanzierung von den Eltern bedeutete für mich nicht nur die Ablehnung vieler ihrer Werte oder von ihnen aufgestellter Regeln, sondern auch, dass ein Großteil der bis dahin gemeinsamen Unternehmungen ersatzlos ausfiel. Ging man vorher etwa sonntags noch gemeinsam spazieren, verbrachte ich nun die Nachmittage mit Freunden. ... Hier begann aber auch schon der erste Konflikt mit den Eltern. Bei mir war es vor allem ein Problem, so lange ausgehen zu dürfen wie meine Freunde. Auf die Idee, dass die Eltern mit ihren Regeln und Beschränkungen nur das Beste für mich erreichen wollten, wäre ich in diesem Alter mit Sicherheit niemals gekommen. Anstatt zu Einsicht kam es eher zu Trotzreaktionen. Für Argumente wie „Du wirst uns später dafür dankbar sein" ist wohl kaum ein Jugendlicher empfänglich. (B72m)

Auch hier ist wieder die Bandbreite der sehr unterschiedlich beschriebenen Veränderungsprozesse und -richtungen interessant. Sie reicht von leise aufkommenden Zweifeln an der selbstverständlichen Autorität und der umfassenden Lebensklugheit der Eltern bis zur grundsätzlichen Infragestellung von deren Erziehungsanspruch. Sie reicht von der Beschreibung positiver Veränderungen im Sinne zunehmender Akzeptanz als vollwertiger Diskussionspartner über kurzfristige Episoden vermehrter Konflikthäufigkeit, über Tendenzen der allmählichen Entfremdung und des Rückzugs aus der Kommunikation bis hin zur Schilderung tief greifender und dauerhafter Zerwürfnisse.

Am häufigsten wird wohl der Rückgang der Begeisterung für gemeinsam mit der Familie unternommenen Aktivitäten und damit der gemeinsam verbrachten Zeit genannt. Hier gewinnen die entsprechenden Angebote der Peergroup, die Möglichkeit, *„mit Freunden um die Häuser zu ziehen"*, zunehmend größere Attraktivität. Diese veränderten Präferenzen führen dazu, dass ein Großteil der bis dahin gemeinsam mit den Eltern ausgeführten Unternehmungen ersatzlos ausfallen. Der Rückgang der gemeinsam verbrachten Zeit im Verlauf des Jugendalters ist auch von der empirischen Forschung recht gut belegt (vgl. Fend 2000, S. 289). In manchen Statements wird ausdrücklich vermerkt, dass die Betroffenen solche gemeinsamen Auftritte mit ihren Eltern nun zunehmend *peinlich* fanden, dass sie sich bisweilen in der Öffentlichkeit für ihre Eltern *geschämt* hätten. Insbesondere die Bekundung kindlich körperlicher Nähe und Anhänglichkeit gegenüber den Eltern, gar der Austausch von Zärtlichkeiten in der Öffentlichkeit, wird nun von vielen heftig gemieden.

Aber nicht nur die gemeinsam verbrachte Zeit wird zumeist weniger, sondern häufig auch die geteilte Weltsicht und die Anerkennung. Die elterlichen Positionen werden relativiert und kritischen Vergleichen unterzogen. So heißt es etwa in einem Text: *„Die frühe Mittelpunktstellung verlor an Wert, als ich meine Eltern mit denen meiner Freundinnen verglich"*, und es wird von Nachdenklichkeit darüber berichtet, wie man es vermeiden kann, ins gleiche Fahrwasser zu kommen. In einem anderen Text wird die *„Distanzierung von den Eltern"* mit der *„Ablehnung vieler ihrer Werte oder der von ihnen aufgestellten Regeln"* in Zusammenhang gebracht. Ein vorsichtiger, allmählicher, aber doch hoch bedeutsamer Emanzipationsprozess von den bis dahin für absolut gehaltenen elterlichen Vorgaben kommt auch in folgenden Sätzen zum Ausdruck: *„Ich wollte keine Fehler machen, deshalb dachte ich, dass ich letztlich doch das tun müsste, was meine Eltern sagten. Sie waren mir voraus und ich dachte, dass das Leben nach dem Muster ablaufen würde, wie meine Eltern es vorhersagten. Erst ganz langsam merkte ich, dass es auch noch andere Blickwinkel gibt und Wahrheit kein absoluter Begriff ist, der nur durch die Meinung der Eltern definiert ist."*

Was vor allem von vielen Jugendlichen nun eingefordert wird, ist echte Mitsprache in familiären Angelegenheiten, die sie betreffen, und Anerkennung als ernsthafte Diskussionspartner. Wo dieses nicht gewährt wird, erfolgt nicht selten der frustrierte Rückzug aus der Kommunikation, das Versiegen der Mitteilungsbereitschaft insgesamt. Wo dies gelingt, kann es umgekehrt auch zu einer deutlichen Verbesserung des Eltern-Kind-Verhältnisses führen. In einigen Statements wird besonders hervorgehoben, dass die Betroffenen positiv überrascht waren davon, wie ihre Eltern nun offensichtlich bewusst ihre erzieherische Haltung gegenüber ihren Kindern verändert haben. So erinnert sich eine Verfasserin, die ihre Eltern von ihrer Kindheit her als relativ streng in Erinnerung hat und sich damals bisweilen andere Eltern wünschte, daran, dass sie *„als Jugendliche im Gegensatz zum Kind zum ersten Mal wirklich ernst genommen wurde und tatsächlich eine ‚Stimme innerhalb der Familie' hatte."* Andere berichten von ähnlichen Veränderungen in der elterlichen Erziehungshaltung, davon dass sie den Eindruck gewannen, dass die Eltern etwa bewusst daran *„interessiert waren, Kritikfähigkeit und Selbständigkeit zu fördern"*. Diesem Ziel diente sicherlich auch die Veränderung des elterlichen Verhaltens in Diskussionssituationen, an die sich ein anderer Autor erinnert: *„Während es mir schon immer gestattet war, meine Meinung zu äußern, merkte ich nun, so ca. mit 14, dass im Gegensatz zu davor auch akzeptiert wurde, wenn ich am Ende der Diskussion auf meinem Standpunkt beharrte."* Insgesamt wird ihm nun von seinen Eltern ein zunehmend größeres Vertrauen in sein eigenes Urteilsvermögen zugestanden und damit mehr Selbständigkeit und autonomer Entscheidungsspielraum gewährt.

3.6 Empirische Untersuchungen zu den Entwicklungsverläufen der Eltern-Kind-Beziehung im Jugendalter

Zu verschiedenen Parametern der Entwicklung des Eltern-Kind-Verhältnisses im Jugendalter liegen aus Fends Längsschnittstudie empirisch gesicherte Daten vor. Dabei wurde unter anderem die Entwicklung des „Eltern-Kind-Dissenses" erfasst. Damit ist die Summe der Lebensbereiche gemeint, bei denen die befragten Jugendlichen angaben, mit den entsprechenden Vorstellungen ihrer Eltern nicht übereinzustimmen. Das Maximum des Dissenses lag hier bei den 15-Jährigen. Danach stieg die Übereinstimmung wieder eher an. Vorrangige Dissensthemen waren dabei vor allem Fragen des Anziehens, des Kaufens, des Umgangs und der gegengeschlechtlichen Freundschaften. Bei den älteren Jugendlichen spielte auch der Dissens in politischen Fragen eine wichtige Rolle (vgl. Fend 2002, S. 280, 290).

Fragt man die Jugendlichen in verschiedenen Altersstufen nach ihrer Einschätzung ihres Verhältnisses zu den Eltern, so sind diese Einschätzungen zwar überwiegend positiv. Dennoch ergibt sich in dem Alter von 12 bis 15 Jahren eine sanft abfallende Kurve. Sehr viel steiler dagegen ist der Abfall bezüglich des Wohlbefindens im Elternhaus. Von den 16-Jährigen sagen nur mehr etwa halb so viele wie von den 12-Jährigen, dass sie sich zu Hause sehr wohl fühlen würden. Da aber das ganze Jugendalter hindurch eine deutliche Mehrheit der Jugendlichen auf die entsprechende Frage nach dem Wohlbefinden angibt, sich in der Familie „wohl" bzw. „sehr wohl" zu fühlen, kommt auch Fend zu einer kritischen Einschätzung der generalisierten Konflikt- und Entfremdungsthese: „Die neuere Forschung widerlegt damit die These, daß turbulente und konfliktreiche Auseinandersetzungen mit emotionalen Entfremdungsfolgen zum Regelfall dieser Altersphase gehören. Dennoch ist Wandel unübersehbar, wenngleich nicht immer in der Dramatik, die die Psychoanalyse unterstellt hat" (ebd., S. 292).

Interessant ist, dass Fend dabei auch einen aussagekräftigen Prädiktor dafür gefunden hat, ob sich das Eltern-Kind-Verhältnis im Jugendalter eher positiv oder negativ entwickelt, nämlich die Qualität der Eltern-Kind-Beziehung während der Kindheit. Hier wird demnach das positive Fundament gelegt, das dann in der Regel auch die möglichen Turbulenzen der Pubertät übersteht. Da Fend ein großes Sample über die jugendlichen Entwicklungsjahre von 12 bis 16 hinweg begleitet hat, da er zudem auch die Eltern nach ihren Wahrnehmungen der Eltern-Kind-Beziehung und ihren erzieherischen Haltungen befragt hat, war es ihm auch möglich, nach typischen Mustern zu suchen, die eher mit einer günstigen bzw. mit einer ungünstigen Entwicklungstendenz in jenen Jahren in Zusammenhang stehen. Dabei zeigte sich, dass die Gruppe derjenigen Familien, bei der es in jener Zeit zu einer „Verbesserung" des Eltern-Kind-Verhältnisses kam, sich vor allem durch eine „flexible, Freiheit gewährende und weniger zwangsorientierte Erziehungshaltung der Eltern" auszeichnete. „Die Jugendlichen fühlten sich in solchen Familien zunehmend freier, wohler und besser angenommen. Es entsteht der Eindruck, daß sich diese Familien dem größer werdenden Selbständigkeitsbedürfnis der Jugendlichen angepasst haben" (ebd., S. 299). Bei denjenigen Familien, die im Verlauf der pubertären Entwicklung der Kinder eher in ausgeprägte Probleme hineingerieten, war es dagegen oftmals ein überzogener Anspruch der Eltern an die familieninterne Bindung, der die Verselbständigungstendenzen der Kinder erschwerte und mit Schuldgefühlen befrachtete und der die Eltern selbst auf die Ablösungstendenzen ihrer Kinder eher mit Enttäuschung reagieren ließ. Hinzu kamen oftmals Probleme im Leistungsbereich, die dazu führten, die Enttäuschungsgefühle der Eltern noch zu verstärken.

Für die Familien, die sowohl zu Beginn als auch zum Ende der Längsschnittuntersuchung in hohem Maße problembelastet waren, ergab sich ein relativ klares Resultat. Es zeigte sich, „daß es sich eher um unflexible Eltern handelt, die glauben, mit Druck, Strenge und Unterordnungsforderung reagieren zu müssen" (ebd., S. 300). Sie wollen mit autoritären Mitteln, mit Drohungen, Verboten und Strafen, das Wohlverhalten und die Unterordnung ihrer heranwachsenden Kinder erzwingen und erreichen damit eher das Gegenteil, weil sie eher Rebellion oder emotionale Entfremdung auf Seiten der Kinder hervorrufen.

Die glücklichen Familien, die sich die ganze Entwicklungsphase hindurch gewissermaßen auf der „Sonnenseite" hielten, waren entsprechend von einer ganz anderen erzieherischen Haltung geprägt. Die Eltern zeigten sich hier am Wohlergehen und an der Entwicklung ihrer Kinder besonders interessiert, ohne sie jedoch übermäßig zu binden oder zu kontrollieren. Sie kamen weitgehend ohne Drohungen und Kränkungen aus und sie hatten es auch insofern leichter, als die Leistungsbereitschaft ihrer Kinder über all die Jahre konstant hoch blieb, ihr Nachwuchs also auch in dieser Hinsicht eher Anlass zu Stolz und Freund bot.

3.7 Erfahrungen von Streit, Zwang und Entfremdung

Die gängigste Einteilung von Erziehungsstilen ist wohl die in „permissiv" (bzw. „laisser-faire"), „autoritär" und „autoritativ". Dies sind jedoch recht umfassende Gesamtcharakterisierungen von elterlichen Erziehungsstilen. In der Tat wäre es interessant zu sehen, wie die einzelnen Autorinnen und Autoren, die sich über ihre Eltern-Kind-Beziehung Gedanken gemacht haben, sich diesbezüglich in einem entsprechenden Koordinatensystem verorten würden. Neben diesen übergreifenden Einschätzungen gibt es jedoch auch noch die Vielfalt der einzelnen konkreten erzieherischen Maßnahmen und Methoden, die sich oftmals gar nicht so eindeutig einem der vier Erziehungsstile zuordnen lassen, die aber in den autobiographischen Reflexionen als besonders exemplarisch für die genossene Erziehung berichtet werden. Es ist erstaunlich zu sehen, zu welch zweifelhaften und bisweilen verzweifelten Maßnahmen Eltern bisweilen greifen, in der Hoffnung, ihre Kinder zu beeindrucken und ihre Erziehungsziele zu erreichen:

Meine Mutter nutzte diese Situation, indem sie die Höhe meines Taschengeldes stark von meinen Noten abhängig machte, d.h. ich bekam kaum festes Taschengeld, dafür bekam ich für Einser und Zweier Extrageld. So war ich gezwungen, für die Schule zu lernen, um meine Freizeit und auch Dinge wie teure Kleidung und Kosmetika zu finanzieren, die meine Eltern (verständlicherweise) nicht noch komplett zusätzlich bezahlen wollten, so dass ich mich mit meinem Taschengeld beteiligen musste. (B20w)

Ich kann mich an einen Herbst erinnern, als meine Mutter radikal versuchte, mir Ordnung beizubringen. Ich räumte mein Zimmer – aus Trotz – nicht auf. Meine Mutter verzweifelte total, ordnete meine Sachen in meiner Abwesenheit. Natürlich hasste ich sie dafür, weil sie einfach Sachen, die ich noch gut hätte gebrauchen können (!!!) wegwarf. Einmal hat sie meine neuen Möbel in den Keller gestellt, sie durch alten Sperrmüll ersetzt, mit der Begründung, ich sei noch nicht reif für solch teure Möbel. Ich fand es schon damals lächerlich, es war echt ein Zeichen von Überforderung. ... Ein halbes Jahr lang damals hatten wir diesen Krieg. (B32w)

Die Erziehungshaltung war in keinster Weise vertrauensvoll oder optimistisch, nein, vielmehr gekennzeichnet durch Drohungen, Verbote, persönliche Kränkungen und Liebesentzug. Eine subtile Art der Bestrafung war das Erzeugen und feste Zuschreiben von Schuld und Schuldgefühlen. Ich möchte an dieser Stelle exemplarisch eine Begebenheit näher erläutern. Eines Abends im Winter wollte ich meine Freundin besuchen. Ich war 16. Es war kurz vor 19:00 Uhr. Seit langem kämpfte ich für mehr soziale Verselbständigung, in Gleichaltrigen suchte und fand ich einen Zufluchtsort. Meine Mutter bat mich, nicht zu gehen, bei ihr zu bleiben. Schließlich sei es auch schon dunkel, der Weg weit (ca. 300 m) und man wüsste ja, dass Mädchen bei Dunkelheit sehr gefährdet seien. Ich wollte gehen, schließlich dürften auch alle anderen in meinem Alter um 19:00 Uhr noch weggehen (ich wusste aber um das Ausgehverbot bei Dunkelheit, und im Winter bedeutete das oft ab 18:00 Uhr). Meine Mutter sprach ein Verbot aus, es sei ein „Stich ins Herz", wenn ich ginge. Und ich ging. Seit diesem Tag bzw. Abend litt meine Mutter unter Tinnitus aurium. Und schuld daran war nach ihrer Aussage offensichtlich meine Person. (B47w)

All diese Maßnahmen, die die Eltern teils in selbstsicherer Autoritätspose, teils in hilfloser Verzweiflung unternehmen, um die Kinder „zur Raison zu bringen", um sie zur Einhaltung der Regeln, Ordnungen und Gebote zu bringen, die ihnen so wichtig sind, sichern natürlich keineswegs den Erfolg der pädagogischen Intentionen. Und so gibt es trotz der in der Jugendforschung vorherrschenden Tendenz, das heutige Verhältnis zwischen Jugendlichen und ihren Eltern als überwiegend harmonisch zu beschreiben und den Generationenkonflikt eher als historisches Relikt zu betrachten, doch auch etliche Beschreibungen tief greifender Entfremdungserfahrungen zwischen Eltern und Kindern:

Meine Eltern wussten in dieser Zeit zwar gar nichts von mir und meinem Leben, spürten aber irgendwie, dass irgendetwas nicht stimmte. Sie warfen mir ständig vor, mich von ihnen abzugrenzen. Ich war ganz beleidigt, dass sie wohl gar nicht bemerkt hatten, dass ich mich ihnen schon lange völlig entzogen hatte. Sie wollten einfach nicht wahr haben, dass zu viel passiert war, um so zu tun, als ob alles in Ordnung wäre. Sie wollten unbedingt wieder eine Bilderbuchfamilie herstellen und nahmen mir sehr übel, dass ich ihren Plan durchkreuzte. (B19w)

Dies bewirkte, dass ich bald in einer vollkommen andersartigen Welt lebte als meine Eltern, welche übrigens in dieser Zeit sehr besorgt um den „guten Ruf" der Familie waren, was mich aber in keiner Weise davon abhielt, „ich" zu sein. Ich war der Meinung, dass ich allein die Konsequenzen meines Handels tragen müsse und dass ich deshalb tun könne, was ich wolle. (B50w)

Meine Eltern schauen sehr viel fern und haben deshalb auch eine bestimmte Klischeevorstellung von Jugendlichen übernommen, die besagt, dass Jugendliche nur darauf aus sind, wilde Partys zu feiern und dabei das Haus der Eltern zu verwüsten (siehe US-Komödien). Immer wieder musste ich erklären, dass meine Freunde und ich keine „Teenies aus dem Kasten" sind, sondern schon einigermaßen selbstverantwortlich handelnde Individuen. Dass meine Eltern ein völlig falsches Bild von mir und meiner Jugend hatten, bewirkte auch, dass sie mir nichts zutrauten. (B50w)

Ich erinnere mich noch deutlich an ein Gespräch mit meinem ersten Freund (ca. mit 18), in dem ich ihm von meinem Gefühl erzählte, es würde mir nicht viel ausmachen, wenn meine Eltern plötzlich ums Leben kämen. Damals spürte ich, wie wenig Gefühlsbeziehung ich zu ihnen hatte. Ich ordnete mich einfach ihren Vorgaben unter, um ihnen nicht noch zusätzliche Sorgen zu bereiten. Davon hatten sie genug. (B52w)

Seit ich zehn Jahre bin, verbringe ich meine komplette Freizeit im Reitverein bei den Pferden. Eigentlich bin ich dort groß geworden. Ich war und bin in diesem System mehr eingebunden und akzeptiert als ich das bei meiner Familie je gewesen bin. In der Jugendzeit habe ich unter dieser Situation oft gelitten. Zu Hause hatte ich aber (nur mit meiner Mutter) nur Streit. Mein Glück war, dass ich nur wenig Zeit zu Hause verbrachte. (B54w)

Deutlich wird hier die Erfahrung der Entfremdung zwischen Eltern und Kindern artikuliert, das Scheitern der Verständigung und der Verlust der emotionalen Nähe. Mehrfach ist die Rede davon, dass Eltern und Kinder in verschiedenen Welten leben und dass die Eltern ein völlig falsches Bild vom Leben, von den Interessen, Sehnsüchten und Sorgen ihrer Kinder haben. Sei es, weil die Kinder sich abschotten und nichts mehr erzählen oder sei es, weil die Eltern gänzlich in medial vermittelten Klischees und Übertreibungen bezüglich des wilden Lebens heutiger Jugendlicher befangen sind und mit entsprechend überschießenden Phantasien und Projektionen auf die Freizeitaktivitäten ihrer Kinder schauen. Die Jugendlichen fühlen sich nicht nur wegen bestimmter Verhaltensweisen oder Aufmachungen kritisiert, sondern als Personen missverstanden und abgewertet, haben den Eindruck, dass ihre „allgemeine Haltung allem gegenüber" den Eltern nicht passt und haben entsprechend das Bedürfnis, ihr „Ich", das, was ihnen wichtig und bedeutsam ist, verteidigen zu müssen. Natürlich sind sie dann dabei ihrerseits recht provozierend, verächtlich und verletzend. So entsteht bisweilen ein Teufelskreis wechselseitiger Entwertung und zunehmender Entfremdung. Manchmal ist die Verteidigung des eigenen Ich, die Realisierung der eigenen Vorstellungen dann nur auf dem Weg des emotionalen Rückzugs aus der Familie und der Verlagerung des Lebens- und Bedeutungszentrums an andere soziale Orte hin möglich. So konzentriert eine Autorin etwa ihre Interessen im Jugendalter ganz auf den Umgang mit Pferden und verbringt ihre Freizeit überwiegend in einem Reitverein, da sie das Gefühl hat, dass sie dort *mehr eingebunden und akzeptiert ist,* als sie dies bei ihrer *Familie je gewesen* ist. Eine andere erinnert sich daran, wie sie im Gespräch mit ihrem damaligen Freund erschreckt und ernüchtert feststellt, dass es ihr gar *nicht viel ausmachen würde,* wenn ihre *Eltern plötzlich ums Leben kämen.*

3.8 Harmonie at last? Die aktuellen Gefühle gegenüber den Eltern

Relativ häufig tauchen in den autobiographischen Statements zum Umbau der sozialen Beziehungen abschließende Kommentare auf, in welchen die Verfasser, im Anschluss an die Darstellung der Probleme und Kämpfe, die sie während ihres Jugendalters mit ihren Eltern ausgefochten haben, auch noch auf ihr aktuelles, gegenwärtiges Verhältnis, das sie nun, als junge Erwachsene, zu ihren Eltern haben, zu sprechen kommen. Sie ziehen dabei ein Fazit aus der Position des jungen Erwachsenen, der inzwischen mit dem Studium begonnen und in der Regel den Auszug aus dem Elternhaus hinter sich hat. Hier geht es also nicht mehr um Erinnerung und Rekonstruktion vergangener Beziehungsgeschichten, sondern um die Einschätzung und Bewertung aktueller Beziehungsrealität. Zum Teil spielen dabei auch einsichtsvolle, selbstkritische, bedauernde Eingeständnisse eigener Fehler und Rücksichtslosigkeiten eine Rolle, zum Teil sind aber auch noch immer schwärende Konfliktthemen und entsprechende Ärger-, Enttäuschungs- und Verbitterungsgefühle zu spüren.

Dies war einer der ersten Momente, in denen ich mein Verhalten selbstkritischer zu sehen begann, die Phase meiner „Läuterung" begann dann nach meinem Auszug, dem Schritt in die Unabhängigkeit also; von da an, also aus der Distanz heraus, gesundete das Verhältnis zu meiner Mutter völlig und das gegenseitige Verständnis wuchs. Heute kann ich ohne Bedenken von einem sehr guten Verhältnis in jeder Hinsicht sprechen. (B5m)

Die Auseinandersetzung mit zentralen Entwicklungsaufgaben

An dem Tag als ich mein Elternhaus verließ, um im Ausland zu studieren, geriet ich in Panik. Die Erkenntnis, dass ich mich abnabeln muss, dass ich jetzt alleine in die Welt geschickt werde. Ich blickte zurück auf diese schwierigen Jahre, und erkannte, dass meine Eltern doch in meinem Interesse handelten, dass sie mir nur auf der Suche nach dem richtigen Weg helfen wollten. Bittere Erkenntnis. Es tat mir auf einmal Leid für meine Trotzreaktionen, für die Zeit, in der ich mich mit ihnen stritt, für die Zeit, die ich nicht mit ihnen gemeinsam verbrachte. Ich wusste, jetzt werde ich ins Ausland gehen, jetzt ist es vorbei mit der Geborgenheit. Ich war jetzt „frei", selbständig. Doch so ist es im Leben, oder? Man erkennt alles immer, wenn es zu spät ist. (B22w)

Heute ist meine Mutter tot, sie starb vor zwei Monaten an Krebs – an dem ich ihrer Meinung nach „nicht ganz unschuldig war". Damit stehe ich heute von ganz anderer Seite her vor der Entwicklungsaufgabe, soziale Beziehungen umzubauen. Aufgrund fehlenden Kontaktes zu meinem Vater habe ich nichts mehr, was man annähernd als Familie bezeichnen könnte. Aber ich werde lernen, mit guten Wurzeln und gestutzten Flügeln umzugehen. Zwar werde ich nicht fähig sein zu fliegen, aber es gibt bekanntlich viele Methoden der Fortbewegung. Und so hoffe ich, aus meiner Vergangenheit zu lernen, um später bei meinen Kindern wenigstens annähernd zu versuchen, was Mark Twain in phantastischen Worten beschrieben hat: „Alles, was Eltern ihren Kindern geben können, sind Wurzeln und Flügel." (B47w)

Diese rebellische Phase meinerseits hielt einige Jahre an, mit siebzehn legte sich das Ganze, mein Vater hatte bemerkt, dass ich „mein Ding" ganz gut selber im Griff hatte, wusste, wann zu lernen war und wann es in Ordnung war, zu feiern. Die ganze Situation entspannte sich. Heute danke ich ihm für gewisse Regeln und Schranken, sie machten viele Dinge wertvoller und zu etwas besonderem, da sie nicht selbstverständlich waren. ... Das Verhältnis zu meinen Eltern heute ist besser als es je war. Ich liebe sie heute mehr denn je, weiß sie zu schätzen und bin ihnen dankbar, mich ein klein wenig festgehalten zu haben, bevor ich das Nest verließ. (B55w)

Aus meiner heutigen Sicht kann ich mich an vielerlei Reibereien mit meinen Eltern erinnern, trotzdem ist es nie zu einem ernsthaften Bruch zwischen uns gekommen. Ich bin ein Einzelkind und musste somit alle Entwicklungen auf meinen eigenen Schultern tragen, hatte niemanden, der gemeinsam mit mir gegen die Eltern stand. Nichtsdestotrotz habe ich auch heute noch ein sehr gutes Verhältnis zu meinen Eltern und die beiden sind in schwierigen Entscheidungen immer noch meine Vertrauenspersonen. Aber auch den schwierigen Weg der Verselbständigung musste ich mit meinen Eltern durchkreuzen, und dabei herrschte auch bei uns häufig Dissens. (B56w)

Mehrfach ist von einer Wiederannäherung zwischen Eltern und Kindern nach Phasen heftiger Konflikte, gewissermaßen von einer „Gesundung durch Distanzierung", die Rede. Öfters wird berichtet, dass heute entspannte und offene Gespräche über Themen möglich seien, die damals eher gemieden wurden. Bisweilen sind es richtig enthusiastische Äußerungen, die nun über das Verhältnis zu den Eltern gemacht werden: *„Das Verhältnis zu meinen Eltern heute ist besser als es je war. Ich liebe sie heute mehr denn je, weiß sie zu schätzen und bin ihnen dankbar"*. Maßgeblich für diese Verbesserung des Verhältnisses zu den Eltern sind meist die räumliche Entfernung und die damit verbundene Trennung der Alltagssphären. Der Auszug aus dem Elternhaus wird häufig als der wichtige und notwendige Schritt der *Abnabelung* betrachtet. Das aktuelle Verhältnis zu den Eltern wird nun, aus der gegenwärtigen Perspektive, mehrfach ausdrücklich als *sehr gut, sehr freundschaftlich*, als *blendend*, in einem Fall sogar als *„(nahezu) perfekt"* beschrieben. Dabei genießen die jungen Erwachsenen in der Regel ihre durch den Auszug gewonnene Unabhängigkeit und können sich, trotz des nun so positiven Verhältnisses, eine Rückkehr ins Elternhaus nicht mehr vorstellen. Aus der rückblickenden Perspektive stellt sich bisweilen auch so etwas wie späte Einsicht oder rückwirkendes Verständnis für jene Entscheidungen und Handlungsweisen der Eltern ein, die früher eher Widerstand und Protest hervorriefen. Es wird gar von einer *„Phase der ‚Läuterung'"* berichtet, in welcher der Betroffene das eigene frühere Verhalten in der Familie *„selbstkritischer zu sehen begann"*. Beim Rückblick auf die schwierigen Jahre dämmert einer anderen Verfasserin die Einsicht, dass ihre Eltern wohl doch in ihrem Interesse gehandelt hatten und ihr nur auf der Suche nach dem richtigen Weg helfen wollten. Entsprechend empfindet sie nun Bedauern für ihre damaligen Trotzreaktionen und Streitereien mit den Eltern. Erst jetzt werden von wieder einer anderen Autorin auch rückblickend die Risiken wahrgenommen, denen sie sich damals, als aufbegehrende Jugendliche, durch ihre unvernünftigen Handlungsweisen ausgesetzt hatte. Gar von Dankbarkeit für die einst (vermutlich unter dem Protest des Nachwuchses) aufgestellten Regeln und Schranken, dafür, dass die Eltern sie damals *„ein klein wenig festgehalten ... haben"*, bevor sie das Nest verließ, ist in einem Statement die Rede.

Aber nicht immer sind die aktuellen Beziehungen zu den Eltern so geklärt, entspannt und freundschaftlich. Manche scheinen noch immer ziemlich verstrickt in diese Beziehungen, hadern mit ihren Eltern, von denen sie sich noch immer in gewisser Hinsicht manipuliert oder bedrängt fühlen. So ärgert sich eine Verfasserin über den Anspruch ihrer Mutter, die sie in den Auseinandersetzungen mit ihrem Mann als Verbündete auf ihre Seite ziehen wollte und die ihre Enttäuschung darüber äußerte, dass die Tochter für sie nicht genügend *als Freundin* zur Verfügung stand. Ähnlich fühlt sich auch eine andere Autorin als *Ventil* für die negativen wechselseitigen Affekte der Eltern benutzt und leidet darunter, wenn ihre Mutter oder ihr Vater an ihr als Tochter noch heute jene Enttäuschungen und Verbitterungen ablädt, die eigentlich dem Partner gelten. Schließlich bestehen trotz räumlicher Trennung doch in der Regel noch finanzielle Abhängigkeiten und manche fühlen sich dadurch unter Druck gesetzt, dass sie für das Geld, das sie bekommen, entsprechende Leistungen zu erbringen haben. Dieser internalisierte hohe Leistungsanspruch wird dann in einem Text mit einem *ziemlichen Selbstbewusstseinsmangel* in Verbindung gebracht, den die Betroffene im Verlauf ihrer Erziehung erlitten hat, und den sie offensichtlich den Eltern nachdrücklich ankreidet. Eine Autorin muss schließlich mit der Situation zurechtkommen, beide Eltern schon verloren zu haben, ohne dass eine wirkliche Klärung und Entspannung des Verhältnisses erreicht werden konnte. Zum Vater, der die Familie verlassen hat, besteht kein Kontakt mehr, und die Mutter, die an Krebs gestorben ist, hat ihr die bittere psychische Hypothek hinterlassen, dass sie, die Tochter, an dieser Krankheit *„nicht ganz unschuldig"* sei. Doch auch dieses Statement endet mit einem positiven Ausblick: Selbst wenn in diesem Fall nichts mehr besteht, *„was man annähernd als Familie bezeichnen könnte"*, äußert sich die Verfasserin doch zuversichtlich und kämpferisch, aus diesen negativen Erfahrungen zumindest positive Lehren für ihre eigene weitere Beziehungsgeschichte ziehen zu können.

4 Sich in der Welt der Gruppen und Cliquen zurechtfinden und reife Freundschaftsbeziehungen aufbauen

Wohl in keiner anderen Lebensphase ist das, was sich auf dem Feld der sozialen Beziehungen ereignet, so dynamisch, vielgestaltig und spannend wie im Jugendalter. Da sind zum einen die Eltern-Kind-Beziehungen mit ihrer Verlässlichkeit und Vertrautheit, mit ihren Ansprüchen und Forderungen, mit ihren Kontrollen und Konventionen, mit ihren Krisen und Konflikten, in welchen die Jugendlichen sich allmählich eine neue Position erarbeiten müssen, wo sie kindliche Abhängigkeit, Unselbständigkeit und Unmündigkeit hinter sich lassen müssen. Da ist aber auch das weite Feld der Peer-Beziehungen, also der Beziehungen zu etwa gleichaltrigen Freunden, Freundinnen, Kumpeln, Bekannten, Klassenkameradinnen, Mannschaftskameraden, Gruppenmitgliedern, Leuten aus der Clique, Angehörigen der Szene, etc., in dem die Jugendlichen ihren Standort finden und ihre individuellen Beziehungsnetze knüpfen müssen, in welchen nach Möglichkeit ihre subjektiven Wünsche nach Anerkennung, Zugehörigkeit, Action, Spaß, Nähe und Vertrautheit zur Geltung kommen sollen.

4.1 Logik der Eltern-Kind-Beziehungen – Logik der Freundschaftsbeziehungen

Beide Sphären der sozialen Beziehungen sind im Jugendalter von hoher Bedeutung. Sie haben jedoch eine deutlich unterschiedliche Struktur und die Prozesse, die sich dort abspielen, folgen einer anderen Logik. Während man sich die Familie, in die man hineingeboren wird, und damit die Eltern, mit denen man sich in der Pubertät auseinander zu setzen hat, nicht aussuchen kann, beruht der Kreis der Freunde und Bekannten, mit denen man seine Freizeit verbringt, zum größten Teil auf *freien persönlichen Wahlen*, die auf der Grundlage von Interesse, Sympathie oder Bewunderung getroffen werden. Dies muss nicht unbedingt in Form von voluntaristischen Akten, von bewussten Auswahlentscheidungen stattfinden, häufig „findet man sich" eben oder „wächst durch gemeinsame Aktivitäten oder Erlebnisse zusammen", dennoch unterliegen jene Peer-Beziehungen in der Regel dem Prinzip der *Freiwilligkeit*. Freilich ist der Kreis derer, die für engere freundschaftliche Beziehungen überhaupt in Frage kommen, häufig durch das Dorf, in dem man wohnt, durch die Klasse, in die man geht, oder durch die Aktivitäten, für die man sich interessiert, ein ganzes Stück weit eingeengt und „vorsortiert". Mit der Freiwilligkeit dieser Beziehungen ist natürlich auch ein anderer Grad von *Verbindlichkeit* gegeben. Während Eltern-Kind-Beziehungen im Prinzip nicht aufkündbar sind, man das ganze Leben über diese und nur diese Eltern hat und sich mit ihnen arrangieren muss, werden Freundschaften geschlossen und auch wieder gelöst. Sie können mit der Zeit verblassen – man verliert sich aus den Augen, lernt neue Leute kennen, die einem wichtiger sind –, sie können aber auch zerbrechen, weil man sich getäuscht, hintergangen, im Stich gelassen fühlt.

Eltern-Kind-Beziehungen sind durch die filiale Bindung, durch die Abstammung und durch gemeinsame Bindungsgeschichte konstituiert. Sie leben damit in gewissem Sinn aus der *Vergangenheit*, aus den gemeinsamen Erinnerungen, wie sie sich in den Photoalben und Filmaufnahmen, die die Familiengeschichte dokumentieren, niederschlagen. Früher, als die Kinder noch klein waren, repräsentierten ihre Eltern mehr oder weniger die ganze Welt. Sie waren im umfassenden Sinn zuständig und verantwortlich für das Wohl und Wehe ihres Kindes. Es ist klar, dass die Eltern-Kind-Beziehung im Sinne dieser umfassenden Sorge und Verantwortlichkeit der älteren Generation für den Nachwuchs im Jugendalter keine Zukunftsperspektive mehr hat, sondern im Interesse aller überwunden werden muss, dass die Jugendlichen „freigesetzt" werden müssen. Die Beziehungen zu den Gleichaltrigen entsprechen eher dieser *Zukunftsdimension*, sie sind das Übungsfeld, um unabhängig von den Eltern bedeutsame Erfahrungen zu machen, Selbständigkeit zu üben, Identitätsentwürfe auszuprobieren und um sich allmählich jenen Formen von Liebesbeziehungen anzunähern, welche sie selbst dann irgendwann einmal in Richtung Ehe und Familiengründung führen können.

Mit der größeren Verbindlichkeit der Eltern-Kind-Beziehung hängt auch noch ein anderer wichtiger Unterschied zwischen Eltern-Kind-Beziehungen und Gleichaltrigenbeziehungen zusammen: Während Eltern sich für ihren Nachwuchs auch noch im Jugendalter in vieler Hinsicht *verantwortlich* fühlen und damit ein *erzieherischer Anspruch* ins Spiel kommt, ist die Beziehung unter den Gleichaltrigen gerade dadurch charakterisiert, dass kein solcher erzieherischer Anspruch im Raum steht. Jugendliche verbünden sich im Gegenteil oft untereinander, um ihnen überzogen erscheinende erzieherische Ansprüche und entsprechende Beschränkungen seitens der Erwachsenen gemeinsam zu unterlaufen oder zu überlisten.

Peer-Beziehungen sind, auch wenn sich bisweilen subtile Hierarchien in Cliquen und Gruppen ergeben, im Prinzip egalitäre Beziehungen, Beziehungen „auf gleicher Augenhöhe". Keiner hat per se einen Autoritätsvorsprung oder eine Weisungsbefugnis gegenüber den anderen. Von daher haben die sozialen Aushandlungen von unterschiedlichen Vorstellungen und Interessengegensätzen, die tagtäglich auch hier stattfinden, einen grundlegend anderen Charakter als diejenigen in der Familie. Es geht hier nicht darum, denjenigen, die über „erlaubt" und „nicht erlaubt" entscheiden, etwas abzutrotzen, sondern es geht eher darum, bei den anderen für die eigenen Vorschläge zu werben und sich mit seinen individuellen Interessen in die Gruppenaktivitäten einzufädeln. Gelingt es einem nicht, sich mit den eigenen Wünschen und Vorstellungen durchzusetzen, dann kann man gegenüber den Eltern mit lautstarkem Protest und Türenknallen vielleicht Eindruck schinden, in der Peergroup dagegen macht man sich mit solchem Verhalten leicht lächerlich und man tut gut daran, sich subtilere Formen des Ärgerausdrucks anzueignen.

4.2 Veränderte Ansprüche an Freundschaftsbeziehungen im Jugendalter

Natürlich sind auch schon Kinder in soziale Beziehungen mit Gleichaltrigen eingebunden, im Kindergarten und in der Grundschule müssen sie sich in größeren Gruppen von Kindern zurechtfinden. Auch in diesem Alter sind ihnen ihre Freunde wichtig. Sie laden sie zum Spielen und zu Geburtstagsfeiern ein. Gelegentliche Übernachtungen bei der Familie des Freundes oder der Freundin erlauben ihnen punktuelle Teilhabe an anderen Familienkulturen und damit einen kritischen Vergleich mit den Regeln und Ritualen, die in ihrer eigenen Familie gelten. Diese Kinderfreundschaften und die entsprechenden Freizeitaktivitäten spielen sich, angesichts des Trends zur Verhäuslichung und zum Treffen im Rahmen von vereinbarten dyadischen Spielsituationen, noch weitgehend unter der Obhut der Erwachsenen ab. Sicher werden auch dort schon wichtige Kompetenzen für das spätere Agieren in komplexeren sozialen Gefügen erworben, sicher gibt es auch dort schon Heimlichkeiten. Es handelt sich bei diesen Freundschaftsbeziehungen der Kinder jedoch noch nicht um eine Sphäre, die ihre eigenen autonomen Räume jenseits der Familie hat oder die gar als „neue soziale Heimat" in Konkurrenz zu der Familiensphäre tritt.

Auch die Erwartungen, die Jugendliche an Freundschaftsbeziehungen stellen, verändern sich. Während Kinder an ihre Freundinnen und Freunde vor allem den Anspruch haben, dass sie verträglich sind und dass man mit ihnen „gut", d. h. kreativ und phantasievoll spielen kann, werden Jugendliche hier zunehmend anspruchsvoller. Neben der Verständigung über das, was gerade im Hinblick auf Musik, Kino und Klamotten „angesagt" ist, neben dem Spaß bei gemeinsamen Freizeitaktivitäten geht es nun zunehmend auch um den intensiveren persönlicheren Austausch über Gefühle, Wünsche und Weltsichten, um das wechselseitige Vertrauen und um Verlässlichkeit, um die Bereitschaft, sich zu öffnen und mitzuteilen, und um ehrliche Resonanz auf die Ideen, Ideale und Identitätsentwürfe, die man sich provisorisch zurechtgelegt hat.

4.3 Die Bedeutung der Clique

Die meisten Verfasser haben bei ihren Reflexionen bezüglich der Entwicklungsaufgabe „Umbau der sozialen Beziehungen" eine Zweiteilung in dem Sinn vorgenommen, dass sie einerseits ihre Erfahrungen mit größeren sozialen Geflechten, mit Gruppen und Cliquen schildern, und dann getrennt davon, ihre Beziehungen zu engen, „besten" Freundinnen und Freunden. Beide Bereiche überschneiden sich vielfach, stellen aber für die Jugendlichen offensichtlich doch zwei recht unterschiedliche Dimensionen ihrer bedeutsamen außerfamiliären sozialen Beziehungen dar.

Welche Erinnerungen stehen bei den Einzelnen bezüglich des größeren sozialen Geflechts, der Clique, im Vordergrund? Wie haben sich solche Strukturen formiert? Welche Größe haben sie erreicht? Wodurch konstituierte sich das „Wir-Gefühl"? Was machte die Attraktivität solcher „Zusammenballungen" für den Einzelnen aus? Wie ist man in bestehende Cliquen hineingekommen? Welche Intensität und welche Beständigkeit hatte das soziale Leben dort? Welche Aktivitäten wurden gemeinsam unternommen? Welche Spannungen, Krisen, Konflikte gab es? Wie kam es zur Auflösung des Gruppenzusammenhalts? Wie wird rückblickend die sozialisatorische Bedeutung dieser Erfahrungen eingeschätzt?

Mein Freundeskreis war schon immer gespalten. Zum einen gab es immer die beste Freundin in der Schule, andererseits hatte ich auch bei mir zu Hause einige Freunde, mit denen ich im Orchester spielte und meine Wochenenden verbrachte. Dies war eine größere Clique, die keinen schlechten Einfluss auf mich hatte. Ich empfand die Clique als sehr angenehm, man gehörte dazu, wurde bei der Wochenendplanung automatisch berücksichtigt und hatte gemeinsam viel Spaß. Themen, die innerhalb dieser Clique besprochen wurden, waren nicht so sehr innig. Man unterhielt sich eher über den neuesten Klatsch und den gab es in unserem kleinen Dorf massig. Außerdem war es auch immer wieder interessant, wer denn jetzt gerade von wem was wollte. (B4w)

Für mich waren damals meine Freundinnen immer von extremer Bedeutung, genauso wie der Klassenverband, eben meine Peergroup. Sie war der Ort, an dem man die neuesten Dinge erfuhr. Man war umgeben von Freunden, die einen verstanden. Man hörte einander zu und war gleichberechtigt, man „hatte sich halt lieb". Man schickte sich gegenseitig am Valentinstag eine Rose, um zu zeigen, dass man dazugehörte. Vor allem litten alle, wenn es einem aus dieser eingeschweißten Gemeinschaft schlecht ging, und man versuchte, gemeinsam Probleme zu bewältigen. Das waren noch schöne Zeiten. (B14w)

Mit 15 Jahren kam ich dann in meine Clique hinein. Sie tat mir sehr gut. Ich wurde aufgenommen, angenommen und merkte, dass man mich mag. Ich fand in dieser Clique auch wieder mehr zu mir selbst und wurde ausgeglichener. In dieser Clique waren in der Regel alle 2–3 Jahre älter als ich, was ich sehr positiv bewerte, da sie mehr Verständnis hatten. Auch heute habe ich noch einen sehr guten Draht zu diesen Freunden. Ich führe auch intensive Zweierfreundschaften zu einigen aus diesem Freundeskreis. (B26w)

Die Clique, der ich mich mit 17 anschloss, „begleitet mich" teilweise bis heute und ich bin sehr dankbar darüber, dass ich hier wirkliche Freunde und Menschen gefunden habe, bei denen ich mich überhaupt nicht oder nur kaum verstellen muss. Auch habe ich gemerkt, wie viel „Nachholbedürfnis" hinsichtlich des Zusammenseins mit einer Peergroup bestand. In der Clique fühlte ich mich manchmal mit 18 Jahren so wie andere vielleicht mit 14, weil wir so kindisch waren (es heute noch sein können), viel Blödsinn miteinander machten, viel zusammen unternommen und erlebt haben. Auch wenn die Clique nach und nach immer mehr auseinander fiel/fällt, so kann ich doch sagen, dass sie einen wichtigen sozialen Lernbereich in meiner Jugend darstellte. (B44w)

Was Freundschaften anbelangt, hatte ich in meiner Jugendzeit eine Mädchenclique, mit der ich wirklich durch dick und dünn gegangen bin und zu der ich heute auch noch Kontakt habe. Wir waren vier Mädchen, gingen in die gleiche Klasse und waren so eng befreundet, dass uns viele um unsere Freundschaft und vor allem den Zusammenhalt beneideten. Wir erzählten uns alles, waren füreinander da, wenn es Probleme gab, und telefonierten oft stundenlang miteinander, obwohl wir uns erst kurz vorher noch in der Schule gesehen hatten. Wir waren richtig miteinander verbündet. Die ersten Probleme gab es, als die erste von uns zum ersten Mal einen Freund hatte und dann nicht mehr die Freundinnen, sondern der Freund an erster Stelle kam. (B73w)

Überwiegend werden die eigenen Erfahrungen mit und in der Clique, der man angehörte, als positiv entwicklungsbedeutsam eingestuft. Es ist vom *„Glück"* der Cliquenzugehörigkeit die Rede und vom angenehmen Gefühl, dass die Clique in jener Zeit eine Art *Zuhause* darstellte, Heimat bot. Den wohltuenden Einfluss der Clique auf ihre Entwicklung fasst eine Autorin folgendermaßen zusammen: *„Ich wurde aufgenommen, angenommen und merkte, dass man mich mag. Ich fand in dieser Clique auch wieder mehr zu mir selbst und wurde ausgeglichener."* Eine andere Verfasserin, die noch immer Kontakt zu der Clique hat, der sie sich mit 17 anschloss, sich also noch immer von diesen bedeutsamen Kontakten begleitet fühlt, drückt ihre Dankbarkeit darüber aus, *„dass sie hier wirkliche Freunde und Menschen gefunden habe, bei denen"* sie sich *„überhaupt nicht oder nur kaum verstellen muss"*. Es ist vor allem dieses Grundgefühl von Zusammengehörigkeit, Solidarität, wechselseitiger Anerkennung und Unterstützung, das in den positiven Erinnerungen an die Clique auftaucht. Fast etwas verklärend erinnert sich eine Autorin an jene schöne und intensive Zeit der engen Cliquenbeziehungen: *„Man hörte einander zu und war gleichberechtigt, man ‚hatte sich halt lieb'. Man schickte sich gegenseitig am Valentinstag eine Rose, um zu zeigen, dass man dazugehörte. Vor allem litten alle, wenn es einem aus dieser eingeschweißten Gemeinschaft schlecht ging, und man versuchte, gemeinsam Probleme zu bewältigen"*. In der Jugendzeit eine Gruppe von Gleichgesinnten gehabt zu haben, mit denen man durch dick und dünn gehen konnte, und deren *Zusammenhalt* schon damals von anderen *beneidet wurde*, dies erscheint im Rückblick wie ein wertvoller Schatz.

Dabei sind die Aktivitäten und Unternehmungen der Clique, von denen berichtet wird, wenig spektakulär: Man geht am Wochenende zusammen *zum Kegeln, in die Disco oder ins Kino,* man feiert Partys, oft trifft man sich auch unter der Woche an bestimmten Plätzen in der Stadt und hängt gemeinsam herum. Aber es werden auch Ferienreisen gemeinsam geplant und durchgeführt. Letztendlich erscheinen aber die konkreten Aktivitäten eher sekundär. Wichtig ist zunächst und vor allem, dass man zusammen ist. Eine Verfasserin, die davon berichtet, dass sie häufig nachmittags mit den Jungs und Mädchen ihrer Clique einfach *in der Stadt ‚herumgelungert'* sei, bringt das zentrale Motiv der damaligen Zusammenkünfte auf die etwas schnoddrige Formel: *„Hauptsache war, dass wir nicht zu Hause waren, keine Hausaufgabe gemacht hatten oder gelernt hatten".*

Die Zugehörigkeit zur Clique bietet neben dem für das Selbstwertgefühl so wichtigen Aspekt der Anerkennung für viele auch ganz handfeste praktische Vorteile. Man muss sich nicht groß um die Wochenendgestaltung kümmern, sondern man ist als Cliquenmitglied automatisch mit einbezogen und eingeplant. Es sind häufig ältere Cliquenmitglieder dabei, die schon über ein Auto verfügen und damit die Mobilität der Gruppe erhöhen. Die Eltern sind, wenn sie die Mitglieder der Clique kennen, eher bereit, ihre Tochter abends ziehen zu lassen, wenn sie wissen, mit welchen Leuten sie zusammen ist.

Neben diesem Spaß- und Freizeitvorteil, den die Clique bietet, ist es vor allem die Teilhabe an den bedeutsamen Informationen, die durch die intensive Kommunikation innerhalb der Gruppe gesichert wird. Es finden in der Clique in der Regel keine formellen „Plenumsdiskussionen" oder „Kreisgespräche" statt, aber die relevanten Informationen verbreiten sich auch über bi- und trilaterale Gespräche sehr schnell. Auch außerhalb der vereinbarten Zusammenkünfte der Clique wird viel telefoniert. Dabei unterscheiden sich die Bewertungen hinsichtlich der Bedeutsamkeit dessen, was dort in der Clique verhandelt wird, erheblich. Die einen schwärmen von der Offenheit des wechselseitigen Austauschs, betonen, dass gerade die Clique der Ort gewesen sei, an dem man sich über Probleme austauschen konnte, *„die wir nicht mit unseren Eltern besprochen hätten",* bzw. *„über Themen, die wir bei Erwachsenen nicht anzusprechen wagten".* Die radikale Offenheit des Austausches wird von einer Verfasserin in dem Satz zusammengefasst: *„In der Mädchenclique erzählte man sich alles, wirklich alles. Ich glaube, es gab nichts, was man nicht über die anderen wusste".* Andere beurteilen das Niveau des kommunikativen Austauschs innerhalb der Clique eher kritischer und meinen, die Gespräche dort seien *nicht so sehr innig* gewesen, es sei vor allem um *den neuesten Klatsch* gegangen und es sei gerade bei den Mädchen untereinander viel gelästert worden, was von manchen dann bisweilen auch durchaus als stressig erlebt wurde. Ein interessanter Aspekt der Cliquenkommunikation war dabei der, dass Beziehungsinteressen und -bereitschaften auf diesem Wege transportiert wurden, dass man also stets darüber informiert war, *wer denn jetzt gerade von wem was wollte.*

4.4 Kehrseiten der Cliquenbildung: Isolation, Ausgrenzung, Konkurrenz, Intrigen

Nicht alle waren freilich während ihrer Jugendzeit in solche Cliquen eingebunden. Manche vermerken dies mit einem ausdrücklichen Bedauern und eine Verfasserin meint: *„Ich kann heute mit Bestimmtheit sagen, dass mir eine Clique im frühen Jugendalter gefehlt hat".* Eine andere erinnert sich daran, wie sie hoffte, durch einzelne

Freundschaften Anschluss an bestimmte Kreise zu bekommen, welche sie *im Stillen schon bewunderte.* Auch in einem weiteren Text wird die intensive Sehnsucht nach der Zugehörigkeit zu einer richtigen Clique beschrieben. Hier werden gar die Tränen erwähnt, die das Gewahrwerden dieses Mangels beim Betrachten einer entsprechenden Fernsehserie ausgelöst hat.

Jedoch erleben nicht alle diesen Mangel so ausgeprägt. Manche halten sich auch in bewusster Distanz zu den Cliquen in ihrem Umfeld, weil sie mit der dortigen Art des Umgangs und mit den dort verhandelten Themen wenig anfangen können. Manche betonen den hohen Grad an Rivalität, berichten von Konkurrenzkampf, Intrigen und Lästereien, welche die Beziehungen innerhalb der Clique belastet haben. Andere beschreiben auch generelle Schwierigkeiten, als Jugendliche sozialen Anschluss zu finden, und im Zusammenhang damit Gefühle der Einsamkeit, der Isolation oder der Ausgrenzung, die bei ihnen im Hinblick auf diese Entwicklungsaufgabe im Vordergrund stehen:

Mit dem Wechsel auf das Gymnasium gehörte ich eher zu dem guten Durchschnitt der Klasse. Ich lernte bald ein paar Mädels kennen, mit denen ich teilweise heute noch befreundet bin. Insgesamt fühlte ich mich in meiner „neuen Klasse" eher weniger wohl. Ich vermisste unseren alten Klassenzusammenhalt. Ich gehörte auch in eine Clique, in der mir nur die Hälfte der Mädels sympathisch war. Die Mädels untereinander lästerten sehr viel und verletzten sich damit. Jedenfalls habe ich diese Zeit als ziemlich stressig in Erinnerung. Es ging mehr darum, irgendwie dazu zu gehören. Trotzdem entwickelten sich in dieser Klasse neue Freundschaften, die zum Teil heute noch existieren. (B17w)

Eine Krise in meiner Jugendzeit war die siebte Klasse. Ich war eigentlich immer sehr beliebt in meiner Klasse und auf einmal, als ich meinen ersten Freund hatte, wurden alle Mädchen aus meiner Klasse von einer ehemaligen Freundin gegen mich aufgehetzt. Das war eine Lästerei, obwohl ich denen nichts getan hatte. Vielleicht war es Neid?! Hier fand ich Freunde beim anderen Geschlecht, die mich verstanden und auch hinter mir standen. Diese Intrigen und Lästereien machten mich fertig, und manchmal wollte ich gar nicht mehr zur Schule gehen, obwohl ich immer gerne zur Schule gegangen bin. Mein Selbstwertgefühl war am Boden und ich fühlte mich einsam und allein. Es macht mir heute noch etwas aus, wenn jemand über mich lästert. Ich habe erst in den letzten Jahren gelernt, darüber zu stehen. Des Weiteren musste ich lernen, dass ich nicht immer alles für andere selbstverständlich erledige, denn meine Hilfsbereitschaft wurde oft gnadenlos ausgenützt. (B18w)

Noch bevor ich meinen Freund kennen lernte, kapselte ich mich immer mehr von meiner Clique ab. Ich entwickelte mich zum Einzelgänger. Der ewige Kampf innerhalb der Clique missfiel mir. Ich erkannte, dass diese ganzen Freundschaften in Wirklichkeit keine wahren Freundschaften waren. Es ging lediglich darum, einer Clique anzugehören. Niemand wollte Außenseiter sein. Verkrampft und verzweifelt versuchten die Mädels die Hübscheste, Begehrteste zu sein, die Jungs ihrerseits machten auf cool. Diese oberflächlichen Denkmuster, der Konkurrenzkampf, die gemeinen Intrigen brachten mich dazu, auf dieses „Rudeldasein" zu verzichten. Dies war kein Akt der Resignation, sondern des Selbstschutzes. Ich erinnerte mich an einen Spruch, den mir meine Großmutter immer sagte: „Mieux vaut etre seul, que mal accompagné" (Besser alleine als in schlechter Begleitung). Ich war es leid, mich nur über die neuesten Trends, die neuesten Gerüchte zu unterhalten, war es leid, über andere zu lästern. Ich fing an mich für Politik, für Literatur zu interessieren. Mir wurde klar, dass diese Freundschaften nur gespielt waren. Irgendwann würden meine Freundinnen auch über mich herziehen. Und so war es auch. (B22w)

Als ich 14 war, zog ich mit meiner Mutter nach G. Hier fiel mir die Integration in die Klasse sehr schwer, da ich von vornherein eine negative Einstellung allem gegenüber angenommen hatte. Ich fühlte mich in fast allen Bereichen so völlig anders als „diese typischen Jugendlichen", ich hatte kein Interesse an Partys, an dem typischen Geklatsche und Gerede über v. a. Jungs oder am „Trendy-Sein". Der Hauptgrund dafür lag wohl darin, dass ich nach dem Tod meines Vaters sehr depressiv wurde und ich keinen Grund sah, „jugendlich-unbeschwert" zu sein. Im Gegenteil, ich wurde in dieser Zeit eher schwermütig. Aufgrund dieses Verhaltens war ich in meiner neuen Klasse nicht gerade beliebt; ich war gewissermaßen einer der „Problemfälle" der Klasse, auch wenn meine schulischen Leistungen während dieser Zeit nicht schlechter, sondern eher noch etwas besser wurden. (B44w)

Häufig sind es Umzüge und Schulwechsel, durch die Jugendliche aus ihren angestammten sozialen Netzen herausgerissen werden und sich dann in der neuen Umgebung schwer damit tun, wieder Anschluss zu finden. Die vielfach heute geforderte Mobilität im Arbeitsleben macht oftmals solche Wohnortwechsel notwendig. Was damit aber den Familien und speziell den Jugendlichen in den Familien an sozialer Entwurzelung zugemutet wird, wird leicht übersehen.

Einige berichten auch von sehr krisenhaften Zeiten im Rahmen ihrer Schulklasse, Phasen, in denen sie sich in die Außenseiterposition gedrängt und durch Intrigen und Lästereien gemobbt fühlten. Wie gravierend solche Erfahrungen das Selbstwertgefühl beeinträchtigen können und den gesamten Schulbesuch verleiden können, wird aus einigen Statements deutlich. Aber auch in den Cliquen selbst, bei denen es sich ja um freiwillige, selbst gewählte Zusammenschlüsse von Jugendlichen handelt, läuft es keineswegs immer harmonisch und konfliktfrei. Eine Verfasserin äußert sich bitter enttäuscht über ihre damaligen Cliquenerfahrungen, über den *„ewigen Kampf innerhalb der Clique"*, über die *„oberflächlichen Denkmuster"*, über die gespielte Coolness der Jungs und über den gnadenlosen Konkurrenzkampf unter den Mädchen, bei dem diese *„verkrampft und verzweifelt versuchten ... die Hübscheste, Begehrteste zu sein"*. Während sonst bei vielen enge Freundschaft mit Einzelnen und gemeinsame Einbindung in eine größere Clique durchaus miteinander vereinbar waren, werden diese beiden Beziehungsformen hier als Gegensätze dargestellt: *„Ich erkannte, dass diese ganzen Freundschaften in Wirklichkeit keine wahren Freundschaften waren. Es ging lediglich darum, einer Clique anzugehören. Niemand wollte Außenseiter sein"*. Eine weitere negative Erinnerung, die neben dem Gefühl, isoliert und ausgegrenzt worden zu sein, bei manchen aus jener Zeit zurückgeblieben ist, ist die, ausgenützt worden zu sein, d. h. dass das Verhältnis geleisteter Hilfsbereitschaft und empfangener Unterstützung nicht im Gleichgewicht war.

4.5 Funktionen und Entwicklungsprozesse von Cliquen

Empirisch ist in der Jugendforschung recht gut belegt, dass den Gleichaltrigenkontakten in den letzten 50 Jahren eine immer größere Bedeutung in der Entwicklung von Jugendlichen zukommt. Der Prozentsatz derer, die bei den einschlägigen Jugendbefragungen angaben, in eine feste Clique eingebunden zu sein, ist über die Jahre hinweg ständig angestiegen. 1962 waren es nur 16%, die eine solche soziale Verankerung hatten, 1983 bejahten dies knapp 57% und im Jahr 2002 gaben immerhin 81% der 16–18-Jährigen an, einer Clique anzugehören (vgl. Fend 2000, S. 170; Zinnecker u. a. 2002, S. 61). Für Allerbeck und Hoag liegt hier, in der Bedeutungsaufwertung der freien Zusammenschlüsse Gleichaltriger, überhaupt der Schlüsselindikator für den Wandel dessen, was „Jugend" in den letzten Jahrzehnten ausmacht. Diese Bedeutungsaufwertung hängt sicherlich auch mit der Verlängerung der Schulbesuchszeiten in jenem Zeitraum zusammen. Immer mehr junge Menschen verbringen durch den längeren Besuch von Bildungseinrichtungen immer mehr Lebenszeit in altershomogenen Gruppen. Während noch vor 50 Jahren etwa zwei Drittel der Jugendlichen mit 14, 15 Jahren in die Lehre und damit in die altersheterogene Konstellation der Werkstatt oder des Betriebes kamen, verbringt heute die überwiegende Zahl der Jugendlichen bis ins 18., 19. Lebensjahr, im Falle eines Studiums sogar bis in die Mitte des dritten Lebensjahrzehnts, ihre Zeit weitgehend ausschließlich im Umkreis der Gleichaltrigen.

Cliquen sind dynamische, flexible Gebilde. Sie bilden sich, verändern ihre Zusammensetzung, haben ihre Hochphasen und lösen sich wieder auf. Sie bestehen nur durch das Zusammengehörigkeitsgefühl, durch die wechselseitige Sympathie und durch die Lust an gemeinsamen Unternehmungen bei den Leuten, die dazugehören. Es gibt keine Satzung, keine Eintragung ins Vereinsregister, keine Mitgliedslisten (außer vielleicht den E-Mail- oder SMS-Verteilerlisten auf den Computern und Handys derjenigen, die sich zugehörig fühlen und die mittels dieser neuen Kommunikationsmittel im Bedarfsfall schnell alle Leute der Clique zu einer Party oder einem Event zusammentrommeln).

Da die Entstehung von Cliquenkulturen und die hohe subjektive Bedeutungsaufladung der Zugehörigkeit ein typisches Phänomen des Jugendalters ist, stellt sich die Frage, welche tiefere Entwicklungsbedeutung diesem Phänomen, neben der oberflächlichen Basisfunktion „gemeinsam Spaß zu haben", eigentlich zukommt. Eine wichtige jugendpsychologische Hypothese läuft darauf hinaus, dass die Clique eine transitorische Funktion hat, dass sie als eine Art „Übergangsphänomen" verstanden werden muss, das dazu dient, einen Rahmen für die Annäherung der Geschlechter und für die Anbahnung von intimen Zweierbeziehungen zu schaffen. In der Latenzzeit kommt es in der Regel zu einer ziemlich ausgeprägten Geschlechtersegregation. Jungen spielen primär mit Jungen und lästern über die „affigen Weiber", Mädchen präferieren Mädchen als Spielpartner und beklagen sich über die „blöden Jungs". Als Junge in der Schule neben ein Mädchen zwangsversetzt zu werden, ist für die meisten in diesem Alter eine ziemliche Schmach. So finden sich Mädchen und Jungen in der Vorpubertät, wenn allmählich das Interesse am anderen Geschlecht erwacht und die Blicke neugieriger werden, in ziemlich getrennten sozialen Welten wieder. Ein unmittelbarer Sprung in die dyadische Situation mit einem Wesen des anderen Geschlechts würde eine ziemliche Überforderung bedeuten. Die Clique bietet dagegen die einfacheren, unverfänglicheren Möglichkeiten der Begegnung und der Kontaktaufnahme.

Von Dunphy stammt ein klassisches Modell, das den Prozess der sozialen Entwicklung im Jugendalter in seiner Überschneidung von Gruppen- und Paarbeziehungen in fünf Phasen beschreibt. Demnach stehen sich in der ersten Phase, zu Beginn der Pubertät, geschlechtshomogene Mädchen- und Jungencliquen zunächst relativ fremd und distanziert gegenüber. Dann kommt es in der zweiten Phase zu vereinzelten Kontakten und Interessensbekundungen zwischen diesen beiden Lagern. Allmählich kommt es zur Ausbildung einer übergreifenden gemischtgeschlechtlichen Gruppenstruktur, an der zunächst überwiegend die statushöchsten Mitglieder der einzelnen

Cliquen teilhaben, denen gewissermaßen die Rolle einer Avantgarde im Annäherungsprozess zufällt. Schließlich formieren sich überschaubare gemischtgeschlechtliche Cliquen, welche untereinander durchaus in enger Verbindung stehen können. Innerhalb der gemischtgeschlechtlichen Gruppen kommt es dann zunehmend zu Zweierbeziehungen. Diese Paare sind einerseits als Paare weiterhin Mitglieder der Clique. Da die Paare andererseits aber auch ein zunehmendes Interesse an Intimität und Zweisamkeit haben, führt der Prozess der Paarbildung häufig auch zum Rückgang der Cliquenaktivitäten und zur allmählichen Auflösung der Cliquenstrukturen (vgl. Dunphy 1963, S. 26). In einigen der Statements lassen sich Aspekte dieses beschriebenen Prozesses und der damit verbundenen „Übergangsfunktion" der Clique wiedererkennen. Insbesondere die tendenzielle „Vernachlässigung" der Clique zugunsten des ersten engen gegengeschlechtlichen Freundes wird häufiger erwähnt:

Aus diesem Grund war die Clique für mich sehr wichtig. Wir blieben ca. 4 Jahre beisammen. Als sich allmählich aus den Mitgliedern gegengeschlechtliche Partnerschaften entwickelten, gingen die Interessen auseinander und die Clique löste sich langsam auf. Auch haben einige mit ihrer Berufsausbildung oder mit dem Studium begonnen und die Terminabsprachen gestalteten sich als schwierig. Wir sehen uns heute noch, aber leider sehr selten. (B2w)

Von dieser Peer- Group und von meinen Freundinnen zog ich mich zurück, als ich dann 18 war und meine erste lange Beziehung hatte. Dann verbrachte ich nur noch Zeit mit ihm und seinen Freunden und vernachlässigte meine Freundinnen, bis auf meine beste Freundin und meinen besten Freund. Als wir uns dann trennten, waren mir aber meine Freundinnen wieder ziemlich wichtig und sie waren mir auch nicht böse. (B14w)

Als ich meinen ersten festen Freund hatte, änderte sich in meinem Leben so einiges. Meine Clique wurde plötzlich nebensächlich, ich hatte nur noch Augen für ihn. Wir verbrachten jede freie Minute miteinander. In dieser Zeit stellte sich heraus, wer meine wahren Freunde waren. Sie hatten es sicherlich nicht leicht mit mir. Ich sagte ihnen immer ab, wenn sie etwas mit mir unternehmen wollten, da ich bereits etwas mit meinem Freund geplant hatte. Als die Beziehung in die Brüche ging, stand ich zu Beginn recht alleine da. Nur meine beste Freundin, sie ist immer noch meine beste Freundin, hat zu mir gehalten. Von den anderen habe ich Sätze zu hören bekommen wie „Ach, jetzt sind wir wieder für dich gut genug", oder „Plötzlich braucht sie uns wieder". Diese Zeit war nicht sehr leicht für mich, doch ich konnte auf meine Familie bauen, sie war immer für mich da. (B16w)

4.6 Die *beste* Freundin, der *beste* Freund

Doch bevor durch die erste engere gegengeschlechtliche Beziehung die enge Anbindung an die Clique, das Lebensgefühl im Plural, tendenziell aufgebrochen wird, spielt, gerade für die Mädchen, die „beste Freundin", die herausgehobene gleichgeschlechtliche Vertraute, eine besonders bedeutsame Rolle. Viele Verfasserinnen haben in diesem Sinn bei ihren Statements eine deutliche Unterscheidung zwischen „Cliquenbeziehungen" einerseits, also den Beziehungen zu den Leuten aus dem „Freundeskreis", und der „Beziehung zur ,*besten* Freundin'" andererseits gemacht. Um diese Differenz hervorzuheben, wurden die Worte „beste Freundin" nicht selten in Anführungszeichen gesetzt, in einem Text wurde sogar die Schreibweise „*BESTE Freundin*" verwendet.

Häufig sind die Freundschaftspaare dabei durchaus Teil der Clique, sie schreiben ihrer Zweierbeziehung darin jedoch eine exklusive, herausgehobene Rolle zu. In der Clique geht es meist mehr um die Zugehörigkeit, um das Gemeinschaftsgefühl, um den Spaß bei gemeinsamen Freizeitaktivitäten. In den engen dualen Freundschaftsbeziehungen sind es noch andere wichtige Erfahrungsaspekte, die gesucht werden. Hier geht es um „Seelenverwandtschaften", um Vertrauen, Nähe, Verlässlichkeit, darum, sich wechselseitig einen Resonanzraum für all das zur Verfügung zu stellen, was einen im Inneren bewegt. Es geht auch um die Exklusivität der Beziehung, darum, die engste, wichtigste, eben die „beste" Freundin zu sein und damit einen besonderen Status der Freundin gegenüber zu haben. Während bei der Clique das Wir-Gefühl im Vordergrund steht, ist es bei der Zweierfreundschaft die Ich-Du-Beziehung, das Erleben der personalen Bezogenheit. Wie werden die Erfahrungen und Beziehungen dieser Art in den autobiographischen Statements beschrieben? Welche besonderen Qualitäten und Vorzüge werden der „besten Freundin" oder dem „besten Freund" zugeschrieben? Was sind die Ansprüche und Erwartungen der Betroffenen an diese Beziehungen und welche lebensgeschichtliche Bedeutung räumen sie ihnen ein?

Wenn ich nicht so enge Freundschaften gehabt hätte, wäre es mir mit Sicherheit noch schlechter gegangen. Aber ich hatte immer einige sehr gute Freundinnen, phasenweise eine von ihnen als beste. Mit einer Freundin habe ich jahrelang jeden Tag rund um die Uhr verbracht. Wir haben immer abwechselnd beieinander geschlafen. Es war eigentlich schon eine Art Liebesbeziehung. Wir sprachen wirklich über alles. Umso dramatischer war dann der Bruch, als ich einen festen Freund hatte, der dann bei mir an erster Stelle kam. Ich hatte dann jahrelang kaum noch Kontakt zu meinen Freundinnen, weil ich mich so auf ihn fixierte und mich in einer ganz anderen Welt bewegte. Es dauerte sehr lange, bis wir wieder zueinander fanden, aber heute gehören sie wieder zu meinen besten Freundinnen. (B19w)

Doch die meiste Zeit war ich mit meiner damals besten Freundin (von ca. 13–16 Jahre) zusammen. Wir unternahmen lange Spaziergänge, gingen bummeln, spielten Klavier, sangen oder führten einfach ewig lange Gespräche. Diese kreisten immer wieder um Mitschüler, Schule, Eltern, um die Zukunft, Träume, über Jungs, in die wir gerade verliebt waren. Diese Gespräche waren für mich von sehr großer Bedeutung. Ich fühlte mich verstanden, hatte Vertrauen, es vermittelte einfach Geborgenheit. Das war mir auch ein wichtiger Ausgleich zu dem Gefühl, das ich oft im Klassenverband hatte. Dort war ich zwar nicht unbeliebt, aber ich habe mich dort einfach nicht besonders wohl gefühlt. (B36w)

Je älter ich wurde, desto wichtiger wurden natürlich auch die Freundschaften. Da gab es die Freunde in der Schule, im Sportverein, im Jugendclub und (natürlich für Mädchen) die eine beste Freundin. Da sie ein Jahr älter war und in eine andere Schule ging, war das erste, was wir nach der Schule machten – telefonieren. Meist eine Stunde, um uns anschließend entweder bei ihr oder mir zu treffen (gerade vier Häuser weiter). Mit ihr besprach ich alles: Schule, Musik, Klamotten, Jungs... Wir waren unzertrennlich. Man sah uns nur zu zweit. Sie war neben meinen Eltern die wichtigste Person in meinem Leben. Bei ihr fühlte ich mich wohl. (B51w)

Und dann war da noch die BESTE Freundin. In diese Freundschaft wurde natürlich am stärksten investiert und bei jedem Streit, weil mal wieder jeder seinen Dickkopf durch-

drücken wollte, geheult. Aber wir rauften uns immer wieder zusammen. Bei diesen wirklichen Freundschaften war es wichtig, was der andere denkt und fühlt. Hier wurde über Ernstes diskutiert, beraten, getröstet, erste Erfahrungen mit Alkohol gemacht und vor allem viel gelacht. (B51w)

An eine ganz typische Angelegenheit kann ich mich noch erinnern, der in meiner Jugendzeit eine große Bedeutung zukam: Damals war es absolut in, sich gegenseitig, gerade wenn man sich nicht jeden Tag sah, lange Briefe zu schreiben, als Zeichen der Verbundenheit und natürlich, um sich über neue Ereignisse zu informieren und seinen momentanen Gefühlszustand zu beschreiben. Auch dies war nochmals eine gute Möglichkeit der Reflexion über die eigene Situation und eine Chance, sich über die eigenen Gedanken und Gefühle, Wünsche und Ängste, im Grunde genommen über sich selbst, klar zu werden. (B53w)

Ein erstes Merkmal, das häufig hinsichtlich der „besten Freundin" oder des „besten Freundes" genannt wird, ist der Aspekt der Kontinuität und Dauerhaftigkeit der Beziehung. Manche erwähnen, dass sie die entsprechende Person schon seit früher Kindheit kennen, viele betonen, dass sie noch heute einen vertrauensvollen Kontakt zu jener besten Jugendfreundin haben. Bei manchen ist es gerade die Intensität und Extensität der im Jugendalter gemeinsam verbrachten Zeit, die bei der Erinnerung im Vordergrund stehen. Es wird berichtet, dass man mit der besten Freundin „*jahrelang jeden Tag rund um die Uhr verbracht*" habe oder dass man in der Klasse gewissermaßen nur als „*Doppelpack*" aufgetreten sei. Eine andere Verfasserin schreibt: „*Wir waren unzertrennlich. Man sah uns nur zu zweit*". Doch nicht bei allen ist eine solche Dichte der gemeinsam verbrachten Zeit die Voraussetzung einer engen Freundschaft. Bisweilen werden auch räumliche Distanzen und zeitliche Trennungen durch Telefon und Briefe überbrückt, ohne dass das Gefühl von Nähe und Vertrautheit leidet. So heißt es etwa: „*Wir unternahmen in der Freizeit nicht sehr viel gemeinsam, weil wir doch relativ weit auseinander wohnten, aber trotzdem hielten wir zusammen*". Eine Verfasserin äußert sich in diesem Sinne voller Zuversicht über den unerschütterlichen Bestand ihrer wichtigsten Freundschaftsbeziehung, obwohl heute der Kontakt eher sporadisch ist: „*Ich denke das ist eine Freundschaft, die immer halten wird, denn wenn wir uns sehen, verstehen wir uns so, als ob wir uns erst gestern gesehen haben.*"

Zentraler als die reine Quantität der gemeinsam verbrachten Zeit sind wohl andere Aspekte. Es ist vor allem die Intensität des Austausches, die Intimität der Beziehung, die es ermöglichen, sich selbst ganz zu öffnen, von den Gefühlen, Ängsten und Sehnsüchten zu berichten, die man den Eltern oder den Schulkameraden eher verschweigt. Enge vertrauensvolle Freundschaften sind wichtig als Resonanzraum für diese Selbstöffnung, die ja immer auch eine Selbstexploration, eine Auseinandersetzung mit eher verborgenen Persönlichkeitsaspekten, mit Fragen der eigenen Identität darstellt. Während es bei den Kinderfreundschaften mehr um die wechselseitige Inspiration für das gemeinsame Spiel geht, Freunde und Freundinnen somit primär durch Verträglichkeit, Anpassungsbereitschaft, Ideenreichtum und Phantasie attraktiv werden, bekommen die Jugendfreundschaften eine ganz andere Tiefendimension. Das Sprechen über die inneren Regungen, über die geheimen Sehnsüchte und Schwärmereien setzt eine andere Art von Beziehung voraus als die Absprachen bezüglich der Handlungen und der Requisiten beim Spiel mit den Barbiepuppen. „*Das war für uns in diesem Alter etwas sehr Geheimes und Wichtiges und vor allem das allererste Mal, dass wir überhaupt einer anderen Person so etwas Wichtiges anvertrauten.*" In diesem Sinne ist die „*gleiche*

Wellenlänge" bedeutsam, mehrfach wird die Begabung, der Freundin zuzuhören und im rechten Augenblick das Richtige zu sagen, hervorgehoben. *„Diese Gespräche waren für mich von sehr großer Bedeutung. Ich fühlte mich verstanden, hatte Vertrauen, es vermittelte einfach Geborgenheit",* und in einem anderen Text wird gerade der selbstklärende Aspekt dieser Art der Öffnung betont. Die Gespräche mit der Freundin waren in diesem Sinn für die Verfasserin *„eine gute Möglichkeit der Reflexion über die eigene Situation und eine Chance, sich über die eigenen Gedanken und Gefühle, Wünsche und Ängste, im Grunde genommen über sich selbst, klar zu werden".* Dabei geht es nicht selten auch darum, Trost zu finden für den eigenen Kummer, wenn die Dinge im Leben nicht so laufen, wie man sich dies wünscht und vorstellt. In mehreren Texten ist davon die Rede, dass die Freundin auch immer wieder Anlaufstelle war, um sich *auszuheulen,* um Trost zu spenden und um das *angeknackste Selbstwertgefühl* wieder aufzurichten. In diesem Sinne wird die „seelsorgerische", „therapeutische" Bedeutung der besten Freundin von einer Verfasserin mit den Worten hervorgehoben: *„Sie wusste genau, wie man sich fühlt, und hatte ein Gespür dafür, wann sie etwas sagen sollte oder nicht".*

Darüber hinaus sind die besten Freunde und Freundinnen auch noch für eine andere Domäne der Exploration und Identitätsfindung bedeutsam, nämlich bei der Auseinandersetzung mit geistigen Inhalten und bei der Suche nach Orientierung im Bereich der persönlichen Überzeugungen und Werte. Eine Verfasserin meint, dass die Beziehung zu ihrer besten Freundin von *„gemeinsamen Idealen und Anschauungen"* geprägt gewesen sei, eine andere verweist auf die gemeinsame Basis des Christseins, die bei der Beziehung zu ihrer besten Freundin eine wichtige Rolle gespielt habe. Wieder eine andere Autorin berichtet vom Ernst der Diskussionen und Problemgespräche, die sie mit ihrer Freundin geführt hätte: *„Wir redeten über Empfindungen, unsere Probleme mit den Eltern, unsere Probleme mit dem Gottesbild, das wir beigebracht bekommen hatten, und über allerlei Sehnsüchte und Wünsche, die wir hatten."*

Neben der Intimität und der wechselseitigen Selbstöffnung und neben der gemeinsamen Suche nach Orientierung spielt auch noch ein anderer Aspekt in den autobiographischen Berichten eine wichtige Rolle, nämlich die *Loyalität und Solidarität,* die Verlässlichkeit, das Zueinanderstehen. Gerade diesbezüglich wird von manchen eine deutliche Unterscheidung zu den sonstigen Cliquenbeziehungen gemacht: *„Nur auf eine Person konnte ich mich immer verlassen und das ist meine heute noch beste Freundin. Sie kann zuhören und ist auch in schlechten Zeiten bei mir. Die anderen zählten zur Clique, doch wenn es hart auf hart kam, war keiner da. Es wurde auch viel hinter dem Rücken anderer gelästert."* In einem anderen Text heißt es: *„wir vertrauten uns, öffneten uns gegenseitig und standen füreinander gerade".* Von einem echten Freund oder einer echten Freundin wird also so etwas wie Treue und Verlässlichkeit erwartet. Erst angesichts von Schwierigkeiten und Bedrängnissen erweist sich somit die wirkliche Qualität einer Freundschaft.

4.7 Die Kehrseite enger Freundschaften im Jugendalter: Rivalitäten, Kränkungen, Enttäuschungen

Freilich erwiesen sich nicht alle Freundschaften in diesem Sinne als „wetterfest". Überhaupt ist es so, dass auch die Erfahrungen mit engen Freundschaften keineswegs nur von Eintracht und Harmonie geprägt wären. Auch hier werden Konflikte, Rivalitäten, Missverständnisse, Enttäuschungen und Zerwürfnisse berichtet, die gerade deshalb umso schwerer wiegen, weil zunächst viel emotionales Gewicht in diese Beziehungen „investiert" worden war. So bereut eine Verfasserin, dass sie der Freundin von den Problemen der eigenen Eltern erzählt hatte, da dieses dann zu häufigen Nachfragen führte, welche eher als zudringlich aufgefasst wurden. In einem anderen Fall erlebte die Freundin die mahnenden Hinweise der Autorin bezüglich der mangelnden Sorgfalt bei der Auswahl ihrer gegengeschlechtlichen Freunde als *„infame Kritik"* und reagierte mit Rückzugstendenzen. Krisenhaftes Erleben von Zurücksetzung und Kränkung, Tendenzen von Neid und Eifersucht werden durchaus auch recht häufig in Bezug auf die „besten Freundinnen" berichtet. Das Problem entsteht vor allem dann, wenn die Statuszuschreibung „beste Freundin" nicht wechselseitig erfolgt, wenn also die Nähewünsche, die Exklusivitätsansprüche und die Bedürfnisse nach Anerkennung ungleich verteilt sind. So erinnert sich eine Verfasserin, dass sie sich *„öfters als das fünfte Rad am Wagen"* fühlte, wenn ihre Freundin sie mit *Ignoranz* dafür strafte, dass sie Dinge sagte oder tat, mit denen sie nicht einverstanden war. Eine gewisse Ambivalenz geht auch aus einem anderen Bericht hervor, in dem zunächst von einer *„wunderschönen Mädchenfreundschaft"* die Rede ist, einer Beziehung zu einer gleichaltrigen Freundin, die *„viel Glück"* bereitet hätte, im gleichen Satz dann aber auch auf *„manch ungutes Gefühl"* hingewiesen wird, das entstand, wenn die Verfasserin *„mal wieder unter einer ihrer Launen zu leiden hatte"*. Besonders heikel wird die Situation für die besten Freundinnen natürlich auch dann, wenn eine von beiden ihren ersten ernsteren gegengeschlechtlichen Freund hat und sich die Aufmerksamkeit nun ganz auf ihn konzentriert. Im Blick auf eine solche Situation beschreibt eine Autorin die Eifersucht ihrer Freundin und das schlechte Gewissen, dass bei ihr dadurch ausgelöst wurde, dass sich die subjektiven Bedeutungszuschreibungen verschoben hatten: *„Sie war nicht mehr ‚das Liebste' für mich, was wir uns zuvor gegenseitig gewesen waren"*. Eine andere Verfasserin charakterisiert die Beziehung zu ihrer besten Freundin als *„eigentlich schon eine Art Liebesbeziehung. Wir sprachen wirklich über alles"*. Entsprechend groß ist dann die Enttäuschung derjenigen, die „zurückbleibt", als eine der Freundinnen ihren ersten festen Freund hat und damit die Rangfolge der bedeutsamsten Personen neu geordnet wird: *„Umso dramatischer war dann der Bruch, als ich einen festen Freund hatte, der dann bei mir an erster Stelle kam"*.

Enge Freundschaften stellen, gerade auch dann, wenn Konflikte, Meinungsunterschiede, Interessengegensätze auftauchen, ein besonders wichtiges Feld des sozialen Lernens dar. Denn hier geht es gerade darum, im Dienste der Aufrechterhaltung der bedeutsamen Beziehung, Konflikte zu klären und Spannungen zu lösen, eigene Interessen und Überzeugungen zu wahren und doch den anderen nach Möglichkeit nicht zu verletzen. Im geschützten Raum enger Freundschaften herrscht häufig auch eine besondere Ernsthaftigkeit und Ehrlichkeit der Rückmeldung und eine besondere Offenheit für die Auseinandersetzung mit solchen kritischen Anmerkungen. Während entsprechende Mahnungen von Eltern eher zu empörten Abwehrreaktionen führen und spitze Bemerkungen aus dem Raum der Clique eher mit coolen Repliken und Gegenattacken pariert werden, führen entsprechende Hinweise seitens des besten Freundes oder der besten Freundin doch eher zu Nachdenklichkeit. Wenn man der besten Freundin oder dem besten Freund ein grundsätzliches Wohlwollen im Hinblick auf die eigene Person unterstellt, dann wird Kritik von ihrer Seite weniger als Angriff sondern mehr als Ausdruck der Sorge verstanden. Hier besteht nicht der Zwang, stets cool und souverän wirken zu müssen, sondern gerade der vertrauensvolle Rahmen der Freundschaft ermöglicht es, sich auch mit seinen Unsicherheiten und Selbstzweifeln auseinander zu setzen. Man kann hier zu seinen Schwächen stehen, ohne sich dabei eine

Blöße zu geben. In engen Freundschaften besteht sogar eher die Norm der Ehrlichkeit, d. h. Freunde erwarten voneinander, dass man sich nichts vormacht, dass man nicht versucht, Probleme zu verbergen und Schwächen zu kaschieren. Im Gegenzug herrscht dafür die Norm der Vertraulichkeit, d. h. der Anspruch darauf, dass Geheimnisse bewahrt und Schwächen nicht ausgenutzt werden. Von daher kommt engen Freundschaften eine wichtige Spiegelfunktion gerade für die Auseinandersetzung mit jenen heiklen Persönlichkeitsbereichen zu.

Enge persönliche Freundschaften sind ein kostbares Gut, nicht nur im Jugendalter. Ihnen kommt aber gerade in jener spannenden und ereignisreichen Entwicklungsphase des Jugendalters eine besondere Bedeutung zu. In der Shell Jugendstudie von 2002 stand bei der Frage nach den Wertorientierungen der Jugendlichen die Kategorie „Freundschaft" bei beiden Geschlechtern an erster Stelle. Der Durchschnittswert von 6,4 auf einer Skala, die von 1–7 reichte, zeigt, welch hohe Bedeutung die Jugendlichen diesem Faktor zumessen. Das Item „gute Freunde haben, die einen anerkennen und akzeptieren" wurde demnach deutlich höher gewichtet als andere Items wie etwa „einen hohen Lebensstandard haben", „das Leben in vollen Zügen genießen", „eigenverantwortlich leben und handeln" oder „Macht und Einfluss haben" (Hurrelmann u. a. 2002, S. 149).

4.8 Geschlechtsunterschiede hinsichtlich der Jugendfreundschaften

Freundschaften müssen zwar einerseits „wachsen", doch sie ergeben sich nicht einfach von selbst, sondern sie erfordern aktives Bemühen, Offenheit, Zuwendung. Keineswegs allen Jugendlichen gelingt es, solche engen, tiefen Freundschaftsbeziehungen zu knüpfen. Auch gibt es hierbei beträchtliche Unterschiede zwischen den Geschlechtern. Der Eindruck, den eine Verfasserin erinnert, dass nämlich *„die meisten Mädchen in meiner Klasse sich alle untereinander gut verstanden, engere Freundschaften jedoch hauptsächlich Zweierfreundschaften waren, wohingegen es eigentlich nie Jungs gab, die nur zu zweit ‚rumhingen'",* wird von der empirischen Forschung tendenziell bestätigt.

Demnach haben Jungs eher größere aber lockere Freundschaftsnetze und verbringen mehr Zeit in Gruppenkonstellationen bei denen gemeinsame Aktivitäten im Vordergrund stehen. Mädchen dagegen haben exklusivere und intimere dyadische Freundschaftsbeziehungen. Auch scheint es so zu sein, dass die deutliche Abstufung zwischen „den Freundinnen" und „der besten Freundin" eher eine weibliche Domäne ist. Damit freilich auch die bisweilen mit Animositäten und Kränkungen verbundenen Rivalitäten darum, wer nun tatsächlich wessen „beste Freundin" ist.

Auch hinsichtlich des Spektrums der beliebtesten Aktivitäten während der gemeinsam verbrachten Zeit unterscheiden sich Mädchen und Jungen. Während sich die entsprechenden Angaben bei den Mädchen in einer Befragung von Youniss und Smollar weitgehend auf die Kategorien „zusammen ausgehen" und „zusammen reden" beschränkten, wurden diese von den Jungen nicht halb so oft erwähnt. Dafür nannte ein Viertel der Jungen Freizeitaktivitäten wie Basketball, Radfahren, Kartenspiel etc. und immerhin ein Fünftel Aktivitäten in Verbindung mit Alkohol und anderen Drogen. Flammer und Alsaker bringen die Differenzen hinsichtlich der favorisierten Aktivitäten in Jungen- und in Mädchenfreundschaften in folgendem Satz auf den Punkt: „Männliche Jugendliche bevorzugen spezifische spielerische und sportliche Aktivitäten und den gemeinsamen Rausch, während die jungen Frauen die gegenseitige Gesellschaft und Gespräche höher schätzen" (Flammer/Alsaker 2002, S. 202). Bei Befragungen äußerten sich die Mädchen in der Regel auch insgesamt positiver über ihre Freundschaftsbeziehungen als gleichaltrige Mitschüler. Während mehr als 70% der weiblichen Jugendlichen angaben, sie hätten dass Gefühl, dass ihre beste Freundin wirklich versuche, sie in Gesprächen zu verstehen, äußerten sich nur 35% bis 55% der männlichen Jugendlichen in dieser Art über ihre Freunde (ebd., S. 203).

Zinnecker u. a. haben Jugendliche zwischen 13 und 18 Jahren u. a. danach gefragt, ob sie Freunde verfügbar haben, um mit ihnen glückliche Momente, Lachen, Geheimnisse, aber auch Sorgen und Probleme zu teilen. Auch hier ergaben sich deutliche Geschlechtsunterschiede in den Antworttendenzen. Während etwa drei Viertel der Mädchen diese Fragen positiv beantworteten, lag die Quote der Jungen lediglich zwischen 32% und 52% und damit deutlich niedriger. Einen Freund als Austauschpartner über ernsthafte Situationen, über Sorgen und Problemen hat demnach nur ein Drittel der Jungen zur Verfügung. Die gleichaltrigen Mädchen kommen in dieser Beziehung auf eine Quote von immerhin 73% (vgl. Zinnecker u. a. 2002, S. 59). Insgesamt stellen Zinnecker u. a. fest, dass viele Jungen für bestimmte Fragen und Situationen überhaupt keinen Menschen ihres Vertrauens haben, und sie charakterisieren deshalb die Jungen im Hinblick auf ihre geringere Bereitschaft zur Öffnung und zum Austausch über persönliche Probleme tendenziell als „lonesome Cowboys" (ebd., S. 136).

4.9 Eltern und Peergroup – sich ergänzende oder gegenläufige Einflusssphären im Jugendalter?

Eine der Fragen, die Pädagogen und Sozialisationsforscher schon lange bewegt, ist die, wie sich im Verlauf des Jugendalters die Einflusssphären, die relativen Gewichte von Eltern einerseits und von gleichaltrigen Freunden andererseits verschieben. Von den Zeitbudgetstudien her weiß man, dass die Zeit, die Jugendliche mit Gleichaltrigen verbringen, im Verlauf des Jugendalters beständig ansteigt, die Zeit, die sie im Rahmen der Familie verbringen, dagegen zurückgeht. Selbst wenn sie zu Hause sind, ziehen sich die Jugendlichen nun immer häufiger in ihr Zimmer zurück. Die Phasen der unmittelbaren Kommunikation, der gemeinsamen Präsenz von Eltern und Kindern im gleichen Raum, werden kürzer, beschränken sich bisweilen weitgehend auf die Mahlzeiten. Die Jugendlichen bewegen sich sozusagen in zwei unterschiedlichen Welten, der Familienwelt und der Welt der Peers. Etliche der Autorinnen und Autoren der autobiographischen Reflexionen haben versucht, sich über das Verhältnis dieser beiden Welten, über die Verschiebung der Gewichte während ihrer Jugendzeit Rechenschaft zu geben:

Für meine Ablösung von der Familie als primärer Bezugsgruppe kann ich einen einschneidenden Wendepunkt benennen. Mit 11 Jahren wurde ich Mitglied einer Wandervogel-Gruppe (eine Jungengruppe in der Tradition der bürgerlichen Jugendbewegung), die im Alter zwischen 12 und 16 Jahren den ‚Mittelpunkt meiner Welt' darstellte. Dass dieser Wechsel relativ abrupt erfolgte, hat sicherlich auch damit zu tun, dass ich mein Elternhaus in dieser Zeit nicht gerade als erfreuliches Umfeld erlebt habe. Meine Eltern haben sich in dieser Zeit eigentlich nur noch gestritten – als ich 18 Jahre alt war, ließen sie sich dann scheiden. Die Jugendgruppe wurde neben der Schule zum Zentrum meines Lebens – Freizeit und Ferien verbrachten wir fast ausschließlich mit der Gruppe. (B7m)

Nach und nach hat sich dieses Verhältnis immer mehr verschoben, bis ich schließlich fast nur noch mit Freunden meine Freizeit gestaltet habe und sozusagen nur zum

Schlafen, Essen und Lernen nach Hause gekommen bin. Die Loslösung von den Eltern hin zu Freunden hat sich bei mir also sehr langsam und allmählich vollzogen. Das lag wohl daran, dass ich mich bei Freunden wohl gefühlt habe, aber auch noch gerne mit meinen Eltern zusammen war. (B13w)

Während der verschiedenen Phasen meiner Pubertät habe ich immer abwechselnd Prioritäten gesetzt. Einmal spielten meine Eltern (v. a. meine Mutter) eine wichtigere Rolle, dann waren es wieder die Freunde. Je nachdem wer gerade am meisten Verständnis zeigte, war dann auch meine wichtigste Bezugsperson. Was meine Beziehungen zu anderen betrifft, war ich also ziemlich „untreu". (B22w)

Es fing schon damit an, dass es mir unangenehm war, jemanden zum Essen mitzubringen, weil wir vor dem Essen beteten. Ich hatte eine Freundin, mit der ich klauen ging und meinen ersten Joint rauchte, ich hatte damals ein echtes Bedürfnis, aus dieser heilen Familie auszubrechen. Meine Mutter merkte wahrscheinlich diesen Willen und versuchte, mir diese Freundschaft, ohne Erfolg, auszureden. In dieser Zeit log ich meine Eltern viel an und wurde in der Schule immer schlechter. Das war für mich dann das Zeichen, mit der sinnlosen Schwänzerei aufzuhören, mein schlechtes Gewissen meldete sich immer häufiger und irgendwann war die Angst so groß, das Vertrauen meiner Eltern ganz zu verlieren, dass ich mich zusammennahm. Ich grenzte mich zwar immer noch ab, aber versuchte meine Entscheidungen zu erklären. (B32w)

Es ergab sich, dass sich auch ausgerechnet in dieser Zeit mein Freundeskreis durch einige ältere Personen erweiterte. Leute, die zwischen 4–5 Jahre älter waren als ich (also so zwischen 19 und 20). Dort herrschte natürlich ein ganz anderes Klima; nicht so wie man es unter gleichaltrigen „Spielkameraden" von der Schule her kennt. Ich war in der Gruppe von Anfang an voll akzeptiert, was mein Selbstwertgefühl eher steigerte, statt dass es durch mein schulisches Abschneiden gemindert wurde. Schule wurde mir egal. Meine Mutter machte natürlich den neuen Umgang für meinen „Verfall" verantwortlich, was ich aus ihrer Sicht heute verstehen kann. Ich jedoch wollte für mich selbst entscheiden und unabhängig sein. Zugegeben, da waren schon einige Leute dabei, die etwas auf dem Kerbholz hatten und auch Kampfsport betrieben (und diesen nicht immer nur in ihrem Verein). Diese aus heutiger Sicht „pseudo-gefährliche Aura" zog mich an. Warum, kann ich nicht mehr sagen. Wahrscheinlich fühlte ich mich sicher. Wie gesagt, ich war voll akzeptiert, obwohl ich keinen Kampfsport betrieb und nicht (noch nicht) rauchte. Was meine Eltern störte, ist also klar: die rapide Verschlechterung meines Notenbildes. Was mich störte, weiß ich auch noch: Das mangelnde Vertrauen meiner Eltern mir gegenüber, mir meine Freunde selbst auszuwählen. (B61m)

Selbst wenn es das durchgängige Moment der Verschiebung der Einflüsse zugunsten der Gleichaltrigen gibt, sind doch auch hier die Erfahrungen und die Beziehungskonstellationen, die berichtet werden, durchaus recht unterschiedlich gelagert. Deutlich ist häufig eine starke Kontrasterfahrung. Dabei kann diese freilich unter Umständen stärker in den inneren Haltungen der Jugendlichen begründet sein als im realen Verhalten der anderen Personen. So ist etwa der Satz *„Die Meinung und Haltung meiner Eltern empfand ich immer als Kritik. Wenn aber jemand aus meinem Freundeskreis das Gleiche zu mir sagte, habe ich es nie so negativ aufgefasst"* recht bezeichnend, weil er die gegensätzlichen Erwartungen und die unterschiedlichen Bereitschaften, Aufforderungen und Ratschläge anzunehmen, zum Ausdruck bringt.

Bisweilen gibt es deutliche Entfremdungserscheinungen zwischen Eltern und Kindern durch die Abwendung des Nachwuchses von der Eltern- und Familienwelt und die Hinwendung zu dubiosen Peergroups, zu Szenen und Erfahrungen, die vor den Eltern sorgfältig verborgen werden und deren Einfluss im Nachhinein auch von den Betroffenen selbst eher kritisch eingeschätzt wird. So wird vom *„Abrutschen"* oder gar vom *„Verfall"* unter dem Einfluss delinquenter Peers berichtet und lapidar festgestellt *„meine Mutter konnte kaum Einfluss nehmen"*. Es sind gerade der Kontrast zur geordneten Familienwelt, der Reiz des Verbotenen, die *„pseudo-gefährliche Aura"* der älteren Peers, die schon manches auf dem Kerbholz haben, die hier die Clique attraktiv machen. Und es ist die soziale Anerkennung, die die Betroffenen dort erfahren und die sie als bedeutsame persönliche Aufwertung erleben. Bisweilen wird die Peergroup, gerade auch in Beispielen, bei denen es sich um auffällige, jugend-(sub)kulturell geprägte Zusammenschlüsse handelt, als eine Art „Ersatzfamilie" beschrieben, in der die Betroffenen einerseits Anerkennung und „Heimat" fanden, in der sie aber auch wichtige soziale Kompetenzen und „(Über-)Lebensfertigkeiten" lernten.

In einem weiteren Text, in dem ebenfalls der starke Kontrast zwischen den beiden Sphären hervorgehoben wird, ist die Rede von einem *„echten Bedürfnis, aus dieser heilen Familie auszubrechen"*. Erfahrungen mit Joints und mit dem Klauen werden als aufregende Gegenerfahrungen zur heilen Familienwelt gesucht; diese selbst wird mit ihrer bürgerlichen Ordnung und ihren traditionellen Ritualen beim Besuch von Freunden als eher peinlich erlebt und löst entsprechende Schamgefühle aus.

Aber nicht immer ist der Kontrast zwischen den beiden Sphären in dem Sinne, dass die Welt der Peers die aufregende, spannende, subkulturelle Gegenwelt zur biederen Familienatmosphäre darstellt, das vorherrschende Muster. Bisweilen stellt das wohlgeordnete, idealistisch geprägte Ambiente der Jugendgruppe auch eher die heile Welt dar im Gegensatz zu einer Familiensituation, die durch die Streitigkeiten der Eltern immer unerfreulicher wird, und es kommt mit Zustimmung der Eltern zu einer entsprechenden Verlagerung des Lebensmittelpunktes. Oder die Beziehungen zu Freunden werden gesucht als Fluchtpunkte, um den Belastungen zu entkommen, die sich daraus ergeben, dass die allein erziehende Mutter mit ihren persönlichen Problemen nicht klarkommt und ihre Tochter damit zunehmend überfordert. Schließlich gibt es auch die entgegengesetzte Situation, dass die Welt der Peers weniger als attraktiv und verlockend denn als bedrohlich und feindselig erlebt wird, die häusliche Welt dagegen den sicheren Zufluchtsort darstellt und entsprechend lange an einer fast symbiotischen Beziehung zur Mutter festgehalten wird.

Weiterhin gibt es etliche Beschreibungen, in denen beide Sphären zwar als klar different, aber dennoch nicht als konfligierend dargestellt werden, bei denen die Betroffenen also angeben, dass sie sich in beiden Bereichen wohl fühlten und *„je nachdem, wer gerade am meisten Verständnis zeigte"*, flexibel die Schwerpunkte wechselten. Sicherlich gibt es dabei dann meist eine Aufteilung der Themenbereiche, die vorwiegend im einen oder aber exklusiv im anderen Zusammenhang diskutiert werden, weil man sich dort mit den jeweiligen Problemen besser aufgehoben fühlt. Nicht selten gibt es auch Überlagerungen zwischen beiden Sphären in dem Sinne, dass die Freunde und Freundinnen zu Hause ein- und ausgehen, an Familienmahlzeiten und -unternehmungen teilhaben und die Eltern ihrerseits in einer Art Zaungastrolle bzw. als „Transport- und Cateringservice" die Aktivitäten der Cliquen, in die ihre Kinder eingebunden sind, mit Interesse und Wohlwollen begleiten. Schließlich berichtet eine Autorin auch noch, dass gerade die Beziehung zu ihrem Freund zu einer Wiederannäherung in der konflikthaften Eltern-Kind-Beziehung führte, die dann sogar in gemeinsame Urlaubsreisen mündete.

Betrachtet man die einzelnen konkreten autobiographischen Schilderungen, so sind die Konstellationen im Spannungsfeld von Jugendlichen, ihren Eltern und ihren Peers durchaus sehr vielfältig. Geht man jedoch von den Mittelwerten aus, die sich bei einschlägigen Befragungen ergeben, so zeichnen sich doch recht deutliche Trends ab. Am bezeichnendsten sind wohl die Antworttendenzen, die sich ergeben haben, als Fend in seiner Längsschnittstudie die 12-, 13-, 14-, 15- und 16-Jährigen mit der Frage konfrontiert hat: „Wenn Du Schwierigkeiten oder Probleme mit Dir selbst hast, mit wem redest Du dann am ehesten darüber?". Für die Nennung der Eltern ergab sich dabei im Verlauf dieser Jahre eine deutlich sinkende Tendenz, während die Kurven für die Nennung gleichgeschlechtlicher und gegengeschlechtlicher Freunde zeitversetzt entsprechend anstiegen. Bereits die 14-Jährigen nennen häufiger die gleichgeschlechtlichen Freunde als die Eltern als präferierte Partner für Problemgespräche. Im Alter von 16 Jahren werden die Eltern in dieser Hinsicht auch von den gegengeschlechtlichen Freunden übertroffen. Bei der Parallelfrage: „Wenn Du Schwierigkeiten oder Probleme mit anderen hast, mit wem redest Du am ehesten darüber?" liegen die gleichaltrigen Freunde schon von Anfang an vorn. Auch hier bildet die entsprechende Kurve für die Eltern eine abfallende Linie. Gefragt sind die Eltern dagegen mit klarem Vorsprung in einer anderen Hinsicht: nämlich wenn es darum geht, komplexe Vorgänge in der Welt zu verstehen. Die entsprechende Frage lautete hier: „Wenn Du Dich genauer für politische Fragen interessierst, für das, was in der Welt und um Dich herum vorgeht, wen würdest Du am ehesten fragen?". Bemerkenswert an den Ergebnissen ist vielleicht auch noch, dass die Lehrer in allen drei Dimensionen als Auskunfts- und Beratungsperson ziemlich unter ferner liefen rangieren (vgl. Fend 2000. S. 293).

Die Frage, welchen Einfluss Eltern heute, angesichts der konkurrierenden Sozialisationseinflüsse, eigentlich noch auf ihre heranwachsenden Kinder haben, war in den letzten Jahren Gegenstand recht heftiger pädagogischer und psychologischer Debatten. Ausgelöst wurde diese jüngere Diskussion durch das Buch „The Nurture Assumption" von Judith Harris, die darin die These zu belegen versuchte, dass der Einfluss der elterlichen Erziehungsbemühungen auf die Persönlichkeitsentwicklung ihres Nachwuchses sehr viel geringer sei, als bisher angenommen wurde. Zunächst seien die Gene die wesentlichen Wirkkräfte, die die basalen Charakter- und Temperamentsstrukturen festlegten und im Jugendalter, wenn die Grundhaltungen zu politischen, kulturellen, weltanschaulichen und moralischen Fragen sich herauskristallisierten, seien es vornehmlich die Peers, die hier bestimmend seien (vgl. Harris 1998). Im November 1998 hat „Der Spiegel" eine Titelstory unter der bezeichnenden Überschrift „Ist Erziehung sinnlos? – Eltern ohne Einfluß" herausgebracht, die diese Debatte aufgreift. Im Vorspann wird die Quintessenz der Titelstory folgendermaßen zusammengefasst: „Neue Erkenntnisse der Psychologen lassen das Weltbild vieler Eltern wanken: Der erzieherische Einfluß auf ihre Kinder ist offensichtlich kleiner als gedacht. Prägend wirken vielmehr Freundeskreise und soziales Milieu, den Rest geben die Gene vor" (1998, S. 110).

Der Trend zur Entwertung der Erfahrungen der Erwachsenen und zur Aufwertung der Anregungen und Orientierungen, die von den Gleichaltrigen stammen, lässt sich auch empirisch gut belegen. So fanden in einer aktuellen repräsentativen Umfrage bei 13–17-Jährigen die folgenden Items Zustimmungswerte zwischen 59 und 70%: „Die wenigsten Erwachsenen verstehen die Probleme von Jugendlichen wirklich" (70%),

„Ich halte nicht viel von den Erfahrungen der Erwachsenen, ich verlasse mich lieber auf mich selbst" (60%) und „Bei gleichaltrigen Freunden und Freundinnen lerne und erfahre ich mehr als bei Erwachsenen" (59%) (Zinnecker u. a. 2002, S. 147).

Zinnecker selbst hat jedoch Ergebnisse vorgelegt, die durchaus belegen, dass den unterschiedlichen familiären „Edukatopen" eine bedeutsame Rolle im Hinblick auf die Entwicklung in der Präadoleszenz zukommt. In einer interessanten Studie, bei der nicht nur eine repräsentative Gruppe von 701 Kindern im Alter zwischen 10 und 13 Jahren, sondern auch deren Mütter und Väter befragt wurden, hat Zinnecker versucht, Zusammenhänge zwischen bestimmten Familienmilieus und bestimmten Entwicklungstendenzen bei den Kindern auszumachen. Durch die Auskünfte aus unterschiedlichen Perspektiven (Kinder, Mütter, Väter) konnte auch geprüft werden, inwieweit die subjektiven Wahrnehmungen und Bedeutungszuschreibungen bei Eltern und Kindern übereinstimmen. Die Tatsache, dass Eltern keineswegs ohne Einfluss sind, sondern dass es hier durchaus relevante „Unterschiede gibt, die einen Unterschied machen", hat Zinnecker dabei schon im Titel seines Beitrags auf den Punkt gebracht: „Stresskinder und Glückskinder. Eltern als soziale Umwelt von Kindern" (Zinnecker 1997).

Zinnecker kommt aufgrund der Gesamtbefunde zu der Einschätzung, dass unterschiedlichen Familienmilieus durchaus eine bedeutsame Rolle als Risiko- bzw. als Schutzfaktor für die kindliche Entwicklung in der Präadoleszenz zukommt. Seine These vom generellen Verlust des Vertrauens der Jugendlichen in die Lebenserfahrungen der älteren Generation relativiert er somit zumindest im Blick auf die „Partner-Familien", in denen die „Glückskinder" aufwachsen, deutlich: „In diesem Typus von Umwelt erleben die Heranwachsenden offensichtlich mehr als in anderen Eltern-Umwelten Qualitäten wie liebevolles Verständnis, aufmerksame Kontrolle seitens der älteren Generation, gemeinsame kulturelle Handlungserfahrungen mit dieser, sowie ein emotional relativ ausgeglichenes Binnenklima. Nicht unwichtig ist ferner, daß das Zutrauen in den Rat und die Weltklugheit der Eltern in diesem Typus von Familienumwelt noch relativ hoch ist; der generell zu beobachtende Verlust an Vertrauen zur kulturellen Kompetenz der älteren Generation in dieser sozialen Rahmung sich also in Grenzen hält. Alle diese Dimensionen lassen sich als Formen sozialisatorischer Mitgift bzw. eines sozialen Familienkapitals auffassen, das an die jüngere Generation in der Familie weitergegeben wird." (ebd., S. 30)

Diese Befunde über die Relevanz der Eltern-Kind-Beziehung für die Entwicklung und für die psychische Befindlichkeit bei den 10–13-Jährigen ist insofern besonders bedeutsam, weil hier auch für den ganzen weiteren Verlauf der Entwicklung im Jugendalter maßgebliche Fundamente gelegt werden. Nach Fend stellt diese am Ende der Kindheit aufgebaute Beziehungsqualität nämlich den zentralen prognostischen Faktor für den Verlauf der eigentlichen Ablösungsphase im Jugendalter dar: „Wer vorhersagen möchte, bei wem sich das Eltern-Kind-Verhältnis in der Jugendphase positiv oder negativ entwickelt, dem kann eine einfache Information weiterhelfen: die Qualität der Eltern-Kind-Beziehung in der Kindheit. Ist hier das Verhältnis sehr positiv gewesen, dann besteht eine große Wahrscheinlichkeit, dass dies auch in der Jugendzeit der Fall sein wird. ... Die in der Kindheit aufgebaute Beziehung, sei sie positiv oder belastet, trägt durch die Jugendzeit hindurch" (Fend 2000, S. 292).

Auch Oswald und Boll haben im Rahmen einer repräsentativen Studie bei 13–18-Jährigen versucht, etwas über die relativen Gewichte von Eltern- und Peergroup-Einflüssen auf die Entwicklung und über die Verschiebung dieser Gewichte im Laufe des Jugendalters herauszufinden. Sie kommen zu einer insgesamt recht positiven Sicht der

Eltern-Kind-Beziehungen im Jugendalter. Sowohl die befragten Jugendlichen als auch die befragten Eltern gaben mit deutlicher Mehrheit an, dass ihnen die wechselseitigen Beziehungen sehr bedeutsam seien und dass sie sie überwiegend als harmonisch erleben. Freilich ergab sich bei der Differenzierung nach Altersgruppen eine deutliche Zunahme der wahrgenommenen Meinungsverschiedenheiten. Da es sich bei diesen Meinungsverschiedenheiten jedoch überwiegend um Alltagskonflikte handelte, die sich um Dinge wie die Mithilfe im Haushalt oder das abendliche Ausgehen drehten und weniger um fundamentale Differenzen hinsichtlich weltanschaulicher oder politischer Ansichten, sprechen Oswald und Boll von einem „Ende des Generationenkonflikts". Gleichzeitig haben bei dieser Befragung die meisten Jugendlichen auch die Beziehungen zu ihren gleich- und gegengeschlechtlichen Freunden als sehr wichtig eingeschätzt. Entsprechend gehen Oswald und Boll eher von einem sinnvollen Ergänzungsverhältnis zwischen Elterneinflüssen und Peergroup-Einflüssen aus als von einem unvereinbaren Kontrast. Nur für eine kleine Minderheit von etwa fünf bis zehn Prozent der Jugendlichen sehen sie eine solche ausgeprägte Kontrastkonstellation. Und bezüglich der dabei wiederum auftauchenden spannenden Frage, ob es eher die ungünstigen Peergroup-Einflüsse sind, die elterliche Bemühungen zunichte machen, oder ob es umgekehrt eher die gestörten, konfliktbeladenen Eltern-Kind-Beziehungen sind, die die Kinder anfällig für die Einflüsse devianter Peergroups machen, kommt Oswald zu einer recht eindeutigen Antwort: „Alle gefundenen Interaktionseffekte lassen sich zusammenfassend als synergistische Effekte dahingehend interpretieren, daß sich die Gleichaltrigen nur dann negativ auf die Verweigerungshaltung gegenüber der Erwachsenenwelt auswirken, wenn die Eltern für die Jugendlichen keine Rolle mehr spielen. Jugendliche kommen dann in ‚schlechte Gesellschaft', wenn das Elternhaus für sie ein schlechtes Zuhause ist. Jugendliche, so könnte man noch weitergehend verallgemeinern, können erst dann von Gleichaltrigen negativ beeinflußt werden, wenn ihr Verhältnis zu den Eltern beschädigt ist" (Oswald, 1992).

5 Ein neues, selbstverantwortliches Verhältnis zum schulischen Lernen gewinnen

Jugendzeit ist heute mehr denn je Schulzeit. Der Trend zu höheren Bildungsabschlüssen und damit zur Verlängerung der Schulbesuchszeiten stellt eine der zentralen Veränderungstendenzen des Jugendalters im 20. Jahrhundert dar. War es Anfang der 50er Jahre in Deutschland noch so, dass etwa vier Fünftel aller Schüler der 7. Jahrgangsstufe in die Volksschule gingen und nur etwa ein Fünftel weiterführende Schulen wie Gymnasium oder Realschule besuchte, so hat sich dieses Verhältnis inzwischen nahezu umgekehrt. Nur mehr 22,8% der Achtklässler besuchten 1998 die Hauptschule (vgl. Helsper/Böhme 2002, S. 572). Von den sechzehnjährigen Jugendlichen besuchten 1960 etwa zwei Drittel die Berufsschule, d. h. sie standen in der Regel in einem Lehrlingsverhältnis und hatten damit bereits den Einstieg in die Berufswelt hinter sich. Auch hier haben sich die Verhältnisse in etwa umgekehrt: Heute sind es weniger als ein Drittel der Sechzehnjährigen, die schon im Berufsleben stehen (vgl. Flammer/Alsaker 2002, S. 226). Die Jugendphase ist also zum „Bildungsmoratorium" geworden. Von früher Einfügung in die Zwänge des Arbeitslebens weitgehend befreit, auch von der Notwendigkeit der Mithilfe im bäuerlichen oder handwerklichen Familienbetrieb in der Regel entbunden, lautet heute die zentrale Forderung an die Jugendlichen: Lerne! Nütze die Zeit! Kümmere dich um die Schule und sichere dir deine Zukunftschancen, indem du möglichst hohe und möglichst gute Bildungsabschlüsse erwirbst!

Gleichzeitig hat dieser „kollektive Run" auf die höheren Bildungsabschlüsse zu einer veränderten Sicht und Bewertung geführt. Zu jener Zeit in den 50er und 60er Jahren, als nur eine Minderheit zwischen 10 und 15 Prozent der Schüler eines Jahrgangs das Gymnasium besuchte, galten diese Schüler gewissermaßen als die „Hochbegabten". Schüler der Volksschule, auch wenn sie nur mittelprächtige Noten hatten, mussten sich keineswegs als „Bildungsverlierer" fühlen. Sie gehörten zur kompakten Majorität und ihre beruflichen Zukunftsperspektiven waren in den Zeiten des soliden Wirtschaftswachstums und der Vollbeschäftigung relativ unabhängig von Zeugnissen und Notendurchschnitten. Inzwischen hat angesichts der veränderten Bedingungen auf dem Arbeitsmarkt ein massiver Verdrängungswettbewerb und zudem eine deutliche Tendenz zur Instrumentalisierung von Bildung stattgefunden. Das heißt, Bildung wird zunehmend weniger als Selbstwert und zunehmend stärker als Mittel zum Zweck von Statuserwerb wahrgenommen. Den Schülerinnen und Schülern wird, gerade wenn im Laufe des Jugendalters immer mehr die Abschluss- und Berufswahlperspektiven in den Horizont treten, in der Regel durchaus bewusst, dass die Leistungen, die sie in der Schule erzielen (oder eben nicht erzielen), sehr bedeutsam für ihr *künftiges* Leben sein werden. Gleichzeitig machen sie jedoch vielfach die Erfahrung, dass die Themen und Inhalte, mit denen sie sich auseinandersetzen müssen, um jene Leistungen zu erzielen, in keiner Weise bedeutsam für ihr *gegenwärtiges* Leben sind. Dies macht das Dilemma der Schule aus.

Gerade das Jugendalter ist eine sehr gegenwartsorientierte Lebensphase, bei der sehr viel neue aufregende Eindrücke, Erfahrungen und Gefühle verarbeitet werden müssen. Wenn die physischen und psychischen Umbrüche der Pubertät einsetzen, die neuen Körperwahrnehmungen, die veränderten Empfindungen im Umgang mit dem anderen Geschlecht, die Herausforderungen der Selbstpräsentation in der Peergroup, der Verlust der vertrauensvollen kindlichen Elternbindungen, die Faszination für jugendkulturelle Stile und die damit verbundenen Interessen für die entsprechende Musik und Mode, dann sind die Jugendlichen gewissermaßen umstellt von Phänomenen und Problemen, die sich hinsichtlich der Prioritätenfrage, was momentan persönlich besonders wichtig ist, machtvoll in den Vordergrund schieben und damit Aufmerksamkeit, Zeit und psychische Energie binden.

Einerseits sind die Jugendlichen in dieser Zeit schon längst Routiniers im Umgang mit der Institution Schule. Sie kennen die Erwartungen, die Abläufe und Rituale der Schule und sie haben ihre persönlichen Stile und Strategien entwickelt, damit umzugehen. Andererseits befinden sie sich eben doch während der Pubertät in einer veränderten psychischen Situation und nehmen die Personen, Inhalte und Forderungen, mit denen sie in dieser Institution konfrontiert werden, nun mit anderen Augen wahr als früher. Sie sind nun tendenziell empfindlicher gegenüber Kränkungen, sensibler gegenüber Ungerechtigkeiten, skeptischer gegenüber den vorgegebenen Inhalten, allergischer gegenüber Fremdbestimmung, widerspenstiger gegenüber Autoritäten, erfindungsreicher im Ausdenken von Möglichkeiten, sich den schulischen Forderungen zu entziehen und „subversiven Widerstand" zu leisten, und überhaupt kritischer gegenüber „dem ganzen System".

5.1 Die Erwartungen der Schule an den „idealen Schüler"

In keiner anderen sozialen Konstellation verbringen die Jugendlichen Tag für Tag mehr Zeit als in der klassischen schulischen Unterrichtssituation, also zusammen mit 20–30 Gleichaltrigen und einem Erwachsenen in einem Raum, auf Stühlen sitzend, zuhörend, beobachtend, lesend, schreibend, fragend, auf Fragen antwortend, ... lernend. Dieses Arrangement ist so alltäglich und selbstverständlich, dass es nützlich ist, sich zunächst, gewissermaßen mit „fremdem Blick", noch einmal deutlich zu machen, welche Leistungen und Haltungen hier von den Schülern gefordert sind, um ermessen zu können, welche Spannungen und welche Reibungspotentiale zwischen den institutionellen Anforderungen einerseits und den entwicklungstypischen Impulsen und Bedürfnissen andererseits bestehen.

Die Schule erwartet vom „idealen", d. h. lernwilligen, kooperativen Schüler,
- dass er insgesamt der Institution Schule mit Wohlwollen gegenübersteht, dass er Bildung prinzipiell als persönliche Chance und nicht als Zumutung begreift, dass er vielseitig interessiert und dauerhaft motiviert ist,
- dass er die Autorität der Lehrer respektiert, dass er ihnen mit Anstand und Freundlichkeit gegenübertritt, sie als „Lernhelfer" und nicht als „Klassenfeind" betrachtet und entsprechend seine Energie nicht in Widerstand und Störmanöver, sondern in konstruktive Zusammenarbeit investiert,
- dass er unabhängig von momentaner Lust oder Unlust, unabhängig von Interesse oder Desinteresse am Stoff, unabhängig von Sympathie und Antipathie für den Lehrer, die Selbstdisziplin aufbringt, sich auf die jeweils anstehenden schulischen Lerninhalte einzulassen, dass er also aufmerksam und konzentriert im Unterricht mitarbeitet und sich Abschweifungen, Tagträume, Phantasien weitgehend versagt,
- dass er den schulischen Aufgaben und Pflichten auch außerhalb der Unterrichtszeit hohe Priorität einräumt, und entsprechend die Hausaufgaben gewissenhaft erledigt und die Lernstoffe gründlich nachbereitet und dass er gegebenenfalls bereit ist, attraktivere, lustvollere Freizeitaktivitäten zugunsten der schulischen Pflichten zurückzustellen,

- dass er einen Arbeitshabitus entwickelt, der hohen Wert auf Genauigkeit und Ordentlichkeit legt, d. h. dass er sich angefangen bei der Handschrift über die Heftführung und die Abheftung der Arbeitsblätter um möglichst große Sorgfalt bemüht,
- dass er die Motivation und Kontinuität aufbringt, „langfristige Lernprojekte", wie etwa das Erlernen einer Fremdsprache, mit entsprechender Ausdauer und Zielstrebigkeit anzugehen, d. h. eben auch, Vokabeln systematisch zu üben und zu wiederholen, sich komplexe grammatische Strukturen anzueignen,
- dass er die Bereitschaft aufbringt, sich auf abstrakte Lerninhalte wie binomische Formeln oder quadratische Gleichungen einzulassen, deren unmittelbarer alltagspraktischer Nutzen für ihn oftmals kaum erkennbar ist,
- dass er die Bereitschaft mitbringt, sich mit klassischen Kulturgütern, etwa mit Schillers „Glocke", mit Goethes „Faust", mit Mozarts „Zauberflöte" auseinander zu setzen, obwohl diese von seinen sonstigen Lesegewohnheiten und Musikprioritäten meilenweit entfernt sind,
- dass er die Relevanzkriterien des Lehrers und des Lehrplans akzeptiert und klaglos hinnimmt, dass die Themen und Probleme, die ihn persönlich besonders interessieren, im Rahmen der Schule nur ganz marginale Bedeutung haben,
- dass er die Rollendefinition als Schüler, d. h. als „Novize", als in den maßgeblichen Bereichen Unfertiger, Unkundiger, Lernbedürftiger, Unterrichtsabhängiger fraglos annimmt,
- dass er damit auch bereitwillig hinnimmt, dass seine Lernleistungen im Rahmen der Schule beständig kontrolliert, verglichen, bewertet und benotet werden,
- dass er Misserfolge bei solchen Bewertungen nicht in Frustration und Verweigerung, sondern in vermehrte Lernanstrengung umsetzt, dass er also ein realistisches und differenziertes Bild des eigenen Leistungsstandes entwickelt und gezielt an der Verbesserung von Schwächen arbeitet,
- dass er die schulische Konkurrenzsituation als Herausforderung und Lernmotivation begreift und sich doch innerhalb der Klasse kooperativ und hilfsbereit zeigt,
- dass er bereit und in der Lage ist, seine Fähigkeiten und Kenntnisse auch in öffentlichen Auftritten vor der Klasse (mündliche Abfrage, Lösung von Rechenaufgaben an der Tafel, Vorturnen, Vorsingen etc.) zu demonstrieren und mit dem damit verbundenen Risiko der Blamage zurechtzukommen,
- dass er bei Diskussionen im Unterricht und bei schriftlichen Erörterungen durchaus kritisches Bewusstsein zeigt und argumentative Fähigkeiten unter Beweis stellt, dass er zugleich aber keine radikalen Positionen einnimmt, sondern wohlausgewogen alle relevanten Gesichtspunkte angemessen zu würdigen weiß,
- dass er in der Lage ist, selbständig und längerfristig seine Lernarbeit zu planen und zu strukturieren, dass er gleichzeitig aber nicht zu selbständig wird in der Beschaffung und Aneignung des Wissens, sondern die Lernangebote der Schule weiterhin dankbar zu schätzen weiß,
- dass er seine Lernprozesse reflektiert, seine bevorzugten Lernwege kennt und sein persönliches Lernprofil einschätzen kann, dass er also metakognitive Strategien entwickelt, die ihm dazu dienen, seine Lernprozesse effektiv zu organisieren,
- dass er zu einer differenzierten Einschätzung seiner Leistungsfähigkeit und zu einer angemessenen Attribuierung seiner schulischen Erfolge und Misserfolge in der Lage ist und sich weder in unrealistischen Größenphantasien noch in destruktiven Misserfolgserwartungen, noch in defensiven Schuldzuweisungen verliert.

Diese lange Liste wünschenswerter Eigenschaften und Fähigkeiten stellt ein Ideal dar, von dem die realen Schülerinnen und Schüler jeden Alters in der Regel mehr oder weniger weit entfernt sind. Gerade aber die Pubertät bringt Entwicklungstendenzen mit sich, die im deutlichen Kontrast stehen zu den hier beschriebenen Idealen, die doch alle um Merkmale wie Anpassung, Ausdauer, Rationalität, Selbstdisziplin, Anstrengungsbereitschaft, Sorgfalt, Strebsamkeit und Stetigkeit kreisen. Typische Befindlichkeiten und Verhaltenstendenzen, die mit dem Jugendalter üblicherweise assoziiert werden, sind dagegen eher Spontaneität, Impulsivität, Unausgeglichenheit, Flatterhaftigkeit, Desorganisiertheit, Stimmungslabilität, Dünnhäutigkeit, narzisstische Kränkbarkeit, Ruppigkeit, Gegenwartsorientierung, Lustorientierung, Emotionalität, Aufmüpfigkeit, Selbstherrlichkeit, Albernheit, Widerständigkeit. Sicherlich ist dies eine etwas dichte und pauschalisierende Sammlung von problematischen Attributen. Sie soll hier mehr eine Grundtendenz markieren und nicht etwa so verstanden werden, als wären alle Jugendlichen durch all diese Merkmale zutreffend charakterisiert. Dennoch ist die Sammlung der unterschiedlichen Grundtendenzen, die in den Erwartungen der Schule und in den Verhaltenstendenzen der Jugendlichen vorherrschen, vielleicht geeignet, den Satz von Barbara Sichtermann „Wenn irgendetwas nicht zusammenpasst, dann ist es Pubertät und Schule" (Sichtermann 2002, S. 163) verständlich zu machen. Sichtermann selbst hat den Gegensatz, der hier besteht, stärker für die Jugendlichen Partei ergreifend, folgendermaßen auf den Punkt gebracht: „Pubertierende Kinder sind einem regelrechten Individualisierungsschub ausgesetzt. Sie ertragen es einfach nicht mehr, kollektiviert, eingeteilt, zusammengeschweißt, dirigiert, verwaltet, hier- und dorthin geschickt, in ihren Leistungen und in ihrem Ausdruck quantifiziert und benotet zu werden – sie entwickeln einen starken Affekt gegen dies In-Schubladen-gesteckt-Werden, gegen das Vergleichen und Begutachtet werden, und das ist ihnen auch zuzugestehen (ebd., 157).

Das Gefühl, im inneren Widerstreit mit der Institution Schule zu liegen und doch Tag für Tag gezwungen zu sein, dorthin zu gehen, der Eindruck, dort mit Lernstoffen konfrontiert zu werden, deren Sinn man kaum einzusehen vermag, die Empörung, von den Lehrern bevormundet und gegängelt zu werden, all dies sind, wenn auch nicht durchgängige, so doch ziemlich weit verbreitete Empfindungen gerade unter den Schülern der Sekundarstufe I. Gelegentlich finden sie eine entsprechend kreativ-künstlerische Verarbeitung in schulkritischen Schülergedichten:

„Sei schön angepaßt, fang bloß nicht an zu denken,
der Lehrer wird dir seine Meinung schenken.
Schleime mit, dann kriegst du gute Noten.
Andernfalls kriegst du was auf die Pfoten.

So wird der letzte Mist in dich hineingestopft,
das geht so weiter bis du nur noch kotzt.
Was dich interessiert kümmert kein Schwein,
du guckst mal wieder in die Röhre rein.

Verdammt ich bin ein Mensch, ich habe auch Gefühle,
die gehen alle kaputt in dieser Mühle.
In der Schule läuft es kalt und rational,
schluck nur die Scheiße, der Rest ist ganz egal!"
                   (zit. n. Zinnecker 1982, S. 44f.)

Bisweilen werden diese Empfindungen in mehr oder minder provokativen, rebellischen, subversiven Aktionen auch ausagiert. Häufiger jedoch führen sie nur zur inneren Distanzierung, zum Versuch, die Zumutungen der Schule mit minimalem Aufwand zu überstehen, ohne sich all zuviel Stress einzuhandeln. Zu einer coolen, lethargischen, demonstrativ desinteressierten Haltung also, und damit zu jener zähen grauen Lustlosigkeit, die den Schulalltag in jenen Klassen oft kennzeichnet.

Durch die körperlichen und seelischen Reifungsprozesse, durch die neurologischen und kognitiven Umstrukturierungsprozesse der Pubertät ergeben sich so viele spannende neue Empfindungen, Herausforderungen, Entdeckungsgebiete und Bewährungsfelder für die Jugendlichen, dass die psychische Energie, die für schulisches Lernen zur Verfügung steht, zwangsläufig geringer wird. Damit natürlich auch die Aufmerksamkeit für das, was im Unterricht passiert, die Motivation für häusliche Vor- und Nachbereitung sowie die Bedeutungseinschätzung von Schulaufgaben und Noten. Es findet eine deutliche Verschiebung in Bezug auf das, was im Horizont der Jugendlichen Relevanz und Priorität hat, statt. Die Schule wird in diesem Sinne dann zum lästigen, nervigen, zeitraubenden „Störfaktor", der von dem, was eigentlich ansteht, was als persönlich wichtig und bedeutsam erlebt wird, eher ablenkt und unangemessen viel Zeit und Energie kostet. Die Lehrer geraten damit in die negative Rolle derjenigen, die diesen „Zeit- und Energieraub" autoritär durchsetzen. Der innere Widerstand läuft dann in etwa nach folgendem Motto: Was kümmert mich der Strahlensatz, solange ich nicht weiß, ob meine Eltern mich zur LAN-Party am Wochenende gehen lassen? Wie soll ich mich mit dem „Balzverhalten des Stichlings" befassen, wenn ich nicht weiß, wie ich die herausfordernden Blicke und das Getuschel der Mädchen in der Fensterreihe hinten rechts deuten soll? Was interessieren mich die „Reaktionsgleichungen der Alkali-Halogen-Verbindungen", wenn ich die merkwürdigen Eifersuchtsreaktionen und Ausgrenzungstendenzen in der eigenen Clique nicht verstehe? Wozu soll ich mich mit dem „Spannungsabfall am Kondensator" beschäftigen, wenn die Spannungen bei mir zu Hause immer unerträglicher werden?

Hartmut von Hentig hat betont, dass die Pubertät zu jenen Lebensphasen gehöre, in denen schulisches Lernen bei den meisten Menschen nicht anschlage. Er hat der Schule vorgeworfen, dass sie diese natürliche und gesellschaftliche Tatsache einfach ignoriere, und hat seinerseits gerade für jene Phase eine radikale Veränderung der Schule gefordert:

„Auf der Mitte des 7. Schuljahres, wenn die Schüler 12½ oder 13 Jahre alt sind, sollte die Schule, soweit wie möglich, ‚entschult' werden. Der Unterricht im Klassenzimmer setzt für zwei Jahre fast ganz aus – auch in den systematischen Fächern: in den Fremdsprachen, in der Mathematik, im Deutschunterricht, in den Naturwissenschaften. Statt dessen gibt es Kurse im Maschinenschreiben, Kochen, Buchbinden, Tischlern, Töpfern, Mechanik, Setzerei, Umgang mit Computern. Die Schüler lernen Musikinstrumente zu spielen und zu tanzen; sie machen ihren Mofa-Führerschein und einen Erste-Hilfe-Kurs, sie bauen ein Haus und ‚überleben' im Wald. Sie gehen auf eine Skihütte und lernen neben dem Skifahren miteinander zu leben und sich selbst zu versorgen. Sie bereiten eine Reise nach England oder Frankreich vor und führen sie durch. Sie spielen Theater – auch in Fremdsprachen! –, sie schneidern die Kostüme dafür, malen die Kulissen, denken sich die nötige Technik aus und bedienen sie, drucken die Einladungen und erklären das Programm – und dies alles in höchstmöglichem Maß ‚professionell', weil man ihnen Zeit und Anleitung dazu, nein, Unterweisung darin gibt. ... Die Lehrer sind jetzt nicht die Instrukteure, Abfrager, Beurteiler, sondern lebenserfahrene Gefährten, die durchaus etwas mit den Schülern zusammen lernen.

Die Schüler werden gewiß in diesen zwei Jahren viel vergessen, etwa in den Fremdsprachen oder in der Mathematik. Aber sie werden nicht dem Schlimmsten anheimfallen: der notorischen Lernunlust dieses Alters, die sich aus der unangemessenen Lernform ergibt. In diesem Lebensabschnitt sind die Beziehungen zu anderen Menschen ‚dran', Verselbständigung, das Beobachten der eigenen Körperlichkeit und die Erprobung eines neuen Arrangements mit ihr" (v. Hentig 1987, S. 38f.).

Ich denke nicht, dass dieser Vorschlag eine wirkliche Realisierungschance hat. Heute angesichts der PISA-Debatten, der Forderung nach verbindlichen Bildungsstandards und nach Verkürzung der Gymnasialzeit wohl noch sehr viel weniger als im Jahr 1987, als v. Hentig ihn formulierte. Aber ich denke, dass es dennoch sinnvoll ist, auch heute noch solche radikalen, utopischen Ideen zu bedenken, um sich zumindest ein Bild davon zu machen, wie Lernprozesse, die Jugendliche „hinter dem Ofen hervorlocken" und wirklich berühren würden, eigentlich aussehen könnten bzw. müssten. Und um aus der entsprechenden Diskrepanz dann vielleicht manche der jugendlichen Abwehr- und Vermeidungstendenzen besser verstehen zu können.

5.2 Empirische Forschung zur Wahrnehmung der Schule aus Schülersicht

Diese Tendenzen des Absinkens der Lernfreude und des Wohlbefindens in der Schule, der gleichzeitigen Zunahme von Störungen und Disziplinkonflikten ist in der empirischen Schulforschung inzwischen recht gut belegt. So sank in einer Befragung Fends die Zahl derer, die angaben, sich in der Schule „sehr" bzw. „ziemlich wohl" zu fühlen, vom 6. Schuljahr bis zum 10. Schuljahr von 69,6% auf 40,3%, und im gleichen Zeitraum stieg die Zahl derer, die angaben, dass sie sich in der Schule „wenig" bzw. „gar nicht" wohlfühlten, von 7,1% auf 19,6% (Fend 2002, S. 352).

Schon im Verlauf der Grundschulzeit kann man einen Rückgang der ursprünglich sehr ausgeprägt vorhandenen Begeisterung an der Schule feststellen. Nach Fend findet der eigentliche Einbruch der Lernfreude und des schulischen Wohlbefindens jedoch vom 6. zum 7. Schuljahr statt und sie erreichen ihr Minimum in der Regel in der 9. Schulstufe. Parallel damit einher bzw. komplementär dazu verlaufen die Kurven für das Absinken der Leistungsbereitschaft und für die Zunahme der Disziplinprobleme.

Die Frage nach den Veränderungen im Hinblick auf das subjektive Wohlbefinden der Schüler in der Schule ist nicht nur im Hinblick auf den individuellen, ontogenetischen Entwicklungsverlauf, sondern auch in generationsspezifischer, epochaler Hinsicht gestellt worden. Nach den einschlägigen empirischen Befunden scheint es tatsächlich so etwas wie eine Steigerung der Schulunlust in den letzten Jahrzehnten zu geben. Helsper und Böhme haben die Studien hierzu folgendermaßen zusammengefasst: „Zugespitzt kann festgestellt werden: In dem Maße, wie die Schulzeit verlängert wird, der Alltag Jugendlicher verschult wird, die Relevanz der Schule für künftige Lebenschancen wächst und gleichzeitig schulische Abschlüsse immer weniger eine Garantie für berufliche Chancen darstellen, die Schule immer stärkere Konkurrenz aus medialen und jugendkulturellen Erlebnisräumen erhält, um so negativer wird die Schule erlebt. So sinkt der Anteil Jugendlicher, die gern oder sehr gern zur Schule gehen von 1962 bis 1983 von 75% auf 43% (Allerbeck/Hoag 1985). In den 1990er Jahren gehen nur noch 32% gern zur Schule (Schröder 1995, S. 81ff.). Zentral aber ist, worauf sich die Kritik an der Schule richtet: Auf den Unterricht (1953: 5%, 1984: 20%), auf Tests und Leistungsdruck (6% zu 41%) und auf das Verhältnis zu den Lehrern (11% zu 47%). Damit sind gerade die institutionellen Kernzonen der Schule von einer Zunahme der Kritik betroffen" (Helsper/Böhme 2002, S. 581).

Auch die jüngste Shell Jugendstudie von 2002 hat die Frage nach dem schulischen Wohlbefinden an die Schüler gestellt. Dabei kam heraus, dass von den befragten Schülerinnen und Schülern nur gut ein Drittel gerne oder sehr gerne zur Schule geht. Ein Fünftel gab explizit an, ungern zur Schule zu gehen. Leider erfährt man dort nichts über die Altersverteilung der Antworten. Dafür treten deutlich schulspezifische Tendenzen hervor: Fast doppelt so viele Hauptschüler wie Gymnasiasten gaben eine ausdrückliche Abneigung gegen die Schule an (Linssen/Leven/Hurrelmann 2002, S. 72f).

Schließlich noch ein interessantes Ergebnis, das aus einer Studie von Kanders u. a. stammt, bei der eine repräsentative Gruppe 14–16-jähriger Schüler/innen einerseits danach befragt wurde, welche Merkmale sie bei einem guten Lehrer für besonders wichtig hält, andererseits danach, inwieweit sie diese Merkmale bei den meisten „real existierenden Lehrern" verwirklicht sieht. Wunsch und Wirklichkeit, d. h. Erwartungen an die Lehrkräfte und Einschätzungen des tatsächlichen Verhaltens, lagen dabei bei den verschiedenen Dimensionen um Faktoren zwischen drei und sechs auseinander. So meinten etwa 77% der befragten Schüler, es sei für einen „guten Lehrer" besonders wichtig, dass er alle Schüler gleich behandle. Aber nur 27% waren der Meinung, dass dies für die meisten ihrer Lehrer zuträfe. Ähnliche Diskrepanzen gab es auch bei den anderen Items: „Die Lehrer können schwierige Sachverhalte gut erklären" (76% / 20%), „Zu den Lehrern habe ich großes Vertrauen" (59% / 10%), „Die Lehrer kümmern sich darum, wie es den Schülern geht" (57% / 19%), „Die Lehrer lassen die Schüler mitbestimmen, wie im Unterricht vorgegangen wird" (52% / 8%) (Kanders u. a. 1996, S. 37).

Dass das Vertrauen zwischen den Lehrern und ihren jugendlichen Schülern in der Regel nicht sonderlich hoch ist, selten jedenfalls so hoch, dass sich Jugendliche mit ihren persönlichen Problemen rat- und hilfesuchend an ihre Lehrer wenden würden, geht auch aus den Antworten hervor, die Fend auf die Frage „Wenn Du Schwierigkeiten oder Probleme mit Dir selbst (bzw. mit anderen) hast, mit wem redest Du dann am ehesten?" erhalten hat. Während die Nennung von Vater und Mutter hier im Verlauf der Pubertät von einem hohen Niveau allmählich absinkt und die Nennung von gleichgeschlechtlichen und gegengeschlechtlichen Freunden zeitversetzt deutlich ansteigt, bewegt sich die Nennung von Lehrern hier kontinuierlich knapp oberhalb der Nulllinie (Fend 2000, S. 293).

Am nachdenklichsten sollte vielleicht ein weiteres Ergebnis aus der Befragung von Zinnecker machen: In einer repräsentativen Umfrage hat Jürgen Zinnecker 10–18-jährigen Kindern und Jugendlichen unter anderem folgendes Item zur Bewertung vorgelegt: „Es gibt Lehrer(innen) bei uns, die einen vor der ganzen Klasse blamieren". Nahezu die Hälfte der Befragten hat dabei angegeben, dass diese Aussage zutreffend sei (Zinnecker u. a. 2002, S. 149). Interessant wäre hier natürlich das Ergebnis einer entsprechenden Umfrage unter den Lehrkräften. Wie viel Prozent würden wohl dem Item zustimmen „Es gibt Schüler(innen) bei uns, die es darauf anlegen, einen vor der ganzen Klasse zu provozieren bzw. zu blamieren"? Von daher stellt sich die Frage, inwiefern es heute an Deutschlands Schulen so etwas wie einen strukturellen, institutionell verankerten Antagonismus zwischen Schülern und Lehrern gibt.

In diese Richtung geht die Einschätzung von Helmut Fend, der sowohl als empirischer Schul- wie als Jugendforscher ausgewiesen ist: „Die vielen empirischen Untersuchungen in meinem Umkreis zeigen sehr deutlich, dass in der Wahrnehmung der jungen Generation aus dem mit großen öffentlichen Mitteln geschaffenen Angebot eine ‚Zumutung' geworden ist. Es wird nicht als großartige gesellschaftliche Sorge für eine bestmögliche Vorbereitung auf das Leben wahrgenommen. Die Binnensicht der schulischen Angebote ist häufig von Fremdheit, von Desinteresse, ja von Ablehnung gekennzeichnet ... Das Lehrer-Schüler-Verhältnis scheint auf einem mehr oder weniger expliziten Kampfniveau stabilisiert. Möglichst verdeckter und erfolgreicher Widerstand, ja verletzender Umgang der Schüler mit den Lehrern bringen den ersteren Klassenprestige. Dieses Kampfverhältnis ist aber durchaus ein gegenseitiges. Es ist von Abwehr, ja von gegenseitigen Verletzungen gekennzeichnet. Die Abiturzeitungen legen Jahr für Jahr dafür ein beredtes Zeugnis ab" (Fend 2004, S. 341).

5.3 Zwischen „Heimat" und „Gefängnis" – die generelle Haltung zur Institution Schule

Bei den oben zitierten Befunden handelt es sich um Durchschnittswerte, die noch wenig Auskunft über die durchaus sehr unterschiedlichen Weisen geben, wie einzelne Jugendliche ihre Schulzeit erleben. Deshalb sollen im Folgenden zunächst wieder junge Menschen zu Wort kommen, die im autobiographischen Rückblick ein Fazit zu ihren persönlichen Schulerfahrungen ziehen. Gerade bei dieser Entwicklungsaufgabe „ein neues, selbstverantwortliches Verhältnis zur Schule und zum Lernen entwickeln" wird besonders deutlich, dass es sich bei den Autorinnen und Autoren dieser autobiographischen Reflexionen nicht um einen repräsentativen Querschnitt der Bevölkerung handelt. Es handelt sich vielmehr um Lehramtsstudierende, also um Personen, deren Schulkarriere insofern positiv verlaufen ist, als sie sie erfolgreich durchlaufen und mit dem Abitur beendet haben. Die Tatsache, dass sie sich für ein Lehramtsstudium entschieden haben, kann sicher auch dahingehend gedeutet werden, dass bei ihnen das grundsätzliche Verhältnis zur Institution Schule nicht tiefgreifend zerrüttet ist, dass sie also die Schule nicht mit Wut und Verbitterung verlassen haben mit dem festen Vorsatz, nie mehr einen Fuß über ihre Schwelle zu setzen, sondern dass sie die Schulwelt doch als eine insgesamt interessante, herausfordernde, attraktive Welt erlebt haben. Zudem gibt es, wie es den Verhältnissen an der Pädagogischen Hochschule entspricht, einen deutlichen Überhang von Autorinnen. Aus der geschlechtsspezifischen Schulforschung ist bekannt, dass die Mädchen tendenziell einerseits die leistungsmäßig bessere, andererseits aber auch die verhaltensmäßig „bravere" Hälfte der Schülerschaft darstellen. Von daher ist noch einmal eine Verzerrung in Richtung eher harmonischer Schulerinnerungen zu erwarten.

Wenn somit die Beschreibungen nicht repräsentativ für *die* Jugendlichen schlechthin sein können, so ist doch auch die Frage, wie typischerweise die Schulerfahrungen von Lehramtsstudierenden beschaffen sind und wie diese Erfahrungen nachträglich von ihnen bewertet werden, von besonderem Interesse. Denn es ist damit zu rechnen, dass die in 13 Jahren Schule gemachten Erfahrungen am eigenen Leib das Denken, Fühlen und Handeln der Lehrer mindestens ebenso nachhaltig prägen, wie die Einsichten und Erkenntnisse in 3–4 Jahren Lehramtsstudium.

Mir waren andere Dinge wichtig: möglichst viel Zeit mit meinen Freunden zu verbringen und mich dort auch in den Vordergrund zu spielen. Nach meinen schulischen Leistungen erkundigten sich ohnehin nur meine Eltern und gerade die waren mir bei meiner großzügig angelegten Freizeitgestaltung ja im Weg. Während meiner gesamten Schulzeit gelang es mir, fast vollständig auf die Erledigung der Hausaufgaben zu verzichten bzw. diese in letzter Sekunde von jemandem abzuschreiben. Bei aller Ignoranz und Ablehnung, die ich der Institution Schule entgegenbrachte, blieb ich mir meistens der Tatsache bewusst, dass ich die Schule auch irgendwie brauchte. Weniger als Gelegenheit, Nützliches oder Wissenswertes mit auf den Weg zu bekommen, als vielmehr um einen Ort zu haben, an dem ich meine sozialen Beziehungen pflegen und oft auch meine Kräfte messen konnte. Ich wollte dabei sein und es auch bleiben. Der Ansporn, nicht sitzen zu bleiben und damit auf einen Teil meines sozialen Ansehens verzichten zu müssen, war damit groß genug. Mit dieser Motivation hangelte ich mich also von Versetzung zu Versetzung; stets reichte es noch „gerade so". (L5m)

Rückblickend fällt es mir schwer, mich an die Zeit zu erinnern, als mir die Schule noch richtig Spaß gemacht hat – da das bei den meisten Kindern ja wohl so ist, gehe ich einfach davon aus, dass es diese Zeit auch bei mir gab, sie verschwindet aber fast komplett im ‚Kindheitsnebel'. Im Gymnasium würde ich meine Einstellung am ehesten als ‚gemäßigtes Desinteresse' bezeichnen. Ich bin gut durchgekommen, ohne viel dafür zu tun. (L7m)

Distanz zur Schule existierte für mich nie. Das liegt vielleicht auch daran, dass ich die Schule sehr gern besuchte. Für mich war Schule sozusagen meine Heimat, denn ich habe mit ihr Freunde gefunden, aber auch Glück und Leid erfahren. (L18w)

Ich denke, dadurch dass ich während meiner gesamten Schulzeit gute Leistungen erzielte, baute sich in mir ein hohes Selbstbewusstsein auf. Ich hatte auch nie das Gefühl, dass ich ungern in die Schule gehe. Ich meine, ich hatte auch Zeiten, in denen es mir schwerer fiel in die Schule zu gehen, aber ich hatte nie so eine Angst oder Abneigung. Auch in der Phase als die Freunde einen großen Einfluss auf mich hatten oder Freunde sehr wichtig für mich wurden, habe ich die Schule nicht hinten angestellt. Ich war mir schon immer sehr bewusst darüber, dass es für mich wichtig ist, gute Leistungen zu haben. (L63w)

Meine nicht vorhandene Lernfreude führte und führe ich hauptsächlich auf einen Grund zurück: die Lehrer. Alle waren sie genau an meinem Gymnasium versammelt: Die Unmotivierten, die Unverständlichen, die Überforderten, die Überfordernden, die pädagogisch Unfähigen, die Chaotischen, die Langweilenden, die zu Alten, die Kranken. Bis zur Oberstufe erlebte ich keinen gut organisierten Unterricht, kein positives Klassenklima (was das Lernen betraf), nicht ein einziges Mal konnte ich das Klassenzimmer mit positiven Gefühlen verlassen. Das einzig Positive an meiner Schulzeit waren meine Freunde und unsere gemeinsamen Erlebnisse, diese aber wiederum in dem Maße, dass ich die Schulzeit heute als die beste Zeit meines Lebens betrachte. (L70m)

Die Grundhaltung gegenüber der Schule, die Antwort darauf, welchen subjektiven Stellenwert und welche emotionale Besetzung sie während des Jugendalters hatte, fällt durchaus sehr unterschiedlich aus. Es gibt eine ganze Reihe mehr oder weniger uneingeschränkt positiver Kommentare, in denen das Verhältnis zur Schule als sehr harmonisch geschildert wird. Dabei ist von einer „*sehr schönen und prägenden Zeit*" und von einer „*sehr behüteten Zeit*" die Rede, auch von einer „*erfahrungs- und erlebnisreichen Zeit*". Die Schule wird als „*Mittelpunkt*" des damaligen Lebens, als „*entscheidender Lebens- und Erfahrungsraum*" charakterisiert. Eine andere Autorin beschreibt die Schule gar als ihre damalige „*Heimat*", zu der nie eine echte Distanz existiert hätte.

In wieder einem anderen Statement wird die Schule von der Verfasserin ebenfalls überaus positiv als „*Mittelpunkt zur Verstärkung meines Selbst, ... als wichtiger Teil meines Lebens*" eingeschätzt. Es ist von einer „*durch und durch positiven Einstellung zur Schule*" die Rede, von ausgeprägter *Lernfreude*, von *Ehrgeiz*, von hoher Leistungsmotivation und von Erfolgsgefühlen und hohem Selbstbewusstsein. Schließlich wird von einer Verfasserin auch noch das orientierende und alltagsstrukturierende Moment der Schule besonders positiv hervorgehoben: „*ich brauchte die Kontrolle und das Gefühl, in einem Alltagszyklus zu sein*".

Doch auch gegenteilige, negative Schulerfahrungen und -bewertungen sind durchaus vertreten: Ein Autor berichtet von einer eigenen Haltung der „*Ignoranz und Ablehnung*", die er „*der Institution Schule entgegenbrachte*". Nicht als Ort des Wissens und der Bildung war sie für ihn relevant, sondern einzig als Ort der sozialen Beziehungspflege. Während hier also die Institution Schule aus einer verächtlichen-überlegenen Position heraus gering geschätzt wird, ist in einem anderen Text eher von einer Leidenserfahrung die Rede, davon, dass sich die Betroffene durch die Sekundarstufe hindurch „*gequält*" habe. In einem weiteren Text führt der Verfasser seine „*nicht vorhandene Lernfreude*" auf das versammelte Unvermögen seiner Lehrer zurück.

Schließlich gibt es auch noch Beschreibungsvarianten, die zwischen den extremen Polen liegen. So charakterisiert ein Verfasser seine Einstellung zum Gymnasium als „*gemäßigtes Desinteresse*", eine Haltung, die er sich deshalb erlauben konnte, weil er stets „*gut durchgekommen*" ist, „*ohne viel dafür zu tun*". Ähnlich meint eine andere Verfasserin: „*Schule lief für mich immer nebenbei*". Stärkere Ambivalenz und Distanz schwingen in dem Fazit eines weiteren Autors mit: „*Die Schule, das war für mich nicht unbedingt eine feindliche Welt, aber ganz sicher eine fremde Welt, jedenfalls nicht ‚meine'*".

5.4 Zwischen „extremem Ehrgeiz" und „gemäßigtem Desinteresse" – Beschreibungen der eigenen schulischen Ambitionen, Motive und Lernstrategien

In ihren Reflexionen haben die meisten Verfasser nicht nur die Schule als Institution und ihr Verhältnis zu dieser Institution einer Bewertung unterzogen, sondern sie haben auch sich selbst als ehemalige Schüler, als Lerner mit ihren Selbsteinschätzungen, ihren Ansprüchen, ihren Motiven und ihren Lernstrategien in den Blick genommen:

Meine Eltern standen zwar hinter mir, aber ich fing an, mir mein Lernen immer mehr selbst zu organisieren und Lernstrategien zu entwickeln. Ich machte mir einen Lernplan, schrieb Vokabeln auf Karteikarten ... und fand immer mehr heraus, wie ich am besten lernte. Ich würde deshalb im Nachhinein sagen, dass ich recht früh ein „selbständiger Lerner" geworden bin. Die Ziele, die ich mir vornahm, schaffte ich meistens zu meiner Befriedigung auch. Das gab mir neuen Antrieb und Selbstbestätigung. Ich traute mir plötzlich mehr zu und meine Leistungen wurden besser. Ich begann, wieder Spaß zu bekommen an der Schule, meine Unsicherheit ging mehr und mehr zurück. (L17w)

Vielleicht liegt es auch an meinem Ehrgeiz, denn ich setze mir immer Ziele und will diese dann auch erreichen. Es war für mich fast ein Weltuntergang, mein Ziel, ein Abiturschnitt zwischen 1,6 und 1,9, nicht zu erreichen und „nur" mit 2,0 abzuschließen. Dieses wichtige Ziel war nämlich das erste, das ich nicht erreichte, und damit umzugehen fiel mir sehr schwer. (L18w)

Ich gehörte auch zu den Schülern, die „sich zur Geltung bringen wollen". Seit der ersten Klasse waren meine Motivation und mein Interesse nicht zu stoppen. Vielleicht war ich sogar eine extrem Ehrgeizige. Ich wollte in allen Fächern die besten Noten erzielen. War dies einmal nicht der Fall, so motzte ich gleich rum. Ich entwickelte Neidgefühle meinen Mitschülern gegenüber. Doch trotz meiner guten Noten hatte ich in der Hinsicht ein sehr geringes Selbstwertgefühl. Ich rechnete immer mit dem Schlimmsten nach einer Prüfung. (L22w)

Ich hatte mich in der Grundschule niemals anstrengen müssen, um gut zu sein. Ich wollte nun auch weiterhin gut sein, aber ich wollte mich auch nicht anstrengen müssen. Dieser Konflikt zog sich meine gesamte weitere Schullaufbahn hindurch. (L44w)

Ich war eigentlich immer sehr gut in der Schule, so dass ich keine Probleme damit hatte, meine Leistungsfähigkeit in mein Selbstbild einzupassen, es war mir aber nie wichtig. Ich habe eigentlich einschließlich des Abiturs nie etwas für die Schule getan, außer den Hausaufgaben bei einigen Lehrern, die sonst schlechte mündliche Noten verteilten. (L46w)

Ich entwickelte bis zur zwölften Klassenstufe nicht eine Spur von Ehrgeiz für irgendein Schulfach, ich hatte das Glück, nie um meine Versetzung bangen zu müssen, um mittelmäßig zu sein, genügten allein mein Talent und Intuition, daheim zu lernen war mir völlig unbekannt, auch Hausaufgaben wurden von mir nur nach Androhung schlimmster Strafen erledigt (abgeschrieben). Meine nicht vorhandene Lernfreude führte und führe ich hauptsächlich auf einen Grund zurück: die Lehrer. (L70m)

Die selbstgesteckten Leistungsansprüche, von denen berichtet wird, sind überwiegend hoch: „*Ich hatte einfach schon immer hohe Erwartungen an mich*" heißt es etwa und entsprechend wird dann eine 3 im Zeugnis schon als „*tragisches Ereignis*" und der verfehlte angepeilte Abiturschnitt „*fast als Weltuntergang*" erlebt. Immer wieder ist von *Ehrgeiz* die Rede, von *Zielen*, die gesteckt und meist auch erreicht wurden. Eine Verfasserin charakterisiert sich gar als „*extrem Ehrgeizige*": „*Ich wollte in allen Fächern die besten Noten erzielen*". Dies ist ein Anspruch, der schwerlich eingelöst und durchgehalten werden kann. So ist es denn auch nicht verwunderlich, dass ein solch extremer Ehrgeiz in diesem Fall mit Neidreaktionen und mit Selbstwertproblemen verknüpft war. In einem anderen Text führt der allzu große Ehrgeiz zu einem Schwanken zwischen dem Wunsch, „*mir und allen anderen (zu) zeigen, was in mir stecken kann*", und der resignativen Tendenz, *aufzugeben*, weil man „*selbst durch Anstrengung nichts ändern kann*". Während in den meisten Erinnerungen Leistungsambition und Anstrengungsbereitschaft Hand in Hand gehen, kommt bisweilen auch der Fall vor, dass beide Tendenzen auseinanderlaufen: *Ich wollte nun auch weiterhin gut sein, aber ich wollte mich auch nicht anstrengen müssen. Dieser Konflikt zog sich meine gesamte weitere Schullaufbahn hindurch*. Bei anderen führt diese Diskrepanz nicht zwangsläufig zum Konflikt. So meint eine Verfasserin, ihre Schulzeit sei geprägt gewesen „*von der Selbsteinschätzung, dass ich grundsätzlich nicht viel lernen müsse und trotzdem gute Resultate erzielen könne*", und wieder eine andere war tatsächlich in der glücklichen Lage, dass sie beides miteinander vereinbaren konnte. Sie konstatiert, dass sie „*eigentlich bis einschließlich des Abiturs nie etwas für die Schule getan*" hätte und dennoch „*eigentlich immer sehr gut in der Schule*" gewesen sei. Schließlich gibt es auch den Fall, dass sowohl die eigene Leistungsambition als auch die Anstrengungsbereitschaft als sehr niedrig erinnert werden: „*Ich entwickelte bis zur zwölften Klassenstufe nicht eine Spur von Ehrgeiz für irgendein Schulfach ... daheim zu lernen war mir völlig unbekannt*". Und selbstkritisch bekennen andere Verfasser: „*Ich bin der Arbeit immer ausgewichen*" bzw.: „*Leider war ich nie sehr persistent und anstrengungsbereit*".

5.5 Einbrüche, Krisen und Konflikte in der eigenen Lernbiographie

Insgesamt überwiegen in den Selbstbeschreibungen, die sich auf die Schulzeit als Ganzes beziehen, eher die Aspekte von Lernfreude und Leistungsbereitschaft. Dennoch berichten die allermeisten Autorinnen und Autoren auch von mehr oder weniger heftigen Einbrüchen und Krisen in ihrer Lernbiographie. Dabei ist es in der Regel so, dass die Grundschulzeit als besonders positive Erfahrung geschildert wird. Drei kurze Zitate, die den fast durchgängigen Trend kennzeichnen, sollen dies illustrieren: „*Meine Grundschulzeit war eine sehr unproblematische und mit Freude am Lernen erfüllte Zeit*", „*Die gesamte Grundschulzeit erlebte ich als völlig unproblematisch und lernte ganz begeistert*", „*Es sind durchweg positive Erinnerungen, da ich in der Grundschule immer zu den Klassenbesten gehört habe*".

Der Übertritt ans Gymnasium brachte dann für viele eine gewisse Verunsicherung. Sie sahen sich nun plötzlich mit höheren Leistungsanforderungen konfrontiert, mit einer größeren Komplexität an Fächern und Lehrern. Häufig galt es nun auch schlechtere Noten „wegzustecken" und das fiel manchen ziemlich schwer. Auch hier nur einige wenige Auszüge, die das Typische widerspiegeln:

In der 5. Klasse (mein erstes Jahr auf dem Gymnasium) änderte sich meine Einstellung zur Schule ziemlich stark. Plötzlich gehörte ich nicht mehr zu den Klassenbesten und meine Leistungen, vor allem im Fach Mathematik, verschlechterten sich um zwei Noten. Ich musste, im Gegensatz zu Grundschulzeiten, auf einmal auf Klassenarbeiten lernen und die Hausaufgaben nahmen auch viel Zeit in Anspruch.

Als ich nach der vierten Klasse dann auf das Gymnasium wechselte, bekam ich meine ersten Schwierigkeiten. Die neue Stoffmenge und das Fachwissenschaftliche hatten mich überrumpelt. Ich musste nun das erste Mal anfangen, etwas zu lernen.

Hier sind es die neuen äußeren Herausforderungen, die höheren Ansprüche und die damit bisweilen verbundenen Frustrations- und Überforderungserfahrungen, die zu Krisen führen. Es handelt sich dabei freilich noch nicht um eine prinzipielle Distanzierung von der Schule oder um ein Aufbegehren gegen die schulischen Forderungen oder gegen die Autorität der Lehrer. Dies sind Phänomene, die dann in der Regel erst in der Sekundarstufe virulent werden und die deshalb als jugendtypische Erscheinungen hier auch zunächst ausführlicher illustriert werden sollen:

Als ich in die Pubertät kam, änderte sich meine Einstellung zur Schule drastisch. Ich empfand es plötzlich nicht mehr als selbstverständliche Tatsache, gut in der Schule sein zu müssen. Ich zweifelte auch den Sinn des zu erlernenden Stoffes an. Meine Interessen verlagerten sich auf außerschulische Aktivitäten. Der Vormittag war nur noch ein notwendiges Übel, das es so unproblematisch wie nur irgend möglich zu überstehen galt. Ich saß im Unterricht, träumte von meinem Schwarm, plante meinen Nachmittag oder dachte über andere Probleme nach, während ich versuchte, dabei so interessiert und konzentriert wie möglich auszusehen. Wenn ein Lehrer in die Klasse schaute, um den nächsten Schüler aufzurufen, fing ich an, in meiner Tasche nach Taschentüchern zu suchen, zu husten oder ähnliches, was ihn davon abhalten könnte, mich auszuwählen. Ich schaffte es nämlich tatsächlich, den gesamten Unterricht über noch nicht einmal mitzubekommen, was für ein Thema eigentlich gerade behandelt wurde. Von der achten bis einschließlich zehnten Klasse habe ich kein einziges Mal Hausaufgaben gemacht. Ich hatte nachmittags einfach ganz andere, in meinen Augen viel wichtigere Dinge zu tun. Ich hatte glücklicherweise eine sehr fleißige Freundin, die mich regelmäßig in der Pause ihre Aufgaben abschreiben ließ. Vor den Klausuren versuchte ich dann, den gesamten Unterrichtsstoff innerhalb von zwei Tagen nachzuarbeiten, was mir natürlich nicht mehr gelang. Meine Leistungen wurden kontinuierlich schlechter und die Lehrer hatten es bald auf mich abgesehen. Ich wurde dann nämlich demonstrativ desinteressiert. Ich war nie wirklich frech, gab mich aber absolut cool, maulte laut über Aufgabenstellungen und schwätzte ständig mit meinen Mitschülerinnen. Je öfter ich getadelt wurde, umso unkooperativer wurde ich. Ich hatte bald ein sehr schlechtes Verhältnis zu meinen Lehrern und überhaupt keinen Spaß mehr an der Schule. Ich blieb dem Unterricht auch immer öfter fern. (L19w)*

In der Mittelstufe, insbesondere in der neunten/zehnten Klasse, interessierte ich mich zunehmend weniger für schulische Inhalte. Dennoch kam es im Großen und Ganzen zu keinem nennenswerten Leistungsabfall, da schlechte Noten zu Hause durch Taschengeldentzug, Ausgehverbot etc. bestraft wurden und ich für gute Noten Extrageld bekam. Deshalb litt ich, trotz der geringen Bedeutung von Schulleistungen für mein Selbstwertgefühl, unter massiver Versagensangst. Das Lernen selbst machte mir keinen Spaß mehr und obwohl ich durchaus versuchte, effektiv zu lernen, hatte ich in den meisten Fächern große Probleme, mich zu konzentrieren, und ließ mich leicht von den Aufgaben ablenken. (L20w)

Ich war ab der 8. Klasse gegenüber dem zu lernenden Stoff wesentlich kritischer eingestellt als davor („Wozu brauch ich das denn bitte?!"). Da ich in diesem Alter auch andere Probleme hatte, sanken meine Leistungen etwas; allerdings nicht in jedem Fach. Vielmehr war es so, dass ich z. B. dem damals neuen Fach Physik in einer völligen Antihaltung gegenüberstand und in einem Test ein leeres Blatt abgab, weil ich eine komplette Denkblockade hatte. Interessanterweise war es so, dass ich nach Hause kam und dies mit einer Mischung aus Frustration, Trotz, aber auch einem gewissen Stolz meiner Mutter verkündete. Es war mir schon in diesem Moment bewusst, dass ich a) endlich nicht mehr die „1er-Schülerin" sein wollte (Klischee: brav, an den Eltern orientiert etc.), aber auch b) eine Art Hilfeschrei losließ: „Mit mir stimmt irgendetwas nicht, bitte schaut doch her, mit mir geht's bergab, helft mir!" (L44w)

Zu meinem damaligen Verhältnis zur Schule möchte ich noch bemerken, dass sich die Schule im Laufe der Jahre von einem Lebensort zu einem Zwangsort entwickelt hat, ich ging in meiner Jugend in die Schule, weil ich musste, nicht etwa, weil ich wollte. (L47w)

Meine schulischen Leistungen blieben konstant gut bis sehr gut. Bis ich in die achte Klasse kam und die Welt um mich herum verrückt spielte. Das erste Mal richtig verliebt, leider unglücklich, und dies spiegelte sich in meinen Leistungen wider. Ich wurde innerhalb eines Jahres von der fast Klassenbesten zur fast Klassenschlechtesten, das Sitzenbleiben folgte mit vier Fünfern und einem Haufen Vierern. Ein Riesendrama! Meine Eltern verstanden die Welt nicht mehr. Ich wusste nicht, wie es soweit kommen konnte. Heute glaube ich, dass mein Umfeld mich einfach zu wenig beachtet hat, meine Eltern nicht, erst als es zu spät war, der erste große Schwarm, keine beste Freundin...etc. Ich glaube, ich wollte unbewusst auf mich aufmerksam machen. Das Jahr darauf war ich wieder unter den Besten und das blieb dann auch so. In diesem einen Jahr wusste ich nicht mehr was zu tun war für die Schule, was wichtig war und wie ich das Ganze hätte anpacken können. ... Damals dachte ich, die Welt geht unter. Meine Eltern reagierten auch noch völlig falsch, trösteten mich nicht, sondern waren sehr wütend, enttäuscht und böse. Sie wussten nicht, wie schrecklich es mir ging, schlimmer denn je. In diesen Augenblicken hätte ich ein paar nette, aufmunternde Worte gebraucht, tja, die kamen jedoch nicht. Ich glaube, sie konnten es nicht fassen, was da in diesem einen Jahr geschehen war. Diese unglaubliche Veränderung von gut zu schlecht war ihnen unverständlich. (L55w)

Ich hatte in der siebten Klasse einen absoluten Durchhänger was die Schule angeht. Die Freundschaft zu meinem ersten Freund ging damals in die Brüche, ich hatte wahnsinnigen Liebeskummer und lernte die falschen Freunde kennen. Die Schule und damit verbunden Hausaufgaben machen, lernen etc. passten damals einfach meiner Meinung nach nicht in mein Leben, und so sanken als Folge darauf meine Schulleistungen in den Keller. Logischerweise hatte ich damals auch kein besonders gutes Verhältnis zu meinen Eltern. Mein ganzes damaliges Leben war eigentlich nur darauf ausgerichtet, meinen Freund wieder zurückzubekommen, Neues zu entdecken und Regeln zu brechen. Die Schule war in dieser Phase absolute Nebensache. Ich hatte für sie zu diesem Zeitpunkt einfach kein Interesse mehr, andere Dinge im Leben erschienen mir weitaus wichtiger. Bis zu diesem Zeitpunkt war ich eine normale Schülerin mit Durchschnittsnote 2. (L73w)

Der Zeitpunkt, wann der „Einbruch der schulischen Leistungen" geschildert wird, schwankt durchaus. Mal ist von der siebten, mal von der achten, mal auch erst von der elften Klasse die Rede. Am häufigsten werden aber die achte und die neunte Klasse genannt. Charakterisiert wird dieser Einbruch einerseits durch das Absinken der Noten, andererseits aber auch noch durch die nun häufig beschriebene Gleichgültigkeit gegenüber diesem Leistungsrückgang. „Als ich in die Pubertät kam, änderte sich meine Einstellung zur Schule drastisch. Ich empfand es plötzlich nicht mehr als selbstverständliche Tatsache, gut in der Schule sein zu müssen". Die ganze Haltung gegenüber der Schule verändert sich nun bei vielen. „Die Schule war mir mittlerweile ein notwendiges Übel geworden", heißt es entsprechend in einem Statement und ähnlich in einem anderen: „Der Vormittag war nur noch ein notwendiges Übel, das es so unproblematisch wie nur irgend möglich zu überstehen galt". Noch drastischer wird der Umschwung in einem andern Text ausgedrückt: „Zu meinem damaligen Verhältnis zur Schule möchte ich noch bemerken, dass sich die Schule im Laufe der Jahre von einem Lebensort zu einem Zwangsort entwickelt hat".

Die Inhalte und Themen, um die es in der Schule geht, werden nun vielfach in Frage gestellt. Allein die Tatsache, dass etwas eben „auf dem Lehrplan steht", reicht nun als Legitimation oftmals nicht mehr aus. Wenn der Sinn und der alltagspraktische Nutzen des Themas nicht einsichtig sind, dann wird es oftmals eher als Zumutung und Schikane erlebt, sich damit auseinander zu setzen. „*Ich war ab der 8. Klasse gegenüber dem zu lernenden Stoff wesentlich kritischer eingestellt als davor (‚Wozu brauch ich das denn bitte?!')*". Gegen einzelne Fächer entwickeln einzelne Schüler dann zum Teil richtige Aversionen und *Antihaltungen*, mit denen sie sich letztlich selbst blockieren:

Fächer wie Englisch oder Latein waren für mich ‚ein rotes Tuch'. Aber nicht nur gegen einzelne Fächer richtet sich bisweilen die kritische Frage nach dem Sinn, sondern auch gegen die Schule als Ganzes: *„Ich wollte den Sinn der Schule nicht sehen, war blind dafür, dass eine erfolgreiche Schulzeit auch was mit Chancen für meine Zukunft zu tun hatte"*, und noch drastischer drückt es ein anderer Verfasser aus: *„Ich hörte damit auf, irgendetwas für die Schule zu empfinden oder gar zu tun. Der emotionale Bezug zu Lehrern und Lernstoff brach abrupt ab, jegliches Interesse ging verloren, meine schulischen Erfahrungen in ein persönliches Sinnsystem einzubinden, war mir völlig unmöglich"*. Deutlicher kann man die Distanzierung zum schulischen Lernen kaum beschreiben. Den Wandel in ihrem Verhältnis zur Schule bringt eine andere Verfasserin auf die Formel, *„dass sich die Schule im Laufe der Jahre von einem Lebensort zu einem Zwangsort entwickelt hat, ich ging in meiner Jugend in die Schule, weil ich musste, nicht etwa, weil ich wollte"*.

Als Ursache für den deutlichen Rückgang des schulischen Engagements und der schulischen Leistungen in den Pubertätsjahren wird zunächst vor allem auf die veränderte Interessenlage verwiesen: Es waren einfach zu viele andere Dinge, die nun wichtig und spannend waren, so dass sich zwangsläufig der subjektive Lebensmittelpunkt, das Bedeutsamkeitszentrum in den außerschulischen Bereich verschoben hat. In sehr vielen Texten tauchen entsprechende Passagen auf, die diese Verschiebung der Prioritäten deutlich machen. Diese Prioritäts- und Aufmerksamkeitsverschiebung hin zu den außerschulischen Beziehungen und Aktivitäten stellt gewissermaßen die eine, „gesündere" Variante des Leistungseinbruchs dar. Für die Schule bleibt in diesem Fall einfach weniger Zeit und Energie übrig, weil es so viele andere spannende Dinge gibt, die sich im Leben ereignen. Auch wenn es um die schulischen Leistungen dann bisweilen schlecht bestellt ist, geht es den Jugendlichen doch in der Regel gut.

Die andere, problematischere Variante ist die, dass der schulische Leistungseinbruch eher Ausdruck einer allgemeinen Lebens- und Selbstwertkrise darstellt, dass die schulischen Leistungen deshalb schlecht sind, weil es den Jugendlichen insgesamt schlecht geht. Manche fühlten sich innerhalb der Klasse nicht anerkannt, litten unter Selbstzweifeln, Versagensängsten, Konzentrationsproblemen und Lernblockaden. So berichtet eine Verfasserin: *„Ich war mit meiner neu zusammengesetzten Klasse unzufrieden und traute mir immer weniger zu. Ich bekam ‚Blackouts' und hatte enorme Angst vor Klassenarbeiten"*, und ähnlich eine andere: *„Am Ende der 8. Klasse war der absolute Tiefpunkt erreicht. Ich hatte eine Klasse, in der ich mich nicht wohl fühlte, Lehrer, die an mir zweifelten, und in allen Hauptfächern schlechte Noten"*. Von manchen wird das plötzliche und massive schulische Leistungsversagen sogar ganz direkt als ein verdeckter Appell an die Eltern gedeutet, ihre innere Not wahrzunehmen: So meint eine Verfasserin, dass sie damit *„eine Art Hilfeschrei losließ: „‚Mit mir stimmt irgendetwas nicht, bitte schaut doch her, mit mir geht's bergab, helft mir!'"* und eine andere Autorin, die innerhalb eines Jahres von der Klassenbesten zur Klassenschlechtesten abgestürzt und sitzengeblieben war, meint: *„ich wollte unbewusst auf mich aufmerksam machen. ... Damals dachte ich, die Welt geht unter. Meine Eltern reagierten auch noch völlig falsch, trösteten mich nicht, sondern waren sehr wütend, enttäuscht und böse. Sie wussten nicht, wie schrecklich es mir ging, schlimmer denn je"*.

Schließlich können es auch belastende Erfahrungen in der eigenen Biographie oder in der außerschulischen Lebenswelt sein, die massive Einschränkungen der Fähigkeit, sich angemessen auf die schulischen Belange zu konzentrieren, zur Folge haben. Die dadurch ausgelösten schulischen Misserfolge führen dann ihrerseits wiederum dazu, dass sich der Teufelskreis der Verunsicherung und Selbstwertschwächung weiter beschleunigt. In diesem Sinn beschreibt eine Verfasserin ihre tragischen Erfahrungen jener Jahre: *„Die Probleme in der Schule begannen dann, als private Probleme meine ganze Aufmerksamkeit benötigten. Ich bin Scheidungskind und die Probleme, die ich als Kind nicht verarbeitet hatte, kamen zum Vorschein, als ich mich mit 16 zum ersten Mal richtig verliebte und diese Liebe nicht erwidert wurde. Ich erlitt einen Liebeskummer, der bis nach dem Abitur andauerte. ... Ich hatte plötzlich keine Lust mehr zu lernen und mein Leben war geprägt von ständiger Sinnsuche."*

5.6 Jeder gegen jeden? – das Leiden unter Konkurrenz- und Leistungsdruck

Häufig wurde auch berichtet, dass die Betroffenen die Konkurrenz- und Leistungssituation in der Schule im Jugendalter deutlicher wahrnahmen und stärker darunter litten. Hier ging es den Jugendlichen dann deshalb schlecht, weil sie sich nach wie vor mit dem schulischen Leistungsanspruch identifizierten, ihm aber nicht mehr gerecht werden konnten. In diesem Fall sind die schulischen Misserfolge dann besonders prekär für das Selbstbild und führen bisweilen zu ausgeprägten Formen von Schul- und Prüfungsangst:

Der Abschied von der Realschule ist mir nicht einfach gefallen, da wir einen sehr guten Stufenzusammenhalt hatten. Dies bemerkte ich vor allem auf dem Wirtschaftsgymnasium, auf dem ich einen miserablen Zusammenhalt der Stufe erleben konnte. Hier lautete das Prinzip: „Jeder gegen Jeden". Das war nicht meine Vorstellung von der Schule. (L2w)

Ab der 7. Klasse fühlte ich mich nicht mehr besonders wohl in der Schule. Gründe hierfür waren prinzipiell: Überforderung durch Leistungsdruck, keine Identifikationen mit den meisten Lehrern (es fehlte auch eine Bezugsperson, da meine Klassenlehrerin auch relativ unfähig war), Schulangst (wegen Misserfolgen in Mathe und Physik) und letztendlich Probleme, die aus den pubertären Veränderungen resultierten und vom Lernen ablenkten. (L37w)

Häufig habe ich das Ganze viel zu ernst genommen. Bei wichtigen Arbeiten und Prüfungen traten bei mir viele Ängste, sogar Schlafstörungen auf. Erfolge in der Schule haben mein Selbstbewusstsein nicht stärken können (z. B. im Hinblick auf die sozialen Kontakte). (L38w)

In den folgenden Klassen wurde mir immer klarer, dass es nicht auf den Menschen selbst ankommt, sondern nur das zählt, was produziert oder inszeniert werden kann. Zwar hatte ich immer gute Noten, aber diese Eigenschaft fehlte mir doch: Anpassungsfähigkeit. Diese ist meiner Meinung nach wichtig im Bezug auf Lehrer, Mitschüler und Eltern. Damit verbunden war auch eine stärkere Leistungsorientierung und Leistungsdruck, der wiederum Wettbewerbssituationen verursachte, damit selbst die Ursache für weiteren Leistungsdruck darstellte. (L47w)

Ich hatte große Probleme mit Grammatik und bei Aufsätzen. Auch mit größter Lernanstrengung kam ich auf keinen grünen Zweig. Das hat mich damals zu Zweifeln an meinen Fähigkeiten geführt. Ich konnte einfach keine guten Leistungen erbringen, so sehr ich mich auch anstrengte. Jede neue Lernstrategie schlug fehl und je mehr ich lernte, je mehr ich versuchte zu verstehen, was ich lernte und wieder versagte, desto mehr bekam ich das Gefühl, nicht fähig zu sein, es verstehen zu können. Das führte schließlich so weit, dass ich Panik vor Klassenarbeiten im Fach Deutsch bekam, mich kaum noch zum Lernen motivieren konnte und mein Selbstwertgefühl mit jeder schlechten Note in diesem Fach sank. (L56w)

Bisweilen formiert sich dann gerade in Mittelstufenklassen eine typische Form der „kollektiven Gegenwehr" gegen die schulischen Leistungsanforderungen und die damit zusammenhängenden Ängste, Enttäuschungen und Selbstwertzweifel. Indem die Mehrheit der Klasse bzw. die „tonangebenden" Schülerinnen und Schüler der Klasse sich mehr oder weniger informell darauf verständigen, dass sie aus der Konkurrenz um möglichst gute Noten aussteigen, kommt es zu einer Umkehr der gängigen Bewertungen. Als „cool" gilt es nun, in Distanz zu den schulischen Leistungsanforderungen zu treten, das Engagement möglichst weit zurückzunehmen, schlechte Noten zu haben und diese achselzuckend oder gar grinsend wegzustecken, also demonstrativ zu zeigen, wie wenig einen dies kümmert.

5.7 Erfahrungen mit dem „Streber-Phänomen"

Natürlich hat diese Umwertung Abwehrcharakter. Im Prinzip wollen alle Schüler lieber gute als schlechte Noten. Aber sie wissen, dass diese nicht ohne entsprechende Anstrengungen und zudem sowieso nicht für alle zu haben sind. Indem sie sich gegen den Leistungsanspruch der Schule verbünden, schützen sie sich gegen die Kränkungen, die mit dem Bewertet- und Benotetwerden unvermeidlich zusammenhängen. Hat sich aber ein solches Ideal der „Schuldistanz" und der „Leistungsverachtung" in einer Klasse erst einmal etabliert, dann kann es diejenigen Schüler, die doch gute Noten haben, ziemlich unter Druck bringen. Vor allem dann, wenn sie auch noch zeigen, dass ihnen diese guten Noten wichtig sind und dass sie bereit sind, viel Lernzeit und -energie dafür aufzuwenden. Sie unterlaufen damit den vermeintlichen Konsens der kollektiven Abwehrstrategie, signalisieren den Lehrern, dass sie den Stoff im Unterricht angemessen erklärt haben und dass die Schwierigkeiten der gestellten Aufgaben durchaus bewältigbar waren, und nehmen damit Einfluss auf die Bewertungsmassstäbe. In erstaunlich vielen autobiographischen Statements wird von persönlichen Erfahrungen mit jenem Phänomen der „Streberverachtung" berichtet:

Hinzu kommt dieses „Streber-Phänomen". Ich wollte unbedingt zu den „Coolen" gehören. Wer gute Noten hatte, war ein Außenseiter, wer schlecht war, wurde anerkannt. Meine letzte Matheklausur in der 8. Klasse hängte ich voller Stolz an der Bushaltestelle auf. Es war eine Sechs. (Wie bescheuert ich damals war). (L22w)

Gute Schüler, so genannte Streber, wurden von der ganzen Klasse ausgegrenzt und gemieden. Es war von der fünften bis zur siebten Klasse einfach verpönt, gute Noten zu haben. Dies änderte sich erst ab der 8./9. Klasse wieder, als mir klar wurde, dass ich für mich selbst und für meine Zukunft lernte und nicht für meine Eltern oder Lehrer. Ab diesem Zeitpunkt wurden meine Noten wieder besser, man fragte die guten Schüler der Klasse, ob sie mit einem für die nächste Klassenarbeit lernen würden. (L29w)

Meine Bereitschaft, mich in alles einzuarbeiten und zu verkrümeln, brachte mir allerdings vor allem in der Voradoleszenz viel Kummer. Ich wollte nie der Streber sein, war andererseits aber außerordentlich ehrgeizig und darauf bedacht, alle Lerninhalte zu verstehen und Kompetenz hinzuzugewinnen. Dieser Anspruch, den ich an mich selbst stellte, katapultierte mich andererseits aus der Klassengemeinschaft. ... Die Klassifizierung als Streber schmerzte mich sehr, ich hatte Schulangst und brauchte doch die guten Noten, weil mir Lernen Spaß machte. Im Rückblick kann ich sagen, dass mir dies nicht unbedingt psychisch geschadet hat, allerdings begann zu dieser Zeit ein typischer Teufelskreis. Die soziale Nicht-Anerkennung durch meine Klassenkameraden führte dazu, dass ich mich in der Schule zurückzog und meine Freunde außerhalb der Schule suchte. Mein Angebot, anderen beim Lernen zu helfen, wurde zurückgewiesen, verständlicherweise, denn Schulerfolg korrelierte mit Duckmäusertum. (L30w).

Weil ich gute Noten hatte und damals auch keine Probleme, Dinge schnell zu lernen, wurde ich ganz klar mit dem Ausdruck „Streber" versehen. Dies hat sich bis in die Gymnasialzeit gehalten. Schade dabei ist, dass solche Einteilungen oft unter anderem aus Neid getroffen werden und gute Schüler in der Pubertät dazu neigen, weniger zu lernen oder das Gefühl haben, ihr Nicht-Lernen unter Beweis stellen zu müssen. ... Ich selbst hatte allerdings durch meine Pubertät keine so große Lernmotivation mehr. Das hatte mehrere Ursachen: Ich war es zum Beispiel leid, von vielen als Streber abgestempelt zu werden. Auch schien mir der Lernstoff zu trocken und überhaupt nicht praxisbezogen, bei vielen Unterrichtseinheiten konnte ich keinen Bezug zu meiner Lebenswelt herstellen und verweigerte folglich die Aufnahme. Für wen hätte ich also lernen sollen? (L47w)

Mein Selbstwertgefühl hing in keinster Weise mehr von positiven schulischen Leistungen ab, im Gegenteil, je schlechter ich wurde, umso besser fühlte ich mich. Das hing einerseits mit der dadurch steigenden Akzeptanz bei den Klassenkameraden zusammen, andererseits gab es nichts, womit ich meine Eltern und meine Lehrer mehr ärgern konnte als mit schlechten Zensuren. Mein Leben fand komplett außerhalb schulischer Lernbereiche statt, tagtäglich hörte ich die Worte: „...und du könntest so gut sein!", allein der Sinn blieb mir verborgen: Ich fand mich gut! (L70m)

Plötzlich tut sich ein Konflikt auf, zwischen dem Wunsch nach guten Leistungen und dem Wunsch nach sozialer Anerkennung innerhalb der Klasse. Eine Verfasserin bringt es auf die knappe Formel: *„Wer gute Noten hatte, war ein Außenseiter, wer schlecht war, wurde anerkannt"*. Wer gute Noten schreibt, gerät nun unter Rechtfertigungsdruck, muss glaubhaft machen, dass er keineswegs stundenlang nachmittags über den Büchern sitzt und lernt. Eine total daneben gegangene und mit der Note 6 bewertete Matheklausur wird dagegen als Nachweis der eigenen *„Coolness"*, d. h. des Widerstands gegen die schulischen Leistungszumutungen und der Unbeeindruckbarkeit durch schlechte Noten, mit *„vollem Stolz"* an der Bushaltestelle aufgehängt. Der Zusammenhang zwischen Leistungsrückgang, sozialer Anerkennung und positivem Selbstgefühl wird in einer autobiographischen Reflexion auf die paradoxe Formel gebracht: *„je schlechter ich wurde, desto besser fühlte ich mich"*. Die Leistungsverweigerung und die demonstrative Gleichgültigkeit gegenüber schlechten Zensuren werden zudem als hervorragende Mittel entdeckt, Eltern und Lehrer zu ärgern. Womit könnte der pubertäre Protest gegen die Einstellungen und Erwartungen der Erwachsenen deutlicher zum Ausdruck gebracht werden als mit der Botschaft: „Seht her, das, was Euch am allerwichtigsten an mir zu sein scheint, die guten Noten, genau das ist mir selbst komplett egal!"

Diejenigen, die dennoch nach wie vor Interesse am Lernen und an guten Noten haben, haben in jenen Klassensituationen dann oftmals keinen leichten Stand: Eine

Verfasserin fühlte sich durch ihren Ehrgeiz, ihren Wissensdurst, ihren Verstehenseifer und ihren Spaß am Lernen richtiggehend *„aus der Klassengemeinschaft katapultiert"*. Dass es ihr primär um Weltverstehen, um Aufklärung und geistige Autonomie ging, gerade auch darum, den Lehrern *durch* entsprechendes *„Wissen Paroli zu bieten"* und nicht unkritisch einfach nur deren Darstellung zu übernehmen, wurde offensichtlich von den Mitschülerinnen überhaupt nicht wahrgenommen und honoriert. *„Für sie war es das Strebersyndrom"*. Auch andere erinnern sich, dass ihre positive Lernmotivation und ihre guten Leistungen während der Schulzeit zu Stigmatisierungen und Ausgrenzungen führten, dass sie den *„Stempel der Streberin"* weg hatten. Bei manchen hat dieses Phänomen in der Folge dann tatsächlich dazu geführt, dass ihre Leistungsmotivation deutlich nachließ, weil sie es leid waren, *„als Streber abgestempelt zu werden"*. Dabei geht diese Leistungsfeindlichkeit, diese *„Kontra-Einstellung"* bisweilen deutlich von bestimmten Meinungsführern aus, von populären und dominanten Figuren, die es schaffen, die entsprechende Haltung zeitweise innerhalb der Klasse durchzusetzen. Wenn sie dann die Klasse verlassen, kann es zu grundlegenden Umorientierungen in der Lernhaltung der gesamten Klasse kommen. Gerade in der Mittelstufe dürfte es eine der größten Herausforderungen und gleichzeitig eine der wichtigsten Leistungen der Lehrer sein, der Herausbildung solcher kollektiver *„Kontra-Einstellungen"* innerhalb der Klassen gegenzusteuern und Leistungsbereitschaft, Lernfreude und Erfolgsakzeptanz bei den Schülern zu erhalten.

5.8 „Dann aber kam ich zur Besinnung ..." – die Rückkehr zur Leistungsbereitschaft

Ein positiver Umschwung in der eigenen Haltung gegenüber dem schulischen Lernen wird von vielen dann beim Übergang in die Sekundarstufe II berichtet. Die Schüler haben nun im Prinzip ihrer Schulpflicht Genüge getan. Sie wissen, dass alle weiteren schulischen Bildungsanstrengungen gewissermaßen „aus freien Stücken" erfolgen bzw. dass die Alternative dazu eben eine Lehre darstellt. Häufig sind es nun auch bestimmte anspruchsvolle Berufswünsche, die am Horizont auftauchen und zu einer „Versöhnung" mit den schulischen Lernbedingungen und zu einer Neubelebung der eigenen Lernmotivation führen:

Ab den LK's bzw. ab dem Kurssystem wurde mir dann vollends klar, dass es für mich selbst gut war, von allem wenigstens ein bisschen was zu wissen, gerade im Hinblick aufs Abitur, zu jüngeren Schulzeiten war ich einfach noch nicht weitsichtig genug. Ich hatte gelernt, dass ich für mein späteres (Berufs-)Leben und meine Allgemeinbildung lernte, dass Sinnvolles und Nützliches dabei war, was die Gründe für Lernen, neben der Anforderungserfüllung, waren. (L6m)

Erst in der Oberstufe besserte sich mein Verhältnis zur Schule langsam. An einzelnen Fächern begann ich wieder intrinsisches Interesse zu entwickeln. Das Lernen für diese Fächer machte mir wieder Spaß und Lerngegenstände wurden nun auch wieder zum Gesprächsthema zwischen meinen Freunden und mir. Auch die Bedeutung der Schule für spätere Berufswünsche wurde mir erst jetzt bewusst. (L20w)

Dann aber kam ich zur Besinnung. In der 10. Klasse entschied ich mich für ein Einzelgängerdasein. Auf einmal entdeckte ich meinen Ehrgeiz und mein Interesse an der Schule wieder. Zu dem Zeitpunkt war ich sehr stark an kreativen Berufen (wollte

Kunstlehrerin oder Innenarchitektin werden) interessiert. Meine Motivation war also interessenbedingt. In den Fächern, von denen ich dachte, sie bringen mir was für die Zukunft, hatte ich auch gute Noten. In diesen Fächern strengte ich mich an. (L22w)

Bis zur elften Klasse habe ich mich eher durchgemogelt, aber als es dann ernst wurde und ich mich mit meiner beruflichen Zukunft auseinandersetzen musste, habe ich die Kurve noch einigermaßen gekriegt, habe das Abitur gemacht. Im Nachhinein bin ich froh darüber, da ich so mehrere berufliche Alternativen habe. (L32w)

Meine Leistungen nahmen dann aus unterschiedlichen Gründen bis zur 11. Klasse rapide ab. Ein Wiederholungsjahr drohte, doch durch viel Mühe und Nachhilfestunden konnte ich es noch verhindern. Bis zu diesem Zeitpunkt bedeutete Schule für mich ein Ort der Verpflichtung und Entbehrung. Ich sah in dem zu lernenden Stoff keinen persönlich nutzbaren Sinn. Ab der 12. Klasse wandelte sich dieses Bild grundlegend. Ich sah Schule als Möglichkeit, mich in einem weiten Rahmen allgemein zu bilden und Grundlagen für das Berufsleben zu schaffen. Von nun ab änderte sich auch mein Lernverhalten. Über die Hausaufgaben hinaus lernte ich weiter, bereitete mich ausführlich auf die nächsten Stunden der Fächer vor und engagierte mich lebhaft am Unterrichtsgeschehen. Ich kann sagen, dass Schule mir Spaß machte. (L66m)

Es sind verschiedene Einsichten und Erkenntnisse, die hier bisweilen zusammenkommen und die dazu führen, dass die Schülerinnen und Schüler nun ihre innere Distanz und ihre Widerstände gegenüber dem schulischen Lernen häufig wieder überwinden, dass sie, wie es in einzelnen Statements heißt, *„zur Besinnung"* kommen bzw. *„die Kurve noch einigermaßen kriegen"*: Die simple Notwendigkeit, sich um die ökonomischen Grundlagen einer späteren selbständigen Existenz zu kümmern, wird manchen nun erst als ernsthafte Aufgabe bewusst. Hinzu kommen realistischere Einschätzungen der Lage auf dem Arbeitsmarkt und klarere Einsichten in den engen Zusammenhang zwischen der Qualität der schulischen Abschlüsse und der Bandbreite der Berufsperspektiven, die einem später prinzipiell offen stehen. Manchmal sind es auch schon ganz konkrete Berufswünsche, die nun feststehen und die bestimmte Abschlüsse voraussetzen. Aber nicht nur der formelle Abschluss als solcher wird als wichtig eingeschätzt. Häufig wird auch die Relevanz der Inhalte, um die es in der Schule geht, unter diesen Perspektiven neu bewertet. Auch setzt sich nicht selten die Einsicht durch, dass unabhängig vom konkreten späteren Beruf eine breit gefächerte Allgemeinbildung doch in vielerlei Hinsicht einen Sinn haben könnte. So heißt es in einem Text über den Gesinnungswandel, der in der 12. Klasse eintrat: *„Ich sah Schule als Möglichkeit, mich in einem weiten Rahmen allgemein zu bilden und Grundlagen für das Berufsleben zu schaffen. Von nun an änderte sich auch mein Lernverhalten"*. Plötzlich wird bewusst, dass in den schulischen Themen, die zuvor zum Teil eher als lebensfremde Zumutung wahrgenommen wurden, doch auch allerhand *„Sinnvolles und Nützliches"* ist. Dieses Sich-Fügen in die Notwendigkeit des Lernens im Dienste der Existenzsicherung, des Chancenerhalts und der Qualifikation für spätere Tätigkeiten führt dann in manchen Fällen nicht nur dazu, dass freiwillige Leistungen in zusätzlichen Kursen und Wahlfächern erbracht werden, nicht selten wird damit auch die eigene Lernfähigkeit und die eigene Lust am Lernen neu entdeckt.

6 Sich mit der Sinnfrage auseinander setzen und eigenständige Standpunkte hinsichtlich moralischer, politischer und religiöser Fragen entwickeln

Die schulischen Lernaufgaben ernst zu nehmen, selbstverantwortlich mit Ausdauer und Regelmäßigkeit zu lernen, Prüfungssituationen zu meistern, Bildungsabschlüsse zu erwerben – all dies konstituiert eine wichtige Entwicklungsaufgabe, der sich immer mehr Jugendliche über immer längere Zeiträume hinweg stellen müssen. In der Schule müssen zwar viele Inhalte angeeignet werden, von den binomischen Formeln über den Satz des Pythagoras bis hin zur Differenzialrechnung, von den Hebelgesetzen über den Aufbau der Zelle bis zur Entstehung von Gletschern, vom Ablauf der Französischen Revolution über die Besonderheiten der expressionistischen Lyrik bis hin zur C-Dur Hauptkadenz. Von der Unterscheidung zwischen Past Tense und Present Perfect über die Verwendung des Subjonctifs bis hin zum Ablativus Absolutus. Von den Phasen des parlamentarischen Gesetzgebungsverfahrens über die Merkmale einer Aktiengesellschaft bis hin zur Formatierung von Textdateien. Dennoch ist auch bei vorhandenem Schulerfolg noch keineswegs gesichert, dass es in der Zeit, in der man sich mit all diesen Themen befasst, auch zu bedeutsamen Bildungserfahrungen kommt. Man kann als „wohlfunktionierender Schüler" alle möglichen Themen, die im Unterricht vorkommen, bereitwillig lernen und getreulich memorieren, sie bei mündlichen und schriftlichen Prüfungen detailliert reproduzieren und damit gute Zensuren erzielen, ohne dass irgendetwas davon wirklich persönliche Bedeutung erlangt. Man kann sogar anspruchsvolle kognitive Aufgabenstellungen erfolgreich bearbeiten, Abstraktionsfähigkeit, Transferkompetenz und problemlösendes Denken demonstrieren, ohne dass einen die entsprechenden Themen näher berühren und innerlich betreffen müssen.

„Bildung" meint jedoch mehr als die bloße Aneignung von Wissensstoff oder von Methoden und Kompetenzen der Problembearbeitung. Sie hat vielmehr immer damit zu tun, dass Dinge persönliche Bedeutung gewinnen. Und sie hat damit zu tun, dass Personen in wesentlichen Bereichen Stellung beziehen, dass sie sich ihre leitenden Werte bewusst machen und ihre persönlichen Haltungen und Standpunkte begründen können. In einer klassischen Formulierung von Nohl wird „Bildung" als die „subjektive Seinsweise der Kultur" (Nohl 1935, S. 177) gefasst. Die geisteswissenschaftliche, kulturtheoretisch orientierte Bildungstheorie und Jugendpsychologie ging davon aus, dass gerade das Hineinwachsen des Jugendlichen in die verschiedenen kulturellen Lebensbereiche, das Sich-Auseinandersetzen mit den bedeutsamen kulturellen Objektivationen den Kern der Entwicklung im Jugendalter ausmacht. Entsprechend behandelt Spranger in seinem klassischen Werk „Psychologie des Jugendalters" neben dem Verhältnis des Jugendlichen zu Erotik und Sexualität vor allem die folgenden Entwicklungsbereiche: „die sittliche Entwicklung des Jugendlichen", „das Rechtsbewusstsein des Jugendlichen", „die religiöse Entwicklung des Jugendlichen", das Verhältnis des Jugendlichen zur Politik, sowie zum Beruf, zu „Wissen und Weltanschauung" und zu „Phantasieleben und Phantasieschaffen". Es stehen also unter dem Aspekt der „Bildung" vornehmlich jene Bereiche im Vordergrund, in denen die Jugendlichen zu einer begründbaren Selbstpositionierung, zu einer wertenden Stellungnahme gelangen müssen. Um erwachsen zu werden, um Mündigkeit zu erlangen, ist es erforderlich, sich mit den damit zusammenhängenden Fragen auseinander zu setzen.

In einem aktuelleren Versuch, die zentralen Bestimmungsstücke dessen, was Bildung ausmacht, zu erläutern bzw. Maßstäbe, Minimalkriterien für geglückte Bildungsprozesse zu formulieren, hat Hartmut von Hentig folgende sechs „Essentials" herauspräpariert: „Abscheu und Abwehr von Unmenschlichkeit", „die Wahrnehmung von Glück", „die Fähigkeit und den Willen zur Verständigung", „ein Bewusstsein von der Geschichtlichkeit der eigenen Existenz", „Wachheit für letzte Fragen" und „die Bereitschaft zur Selbstverantwortung und zur Verantwortung in der res publica" (Hentig 1996, S. 75). Auch hier stehen also bestimmte Haltungen im Zentrum, die nur gewonnen werden können in Auseinandersetzung mit sittlichen, weltanschaulichen, religiösen und politischen Fragen und Problemen.

6.1 Zwischen Spaßorientierung und spiritueller Suche – das Aufbrechen der Frage nach dem Sinn

Natürlich stellen all diese Punkte lebenslange Herausforderungen für den Menschen dar. Sie sind kaum mit Abschluss des Jugendalters als „erledigte Entwicklungsaufgaben" zu betrachten. Und wenngleich die Fundamente für den Erwerb jener geforderten Haltungen sicherlich schon in den Kindheitsjahren gelegt werden, so ist doch das Jugendalter jene Phase, in der in der Regel erstmals eine bewusste und explizite Auseinandersetzung mit den entsprechenden Lebens- und Kulturbereichen stattfindet, in der sie entweder überhaupt erst im Horizont der Jugendlichen auftauchen oder in der die bis dahin aus dem familiären Rahmen übernommenen Sichtweisen und Selbstverständlichkeiten einer kritischen Prüfung unterzogen werden müssen. Fragen wie die nach dem Sinn des Lebens, nach dem Realitätsgehalt religiöser Versprechungen, nach der Begründbarkeit von Werten, nach der Berechtigung moralischer Forderungen, nach den Prinzipien einer gerechten Gesellschaft, nach den richtigen persönlichen Lebensorientierungen, nach den angemessenen Haltungen zu aktuellen politischen Fragen oder nach den Möglichkeiten und Verpflichtungen eigenen Engagements werden nun für Jugendliche oftmals zu Angelegenheiten ernsthaften Nachdenkens und kontroverser Diskussion. Nicht selten gewinnt die Beschäftigung mit diesen Fragen gerade in der Jugendphase eine Intensität und Dringlichkeit, die sie in späteren Lebensphasen, wenn die Menschen sich in ihrem Leben behaglich eingerichtet, sich mit der Unabschließbarkeit der Sinnfrage abgefunden und mit den Unzulänglichkeiten der Gesellschaft arrangiert haben, dann kaum mehr erreicht. Gerade diese Erfahrung des Aufbrechens der Sinnfrage wurde in vielen autobiographischen Berichten recht plastisch geschildert und im Zusammenhang mit ganz konkreten Situationen erinnert.

Als Jugendliche war ich – wie viele andere auch – emotional oft hin und hergerissen. Die Frage nach dem Sinn des Lebens hat mich sehr beschäftigt und ich fand es sehr aufregend, mir die Umstände meines eigenen Todes vorzustellen. Dies wurde verschärft durch meinen damaligen Freund, der aufgrund großer familiärer Spannungen sich definitiv das Leben nehmen wollte. (W3w)

Bis zum Alter von 15 Jahren war ich Atheist und beschäftigte mich nicht mit religiösphilosophischen Themen. Dies änderte sich dann jedoch durch den plötzlichen Tod eines Mitschülers. Dadurch wurden Fragen nach dem Sinn des Lebens aktuell. Ich befasste mich vor allem mit Zen-Buddhismus und Yoga und versuchte, durch die Auseinandersetzung mit mystischen Strömungen aller Religionen, sei es Sufismus, Kabbala, christliche Meditation oder Yoga, einen Lebenssinn zu finden. Außerdem begann ich Schopenhauer und vor allem Nietzsche zu lesen, setzte mich also auch mit abendländischer Philosophie auseinander. Bis heute bin ich konfessionslos und empfinde auch nicht das Bedürfnis, mich für eine Religion zu entscheiden, bin jedoch grundsätzlich an philosophischen Fragen interessiert. (W10m)

Die Frage, was ist meine Berufung, was entspricht meinen Fähigkeiten, mit welchem Beruf werde ich glücklich und zufrieden, bohrte sich andauernd in meine Gedankengänge hinein. Dies war damals wohl meine Suche nach dem Sinn meines weiteren Lebens. Nichts war wichtiger als endlich Gewissheit darüber zu haben, wie ich mich beruflich orientieren soll. (W37w)

Abends im Zimmer liegen. Dunkelheit und nur schemenhaft die Dinge sehen, die sich um mich herum befinden. Was ist der Mensch? Einschlafen. Aufwachen? Und wenn nicht? Was ist, wenn man tot ist? Wie mag es weitergehen? Sieht man noch, vielleicht, wie aus der Vogelperspektive die anderen Menschen? Ist man weiterhin „dabei" oder ist alles aus? Nichts als schwarze Stille? Ich kann das nicht glauben, aber nur, weil ich mir einen solchen Zustand einfach nicht vorstellen kann. Übersteigt, glaube ich, meine Vorstellungskraft. Nicht nur früher, als ich 12, 13 Jahre alt war – nein, auch heute noch. Ich kann mich aber noch gut daran erinnern, als diese Fragen erstmals in mir aufkamen. Sinn des Lebens. Was will ich erreichen? Wie stelle ich mir meine Zukunft vor? Ich denke schon, dass der Mensch den Sinn seines Lebens selbst suchen muss – und finden. (W54w)

Die Strukturierung meines Elternhauses, die Auswirkungen meiner Akne auf mein Selbstwertgefühl und meine soziale Anerkennung und meine schulischen Probleme bewirkten, dass ich mir relativ frühzeitig Gedanken über das warum, wieso und weshalb dieser Umstände, allgemein über den Sinn des Lebens machte. In der Auseinandersetzung damit kam ich schnell zu der Frage, wer ich eigentlich selbst sei und welche Rolle ich in dem Ganzen einnahm. Zudem beschäftigten diese Fragen mich sehr intensiv. Im Gegensatz zu meinen Schulkameraden und Freunden begann dieser Prozess sehr früh, so dass diese meine Überlegungen und Grübeleien oft nicht verstanden und mich manchmal für depressiv erklärten. Als bedrückend empfand ich diese innere Auseinandersetzung eigentlich nicht, sie war mir eher sehr wichtig und ich war bestrebt, eine Antwort auf all diese Fragen zu erlangen. Die Welt und ihre Dinge erschienen mir nun als ein komplexes System unterschiedlicher Konstellationen. Ich versuchte, diese zu erkennen und zu analysieren. Dabei stieß ich oft an die Grenzen meiner Vorstellungskraft und hatte oft das Gefühl, daran zu verzweifeln. (W66m)

Die Sinnsuche fand bei mir im Jugendalter dann hauptsächlich in nächtelangen, haschischvernebelten Diskussionsrunden statt, in denen ich meinen Ansichten als bekennender nicht-christlicher Theist Ausdruck verlieh. Selbstverständlich diskutierten wir auch über die Umweltprobleme, die Bevölkerungsexplosion, die Kriegsgefahren usw., wir endeten hier jedoch immer schnell bei den Thesen: „Da kann man eh nichts dagegen machen", „Daran sind nur die Politiker schuld", „Wenn jeder Mensch auf der Welt kiffen würde, gäbe es das alles nicht", usw. (W70m)

Auffällig ist, dass es in zahlreichen Fällen die Konfrontation mit dem Tod ist, die in den Erinnerungen der Betroffenen erstmals die Frage nach dem Sinn des Lebens ins Bewusstsein rückte, sei es die Erfahrung des realen plötzlichen Sterbens eines Klassenkameraden, seien es die Selbstmordabsichten eines Freundes, der reale Selbstmord einer

Freundin oder sei es das Bewusstwerden der eigenen Sterblichkeit. Gerade diese Vorstellung, dass das eigene Leben endlich ist, dass man selbst irgendwann alles loslassen muss, dass einem nicht einmal der eigene Körper für immer gehört, ist es, welche die Sinnfrage drängend macht und die Frage nach der Transzendenz hervorbringt. Es werden wiederholt nächtliche Reflexionen dieser Art berichtet, zum Teil verbunden mit einem gewissen Kitzel und Schauer – *„ich fand es sehr aufregend, mir die Umstände meines eigenen Todes vorzustellen"* –, zum Teil verknüpft mit existenziellen Ängsten – *„Ich lag in meinem Bett und hatte einfach nur Angst. Angst vor dem Nichts"* –, zum Teil aber auch verknüpft mit produktiv-zukunftsorientierten Überlegungen: *„Was will ich erreichen? Wie stelle ich mir meine Zukunft vor?"*

Im Zusammenhang mit der nun nicht mehr nur kognitiven, sondern auch emotionalen Einsicht in die Sterblichkeit und die Begrenztheit der menschlichen Lebensspanne taucht dann natürlich auch die Frage nach dem „Jenseits", nach transzendenten Wirklichkeiten und Mächten auf. Viele Autorinnen und Autoren sind in diesem Zusammenhang auch auf die „Gretchenfrage", wie sie es denn nun „mit der Religion halten", eingegangen. Die Lösungsformeln, die sie dabei für sich finden, sind recht unterschiedlich. So ist vom *„Glauben an eine höhere Macht, die aber nicht Gott sein muss"* oder von der Hoffnung auf *„etwas ‚Überirdisches'"*, von dem man nicht weiß, *„ob das Gott ist"*, die Rede, vom *„Interesse an anderen Religionen, religiösen Bewegungen und auch Esoterik"*, weil das traditionelle Christentum, in das man hineingeboren und hineinsozialisiert wurde, plötzlich als *langweilig* erscheint und dennoch ein starkes Bedürfnis nach einer *„Art religiöser Basis"* auftaucht. Die konventionellen Antworten, die Eltern oder Religionslehrer auf die aufbrechenden beunruhigenden Fragen und Zweifel zu bieten haben, werden als nicht mehr befriedigend zurückgewiesen. So erinnert sich eine Verfasserin: *„Der religiöse Rahmen, der mich bisher mehr geschützt hatte, wirkte nun einengend auf mich"*, und entsprechend kommt es zunächst einmal zu einer Sprengung dieses Rahmens, zu einem „Freistrampeln" von den bisher akzeptierten schlichten Antworten auf die komplexen Rätsel und Probleme des Lebens: *„Ich begann dann, alles in Frage zu stellen, was ich bisher geglaubt, getan und gewollt hatte, um mir bewusst eigene, selbst erarbeitete Meinungen zu bilden"*. Im Vordergrund steht oft mehr das Bedürfnis, die Sehnsucht nach einem religiösen Halt, als eine klare Vorstellung, worauf sich nun genau dieser Glaube richten soll. Diese Ambivalenz bringt eine Verfasserin auf die Formel: *„Ich glaube jedenfalls an etwas, ob das mit Gott etwas zu tun hat, werde ich ... noch heraus finden"*. Ein anderer hat in den damaligen Diskussionen als *„bekennender nicht-christlicher Theist"* eine Position bezogen, die ebenfalls sowohl Distanz zu konventionellen christlichen Vorstellungen als auch Leidenschaft für die religiöse Thematik überhaupt signalisiert.

Die Suchbewegungen, die eingeschlagen werden, wenn die gängigen christlichen Antworten nicht mehr überzeugen, wenn die Jugendlichen sich also aufmachen zu einer *„Sinnsuche ohne konfessionelle Verankerung"*, sind vielfältig: *Mystische Strömungen aller Religionen* wie Sufismus, Kabbala, Christliche Meditation oder Yoga werden erkundet, esoterische Lehren werden erwogen, philosophische Autoren wie Schopenhauer oder Nietzsche werden befragt, Ansätze der biologischen und der kulturellen Anthropologie, den Ursprung und das Wesen des Menschen zu beschreiben, werden studiert. Klar ist oftmals nur, dass der Prozess der Sinnsuche selbst wichtig, notwendig und unvermeidlich ist, nicht aber, wo dieser Prozess je enden und bei welchen „Wahrheiten" er je landen könnte. In diesem Sinn schreibt eine Verfasserin: *„Der Sinn meines Lebens besteht darin, dass ich einen Sinn finde. Diesen finde ich aber nicht, indem ich* *an Gott oder Jesus glaube, ich glaube an mich. Wenn es mir gelingt, befriedigt zu sein mit dem was ich tue, und ich mich mit der Welt arrangieren kann, dann ist das ein Weg hin zum Sinn für mich. Ich denke, ich bin und bleibe immer ein wenig auf der Suche, zumindest im Moment fühle ich noch so!"* Mit dieser Betonung des „Prinzips Suche" und der Zurückweisung der Hoffnung auf „externen", „vorgefertigten", „bereitliegenden" Sinn, sowie der Einsicht in die Notwendigkeit, Sinngebung selbst durch eigenes aktives Handeln in der Welt immer wieder neu leisten zu müssen, steht die Verfasserin nicht allein. Auch eine andere Autorin kommt zu der Erkenntnis, dass *„jeder Mensch seinem Leben aus sich selbst heraus einen Sinn verleihen muss"*. Damit fällt aber auch die Illusion, dass es jemals eine definitive Klärung der Sinnfrage geben könnte, ganz einfach deshalb, weil sich zeigt, *„dass jede Beantwortung von ‚Lebenssinnfragen' neue Fragen aufwirft"*. Die Frage nach einem absoluten, feststehenden „Sinn", der analog zur Lösung eines schwierigen mathematischen Problems zu „finden" wäre, verwandelt sich damit in die Frage nach dem selbst zu gestaltenden und selbst moralisch zu verantwortenden *„eigenen, guten Leben"*.

Dabei sind freilich wiederum die Vorstellungen, wie dieses aussehen könnte und was die dafür maßgeblichen Kriterien sind, höchst verschieden. Einige bekennen sich explizit zu ihrer hedonistischen Orientierung, zu der Ansicht, *„dass möglichst viel Spaß zu haben den Sinn des Lebens ausmacht"*, in einem anderen Statement wird zumindest eine Diskrepanz zwischen der eigenen theoretischen Position im Hinblick auf die zentralen Kriterien des guten Lebens und der realen Lebenspraxis konstatiert: *„Ich sehe den Sinn meines Lebens nicht nur darin, Spaß zu haben, aber wenn ich genau darüber nachdenke, dann lebe ich momentan genau nach dem Motto ‚tue das, was dir Spaß macht und was dich glücklich macht'"*, wieder andere billigen dem Kriterium „Spaß" nur eine untergeordnete Bedeutung im Hinblick auf die Sinnfrage zu: *„Natürlich waren Partys und Zusammensein mit Freunden wichtig, aber nicht maßgebend für den Sinn des Lebens. Ich wollte immer lernen, mich erwachsen zu benehmen, erwachsen zu denken, soziale Anerkennung war mir sehr wichtig"*. Noch distanzierter und kritischer zur Vorstellung, dass Spaß das entscheidende Kriterium für ein „gutes Leben" sein könnte, äußert sich eine andere Verfasserin: *„Mir ist es in meinem Leben nicht unwichtig, Spaß und Freude zu haben, doch sind mir meine Pflichten und vor allem auch die Menschen meines Umfeldes, mein Partner, meine Eltern, Freunde und Verwandte sehr viel wichtiger. Ich schraube meinen Spaßfaktor gerne zurück, wenn es darum geht, für diese Menschen da zu sein"*. Hier wird also explizit eine altruistische, an den sozialen Pflichten und dem Wohlergehen des anderen orientierte Haltung der hedonistischen Orientierung gegenübergestellt.

6.2 Ergebnisse der empirischen Jugendforschung zu den Wertorientierungen Jugendlicher

Wenn in den autobiographischen Reflexionen die „Frage nach dem Sinn" auftaucht, dann meistens in der Form, dass die Autorinnen und Autoren darüber berichten, in welchen Situationen und Stimmungen diese Frage in ihrer Jugend virulent wurde, welche Optionen und Alternativen dabei in ihrem persönlichen Horizont auftauchten, welche äußeren Einflüsse dabei bedeutsam waren, welche Suchbewegungen sie eingeschlagen, welche Entwicklungswege sie durchgemacht und zu welchen (vorläufigen) Antworten sie gekommen sind. Natürlich geht es dabei immer auch um die Auseinandersetzung mit der Frage „was ist mir eigentlich wichtig im Leben?". Von daher berührt sich die Frage nach dem Sinn und nach der tragfähigen Lebensorientierung eng mit einem Bereich aus der empirischen Jugendforschung, der schon seit langem sehr gründlich und differenziert erforscht wird, nämlich mit der Frage nach den Wertorientierungen Jugendlicher. So lautet der erste Satz im entsprechenden Kapitel aus der Shell Jugendstudie von 2002: „Als Wertorientierungen werden wesentliche Elemente der menschlichen Psyche bezeichnet, die festlegen, was im Leben wichtig ist, was im Leben angestrebt wird" (Gensicke 2002, S. 139).

Ausgangspunkt ist dort freilich nicht die freie Textproduktion der Jugendlichen, sondern hier gehen die Forscher in der Regel so vor, dass sie den Probanden bestimmte, in den Fragebögen vorformulierte Aussagen vorlegen und sie auffordern, diese nach dem Grad ihrer Zustimmung einzuordnen. In der Shell Jugendstudie 2000 waren dies insgesamt 48 Items, die auf einer fünfstufigen Skala, die von „ist mir ausgesprochen wichtig" bis „ist mir überhaupt nicht wichtig" eingeordnet werden mussten. Darunter waren Formulierungen wie die folgenden: „hilfsbereit gegenüber anderen Menschen zu sein", „vor allem Spaß haben und viel erleben", „selbständig denken und handeln", „etwas für die Gesellschaft leisten", „frei von Verpflichtungen sein", „in einer glücklichen Partnerschaft leben", „ein Beruf, der einem auch später etwas bedeutet" etc. Bei der Shell Jugendstudie 2002 waren es unter der Leitfrage: „Jeder Mensch hat ja bestimmte Vorstellungen, die sein Leben und Verhalten bestimmen. Wenn Sie einmal daran denken, was Sie in ihrem Leben eigentlich anstreben: wie wichtig sind dann die folgenden Dinge für sie persönlich?" insgesamt 24 Items, die auf einer siebenstufigen Skala eingeordnet werden mussten. Darunter etwa die folgenden: „einen hohen Lebensstandard haben", „Macht und Einfluss haben", „seine eigene Phantasie und Kreativität entwickeln", „das Leben in vollen Zügen genießen", „an Gott glauben" etc. Die entsprechenden Wertpräferenzen werden dann nach dem Gewicht, dass ihnen von den Befragten zugemessen wurde, geordnet, nach Alter, Geschlecht, Schulbildung, sozialem Hintergrund, Nationalität etc. differenziert und zu bestimmten „Wertdimensionen" zusammengefasst. Natürlich interessieren hier dann vor allem die Verschiebungen, die Entwicklungstrends, die sich im Vergleich zu den Erhebungen vorausgegangener Jahre abzeichnen. Es geht um die spezifischen Profile unterschiedlicher Jugendgenerationen. Um diese prägnant und doch differenziert darzustellen, wird dann in der Regel versucht, in dem komplexen Datenmaterial bestimmte „Werttypen", die durch ein spezifisches Muster häufig zusammen vorkommender Wertpräferenzen geprägt sind, herauszupräparieren.

Worüber man freilich durch diesen Forschungszugang nichts erfährt, ist einerseits die individuelle Geschichte, wie Menschen zu den Sichtweisen und Wertungen kommen, die sie mit ihren Kreuzchen im Fragebogen vertreten, und andererseits die persönliche Begründung, warum jemand gerade diese Dinge als besonders wichtig für sein Leben betrachtet. In den autobiographischen Reflexionen geht es dagegen mehr um die Umstände des Auftauchens bestimmter Fragen, um das Erleben bestimmter Verunsicherungen und Zweifel und damit um die Form und die entwicklungspsychologische Typik bestimmter Suchprozesse im Jugendalter als um die Frage nach den Trends und Besonderheiten der aktuellen Jugendgeneration. Wenn sich jemand in freier Textproduktion zu seiner persönlichen Beschäftigung mit der Frage nach dem Sinn des Lebens äußert, dann ist es gerade von Interesse, welche Aspekte und Lebensbereiche für ihn hier überhaupt in den Blick kommen. Die Fragebögen der empirischen Jugendforschung hingegen sind so angelegt, dass sie versuchen, möglichst umfassend alle denkbaren Lebensorientierungen und Wertdimensionen „abzuklopfen" und die Jugendlichen zu entsprechenden Stellungnahmen und Bewertungen aufzufordern.

Die Datenauswertung und -präsentation dieser groß angelegten Studien ist überaus differenziert und komplex und deshalb sollen hier nur einige wenige markante Ergebnisse und Trends zusammengefasst werden. In der Shell Studie 2002 wurden die einzelnen Items acht unterschiedlichen „Wertdimensionen" zugeordnet, die als besonders kennzeichnend für die individuellen „Wertstrukturen" betrachtet wurden: „Autonomie", „Menschlichkeit", „Selbstmanagement", „Attraktivität", „Modernität", „Authentizität", „Familienorientierung", „Berufsorientierung". Die Jugendlichen wurden dann nach dem Prinzip höchstmöglicher Homogenität innerhalb einer Gruppe und höchstmöglicher Differenz zwischen den Gruppen clusteranalytisch zu „fünf Typen von Jugendlichen..., die sich von unterschiedlichen Wertbündeln leiten lassen" (Fritzsche 2000, S. 134), zusammengefasst. Diese Teilgruppen, die zwischen 16% und 25% der Gesamtstichprobe umfassen, wurden mit prägnanten Etiketten versehen (die „Distanzierten", die „Freizeitorientierten", die „Vielseitigen", die „Modernen", die „Traditionellen") und mit entsprechenden „Steckbriefen" charakterisiert.

Die Tatsache, dass hier immer auch viel „Konstruktion" der Forscher mit im Spiel ist, kann man daran erkennen, dass schon zwei Jahre später, bei der nächsten Shell Jugendstudie ganz andere Typen mit ganz anderen Bezeichnungen entworfen wurden, um die unüberschaubare Vielfalt der individuellen Wertungstendenzen sinnvoll zu ordnen. Hier sind es nun vier „Werttypen" mit denen die Komplexität gebändigt werden soll: die „pragmatischen Idealisten", die „robusten Materialisten", die „selbstbewussten Macher" und die „zögerlichen Unauffälligen".

Wie versuchen die Verfasser der neueren Shell Jugendstudien neben den unzähligen Detailbefunden und Einzelkorrelationen, die in den Studien ausgebreitet werden, die Gesamttrends der Entwicklung hinsichtlich der Wertorientierung der Jugendlichen zu beschreiben? Yvonne Fritzsche hat 2000 ihre Darstellung unter das Motto „Inflation am Wertehimmel" gestellt und kommt zu dem Fazit, dass stabile Festlegungen auf bestimmte Wertorientierungen am schwinden seien und dass sich unter den Jugendlichen zunehmend ein eher wechselhafter, flexiblerer, situationsbezogener Rekurs auf Werte durchsetze: „Der grundgültige und allgemein verbindliche Wertehimmel ist passé, es gilt das Kantsche ‚moralische Gesetz in mir' – und zwar bis auf weiteres. Wenn Autoritäten schwinden und biographisch auf vieles kein Verlaß mehr ist, wird man sich zunehmend in Reaktion auf die aktuellen Gegebenheiten orientieren, situationsgemäß und reagibel den eigenen Wertecocktail zusammenbasteln, ebenso, wie man sich in Eigenregie seine Biographie zusammenbastelt. Konkret ereignisbezogene Entscheidungen werden prinzipiengeleitete ersetzen – nicht immer, aber immer öfter. Insofern beobachten wir eine Werteinflation" (Fritzsche, S. 155). Dies ist freilich mehr spekulative Ableitung aus allgemeinen gesellschaftlichen Individualisierungstrends als durch die Daten der Studie belegte Realität.

In der jüngsten Shell Jugendstudie von 2002 findet sich ein direkter Vergleich zwischen den Mittelwerten der dort erhobenen Wertpräferenzen mit jenen, die sich bei der Verwendung der gleichen Items 1987/88 ergeben haben. Dabei bleiben die Gewichtung und die Rangfolge der Wertpräferenzen mit einigen Ausnahmen weitgehend erhalten. „Freundschaft", „Partnerschaft" sind nach wie vor die Spitzenreiter, „Konformität" und „Althergebrachtes" rangieren nach wie vor am unteren Ende. Bedeutsame Verschiebungen gab es bezüglich der Werte „Umweltbewusstsein" und „Politikengagement", die in diesen fünfzehn Jahren einen deutlichen Rückgang erlebten, während die Aspekte „Sicherheit", „Fleiß und Ehrgeiz", „Macht und Einfluss", „Gefühle berücksichtigen" gewisse Zuwächse verbuchen konnten. Leitbegriff zur Beschreibung der Veränderungstendenz ist der Begriff der „Pragmatisierung". Er meint hier jedoch etwas deutlich anderes als die Tendenz zur flexiblen, ereignisbezogenen Wertorientierung, wie sie Fritzsche behauptet hatte: „Ein Trend zur Pragmatisierung in der Jugend wird unser wesentliches Deutungsmuster sein. Die Jugend hat in den 90ern ihre ‚rebellische' Mentalität des frühen Wertewandels, die sie besonders in den 70ern, teilweise auch noch in den 80ern hatte, abgestreift. Sie gibt sich nunmehr leistungs- und sicherheitsorientiert" (Gensicke 2002, S. 141).

Für die Verfasser der autobiographischen Statements war die Suche nach dem „Sinn des Lebens" zwar auch mit den leitenden persönlichen Werten und Überzeugungen verbunden, aber dabei meist doch sehr viel spezifischer und enger mit der Haltung zur Religion verknüpft. Auch im Hinblick auf die religiösen Vorstellungen und Praktiken wurden in den Shell Studien immer wieder bestimmte Fragen aufgenommen. Insbesondere in der Shell Jugendstudie von 2000 wurde diesem Bereich relativ große Beachtung geschenkt. Ein paar zentrale Daten daraus werfen ein Licht auf die Frage, wie es die Jugend in Deutschland insgesamt „mit der Religion hält" (vgl. Fuchs-Heinritz 2000, S. 157ff.). So gaben 27% aller befragten 15–24-Jährigen an, dass sie manchmal oder regelmäßig beten. 56% sagten, dass sie nie beten, und 17% wollten darüber nicht sprechen. 31% aller Befragten gaben an, dass sie an ein Weiterleben nach dem Tod glauben, 35% lehnten diese Vorstellung ab und etwa gleich viele wollten sich in dieser Frage nicht festlegen. 79% meinten, dass sie nie in der Bibel lesen. 83% gaben an, dass sie in den letzten vier Wochen keinen Gottesdienst besucht hätten. In all diesen Fragen, die die religiösen Praktiken der Jugendlichen betreffen, gab es einen Trend in dem Sinn, dass die Jungen sich distanzierter zur Religion äußerten als die Mädchen und dass die Ausübung religiöser Praktiken mit steigendem Alter der Befragten zurückging. Sehr markant ist hier vor allem der Ost-West-Vergleich. Die Werte der ostdeutschen Jugendlichen sind in diesen Bereichen etwa um die Hälfte niedriger als die der westdeutschen Altersgenossen. Fend hat in dieser Hinsicht mit leichter Übertreibung formuliert: „Schon nach wenigen Jahrzehnten kommunistischer Herrschaft ist aus Ostdeutschland praktisch ein religionsfreies Land geworden" (Fend 2000, S. 386).

Markant ist aber auch der rasante Rückgang, der sich hier bei den westdeutschen Jugendlichen zwischen der Jugendstudie '92 und der Jugendstudie 2000, also in weniger als einer Dekade, ergeben hat. So gingen die Prozentwerte für den Glauben an ein Weiterleben nach dem Tod von 56% auf 32% zurück, für das Beten von 39% auf 28% und für den Gottesdienstbesuch von 21% auf 16%. Mehr als die Hälfte der Befragten stimmte explizit dem Satz „Ich bin nicht religiös" zu und machte damit deutlich, dass das Thema Religion für sie als mehr oder weniger irrelevant für die eigene Lebensführung abgehakt ist. Dennoch scheint es noch recht weit verbreitet einen diffusen Rest des Glaubens an höhere Mächte zu geben. Denn es sind deutlich mehr Jugendliche, die angeben, dass sie an die Existenz „übernatürlicher Kräfte" oder an das Wirken einer „höheren Gerechtigkeit" glauben, als solche, die angeben, dass noch eine direkte kirchliche Bindung haben und die entsprechenden religiösen Praktiken ausüben.

6.3 Zwischen „Politikverachtung" und „Weltveränderungsambition" – die Suche nach politischen Orientierungen

Die Beschäftigung mit existentiellen Problemen, die Suche nach dem Sinn des Lebens, die Auseinandersetzung mit der Frage, woran man eigentlich glaubt und an welchen Werten und Maßstäben man das eigene Leben ausrichten will, ist wohl der zentralste, privateste Bereich, in dem Jugendliche Orientierungen suchen. Ein anderer Bereich, in dem sie aufgefordert sind, sich als künftige mündige Staatsbürger einerseits kundig zu machen, sich aber auch zu positionieren, d. h. begründete Stellung zu beziehen, ist das Feld des Politischen. Einerseits ist dieses Feld in der alltäglichen Medienberichterstattung sehr viel präsenter als jener „existentielle Bereich", in dem es um die persönlichen Sinn- und Glaubensorientierungen geht, andererseits haben die allermeisten Jugendlichen zunächst doch eine sehr viel größere Distanz zu diesem Bereich. Die „Wahrheiten", um die es hier geht, sind nicht unmittelbar persönlich erfahrbar oder fühlbar, sondern ganz im Gegenteil: die Probleme, die hier auf der Tagesordnung stehen, sind komplex, die Entscheidungsprozesse langwierig, die damit befassten Gremien und Institutionen schwer durchschaubar. Das Politische ist für die Jugendlichen zunächst einmal Teil der Erwachsenenwelt. Sie haben damit unmittelbar und direkt nichts zu tun. Und gleichzeitig ist es eben jener gesellschaftliche Bereich, in dem die maßgeblichen Entscheidungen, die potentiell auch ihr Leben und ihre Zukunft berühren, getroffen werden. Vom Atomausstieg bis zur Gesundheitsreform, vom Ausbildungspakt bis zur Bafögregelung, von der Staatsverschuldung bis zu „Hartz IV", von den gleichgeschlechtlichen Lebensgemeinschaften bis zur Embryonenforschung. Die Themen und Probleme, bei denen hier um Lösungen gerungen wird, haben stets auch eine bedeutsame moralisch-ethische Dimension. Es geht um Fragen der Gerechtigkeit, der Zumutbarkeit, der Verantwortbarkeit, der Toleranz. Und das Politische ist vor allem die medial ständig präsente Welt des kultivierten Streits, des argumentativen Kampfes, der Debatten, der Diskussionsrunden, der Bereich, in dem unterschiedliche Vorstellungen und Interessen ausgehandelt werden, das Feld von Rede und Gegenrede, von Forderung, Empörung, Vorwurf, Anklage, Rechtfertigung, Begründung. Dies ist die positive Perspektive auf die demokratische Streitkultur. Daneben gibt es freilich auch noch die negative, ressentimentgeladene Sicht auf die Politik, die dieses ganze Feld eher mit Zuschreibungen wie Machtmissbrauch, Wählerbetrug, Korruption, Selbstbedienung etc. assoziiert. In diesem Feld kontroverser Ansichten und Kräfte gibt es praktisch keinen Neutralitätspunkt, auf den man sich zurückziehen könnte. Wenn man in entsprechende Diskussionen verwickelt wird, gibt es nur die Möglichkeit, sich informierter, sachkundiger, problemangemessener oder eben unbedarfter, inkompetenter, ahnungsloser zu äußern.

Wie kommen Jugendliche dazu, sich für diese Sphäre zu interessieren? Wie erinnern sie selbst die Phasen der Annäherung an diesen Bereich? Welche Ereignisse und welche Einflüsse waren für sie bedeutsam? Als wie informiert und engagiert bzw. als wie distanziert und desinteressiert beschreiben sich insbesondere jene jungen Erwachsenen, die den Beruf des Lehrers ansteuern?

Mein politisches Interesse war keine Imitation der Eltern. Jedoch denke ich, dass ich stark durch Freunde geprägt wurde. Früher war es eine Peergroup-Erscheinung und es hat zu der Abnabelung vom Elternhaus gehört. Damals war kein politisches Wissen dahinter. Es war einfach cool, einen Palästinenserschal zu tragen, ohne überhaupt zu wissen, was er bedeutet, oder der Wunsch auf Demonstrationen zu gehen war richtig groß. Wie ich in den vorherigen Texten beschrieben habe, war ich kein Fan von intensivem Lernen in den späteren Jahren der Schule und habe daher auch nicht wirklich viel über Politik gelesen. Das hat sich jetzt etwas geändert. (W11w)

Ich erinnere mich, wie ich plötzlich mit meiner Volljährigkeit in die Verlegenheit kam, wählen zu „müssen". Ich wollte nicht zu den Nichtwählern gehören, da ich zwar zugeben muss, dass mein Interesse für Politik nicht groß war, ich sie aber für sinnvoll und notwendig hielt. Ich bin losgezogen und habe mir die einzelnen Parteiprogramme besorgt und angefangen, mich mit dem Thema zu beschäftigen. Es fiel mir ziemlich schwer da durchzublicken, denn die Ziele sahen im Groben sehr ähnlich aus. Auch heute hat die Politik noch nicht den Stellenwert in meinem Leben, den sie haben sollte. (W17w)

Was meinen politischen Standpunkt betrifft, so lohnt es sich hier nicht, darüber zu sprechen. Politik war mir nur aus dem Gemeinschaftskundeunterricht und den Nachrichten bekannt und hat mich an beiden Stellen nur genervt. Erst mit der regelmäßigen Lektüre des „Spiegel" erwachte mein politisches Interesse. Aber das war erst nach meinem Auszug von daheim, mit 19 Jahren. (W21m)

Meine damalige Vorstellung war sehr utopisch, aber ich glaubte, dass man die Welt verändern/verbessern könnte, wenn man nur die richtigen Wege einschlagen würde. Schnell war mir bewusst, dass diese auf keinen Fall von den Politikern eingeschlagen werden, sondern dass das Volk direkt seine Meinung äußern müsste in Form von Basisdemokratie. Auf Phasen, wo ich die Welt politisch völlig auf den Kopf stellen wollte, folgten auch immer wieder Phasen, in denen ich das Gefühl hatte, dass ich ganz allein die ganze Last der ganzen Welt tragen müsste und dass eigentlich eh alles zu spät sei und man sich gar nicht mehr bemühen muss. Da kam es dann zu Phasen der völligen Politikverdrossenheit. Ich war sehr idealistisch und radikal in meinem Denken. Was zu größeren Problem führte, da ich zum Teil nicht ernst genommen wurde, was mich zu noch größerem Protest geführt hat. Diese Einstellung schlug sich auch in meiner Kleidung nieder. Ich versuchte, mich von der Gesellschaft zu distanzieren, da ich diese als verachtenswert ansah. Das ging einher mit einer Ablehnung des politischen Systems.(W24w)

Politik war und wird mir immer ein Rätsel bleiben. Ich kann mich nur noch daran erinnern, dass wir einen Lehrer auf der Realschule hatten, der immer wieder durchblicken ließ, auf welcher politischen Seite er stand und damit auch eigentlich wir zu stehen hätten. Beeindruckt hat mich das nicht; ich bin der Partei aber auch nicht abgeneigt. (W31w)

Mein ganzes Interesse galt schon immer den theologischen Fragen, während Politik mich überhaupt nicht interessierte. Ich fühlte mich in politischen Fragen einfach überfordert und bedrängt, so dass ich mich davon ganz distanzierte. Auch in meinem Freundeskreis war Politik nie ein Thema; es fanden höchstens Gespräche über Tier- und Umweltschutz statt, eine bestimmte Partei wurde dabei nicht favorisiert. Außerdem konnte ich die Doppelmoral der Politiker nicht verstehen, die allesamt ein Leben in Saus und Braus führen und den Ärmeren das Geld aus der Tasche ziehen. Ich glaube, dass ich beim Thema Politik von Erwachsenen, ganz besonders von meinen Eltern, geprägt wurde und größtenteils deren Meinung übernahm. (W48w)

Politische Bildung war bei keinem von uns wirklich vorhanden, es bestand auch kein Interesse diesbezüglich, in meiner Familie wurde nie über Politik gesprochen und als ich in die Punkerszene landete, galt sowieso nur ein Leitspruch: „politic sucks!" (W70m)

Auch hier ist wiederum die Bandbreite der Erfahrungen, Einstellungen und Entwicklungswege sehr groß. Relativ häufig kommt eine gewisse Verlegenheit in den Stellungnahmen zum Ausdruck: Die Betonung, dass es sich bei der Politik eigentlich um einen wichtigen Bereich handelt, für den man sich interessieren, in dem man sich auskennen sollte, und gleichzeitig das Bekenntnis, dass man sich während der eigenen Jugend und zum Teil bis heute kaum ernsthaft damit befasst hat. In vielfältigen Äußerungen wird diese distanzierte Haltung deutlich: *„Von politischem Interesse konnte bei mir leider bis in die Oberstufe hinein keine Rede sein. Ich hatte vielfältige Interessen und Talente, von Politik wollte ich aber partout nichts wissen"*, *„Das politische Interesse war gleich null"*, *„Politik war mir nur aus dem Gemeinschaftskundeunterricht und den Nachrichten bekannt und hat mich an beiden Stellen nur genervt"*, *„Politik war und wird mir immer ein Rätsel bleiben"*, *„Politik hat mich als Jugendliche nie wirklich interessiert"*.

In manchen Texten wird dann auch noch von einem gewissen Umschwung berichtet, von einem allmählichen Verschwinden der *Orientierungslosigkeit* und einem aufkommenden Interesse für dieses Feld, das einem zunächst fremd, rätselhaft, nervig, überfordernd vorkam. In anderen Texten freilich wird mit etwas schlechtem Gewissen eingeräumt, dass das Defizit nach wie vor besteht, d. h. dass das Interesse für Politik bis in die Gegenwart hinein äußerst gering ist.

Die Anlässe und Impulse, die bei manchen zu einer Hinwendung und zu einem gesteigerten Interesse für die Politik geführt haben, sind dabei recht unterschiedlich. Manchmal ist es tatsächlich die Behandlung des Themas „Politik" in der Schule, die erstmals überhaupt eine gewisse Einsicht in die Abläufe und Zusammenhänge bringt, damit verknüpft dann auch eine größere Aufmerksamkeit für das, was in Nachrichten und Zeitungen über politische Sachverhalte berichtet wird. In anderen Fällen wird aber auch gerade die Erfahrung mit dem Gemeinschafts- bzw. Sozialkundeunterricht, der eigentlich die Sachkenntnis und das Interesse für politische Probleme fördern sollte, als eher kontraproduktiv berichtet: *„Der Gemeinschaftskundeunterricht war mir ein Gräuel"* heißt es etwa, oder er wurde als *„äußert zäh und langweilig"* erlebt und die Art, wie dort das Thema „Politik" behandelt wurde, habe *„nur genervt"*. Entsprechend gibt es auch Entwicklungswege, in denen das Interesse für Politik auf außerschulischen Bahnen allmählich erwachte. Etwa durch *„regelmäßige Lektüre des ‚Spiegels'"*, durch Wahlkämpfe, in denen medienwirksam die politischen Alternativen und Gegensätze zugespitzt wurden, durch die Tatsache, dass man mit der Volljährigkeit plötzlich selbst *„in die Verlegenheit kam, wählen zu ‚müssen'"*, durch den Umstand, dass Leute aus dem Freundeskreis plötzlich politisch aktiv wurden, gar in eine politische Partei eintraten, und einen damit zu entsprechenden Stellungnahmen herausforderten, durch die Teilnahme an *„Demonstrationen in Bezug auf Friedenssicherung und Umweltfragen"*, die es nahe legten, sich auch mit den entsprechenden Hintergründen näher zu befassen und die Kontakte mit politisch engagierten Personen und Einrichtungen mit sich brachten (freilich konnte es auch dabei vorkommen, dass *kein politisches Wissen dahinter* steckte, dass es lediglich als *cool* galt, *einen Palästinenserschal zu tragen* und auf angesagte Demonstrationen zu gehen), oder durch ein entsprechendes Interesse und eine auch politisch aufgeschlossene Gesprächskultur innerhalb der Familie. Dabei konnte es sowohl die kritische Haltung des Vaters, seine Bereitschaft, *„lange und* *spannende Gespräche über die politischen Systeme"* zu führen oder *„Begriffe wie ‚Kommunismus' oder ‚Diktatur' oder wie Wahlen funktionieren"* anschaulich und geduldig zu erklären, sein, als auch eine eher abgelehnte, starre politische Position der Eltern, die dazu herausforderte, *„Kontra zu geben"*, sich abzugrenzen und die eigenen Gegenpositionen entsprechend argumentativ zu untermauern. Oftmals ist dieses aufkommende Interesse für das Politische auch mit einem Stück Desillusionierung verbunden. Die naive kindlich-vertrauensvolle Vorstellung, dass *„die da oben schon alles zum Besten für alle richten werden"*, muss erst einmal in Frage gestellt werden, wenn sich politisches Interesse entfalten soll: *„Früher war es so, dass man glaubte, alles läuft gerecht ab, niemand wird benachteiligt, bis man durch die Medien eines Besseren belehrt wurde. Es war keine ‚heile Welt' mehr, wie sie früher einmal war"*.

Diese Desillusionierung, diese Einsicht in gesellschaftliche Ungerechtigkeiten und Missstände führt dann bisweilen zu Phasen radikaler Politikkritik und zur Hoffnung auf idealistische und utopische Gegenentwürfe: *„Meine damalige Vorstellung war sehr utopisch, aber ich glaubte, dass man die Welt verändern/verbessern könnte, wenn man nur die richtigen Wege einschlagen würde"*. Freilich, je utopischer die Hoffnungen, je größer die Veränderungsambitionen sind, desto größer ist auch das Risiko, dass die ursprüngliche Begeisterung und die Bereitschaft zu persönlichem Engagement dann in Frustration und Resignation umschlagen: *„Auf Phasen, wo ich die Welt politisch völlig auf den Kopf stellen wollte, folgten auch immer wieder Phasen, in denen ich das Gefühl hatte, dass ich ganz allein die ganze Last der ganzen Welt tragen müsste und dass eigentlich eh alles zu spät sei und man sich gar nicht mehr bemühen muss. Da kam es dann zu Phasen der völligen Politikverdrossenheit"*. In diesem Bericht ist dann sogar von einer radikalen *„Ablehnung des politischen Systems"* und von einer Distanzierung von der Gesellschaft im Ganzen die Rede, da diese die utopischen Vorstellungen nicht ernst nimmt und deshalb als *„verachtenswert"* betrachtet wird. Auch in anderen Texten wird von Phasen kurzfristiger Begeisterung für politische Themen berichtet, die dann bald in Resignation mündeten, in ein Gefühl, *„dass man völlig hilflos ist und im Prinzip an der politischen Situation überhaupt nichts ändern kann"*. Eine Verfasserin, die von einer frühen Phase intensiver Beschäftigung mit politischen Themen im Alter von 14 Jahren berichtet, verweist auf das starke Schwanken ihres politischen Interesses: *„zwischenzeitlich gehörte auch ich zu den völlig Desinteressierten"*. Zu den Gründen für die Abwendung vom gesamten Themenbereich der Politik gehören bei manchen auch das Misstrauen und die Enttäuschung gegenüber den dort handelnden Personen. Hier sind es bisweilen durchaus pauschale Vorwürfe und Ressentiments, die geäußert werden: der Mangel an Vertrauenswürdigkeit, der *Mangel an ehrlicher Konsequenz*, die Erfahrung, dass die Gewählten nach der Wahl nicht *„halten, was sie versprochen haben"*, die *„Doppelmoral der Politiker... die allesamt ein Leben in Saus und Braus führen und den Ärmeren das Geld aus der Tasche ziehen"*. In anderen Kommentaren freilich wird ganz unabhängig von eventuellen Verfehlungen einzelner Personen gerade die Einsicht in die zentrale Bedeutsamkeit der demokratischen Institutionen und der freiheitlichen Verfassung als wichtigster Schritt in der politischen Entwicklung im Jugendalter hervorgehoben, die Erkenntnis nämlich, *„dass die Demokratie als Staatsform nicht immer schon selbstverständlich war"* und auch heute in vielen anderen Ländern noch immer keineswegs selbstverständlich ist, sondern eine bedeutsame und schützenswerte Errungenschaft darstellt.

6.4 Ergebnisse der empirischen Jugendforschung zum politischen Interesse und Engagement Jugendlicher

Wie stehen diese subjektiven Berichte relativ gebildeter junger Menschen bezüglich der Entwicklung ihres Interesses bzw. Desinteresses für politische Fragen im Verhältnis zu dem, was die empirische Jugendforschung an repräsentativen Stichproben über das Verhältnis heutiger Jugendlicher zur Politik herausgefunden hat? Gerade die Shell Jugendstudie von 2002 war schwerpunktmäßig diesem Sektor gewidmet, denn schon länger gibt es eine Beunruhigung über das zunehmende politische Desinteresse der Jugend und die damit zusammenhängende abnehmende Wahlbeteiligung unter den Erstwählern. So lag die Wahlbeteiligung der 18–24-Jährigen in Deutschland bei den letzten Wahlen in der Regel etwa um ein Viertel unter dem Durchschnitt der Gesamtbevölkerung. Ein weiterer Punkt der Beunruhigung ist der, dass gerade die Jungwähler in besonderem Maße anfällig sind für radikale Parteien mit ihren dumpfen Parolen, ihren simplifizierenden Problembeschreibungen und ihren unrealistischen Versprechungen. So war etwa bei der Landtagswahl in Sachsen im Jahr 2004 die NPD, die insgesamt 9,2% der Stimmen erhielt, bei der Gruppe der 18–24-jährigen Jungwähler mit 21% die zweitstärkste Partei.

Bei der oben erwähnten Frage nach der Bedeutsamkeit verschiedener Wertkategorien wurde schon darauf hingewiesen, dass das Item: „sich politisch engagieren" ziemlich am unteren Ende der Rangliste rangierte und dass „Politikengagement" zudem neben dem „Umweltbewusstsein" und der Rubrik „Macht und Einfluss" zu jenen Wertorientierungen gehört, die im Vergleich zur Befragung von 1987/88 die stärksten Einbußen hinnehmen mussten. Die Autoren der Shell Jugendstudie haben die zentralen Befunde in diesem Bereich in folgenden Worten zusammengefasst: „Das allgemeine Interesse an Politik ist in der heutigen Jugend weiter rückläufig. Inzwischen bezeichnen sich nur noch 30% der Jugendlichen zwischen 12 und 25 Jahren als politisch interessiert" (Hurrelmann u. a. 2002, S. 21). 1984 lag der entsprechende Wert noch bei 55%. Wie zu erwarten, gibt es bei der Antwort auf diese Frage einen deutlichen Einfluss des Bildungsniveaus. Nach Hurrelmann sind es auch heute noch etwa zwei Drittel der Studierenden, die für sich politisches Interesse in Anspruch nehmen. Freilich gibt es auch einen markanten Einfluss des Geschlechts in dem Sinn, dass die männlichen Befragten meist ein größeres Interesse an Politik zu Protokoll geben als die weiblichen. Zwar hält die überwiegende Mehrheit die Demokratie prinzipiell für eine „gute Staatsform", die reale alltägliche Praxis der Demokratie sieht jedoch etwa ein Viertel der Jugendlichen in den alten und etwa die Hälfte der Jugendlichen in den neuen Bundesländern kritisch. Vor allem gegenüber den Parteien wird die Skepsis immer größer. Sie rangieren bei der Frage nach dem Maß des Vertrauens, das in unterschiedliche gesellschaftliche Institutionen gesetzt wird, ganz weit unten. Als vertrauenswürdiger werden dagegen parteiübergreifende Institutionen wie das Bundesverfassungsgericht aber auch Bürgerinitiativen eingeschätzt.

Als Kernproblem im Hinblick auf das Verhältnis der Jugendlichen zur Politik benennt die Shell Studie die mangelnde Attraktion und Faszination, die von diesem Bereich heute auf Jugendliche ausgeht. Es sind nicht mehr gesellschaftliche Utopien, Partizipationsansprüche, Veränderungshoffnungen, die Jugendliche für dieses Feld begeistern, sondern Politik wird überwiegend als ein zähes, langweiliges und dubioses Geschäft wahrgenommen: „Alles in allem stellt Politik für die Mehrheit der Jugendlichen heute keinen eindeutigen Bezugspunkt mehr dar, an dem man sich orientiert, persönliche Identität gewinnt oder sich auch selber darstellen kann. ‚Politisch sein' ist heute nicht mehr ‚in'" (ebd., S. 24). Der letzte Satz wird auch noch ganz eindrucksvoll durch die Rangfolge der „In&Out"-Begriffe unterstrichen, die den Jugendlichen vorgelegt wurden. Hier rangiert das Stichwort „in Politik einmischen" mit 25% „In-Nennungen" gemeinsam mit „Drogen" auf dem letzten Platz. Ganz vorne in der Hitparade der In-Begriffe stehen dagegen mit Werten zwischen 88% und 81% die Begriffe „toll aussehen", „Karriere" und „Technik" (vgl. ebd., S. 77).

6.5 Zwischen Inspiration und Irrelevanz – die Rolle der Schule bei der Gewinnung von Lebensorientierung

Wenn „Bildung" in einem tieferen Sinn des Wortes gemeint ist, dann geht es nicht primär um Wissensanhäufung, sondern um „Lebensorientierung", darum, Maßstäbe und Standpunkte für die eigene Lebensgestaltung, für das Handeln im zwischenmenschlichen Bereich, für die Urteile und Entscheidungen im politischen Bereich und für die Wertungen und Präferenzen im ästhetischen Bereich zu gewinnen. Dann geht es weniger um das „Lehrplangemäße", „Durchgenommene", „Prüfungsrelevante", sondern in einer altertümlichen Formulierung, die über manchen Schulportalen steht, letztlich doch eher um das „Wahre", „Gute", „Schöne", vielleicht bisweilen auch um das persönlich „Faszinierende", „Irritierende", „Sinnstiftende" bzw. im gesellschaftlich-kulturellen Bereich um das „Geschichtserhellende", „Gegenwartsklärende", „Zukunftsbedeutsame".

Nun stellt sich gerade unter pädagogischen Perspektiven die Frage, was die Schule für jene grundlegende Lebensorientierung und für jenes Vertrautwerden mit den eigenen kulturellen Traditionen leistet. Wie schätzen junge Menschen, die einerseits die Schule noch nicht sehr lange hinter sich haben und die andererseits als Studierende an der Pädagogischen Hochschule darauf hinarbeiten, als Lehrer bald wieder an die Schule zurückzukehren, ihre eigenen Schulerfahrungen in dieser Hinsicht ein? Inwieweit handelte es sich dabei tatsächlich auch um „Bildungserfahrungen"? Welche speziellen Stoffe, Erlebnisse, Personen haben in diesem Zusammenhang für die Betroffenen besondere Bedeutung erlangt? Inwieweit waren die Schule, der Lehrplan, der Unterricht aber vielleicht auch eher irrelevant bzw. gar hinderlich für die eigentlichen persönlichen „Bildungsprozesse", die in jener Zeit stattgefunden haben?

Inwiefern ich durch die Schule Bildung erfahren habe, ist schwer zu sagen. Natürlich habe ich rechnen und schreiben gelernt, doch auf dem Gymnasium hatte ich von Beginn an sehr schlechte und unmotivierte Lehrer, die auch immer häufig gewechselt haben. Ich würde sagen, dass ich die Dinge des Lehrplans mehr oder weniger vermittelt bekommen habe, doch leider nichts darüber hinaus. (W8w)

Mit dem Thema Bildung im Sinne von Hochkultur habe ich mich im Jugendalter außerhalb der Schule so gut wie gar nicht befasst. Als wir in der Schule anfingen, „anspruchsvolle" Lektüre zu lesen und zu interpretieren, empfand ich dies als belastend und anstrengend. Die Inhalte konnte ich nicht auf mich beziehen und hielt die Interpretationen des Deutschlehrers meistens für weit hergeholt. (W20w)

Ethik fand ich, bis auf die Tatsache, dass es immer nachmittags stattfand, wenn die anderen Schüler schon heimgehen konnten, eigentlich recht interessant. Man hat etwas über die verschiedenen Weltreligionen erfahren, aber auch allgemeine Themen wie

Familie, Freunde, Schule, Drogen, Alkohol fanden Anklang. Man wurde in gewisser Weise im kleinen Ethikkreise moralisch „nachgebildet", weil wir armen Heidenkinder die religiöse Ausbildung nicht erhalten konnten. Unterrichtet wurden wir übrigens immer von Religionslehrern, weil es ausgebildete Ethiklehrer nicht gab. (W43w)

Ich muss wohl sagen, dass ich sehr stark von der Schule geprägt worden bin. Die Informationen über die abendländische Kultur habe ich über Bücher erhalten, welche in der Schule Pflichtlektüre waren. Auch musste ich mir im Ethikunterricht immer wieder klar werden, welchen Standpunkt ich vertrete und warum ich diesen vertrete. Was mich weniger geprägt hat, war der Gemeinschaftskundeunterricht. Er hat mich immer zu Tode gelangweilt. Er war einfach nicht spannend genug gestaltet. Was ich als gut empfand war, dass wir in der zehnten Klasse die Bundestagswahl nachgestellt haben, aber ansonsten habe ich dort nicht viel gelernt. (W57w)

Im Bereich der Schule hat mich der Inhalt des Unterrichts nicht direkt geprägt. Es waren eher einzelne Lehrer, genauer deren Persönlichkeit, die mich sehr in diesem Bereich beeindruckt hatten. Es waren die Lehrer, die in meinen Augen Persönlichkeit zeigten und eigene Meinungen vertraten. Hier habe ich im Gegensatz zu meinem Elternhaus „erwachsene" Vorbilder gesehen. Aber auch die Begegnung mit Kants kategorischem Imperativ und die Auseinandersetzung mit einiger klassischer Schulliteratur hat mich in meiner Auffassung sehr bestätigt. (W66w)

Mit den von der Schule vermittelten Informationen, die mir helfen sollten, die Welt kennen und verstehen zu lernen, konnte ich nie viel anfangen. Wahrscheinlich war auch mir die dort gebotene Information zu „symbolisch". Wieso das Gymnasium bei der Vermittlung von Bildung einen so hohen Rang einnimmt, kann ich nicht verstehen, die vermittelten Weltbilder, religiösen Deutungsmuster etc. waren mir einerseits zu abstrakt, andererseits lehnte ich die Schule als solches und somit auch all das, was sie mir nahe zu bringen versuchte, vehement ab. Meisterwerke der Literatur interessierten mich immer sehr, ich las mit 15 oder 16 Jahren die gesamte Bibel, ich musste ursprünglich irgendeinen Teil davon als Hausaufgabe erledigen und kam von der symbolischen Kraft und Wirkung dieses Buches nicht mehr los. Auch las ich viele Werke Hesses, Frischs usw., mich faszinierte der Umgang dieser Autoren mit der Sprache sowie die Philosophie, die in diesen Werken steckt. Auch Fremdsprachen gegenüber war ich nie abgeneigt, in der Schule wenig erfolgreich, lernte ich zu Hause für mich alleine Französisch, indem ich Bücher las. (W70m)

Geht man von dem oben skizzierten Verständnis von Bildung als „Lebensorientierung" aus und mustert man sämtliche expliziten Stellungnahmen zur Frage nach der „bildenden Wirkung" der Schule, so ergibt sich, dass die Zahl derer, die die Meinung vertreten, dass der schulische Unterricht, den sie erlebt haben, dafür mehr oder weniger irrelevant war, etwa doppelt so groß ist wie die Zahl derer, die eine solche bildende Erfahrung im positiven Sinn bestätigen. Die kritischen Einschätzungen sind dabei oftmals durchaus deutlich und umfassend: Der Schulbesuch habe im persönlichen Fall „*die Orientierungsfähigkeit ... in keiner Weise gefördert*", die Schule sei, „*was die politische Meinungsbildung angeht, ... eher passiv*" gewesen, man habe „*nur die Dinge des Lehrplans mehr oder weniger vermittelt bekommen ... doch leider nichts darüber hinaus*", zur „*Identitätsentwicklung*" und zur „*Entwicklung der politischen Weltorientierung*" hätten die Lehrer nichts beigetragen, „*die kulturellen, politischen und religiösen Meinungen und Einstellungen"* hätten sich weitgehend durch Einflüsse außerhalb der Schule entwickelt, die in der Schule behandelten Themen seien mit *„den Werten und der Sinngebung"* des eigenen Lebens *„absolut nicht in Verbindung"* zu bringen gewesen, die *„Bildung in der Schule"* sei *„nicht von großer Bedeutung"* gewesen, sie sei vielmehr *„einfach so nebenher gelaufen"*, man habe in der Schulzeit *„eher wenig mitgekriegt, was die politische Bildung betrifft"*, die Schule habe auf die eigene Meinungsbildung *„keinen großen Einfluss nehmen können, da vieles, gerade im Geschichts-, Gemeinschaftskunde-, Deutsch-, Religions- und später Ethikunterricht, wo Politik, Religion und Lebensführung thematisiert werden, viel zu oberflächlich abgehandelt wurde"*. *„Wenn ich mich an meine Schulzeit zurückerinnere"*, resümiert schließlich ein ehemaliger Schüler, dann *„fällt es mir schwer zu sagen, dass die Schule mir half, mich in der Welt zu orientieren, mir den Sinn des Lebens aufzuzeigen"*. Und noch drastischer formuliert es ein anderer, dessen Meinung zur Schule insgesamt durch eine sehr ablehnende Haltung charakterisiert war: *„Mit den von der Schule vermittelten Informationen, die mir helfen sollten, die Welt kennen und verstehen zu lernen, konnte ich nie viel anfangen"*.

Diese Sammlung von negativen Urteilen zur Frage nach der bildenden Wirkung der Schule macht in dieser Verdichtung natürlich sehr nachdenklich, zumal dann, wenn man im Blick hat, dass die große Mehrzahl der Personen, die sich hier äußerten, sich gleichzeitig durchaus als erfolgreiche und lernwillige Schülerinnen und Schüler beschrieben hatte. In der Schule erfolgreich zu sein und dort persönlich bedeutsame Bildungserfahrungen zu machen, das sind offenbar jedoch zwei völlig unterschiedliche Dinge.

Wie äußert sich nun aber jene kleinere Fraktion, die im Blick auf die eigene Schulzeit zu dem Gesamturteil kommt, dass sie dort durchaus bedeutsame Bildungserfahrungen gemacht habe? Hier wird der Schule zum Beispiel zugute gehalten, dass *„die Auseinandersetzung mit Politik und unserem Demokratieverständnis und Parteiensystem durch die Schule gefördert"* worden sei. Oder es wird ganz grundsätzlich darauf hingewiesen, dass man der Schule *„den größten Teil an Bildung verdanke"*, und es werden dann die Themen genannt, die als besonders *„bildungsträchtig"* eingeschätzt werden: die verschiedenen literarischen Epochen, die bedeutsamen Werke der Weltliteratur und sogar mathematische Themen, die als herausfordernde Unterhaltung für den Geist erlebt wurden. Eine andere Verfasserin ist sich des Privilegs des Gymnasialbesuchs wohl bewusst, der es ihr ermöglichte, über lange Zeit hinweg ihre *„Interessen zu entdecken und auszuleben"*. Zu diesen werden dann musische und kulturelle Erfahrungen ebenso gerechnet wie die *„intensive Auseinandersetzung mit vielen gesellschaftlichen Themen und Problemen"*. Bei einer weiteren Autorin, die ebenfalls der Schule im Hinblick auf ihre persönliche Bildung und Lebensorientierung einen *„großen Stellenwert"* zubilligt, waren es freilich weniger die Lehrer und die Lehrplaninhalte, die in dieser Hinsicht bedeutungsvoll wurden, als vielmehr der intensive Austausch, die Diskussionen der Schüler untereinander. Sie bringt diesen speziellen Aspekt für sich auf die Formel: *„Ich habe viel in der Schule, aber nicht von der Schule gelernt"*. In noch etwas anderer Wendung heißt es in einem anderen Text, die Verfasserin sei *„sehr stark von der Schule geprägt worden"* und als prägende Bildungserfahrung wird neben der Bekanntschaft mit wichtigen Werken der abendländischen Kultur vor allem die im Ethikunterricht beständig gegebene Aufforderung zur Begründung der eigenen Standpunkte angesehen: *„Auch musste ich mir ... immer wieder klar werden, welchen Standpunkt ich vertrete und warum ich diesen vertrete"*. Schließlich – und dies stellt vielleicht das am uneingeschränktesten positive Fazit dar – verweist eine Verfasserin auf den *„guten Überblick über die kulturellen Traditionen unserer Welt"* und auf die *„große Auswahl an Identifizierungsangeboten"*, die sie im Rahmen der Schule geboten bekommen habe. Diese hätten ihr sehr dabei geholfen, ihren eigenen *„Standpunkt in moralischen und weltanschaulichen Fragen zu erlangen"*.

Eine dritte Kategorie stellen schließlich jene Gesamturteile dar, die auf die Diskrepanz verweisen, die zwischen der damaligen Einschätzung aus der Schülerperspektive und der nachträglichen Einschätzung aus der rückschauenden und distanzierten Perspektive als Studierende besteht. Die Relevanzkriterien für die Auswahl jener Inhalte, Themen und Bücher, die im Schulunterricht eine zentrale Stelle einnehmen, sind den Schülern selbst oft nicht so recht bewusst. So heißt es etwa in einer autobiographischen Reflexion: *„In der Schule wurde mir wirklich viel von der abendländischen Kultur vermittelt. Allerdings war mir dabei natürlich nicht bewusst, dass dieses Wissen nun die Grundlage der Bildung überhaupt sein soll"*. Ähnlich meint eine andere Autorin, damals sei ihr vieles als *unnötig* erschienen und sie konnte *„viele Dinge noch nicht einordnen"*, weil ihr oft der *Überblick* gefehlt habe. Erst aus der Distanz heraus hätte sie *„immer stärker die Vorteile gesehen, die mit der Bildung verbunden sind"*, und erst heute wisse sie zu schätzen, was sie damals gelernt habe, und erkenne, wie wichtig die in der Schulzeit erworbenen Wissensgrundlagen seien, um *„Zusammenhänge besser erkennen"* zu können. In wieder einem anderen Fall wird zwar mit Bedauern konstatiert, dass die konkreten Inhalte von mehreren Jahren humanistischer, altphilologischer Bildung längst *„völlig verlorengegangen"* seien, gleichzeitig wird aber die Überzeugung geäußert, diese verschollenen Inhalte, mit denen man sich lange Zeit so ausführlich befasst hat, müssten *„einen starken Einfluss auf meine Meinungsbildung, mein Wertsystem und mein Weltbild gehabt haben"*. In diesem Zusammenhang taucht dann sogar das *Verlangen* auf, diese bedeutsamen Texte aus der Jugendzeit erneut zu lesen, um damit gewissermaßen den subtilen Einflüssen, die sie auf das eigene Denken und Empfinden ausgeübt haben, auf die Spur zu kommen. Ähnlich weist eine andere Verfasserin darauf hin, dass sie, während sie selbst noch *„in der Schule ‚steckte'"*, sich *„nicht so darüber bewusst war"*, welche Bedeutung und welche Funktion den einzelnen Fächern und Themen zukam. Sie habe deren Bedeutung zu jener Zeit *„eher indirekt aufgenommen"*. *„Erst im Abstand dazu"* hätte sie deren *„Sinn verstanden und direkt verarbeitet"*.

Zwischen den jugendlichen Schülern und ihren Lehrern (bzw. den Germanisten, Deutschdidaktikern, Lehrplangestaltern, Kultusministern) besteht offensichtlich eine besonders große Diskrepanz im Hinblick auf die Frage, welche Bücher in der Schule wichtig, spannend, lohnend zu lesen sind. Gerade hier finden sich in den autobiographischen Reflexionen besonders viele Erinnerungen daran, wie schwer sich vielen Betroffenen der Sinn und Zweck der im Deutschunterricht behandelten Klassikerlektüre erschlossen hat, wie mühsam sie sich damals durch die entsprechenden Werke kämpften und wie befremdlich ihnen oftmals die Art und Weise des analytischen Umgangs mit diesen Texten im Unterricht erschienen ist. So meint eine Autorin, obwohl sie *„zwar immer schön brav die Literatur in der Oberstufe gelesen"* und auch ihre *„Aufsätze darüber geschrieben"* habe, sei bei ihr *„nichts vom Verständnis einiger Meisterwerke der deutschen Literatur hängen geblieben"*. Ein anderer erinnert sich daran, dass er einen Roman mit Begeisterung in seiner Freizeit gelesen hatte. *„Als das gleiche Werk dann in der Schule behandelt wurde, schlug die Begeisterung ziemlich schnell in Langeweile und Ablehnung um"*, die im Deutschunterricht geforderte methodische Literaturanalyse, die systematische Interpretation und die „*endlosen Diskussionen*" hätten ihm die Freude an der Lektüre dermaßen vergällt, dass er nach dieser schulischen Erfahrung diesen Roman „*nie mehr in die Hand genommen*" habe. Diese Erfahrung führte ihn zu einer eher skeptischen und ablehnenden Haltung gegenüber den schulischen Versuchen, ihm die Werke der Weltliteratur bzw. der Kultur überhaupt näher zu bringen: „*Dies führte dazu, dass ich Kulturvermittlung in der Schule eher unangenehm empfand und lieber auf meine Art und Weise, ohne höhere geistige Akrobatik, Literatur, Kunst und Musik als anspruchsvolle Unterhaltung konsumierte und nicht analytisch betrachtete.*"

Ähnliche Klagen finden sich auch noch in anderen Reflexionen: So heißt es etwa, „*das Lesen von Deutschlektüren*" sei oftmals als „*doch sehr lästig*" empfunden worden, oder: „*Als wir in der Schule anfingen, ‚anspruchsvolle' Lektüre zu lesen und zu interpretieren, empfand ich dies als belastend und anstrengend. Die Inhalte konnte ich nicht auf mich beziehen und hielt die Interpretationen des Deutschlehrers meistens für weit hergeholt*". Eine andere Verfasserin erinnert sich daran, in ihrer Schulzeit den „Götz von Berlichingen", Heines „Buch der Lieder", „Goethes Faust" und andere literarische Werke gelesen zu haben. Sie konnte dabei weder der Lektüre selbst, noch der Art und Weise, wie diese Stoffe im Deutschunterricht behandelt wurden, viel abgewinnen: „*Die anschließenden Klassenarbeiten über diese Bücher waren für mich immer eine Plagerei, da ich diese Werke nur zum Teil und mit Widerwillen gelesen habe*". Ähnliche grundsätzliche Probleme, sich für die Klassikerlektüre zu begeistern, hatte eine andere Autorin. Sie macht dafür jedoch die Lehrer aus ihrer Gymnasialzeit verantwortlich, denen es nicht gelungen sei, ihr „*zu vermitteln, warum jetzt dieser oder jener alte Schinken gelesen werden sollte*": „*Sie haben es nicht geschafft, mir zu verdeutlichen, wo der Bezug zu meinem eigenen Leben liegen sollte, und so war ich von vielen Themen doch ziemlich angeödet*".

Neben dem Deutschunterricht wird traditionell vor allem dem Gemeinschaftskunde- bzw. Sozialkundeunterricht eine besonders wichtige Rolle im Hinblick auf Wertorientierung und Weltanschauung, auf politisches Problemverständnis und demokratisches Bewusstsein zugeschrieben. Entsprechend sind zahlreiche Verfasserinnen und Verfasser in ihren autobiographischen Reflexionen auch auf ihre Erfahrungen mit diesem Fach eingegangen. Auch hier überwiegen freilich wieder die kritischen Erinnerungen die positiven deutlich. Sich mit den komplexen Strukturen und Prozeduren demokratischer Entscheidungsfindung auseinander zu setzen, sich die rechtlichen Grundlagen und die Funktionen politischer Institutionen zu erarbeiten, ist eine sicherlich notwendige, aber eben oftmals eher schwierige und trockene Angelegenheit. Entsprechend heißt es in einem Text: „*Der Gemeinschaftskundeunterricht brachte mir dann die formalen Dinge näher und gab mir Kenntnisse über die Verfassung und den Staat. Aber ich kann nicht sagen, dass er mich zu einem politisch mündigen Bürger erzog*". Hier wird dem Gemeinschaftskundeunterricht immerhin noch ein positiver Lerneffekt bezüglich der „formalen Dinge", die unser Staatswesen betreffen, zugestanden. Selbst ein solcher Effekt wird jedoch nicht selten verfehlt. So meint eine Verfasserin, sie habe in der Schule „*eher wenig mitgekriegt, was die politische Bildung betrifft*", und beklagt sich über das monotone Verfahren ihres Sozialkundelehrers, der sie „*jede Woche irgendwelche Strukturen im Bundestag o.ä. auswendig lernen ließ und die darauffolgende Woche einen Test darüber schrieb*". Diese Praxis habe nämlich „*nicht unbedingt zum Langzeitwissen beigetragen*". Auch anderen Lehrern wird der Vorwurf gemacht, sie hätten es „*keineswegs geschafft ... uns für politische Themen zu begeistern*". In der Tat scheint gerade der Gemeinschaftskundeunterricht von zahlreichen Schülern als besonders langweiliges Fach erlebt worden zu sein. Besonders deutlich wird dies in den folgenden Formulierungen ausgedrückt, die das „Elend des Gemeinschaftskundeunterrichts" nachdrücklich hervorheben: „*Gemeinschaftskundeunterricht empfanden wir als tödlich langweilige Angelegenheit, die unser Leben nicht berührte.*" Und: „*Was mich weniger geprägt hat, war der Gemeinschaftskundeunterricht. Er hat mich immer zu Tode gelangweilt.*" Schließlich: „*Wir hatten in der Schule immer Lehrer in Sozialkunde, die einen einschläfernden Unterricht gemacht haben und nicht in der Lage waren, unser politisches Interesse zu wecken oder uns in irgendeiner Weise in diesem Bereich zu motivieren. In diesem Fall war der Einfluss der Lehrer in politischen Fragen auf uns Schülerinnen gleich null! Ich musste mich immer, wobei es vielen meiner Mitschüler genauso bzw. ähnlich ging, in die Sozialkundestunden hinschleppen und ließ sie dann – mir blieb ja nichts anderes übrig – über mich ergehen*".

Viel hängt offensichtlich davon ab, ob die Gemeinschaftskundelehrer es schaffen, nicht nur den Unterricht spannend und interessant zu gestalten, sondern ob sie es fertig bringen, ihren Schülern die zentrale Botschaft der Aufklärung zu vermitteln, dass es nämlich gerade in politischen Fragen darauf ankommt, „sich seines eigenen Verstandes zu bedienen", zu eigenen Urteilen und Standpunkten zu kommen und nicht nur unkritisch Parolen aus dem Elternhaus oder dem Freundeskreis „nachzuplappern". Positive „Erweckungserfahrungen" durch einen engagierten Gemeinschaftskundelehrer berichtet eine Verfasserin, deren „*Meinungen über unsere Gesellschaft, Wirtschaft, Kapitalismus und Politik*" zunächst sehr stark durch die „*scheinbar unantastbaren*" Ansichten der eigenen Eltern geprägt waren, „*bis ein neuer GK-Lehrer auftauchte und uns ,lehrte', dass und wie man sich als mündiger Staatsbürger ausreichend informieren müsste, um sich auf einer informierten Basis eine eigene Meinung bilden zu können*". Diese Erfahrung hat dann einerseits zu einem Stück Emanzipation von den rigiden elterlichen Weltsichten geführt, andererseits aber auch zu einer bewussteren und kritischeren Auseinandersetzung mit dem aktuellen „*Weltgeschehen*".

Freilich ist es nicht so, dass nur im Deutsch- oder Gemeinschaftskundeunterricht solche bedeutsamen Bildungserfahrungen gemacht werden können. Solche „fruchtbaren Momente im Bildungsprozess" werden durchaus im Zusammenhang mit sehr unterschiedlichen Fächern und Themen erinnert. So meint etwa eine Verfasserin, sie sei im Ethikunterricht, bei dem im kleinen Kreis über die Weltreligionen und über allgemeine Themen wie Familie, Freunde, Schule, Drogen, Alkohol und anderes gesprochen wurde, „*moralisch nachgebildet*" worden. Für eine andere waren gerade Aspekte der Sozialgeschichte, Berichte über die Lebenssituation und den Alltag von Menschen in anderen Epochen und Kulturen besonders eindrucksvoll, weil sie ihr dazu dienten, sich selbst und ihre persönlichen Lebensumstände mit neuem Blick zu sehen: „*Was mir am meisten meine Lebenssituation erklärte, waren Berichte, wie andersartig es anderen Menschen geht und ging. Wenn mir interessante Kontraste zu meinem Leben aufgezeigt wurden, dachte ich automatisch über mein Leben nach, ohne dass mein Leben als solches Thema war*". In diesem Sinne kann dann sogar die Auseinandersetzung mit einer vermeintlich „toten Sprache" und längst versunkenen Kultur für einzelne Schüler größere Aktualität und „Lebensnähe" gewinnen, als manch moderner Lesestoff. In diesem Sinne berichtet eine Autorin über ihre Erfahrungen mit dem Lateinunterricht: „*Das Lesen und Übersetzen dieser alten Texte mit ihren Lehren und Weisheiten hat mir zum einen Spaß gemacht und zum anderen hatte ich dabei gleich das Gefühl, dass die Inhalte dieser Texte auch etwas mit meinem Leben zu tun haben und dass ich sie zumindest auf mich übertragen kann. Außerdem konnte ich dadurch oft Dinge aus einer anderen Perspektive betrachten. Tatsächlich hatte ich manchmal nach einer guten Lateinstunde ganz bewusst das Gefühl, jetzt irgendwie gebildeter zu sein".*

Gerade im Jugendalter spielt für das Auftauchen oder das Nichtauftauchen solcher „fruchtbaren Momente im Bildungsprozess" die personale Vermittlung eine große Rolle, d. h. die Sympathie für den Lehrer und die Faszination und Begeisterung, die er durch seine Art der Präsentation des Stoffes vermitteln kann. Die Weckung des Interesses für ein bestimmtes Fach durch einen besonders ansprechenden, unterhaltsamen, anschaulichen Unterricht, die Sensibilisierung für bestimmte Themen durch besonders spannende, problembewusste, herausfordernde Darstellungen und Diskussionen ist die eine Seite. Die andere, vielleicht noch wichtigere Seite ist die unmittelbare Wirkung, die vom Lehrer oder der Lehrerin als Person ausgeht, von der Haltung, die sie gegenüber dem Leben und den Mitmenschen einnimmt. Auch in dieser Beziehung wird in den autobiographischen Reflexionen von bedeutsamen „Bildungserfahrungen" berichtet. So schreibt eine Verfasserin, es *„gab Lehrerinnen und Lehrer, deren allgemeine Grundhaltung zum Leben oder über das Leben mir besonders gefiel. Dies war natürlich mit persönlichen Vorlieben etc. verbunden".* In einem anderen Bericht wird sogar sehr deutlich die Unterscheidung zwischen prägender Wirkung des Stoffes und prägender Wirkung der Lehrerpersönlichkeit gemacht und letztere eindeutig als die bedeutsamere Einflussgröße dargestellt: *„Im Bereich der Schule hat mich der Inhalt des Unterrichts nicht direkt geprägt. Es waren eher einzelne Lehrer, genauer deren Persönlichkeit, die mich sehr in diesem Bereich beeindruckt hatten. Es waren die Lehrer, die in meinen Augen Persönlichkeit zeigten und eigene Meinungen vertraten. Hier habe ich im Gegensatz zu meinem Elternhaus ‚erwachsene' Vorbilder gesehen."*

Freilich gibt es auch hier wiederum die gegenteilige, negative Erfahrung. Lehrer, die durch ihren langweiligen Unterricht das zunächst vorhandene Interesse an bestimmten Fächern und Themen zunichte machen und die durch ihre autoritäre persönliche Art Empörung, Wut, Groll und Verachtung bei den Schülern hervorrufen. Auf dieses traditionsreiche Feld der Schülerklagen über Lehrer soll hier gar nicht näher eingegangen werden. Es soll nur ein spezieller Punkt hervorgehoben werden, der unter dem Aspekt der Bildung besonders tragisch ist, nämlich der, dass Schüler bisweilen mit ihren persönlichen Fragen und Irritationen, mit ihrem dringenden Wunsch, Widersprüche aufzulösen und Zusammenhänge zu begreifen, überhaupt keine Resonanz erfahren: *„Oft wurde ich in der Schule von den Lehrern einfach zur Ruhe gewiesen, wenn ich Fragen stellte, die mir auf der Seele brannten. Viele Aussagen der Lehrer in den verschiedenen Fächern kamen mir widersprüchlich vor und keiner konnte mir helfen, einen Bogen zu spannen, so dass ich mir ein abgerundetes Bild machen konnte."* Entsprechend beklagt sich die Verfasserin recht bitter über die *„Ignoranz"* ihrer Lehrer, die sie vielfach erfahren hat.

7 „Identitätsarbeit" leisten

Der Gegenstand „Identität", „Identitätssuche", „Identitätsfindung" gehört zu den geläufigsten und zentralsten Themen in nahezu allen jüngeren Schriften über das Jugendalter. Seit Erikson Anfang der fünfziger Jahre in seinem Lebenslaufmodell die Polarität von „Identität versus Identitätsdiffusion" als Kernproblematik des Jugendalters beschrieben hat, gehört die „Identitätsarbeit" zum gängigen Kanon der „Entwicklungsaufgaben" des Jugendalters. Aber nicht nur im Hinblick auf das Jugendalter wird die Identitätsthematik heute intensiv diskutiert. Da „Identität" ein Konzept ist, das gewissermaßen an der Nahtstelle von kollektiver und individueller Struktur, von gesellschaftlicher und subjektiver Befindlichkeit angesiedelt ist, taucht der Identitätsbegriff auch in den vielfältigen Diskursen auf, in denen es ganz allgemein um das Selbst- und Weltverhältnis des heutigen Menschen geht und in denen die Probleme und Chancen gelingender Lebensführung unter unübersichtlichen und unsicheren gesellschaftlichen Bedingungen reflektiert werden.

7.1 Die Allgegenwart und die Unschärfe des Identitätsbegriffs

Angesichts des weiten Feldes von Problemen, die unter dem Stichwort „Identität" von Psychologen, Soziologen, Pädagogen, Philosophen, Ethnologen, Literaturwissenschaftlern, Kulturwissenschaftlern, Medienwissenschaftlern u. a. thematisiert werden, erstaunt es nicht, dass es keine einheitliche, verbindliche Definition für diesen Begriff gibt, sondern dass es sich um einen der schillerndsten und facettenreichsten sozialwissenschaftlichen Begriffe überhaupt handelt. Irgendwie hat er immer etwas mit dem Sich-selber-Wahrnehmen, Sich-selber-Fühlen, Sich-selber-Denken, Sich-selber-Verstehen, Sich-selber-Einordnen, Sich-selber-Abgrenzen, Sich-selber-Darstellen des Menschen zu tun. Doch was genau damit gemeint sein soll, bleibt vielfach offen und vage und schwankt von Diskussionskontext zu Diskussionskontext erheblich. In diesem Sinne hat Odo Marquard im Hinblick auf den Identitätsbegriff einmal von einer „Problemwolke mit Nebelbildung" gesprochen (Marquard 1979) und Holdger Platta hat nicht zu Unrecht festgestellt: „Wer sich mit dem Thema menschlicher Identität zu befassen beginnt, macht sehr schnell eine bedeutsame Entdeckung: Kaum ein Begriff weist bei seinem Gebrauch so wenig Identität auf wie der Begriff ‚Identität'. Identität, vom Brockhaus-Lexikon als ‚die in sich und in der Zeit als beständig erlebte Kontinuität und Gleichheit des Ich' definiert, ist eine Großvokabel, die im Alltag der Menschen beeindruckend viele Deutungen auf sich zieht, ein Megabegriff, der auch im Bereich der wissenschaftlichen Literatur kaum weniger Aspekte zeigt" (Platta 2002, S. 50).

Zudem taucht der Begriff „Identität" in vielen unterschiedlichen Wortverbindungen auf. Da ist etwa die Rede von „personaler Identität", „Ich-Identität", „Rollen-Identität", „sozialer Identität", „ethnischer Identität", „balancierender Identität", „beschädigter Identität", „Gruppen-Identität", „nationaler Identität", „Bastel-Identität", „Patchwork-Identität", „Teil-Identität" aber auch von „Identitätskern", „Identitätshülle", „Identitätshülse", „Identitätsmuster", „Identitätsarbeit", „Identitätsbalance", „Identitätswahrung", „Identitätsstrategie", „Identitätskonstruktion", „Identitätsdiffusion", „Identitätsverlust"...

Brunner hat schon 1987 gemeint, dass der Begriff zum „Inflationsbegriff Nr. 1" geworden sei (Brunner 1987, S. 57). Keupp u. a. haben ebenfalls den inflationären

Gebrauch des Identitätsbegriffs beklagt. Sie haben mit ihrem Münchner Forschungsprojekt und den daraus hervorgegangenen Beiträgen jedoch selbst maßgeblich zur Konjunktur des Begriffs in der jüngeren sozialwissenschaftlichen Diskussion beigetragen. Zugleich kommt ihnen das Verdienst zu, die vielfältigen Gedankenstränge und Argumentationslinien, die in der „Diskursarena Identität" vorzufinden sind, übersichtlich präsentiert und halbwegs systematisch geordnet zu haben. Denn im Gegensatz zu anderen Autoren, die den Begriff wegen seiner Unschärfe und Vieldeutigkeit am liebsten aus dem Verkehr ziehen würden, die gar über das „Identitätsgeschwätz" schimpfen (Scharang 1992), schreiben Keupp u. a. diesem Begriff durchaus nach wie vor „ein hohes zeitdiagnostisches Potential" zu (Keupp u. a. 1999, S. 8).

7.2 Veränderte gesellschaftliche Voraussetzungen für die „Identitätsarbeit" heute

Gemeinsamer Ausgangspunkt der jüngeren Identitätsdebatte ist der Zweifel, ob jenes klassische Konzept der Identitätsbildung im Jugendalter, das Erikson vor mehr als 50 Jahren formuliert hat, heute, angesichts deutlich gewandelter gesellschaftlicher Verhältnisse noch tragfähig ist. Diese gesellschaftlich-kulturellen Wandlungsprozesse der letzten Jahrzehnte werden unter unterschiedlichen Etikettierungen beschrieben: Postmoderne, reflexive Moderne, zweite Moderne, Individualisierung. Geuter hat in Anlehnung an Keupp jene aktuellen gesellschaftlichen Veränderungstendenzen, die als „Umbruchserfahrungen" für die heutige Subjektgenese besonders bedeutsam sind, in zehn Punkten gebündelt:

„1. Menschen fühlen sich aus einstmals stabilen kulturellen Bezügen ‚entbettet'.
2. Vorgegebene Lebensmuster verlieren ihre Selbstverständlichkeit.
3. Erwerbsarbeit wird als Basis der Identität brüchig.
4. Die Vielfalt der Erfahrungen lässt sich nur schwer zu einem Gesamtbild fügen.
5. Virtuelle Welten führen zu Zweifeln an dem, was wirklich ist.
6. Alles veraltet so schnell, dass die Gegenwart schrumpft.
7. Es besteht eine schier unendliche Fülle verschiedener Lebensformen.
8. Die Geschlechterrollen verändern sich in wachsendem Maße.
9. Bindungen und Verbindlichkeiten nehmen ab zugunsten einer Individualisierung.
10. Nach dem Ende der großen Deutungssysteme suchen Menschen individuell nach Sinn" (Geuter 2003, S. 27).

Dabei gehen die kritischen Rückfragen im Hinblick auf die Konsequenzen jener Umbruchserfahrungen für die Identitätsbildung in eine doppelte Richtung: Einmal wird angezweifelt, ob der *Prozess der Identitätsbildung* heute tatsächlich noch so läuft, wie ihn Erikson beschrieben hat, also als jugendtypisches Entwicklungsproblem, als Durchgang durch eine phasenspezifische Krise, als Überarbeitung und Integration von Kindheitsidentifikationen und als Festlegung auf bestimmte Ideale, Weltsichten und Zukunftsvorstellungen. Zum anderen wird angezweifelt, ob jene Art von relativ stabiler, ganzheitlicher, abgerundeter, kohärenter, harmonischer Identität, wie sie Erikson als *Resultat* geglückter Identitätsbildungsprozesse im Jugendalter vorschwebte, heute überhaupt noch möglich, wünschenswert und „zeitgemäß" sei.

7.3 „Identität" im psychologischen Alltagsbewusstsein heutiger Jugendlicher

Freilich ist es so, dass die Identitätsthematik nicht nur Identitätstheoretiker bewegt. Es handelt sich beim Begriff „Identität" nicht nur um eine analytische Kategorie mittels derer Sozialwissenschafter unterschiedlicher Richtungen versuchen, die Verschränkung von individueller und gesellschaftlicher Entwicklung zu beschreiben und den subtilen Prozessen der Subjektkonstitution auf die Spur zu kommen, sondern es handelt sich um einen Begriff, der längst in die psychologisch getränkte Alltagssprache diffundiert ist. Jugendliche und junge Erwachsene, die heute aufwachsen, haben in der Regel – auch wenn sie nicht so recht wissen, was dies bedeutet und wie sie es konkret bewerkstelligen sollen – durchaus ein Bewusstsein davon, dass sie sich in einer Lebensphase befinden, in der die „Identitätsfindung" als wichtige Entwicklungsaufgabe ansteht.

Erikson selbst hat 1967 einerseits mit einer gewissen Verwunderung, andererseits aber auch mit einem gewissen Stolz die alltagssprachliche Verbreitung des von ihm geprägten psychologischen Vokabulars konstatiert: „Manche jungen Leute scheinen tatsächlich zu lesen, was wir schreiben, und benutzen unsere Ausdrücke fast als Umgangssprache" (Erikson 1981, S. 24). Er musste sogar feststellen, dass Jugendliche das Begriffsinventar für sich umdeuten und strategisch einsetzen, wenn sie etwa sinngemäß zum Ausdruck bringen: „Wer sagt, daß wir unter einer Identitäts-,krise' leiden? Wir wählen sie, wir haben sie aktiv, wir spielen: *wir machen sie geschehen.*" (ebd.). Aber nicht nur die Begrifflichkeit wird damit von den Jugendlichen, die bisher eher passive Objekte wissenschaftlicher Beschreibungsversuche waren, aktiv angeeignet, sondern die Sache selbst wird in ihren Möglichkeiten exploriert und bisweilen ausagiert und instrumentalisiert. Heute muss kein Jugendlicher mehr Erikson lesen, um darauf zu stoßen, dass „Identitätsfindung" eine bedeutende Entwicklungsaufgabe des Jugendalters darstellt. In Jugendzeitschriften, in Ratgeberbüchern, in Fernsehdokumentationen über Jugendkulturen, in Talkshows, in den Inhaltsangaben zu Jugendfilmen, im Religionsunterricht, bei Einkehrtagen mit der Klasse, bei Wochenendseminaren des Jugendverbandes und bei anderen Gelegenheiten wird er immer wieder mit der Aussage konfrontiert werden, dass das Jugendalter eine Zeit der Identitätssuche und der potentiellen Identitätskrise sei.

Natürlich wird in diesen Medien und in diesen Situationen nicht die ganze komplizierte und vielschichtige sozialwissenschaftliche Identitätsdebatte transportiert. „Identität" erscheint dort vielmehr oftmals eher als ein Versprechen, als ein magisches Zauberwort, das irgendwie Antworten auf die Fragen „was bin ich?", „was will ich?", „was ist mein Weg?" und „wo ist mein Platz?" verheißt.

Um in diesem Sinn einen Eindruck davon zu bekommen, welche Vorstellungen junge Erwachsene heute mit dem Begriff „Identität" verknüpfen, habe ich zu Beginn eines Seminars mit dem Titel „Identität als pädagogisches Problem" die Teilnehmer gleich zu Beginn der ersten Sitzung, also noch vor aller Berührung mit irgendwelchen theoretischen Vorgaben, gebeten, im Sinne einer Metaphernmeditation den Ideen und Assoziationen, die sie mit dem Identitätsbegriff verknüpfen, Ausdruck zu verleihen. Dabei kamen die folgenden Formulierungen zustande, die hier schon nach gewissen Rubriken geordnet sind:

Metaphern der Einzigartigkeit
„Identität ist wie ein Fingerabdruck", „Identität ist wie ein Stern am Himmel. Einzigartig."

Metaphern der Stabilität
„Die Identität eines Menschen ist für mich ein Bild eines Baumes", „Identität ist wie ein von mir gebautes Haus, welches wandelbar ist und auch von fremden Personen beeinflusst", „Identität ist wie der Stamm eines Baumes."

Metaphern der Unabschließbarkeit
„Identität ist wie ein Bild, das man versucht fertig zu stellen, es aber nie schafft, da es immer unvollständig zu bleiben scheint", „Identität ist wie eine Treppe, die ich hinaufklettere, manchmal ist es hart, eine Stufe zu erklimmen, manchmal hüpfe ich auch zwei Stufen auf einmal und manchmal bleibe ich stehen, um die Eindrücke aufzunehmen, die um mich herum geschehen. Allerdings hat diese Treppe kein Ende."

Metaphern der Wandlung, der Metamorphose
„Identität ist wie ein Baum. Er wächst und verändert ständig sein Aussehen. Es gibt Zeiten, in denen der Baum keine Blätter trägt, aber auch blühende Zeiten", „Identität ist wie eine Larve, aus der ein Schmetterling werden kann", „Identität ist wie das Alter, man erreicht sie im Laufe der Zeit und sie verändert sich in dieser."

Metaphern der Umhüllung
„Identität ist eine Art Ummantelung, die nur schwer abzulegen ist und anderen zeigt, was man ist, aber einen selbst schützt", „Identität ist wie eine Art Hülle oder Mantel, der mich umgibt und mich einerseits schützt, aber den anderen auch zeigt, was ich bin. Es ist aber sehr schwer, ihn abzulegen", „Identität ist wie die Haut: man kann nicht einfach aus ihr heraus oder sie ändern und man kann selbst entscheiden, wem man wie viel davon zeigt", „Identität ist wie eine Aura, die einen umgibt. Außenstehende vermögen das Individuum nur durch sie zu betrachten, so wie das Individuum alles nur durch sie betrachten kann. Dabei bleibt sie doch stets für alle unfassbar", „Identität ist wie eine unverwechselbare eigene Haut, mit all dem, was drinsteckt, Wünschen, Vorstellungen..."

Metaphern der Spiegelung
„Identität ist wie ein Blick in den Spiegel", „Identität ist wie ein Photo von mir, das nicht mein Äußeres, sondern meine Psyche zeigt."

Metaphern der Mischung
„Identität ist wie ein fertiger Kuchen, gemischt aus verschiedenen Zutaten, abhängig vom Ofen und der Backtemperatur wird ein mehr oder weniger genießbares Resultat daraus, das auch dann noch, wenn man es nicht rechtzeitig isst, verschimmelt", „Identität ist wie ein Eintopf. Die Mischung macht's, aber man kann die einzelnen Zutaten nicht mehr so gut voneinander trennen. Die Gesamtheit zählt."

Metaphern der Ruhe
„Identität ist wie ein Fluss, der in einen See fließt. Am Anfang den Berg hinab, hin und her. In der Mündung recht ruhig und angenehm", „Identität ist wie in sich selbst ruhen", „Identität ist wie ein beschriebenes Buch."

Metaphern der Klarheit
„Identität ist wie aus sich rauskommen, sich anschauen und wissen, wo es langgeht", „Identität ist wie das Wasser in einem Wasserglas, ohne welches es leer wäre."

Metaphern der Unklarheit, Offenheit
„Identität ist wie eine Fahrt, bei der man das Ziel noch nicht kennt bzw. keine Karte hat, um ein Ziel zu finden", „Identität ist wie ein Vogel, der über mir herfliegt, den ich aber vergeblich versuche, einzufangen."

Metaphern der Ganzheit
„Identität ist mein ganzes Ich", „Identität ist das Resultat aus bewussten und unbewussten Beeinflussungen", „Identität ist im Sinne von Eigenheiten Biographie, eigene Lebensführung, innerer ‚Kern'."

Wachstumsmetaphern/Entfaltungsmetaphern
„Identität ist wie das Wachsen eines Baumes", „Identität ist wie eine Rosenknospe, die sich im Laufe der Zeit entfaltet und von der jedes einzelne Blatt erst nach und nach zum Vorschein kommt. Teile der Blüte können unsichtbar bleiben", „Identität ist wie die Entwicklung einer Lebensgeschichte."

Metaphern der Perspektivität
„Identität ist wie ein Würfel. Was man sieht, ist von der Betrachtungsweise abhängig", „Identität ist wie ... kennen Sie die Parabel von den drei Männern, die blind einen Elefanten ertasten? Identität ist, wenn man selbst der Elefant ist. Fremde können sie nur teilweise ‚ertasten'."

Metaphern der Komplexität
„Identität ist wie ein Puzzle mit unendlich vielen Teilen", „Identität ist wie ein Mosaik aus tausend bunten Teilchen, die ein schönes, großes Bild ergeben", „Identität ist wie das Zusammensetzen eines Puzzles. Die Teile liegen alle bereit, man muss sie nur zusammensetzen. Es kann sehr lange dauern, je nach der Einstellung gegenüber dem Motiv", „Identität ist wie ein Mosaik, wobei viele kleine Bestandteile ein mehr oder weniger Ganzes ergeben", „Identität ist wie ein Regenbogen – sie setzt sich aus vielen verschiedenen Nuancen und Facetten zusammen und ergibt doch etwas Ganzes", „Identität ist wie ein Farbkasten und setzt sich aus vielen Dingen zusammen", „Identität ist wie ein Bienenstock, der aus vielen Waben zusammengesetzt ist und auch erarbeitet wurde", „Identität ist so unendlich komplex wie die Wirklichkeit. Identität ist ein im Werden begriffener Seinsprozess."

Options-/Entscheidungsmetaphern
„Identität ist wie sich aus hundert weißen Schafen das auszusuchen, welches mir am besten gefällt."

Man sieht, dass hier die ganze Bandbreite der „Spannungsfelder der Identitätsdiskussion", die Keupp u. a. auf der Grundlage eines umfassenden Literaturüberblicks über die jüngere theoretische Identitätsdebatte diskutiert haben, sich auch schon in den spontanen Assoziationen der Studierenden wieder finden lässt. Insgesamt wird jedoch deutlich, dass „Identität" (im Gegensatz zu manchen „Abgesängen" auf diesen Begriff wie etwa bei Bilden 1997) ganz deutlich positiv konnotiert wird, als etwas Wünschenswertes, Erstrebenswertes, als eine Verheißung, die das Leben irgendwie klarer, interessanter, intensiver, sinnvoller macht. Die Konjunktur des Identitätsbegriffs ist offensichtlich Ausdruck einer Verlegenheit und einer Sehnsucht: Der Verlegenheit, auf die Frage „Wer bin ich?" häufig keine klare Antwort geben zu können, und der Sehnsucht, irgendwann einen Zustand zu erlangen, in dem diese Frage relativ klar und problemlos zu beantworten ist. In diesem Sinne ist wohl Holdger Platta zuzustimmen, wenn er in Bezug auf die alltagssprachliche Verwendung konstatiert: „Das Wort ‚Identität' stellt eine Mischung aus Glücks- und Gesundheitsvokabel dar, einen Autonomie- und Individualitätsbegriff, ein Wort, das menschliche Stärke und Ganzheit umschreiben soll, einen Ausdruck, mit dem die meisten Sicherheit und Selbstverwirklichung verbinden,

Echtheit und Selbstwertschätzung und nicht zuletzt Sinnerfüllung oder Sinn" (Platta 2002, S. 50).

7.4 Die Schwierigkeit, über die eigene Identitätssuche Rechenschaft zu geben

Eine solche Hoffnung zu hegen und mit dem Begriff „Identität" zu verknüpfen, ist die eine Sache. Die andere Sache ist die, sich explizit Rechenschaft zu geben über den Stand der eigenen Identitätsentwicklung und über die Erfahrungen und Einflussgrößen, die dabei maßgeblich waren. Im Rahmen jener beiden Hauptseminare zum Thema „Entwicklungsaufgaben und Probleme des Jugendalter", bei welchen die Teilnehmer sich in autobiographischen Statements zu ihrer je persönlichen Weise der Auseinandersetzung mit den einzelnen Entwicklungsaufgaben äußern sollten, stand als letztes Thema schließlich auch noch die „Entwicklungsaufgabe Identitätsarbeit" auf dem Programm. Bei den autobiographischen Statements, die dazu entstanden, war besonders auffällig, wie viele der Autorinnen und Autoren zu Beginn ausdrücklich vermerkten, wie schwer ihnen diese Reflexionsaufgabe gefallen sei:

Diese zu erläuternde Entwicklungsaufgabe macht mir größeres Kopfzerbrechen als die vorhergehenden, weil diese Aufgabe für mich weder abgeschlossen noch überhaupt in einer bestimmten Lebensphase abzuschließen ist. (I3w)

Ich kann mich nicht zurückerinnern, wann ich daran dachte, wer ich denn eigentlich bin oder wer ich in Zukunft sein möchte. Einen konkreten Lebensbezug oder ein Ereignis kann ich genauso wenig nennen, zu dem die bewusste Auseinandersetzung mit dem eigenen Ich begann. (I10m)

Ich finde es sehr schwierig, über eigene Erfahrungen zu diesem Thema zu schreiben. Das liegt wohl daran, dass ich mir über die Entwicklung meiner Identität nicht so oft explizit Gedanken gemacht habe. Das ist bestimmt auch generell und nicht nur bei mir der Fall. Ich habe während meiner Pubertät oft gezielt über etwas nachgedacht. Das waren allerdings meistens Themen wie Figur, Freunde usw. Ich kann mich nicht daran erinnern, zu Hause gesessen zu haben und überlegt zu haben, wer ich eigentlich bin. Sicher habe ich mich damit auseinander gesetzt, aber eher unterbewusst. (I13w)

Als ich den Text gelesen habe, fiel es mir zuerst sehr schwer, etwas über das Thema zu schreiben. Die Fragen „Wer bin ich?", oder „Was bin ich als Person?" usw. stelle ich mir heute noch. (I16w)

Im Vergleich zu den anderen Entwicklungsaufgaben fällt es mir bei dieser sehr schwer, mich genauer bzw. differenzierter zurückzuerinnern. (I53w)

Im Gegensatz zu den anderen Bereichen, wie Körper, Sexualität, Eltern, Peers, Schule, Bildung, die man alle sehr viel eher an konkreten Erfahrungen, Erinnerungen, Episoden festmachen kann, lassen sich kaum sinnvolle Geschichten zum Thema „Wie ich einmal meine Identität gesucht/gefunden habe" erzählen. In diesem Sinne ist „Identitätsarbeit" vielleicht überhaupt ein irreführender Begriff, weil eine „Arbeit" an der eigenen Identität im direkten Zugriff gar nicht möglich ist. Gertrud Nunner-Winkler hat in diesem Sinne einmal mit Bezug auf John Elster von „Zuständen, die notwendig Nebenprodukte sind, ... die nicht absichtlich hervorgebracht werden können", gesprochen: „Im vorliegenden Zusammenhang kommt es mir darauf an, zu behaupten, daß zu den Zuständen, die willentlich nicht herbeigeführt werden können, oder gar, bei denen der

Versuch, sie willentlich herbeizuführen, notwendig zu ihrer Verfehlung führt, insbesondere auch solche gehören, die für eine geglückte Identitätsbildung konstitutiv sind: Autonomie, Einzigartigkeit, Selbstverwirklichung, Sinnstiftung" (Nunner-Winkler 1990, S. 680). Primär ist nach Nunner-Winkler nämlich das inhaltsbezogene Interesse, das Engagement, die Begeisterung, die Hingabe an eine Sache, eine Idee, eine Beziehung, welche dann sekundär und gewissermaßen „nebenbei" die Identitätsentwicklung voranbringt und die Identitätsfragen klärt. „Identität" ist aber auch nicht etwas, das direkt als besonderer Gefühlszustand erlebbar und erinnerbar ist wie etwa die Verlegenheit angesichts der körperlichen Veränderungsprozesse, das Kribbeln im Bauch bei der ersten Verliebtheit oder die Empörung gegenüber den Beschränkungen, die einem von Seiten der Eltern auferlegt wurden. Das befriedigende Vorankommen auf dem eigenen Weg der Identitätsentwicklung drückt sich nach Erikson eher als allgemeines psychosoziales Wohlbefinden und weniger als ganz spezifischer Gefühlszustand aus.

7.5 Wie wird „Identitätsarbeit" subjektiv erlebt und erinnert?

Wenn dies so ist, wie sehen dann ganz konkret die Erfahrungen und Situationen aus, die in diesem Zusammenhang als besonders bedeutsam erinnert werden? Natürlich geschieht „Identitätsarbeit" meist mehr oder weniger unbemerkt als Verarbeitung der täglichen Eindrücke, als Bemühung um Selbstdarstellung und Anerkennung in sozialen Beziehungen, als Versuch der Balance zwischen persönlichen Wünschen und äußeren Zwängen. Daneben gibt es jedoch jene herausgehobenen Momente des Aufbrechens von Fragen, des Gewahrwerdens von Veränderung, des bewussten reflexiven Blicks auf die eigene sich bildende Persönlichkeit und auf das eigene Leben mit all den in der Adoleszenz noch offen stehenden Entscheidungsoptionen.

In der Jugendphase stellte ich vieles in Frage und ich erinnere mich an melancholische Stunden bei „Alan Parsons Project", in denen ich über mich und den Bezug zu anderen nachdachte, mir die Frage stellte „Wer bin ich?". Der Gedanke, was wäre, wenn ich nicht (mehr) auf der Welt wäre, war für mich berauschend, jedoch nie wirklich ein in die Tat umzusetzender Weg. Schon damals war mir klar, dass ich trotz Anerkennungskämpfen in der Gleichaltrigengruppe nie wirklich mit einer anderen Person tauschen wollte. (I3w)

Der Prozess der Identitätsfindung war bei mir nicht einfach. Ich war so ungefähr dreizehn oder vierzehn, als ich mich zum ersten Mal fragte, wer ich eigentlich bin. Ich musste damals die siebte Klasse wiederholen und fühlte mich in meiner neuen Klasse nicht besonders wohl. Ich kam mir viel reifer und erwachsener vor als meine Mitschüler und konnte mich dadurch nur sehr schlecht in den Klassenverband eingliedern.

Da ich sonst immer sehr viele Freunde hatte, war ich nun, zumindest in der Schule, ziemlich auf mich alleine gestellt. Zum ersten Mal musste ich darüber nachdenken, ob es vielleicht Eigenschaften an mir gibt, die nicht so gut waren und die andere an mir nicht leiden konnten. Und damit stellte ich mir wohl zum ersten Mal die Fragen „Wer bin ich eigentlich?" und „Wie sehen mich die anderen?".

Ich kann mich noch sehr gut daran erinnern, dass ich in der großen Pause völlig verloren und alleine stand und mich dabei sehr einsam fühlte. Dieses Gefühl hatte dann zur Folge, dass ich unbedingt die Schule wechseln wollte. ... Schrecklich enttäuscht kam ich an diesem Tag wieder nach Hause. Ich legte mich in mein Bett und weinte den ganzen Tag. Ich wusste einfach nicht, wohin ich gehörte, und fühlte mich ausgegrenzt.

Als meine Mutter mich dann so sah, ließ sie sich von mir erst einmal alles erzählen und nahm mich in den Arm. Sie machte mir klar, dass ich lernen muss, mich mit mir und mit Problemen auseinander zu setzen. Also überlegte ich, was ich aus meinem Leben machen möchte. Sie gab mir den Tipp, alles aufzuschreiben, und das machte ich auch. Ich schrieb Dinge auf, die mir wichtig waren und die ich an anderen Menschen gut fand und was eben nicht, auch Dinge, die ich an mir gut fand oder nicht. Aber auch Berufswünsche und Lebensformen, die ich einmal leben möchte, notierte ich. Als ich nach stundenlanger Arbeit endlich fertig war, zeigte ich den Zettel meiner Mutter. Sie las ihn sich sorgfältig durch und ließ sich manche Dinge noch von mir erklären. Ich kann mich noch sehr gut an diesen Abend erinnern, weil ich zum ersten Mal das Gefühl hatte, dass ich langsam erwachsen werde. Ich fühlte mich unheimlich ernst genommen und mir gefiel das Gefühl, mit meiner Mutter zu diskutieren. Sie machte mir klar, dass es Eigenschaften gibt, an denen man arbeiten muss und eben auch welche, die man einfach an anderen akzeptieren muss. Und dass ich lernen muss, meine Persönlichkeit zu vertreten ohne anderen auf die Füße zu treten. ...

Den Zettel habe ich noch heute und manchmal habe ich das Bedürfnis, ihn hervorzuholen und durchzulesen. Aus dem Zettel ist heute ein ganzes Buch geworden, weil es immer wieder Situationen gab und gibt, die mich dazu bewegen, über mich nachzudenken. Heute weiß ich zwar, wer ich bin, aber manchmal zweifle ich immer noch, ob manche Dinge richtig sind. (I12w)

Ich habe mich in der Jugendzeit phasenweise sehr intensiv zurückgezogen, d.h. ich wollte alleine bestimmten Gedanken nachhängen, diese auch mit niemandem teilen, häufig geschah dies auch in Tagebuchaufzeichnungen. Hier hatte ich meine eigene Welt, wobei es tatsächlich nachdenkenswert ist, ob dies mein eigentliches Selbst war, mit dem ich mich beschäftigte – oder ob ich eher ein Ich-Ideal entworfen habe, also wie ich gerne wäre, was ich alles erreichen wollte. Sicher trifft beides zu, denn ich habe versucht herauszufinden, wer ich bin, wie mich andere wohl sehen und was ich verändern wollte. So entstanden auch Krisen, Phasen des Unwohlseins, wenn ich erkannte, dass die Realität eben nicht den Wünschen entsprach, besonders, wenn ich mich eben nicht, aus welchen Gründen auch immer, so geben konnte, wie ich „eigentlich" war bzw. sein wollte. Das war eine ständige Arbeit an mir selbst, ein ständiges Hinterfragen. Ich war ständig auf der Suche, nach Wissen, nach Werten, nach Antworten über mich, über die Welt, über den Sinn von allem; ich habe regelmäßig stundenlang alleine in Buchhandlungen gestöbert, wobei es hier auch nicht „die" Antwort gab. Es war alles ein Prozess, ein Vortasten vor allem zu der Frage, wer ich eigentlich bin, zu meinen Zielen etc. Auch die Auseinandersetzung mit der Welt, mit gesellschaftlichen Themen wie auch Erwartungen war wichtig. Ich habe versucht, meine Stellung in der Welt herauszufinden, eigene Standpunkte zur Politik, Religion, Lebensgestaltung etc. zu entwickeln. Im Nachhinein kann ich dabei feststellen, dass bestimmte Einstellungen, Neigungen sich im Wesentlichen bis heute nicht geändert haben, also sich in der Adoleszenz mein eigentlicher Kern, mein Selbst ausgebildet hat, dass sich zwar ausdifferenziert und teilweise auch verschoben hat, doch nicht mehr in völlig andere Richtungen ging. Eine gewisse Kontinuität, ein In-mir-selber-Ruhen, eine Treue zu mir selbst also. (I36w)

Wie bereits erwähnt, entstand bei mir durch die sehr krisenreichen und problematischen Phasen meiner Kinder- und Jugendzeit sehr früh ein reflektiertes Bewusstsein gegenüber meiner Person und meiner Umwelt. Zum einen achtete ich sehr streng darauf, aus welchen Motivationen heraus ich etwas tat, mochte oder wollte. Es ergab für mich keinen Sinn, etwas zu tun oder zu mögen, nur weil alle anderen es für richtig hielten. Ich suchte nach den Dingen, die mich selbst ausmachen, die mich mich selbst sein lassen. In dieser Hinsicht entwickelte ich einen sehr starken Drang, der sich in einem sehr intensiven Explorationsverhalten ausdrückte. Zudem ging ich sehr selbstkritisch mit mir um. Dabei versuchte ich, stets darauf zu achten, nicht voreilig irgendwelche Schlüsse zu ziehen oder fest abgesteckte Meinungen zu bilden. Ich wollte offen sein, um herauszufinden, wer ich wirklich bin. Oft reflektierte ich nächtelang über irgendwelche Ereignisse oder Personen und deren Handlungen und über meine Person in diesem Zusammenhang. Dabei kam ich schnell zu dem Ergebnis, dass die wenigsten Menschen überhaupt selbst wissen, wer sie sind und was und vor allem warum sie überhaupt etwas tun. Ich sah keine Menschen mit eigener Identität, sondern lediglich wandelnde, unreflektierte Kopien oder Menschen mit aufgesetzten Masken. Darauf steigerte sich mein Drang, mich selbst zu finden umso mehr, da ich auf keinen Fall auch so sein wollte. Daraufhin entwickelte ich ein sehr genaues Bild einer Wunschidentität. Ich wollte selbstbewusst, weltoffen, individuell sein, mit klaren Zukunftsperspektiven. Allerdings erkannte ich auch relativ schnell, dass man ist, wie man ist und nicht, wie man gerne sein möchte. Letztendlich ist es mein ganzes vorangegangenes Leben, mit sowohl positiven wie auch negativen Erfahrungen, das mich zu dem macht, der ich bin. (I65m)

Gemeinsam ist diesen vielfältigen Äußerungen über die herausgehobenen Momente der „Identitätsarbeit", dass es sich dabei in aller Regel um Momente des Rückzugs aus den sozialen Geflechten und den Routinen des Alltags handelt, um melancholische Stunden des Nachdenkens, Nachsinnens, des Grübelns und der Gedankenspiele. Zentral im Mittelpunkt steht dabei die Frage „*Wer bin ich?*", die immer wieder auftaucht. Aber auch andere, mehr oder weniger eng damit verknüpfte Fragen werden genannt: „*Was werde ich sein?*", „*Was wäre, wenn ich nicht (mehr) auf der Welt wäre?*", „*Wie sehen mich die anderen?*, „Wohin führt mein Weg?*", „*Was ist der Sinn von allem?*", „*Was ist meine Stellung in der Welt?*", „*Was sind meine Standpunkte in Sachen Politik, Religion, Lebensgestaltung?*", „*Welche Dinge machen mich aus und lassen mich ich selbst sein?*", „*Wie will ich sein?*", „*Warum tue ich das und warum gerade so?*". Von daher könnte man sagen, „Identitätsarbeit leisten" heißt primär, in sich gehen, Abstand gegenüber den bisherigen Selbstverständlichkeiten gewinnen, nachdenklich werden, Fragen stellen. Dabei sind durchaus unterschiedliche Grundhaltungen und Grundstimmungen erkennbar, in denen dieses „Fragen-Stellen" und dieses „In-Frage-Stellen" passiert: Eher melancholisch-weltflüchtig, wenn gar eine Art Berauschung an der Idee der eigenen Nicht-Existenz stattfindet, eher optimistisch, zukunfts- und zielorientiert, wenn vor allem konkrete Fragen der eigenen persönlichen Zukunft durchgespielt werden, eher rebellisch-kämpferisch, wenn es hauptsächlich darum geht, sich vom familiären Selbstverständnis abzugrenzen und Autonomie zu gewinnen, eher mit dem Gefühl von Einsamkeit, Ausgrenzung und Orientierungslosigkeit, wenn die Selbstzweifel sich primär auf die Ursachen für den Mangel an Anerkennung durch die Gleichaltrigen beziehen, eher ängstlich-defensiv, wenn familiäre Schicksalsschläge zu einer Art Grundpessimismus gegenüber den Unwägbarkeiten und Anforderungen der Zukunft geführt haben, eher krisenhaft und unruhig nach Orientierungen suchend, wenn alles fragwürdig geworden ist, eher kritisch gegen die Mitmenschen und ihre generelle Oberflächlichkeit und Maskenhaftigkeit gerichtet, wenn der brennende Wunsch vorherrscht, sich nicht auch so zu entwickeln wie diese, sondern sich tatsächlich dem Bild der eigenen Wunschidentität anzunähern, eher subtil den Verlauf der Erlebnisse und Stimmungslagen protokollierend in der Hoffnung über eine solche detaillierte Chronik des eigenen Entwicklungsweges bei der Suche nach dem eigenen Selbst voranzukommen, schließlich eher anspruchsvoll gewissenserforschend, wenn als zentraler Prüfstein für das eigene Handeln ein väterliches Prinzip und eine zentrale Leitfrage in den Mittelpunkt gerückt wird: *„Warum tue ich das und warum gerade so?"*.

Ein hierbei immer wieder genanntes, besonders hilfreiches Medium ist das schriftliche Fixieren der eigenen Ansichten und Gedanken, meist in der Form des Tagebuchschreibens. Auch wenn nur eine Minderheit der Jugendlichen solche Reflexionen in schriftlicher Form vornimmt, so kann man doch wohl zu Recht sagen, dass diese Tätigkeit und die damit verbundene Tendenz zur Beschreibung von Situationen, zur Klärung von Gedanken, zur Artikulation von Wünschen, zur Benennung von Gefühlen, zur Begründung von Entscheidungen, zur Rechtfertigung von Handlungen sowie die damit gegebene Möglichkeit zum Wiederlesen und Vergleichen, zum Überprüfen von Vorsätzen und zur Feststellung von Veränderungen nach wie vor den Prototyp von „Identitätsarbeit" im Jugendalter darstellt. In diesem Sinne betonen alle, die das Tagebuchschreiben überhaupt erwähnen, die hilfreiche Funktion und die große Bedeutung, die dieser Tätigkeit im Hinblick auf die eigene Identitätsfindung zukam.

7.6 Erfahrungsweisen von „Identitätskrise"

Der Verlust der Geborgenheit im familiären Mutterschoß sowie der Verlust der kindlich-naiven Weltbetrachtung im Laufe der kognitiven Entwicklungsprozesse der Pubertät führen bei nicht wenigen Jugendlichen zu mehr oder minder ausgeprägten Erfahrungen von Verunsicherung, Zweifel, Entfremdung und Identitätskrisen:

Als Jugendliche hatte ich eine ziemliche Krise. Ich denke, dass durch mehrere Ereignisse (Tod meines Vaters, Umzug), die mein Leben völlig veränderten, meine Identität bedroht war. Denn im Alter von 13 Jahren war ich natürlich noch mehr als heute an ganz konkrete Dinge gebunden, was meine Identität betraf. Mein Zuhause, meine Eltern, meine Klassenkameraden und Freunde, mein Zimmer usw., das alles war das, was mich als Ich zusammenhielt. Ich denke, der Tod meines Vaters war definitiv bis heute der größte Bruch in meiner Biographie. Plötzlich wurde mir bewusst, dass das bisschen Idylle und Unschuld, das die bis vor kurzem noch aus der Kindheit nachgeklungen hatte, endgültig vorbei war. Als dann noch der Umzug in eine andere Stadt und der Eintritt in eine andere Schule folgten, war mir plötzlich alles zu viel. Ich war damals völlig introvertiert und verkroch mich nur noch in meinem eigenen Inneren. So begann ich irgendwann, meine Identität über mein Essverhalten zu bestimmen und wurde magersüchtig. Ich wollte weder eine Frau werden, noch wollte ich typisch jugendlich sein, da ich eine Zeit lang die typischen Jugendlichen für ihr albernes Getue, ihre blöden Markenklamotten und vieles andere mehr verachtete. Ich wollte selbstbeherrscht sein, um den Schmerz und die Trauer über meinen Vater und meine „verlorene Kindheit" zu verdrängen. In dieser Zeit wurde mein Selbst auf eine sehr harte Probe gestellt, doch ich denke, dass ich gerade durch diese Phase sehr viel über mich lernen durfte. (144w)

Lange Zeit hatte ich kein Gefühl dafür, eine biographische Kontinuität in meinem Leben zu sehen, ich konnte mir kaum eine Vorstellung über mein zukünftiges Sein machen. Das lag wohl zum Teil daran, dass ich immer sehr wenig auf meine Fähigkeiten vertraut habe und mir immer sehr unsicher in allem war, was ich getan habe. Außerdem wollte ich es immer allen Leuten aus meiner Umgebung gleich recht machen (meinen Eltern, meinen Freunden etc.), hatte immer Angst davor, was andere über mich denken, wenn ich so und so handelte. Das hat mich immer sehr in meinen Entscheidungen behindert, hat dazu geführt, dass bestimmte Entscheidungen sehr lange gedauert haben. Trotzdem gab es immer wieder Punkte, bei denen ich genau sagen konnte, dass ich so nicht sein möchte. Bestimmte Personen, ihre Lebensweise und ihre Ideale haben mich immer abgeschreckt. Und wenn ich schon keine hundertprozentig positiven Vorbilder hatte, so hatte ich doch immer Negativvorbilder, an denen ich mich reiben konnte, an denen ich mein Selbst überprüfen konnte: „Nein, so will ich nicht sein!". Von diesem Standpunkt aus konnte ich dann mein Denken und Handeln überprüfen. (I56w)

Ich hatte sehr viele Zweifel, da ich mich in meiner Umgebung nie akzeptiert, geschweige denn geliebt fühlte. Aber ich war nie in der Lage, wirklich bewusst zu reflektieren, warum das so ist oder was ich dagegen tun könnte. In meinen Überlegungen waren immer nur die anderen schuld. Heute weiß ich, dass ich ein richtiger Kotzbrocken war (und es heute auch noch oft genug bin), dass ich viel zu unbeherrscht und impulsiv war (und auch noch bin) und dass ich mich an den falschen Leuten orientiert habe. Ich wollte immer Freundschaft mit einem Menschenschlag, der mit mir gar nichts anfangen kann. Nach Autonomie habe ich schon sehr früh gestrebt. Andererseits musste ich auch sehr früh sehr selbständig sein. (I62w)

Was sind die typischen Probleme und Symptome, die hier im Zusammenhang mit Identitätskrisen geschildert werden? Zum einen wird immer wieder eine große *Empfindlichkeit* und *Verletzbarkeit* genannt, die gewissermaßen als Gegenteil von Gelassenheit, Selbstsicherheit und Souveränität zu sehen ist. In diesem Sinne heißt es etwa „*In dieser Zeit war ich sehr empfindlich. Machte jemand eine negative Bemerkung über mich, verletzte mich das sofort*", oder: „*Es gab Situationen, in denen ich sehr empfindlich auf ‚dumme Sprüche' reagierte. … Ich habe zwar gelernt, zu kontern und mich zu wehren, doch manchmal kann es sein, dass ich mich trotzdem sehr verletzt fühle.*"

Eng damit im Zusammenhang stehen ausgeprägte *Selbstzweifel* und *Unzufriedenheiten*, ein zunehmend kritischerer Blick auf das eigene Selbst, den eigenen Körper, das eigene Verhalten: „*Ständig hatte ich Zweifel, ob ich auch gut genug bin, ob ich gut genug aussehe, ob die anderen mich mögen, …*", „*…. Es war für mich in jener Zeit sehr schwer, fest an mich und meine Fähigkeiten zu glauben. In dieser Hinsicht dauert mein Lernprozess bis zum heutigen Zeitpunkt an, denn ich hege oft noch Selbstzweifel*", „*Plötzlich war ich mit mir, meiner Rolle und meinem Verhalten unzufrieden. … Ich begann, mich ganz genau zu beobachten, fand mich albern und unattraktiv*". „*Ich … war todunglücklich, weil an mir nichts mehr echt und natürlich war*". Andere Verfasserinnen sprechen von „*Zeiten, in denen ich mich selbst nicht leiden oder ich mich in meiner Haut unwohl fühlte*", und erinnern sich, dass es für sie sehr schwer war, an sich und ihre Fähigkeiten zu glauben.

Angesichts dieser kritischen Selbsteinschätzung, dieser ausgeprägten Unzufriedenheit mit der eigenen Person und der eigenen Präsentation ist es dann auch nicht verwunderlich, dass bisweilen auch massive Zweifel an der Anerkennung durch andere aufkommen, dass *Gefühle des Ungeliebtseins, des Ausgeschlossenseins, des „Nicht-gut-genug-Seins"* auftauchen. In diesem Sinn meint eine Autorin: „*Ich fühlte mich allein und hatte das Gefühl, von niemandem geliebt zu werden*", und eine andere erinnert sich: „*Ständig hatte ich Zweifel, ob ich auch gut genug bin, ob ich gut genug aussehe, ob die anderen mich mögen"*. Ähnlich heißt es in einem weiteren Bericht: *„Ich hatte sehr viele Zweifel, da ich mich in meiner Umgebung nie akzeptiert, geschweige denn geliebt fühlte.* Aus dieser Unsicherheit heraus erfolgt dann bisweilen eine ängstliche Anpassungsbereitschaft: *„Ich wollte es immer allen Leuten aus meiner Umgebung gleich recht machen (meinen Eltern, meinen Freunden etc.), hatte immer Angst davor, was andere über mich denken."*

Ein weiteres Element, das in jenen Krisenberichten häufiger auftaucht, ist das *Gefühl der Überforderung*, das Gefühl, den Herausforderungen der Zukunft und den selbst aufgerichteten Perfektionsansprüchen nicht gewachsen zu sein. Typischerweise ist dieses Gefühl dann auch noch verknüpft mit einem geringen Gefühl von „Selbstwirksamkeit", d. h. mit einem Mangel an Zutrauen, dass man die Dinge im Sinne der eigenen Wünsche und Interessen beeinflussen kann: *„Ich hatte das Gefühl, dass nichts, was ich anpackte, mehr klappt"*, heißt es in diesem Sinn etwa in einem Statement, oder: *„Häufig waren dann meine Erwartungen an mich zu hoch und ich habe gedacht, dass ich entweder alles perfekt machen muss oder ich es gar nicht anfangen brauche."* In einem anderen Bericht, in dem sich tatsächlich kritische Lebensereignisse während der Pubertät häuften, heißt es: *„Es war mir plötzlich alles zu viel. Ich war damals völlig introvertiert und verkroch mich nur noch in meinem eigenen Inneren."*

Ein weiterer sehr typischer und häufiger Aspekt der Identitätskrise im Jugendalter ist ein generelles *Gefühl der Konfusion, der Orientierungslosigkeit, der Widersprüchlichkeit*, ein Gefühl, nur zu wissen, was man *nicht* will, ohne eine positive Vorstellung für das eigene Leben entwickeln zu können, was dann leicht zu einer trotzigen pauschalen Anti-Haltung führt. In zahlreichen autobiographischen Berichten kommen Passagen vor, die dieses Gefühl der Diffusion, der Unklarheit zum Ausdruck bringen: *„Ich wusste in Wirklichkeit gar nicht, wie ich eigentlich genau sein wollte. Ich merkte nur, dass ich nicht so sein wollte, wie ich war und dass ich nicht so auf andere wirken wollte, wie ich wirkte". ... „Ich lag oft im Bett und heulte nur noch, weil ich nicht mehr wusste, was mit mir los war ... Ich kam nicht mehr zurecht mit mir, meinen Mitmenschen und mit meiner Umwelt". ... „Ich wollte weder eine Frau werden, noch wollte ich typisch jugendlich sein, da ich eine Zeit lang die typischen Jugendlichen für ihr albernes Getue, ihre blöden Markenklamotten und vieles andere mehr verachtete". ... „Lange Zeit hatte ich kein Gefühl dafür, eine biographische Kontinuität in meinem Leben zu sehen, ich konnte mir kaum eine Vorstellung über mein zukünftiges Sein machen". ... „Und wenn ich schon keine hundertprozentig positiven Vorbilder hatte, so hatte ich doch immer Negativvorbilder, an denen ich mich reiben konnte, an denen ich mein Selbst überprüfen konnte: ‚Nein, so will ich nicht sein!'". ... „Wir wussten zwar nicht, wie wir anders sein wollten, aber wir waren davon überzeugt, nicht so zu werden, eigentlich wollten wir gar nicht erst erwachsen werden, irgendwie hatten wir auch Angst vor dieser Welt voller Verpflichtungen, Regeln und Verhaltensnormen."*

7.7 Erfahrungsweisen von „Identitätsklarheit"

Jedoch ist es keineswegs so, dass die Beschreibung von Krisenerfahrung und Orientierungslosigkeit ein durchgängiges Muster in den autobiographischen Texten über die Auseinandersetzung mit der Entwicklungsaufgabe „Identitätsarbeit" im Jugendalter wäre. In vielen Texten ist von „Identitätskrise" weder explizit noch implizit die Rede, ganz im Gegenteil wird hier bisweilen darauf verwiesen, dass die Betroffenen im Jugendalter eigentlich sehr bald und sehr klar für sich schon erkannt hätten, wer sie sind, wie sie sind, wo sie stehen und was sie wollen. Häufig sind diese positiven, selbstbewussten Schilderungen dann auch mit prägnanten Selbstcharakterisierungen verknüpft, d.h. es wird hervorgehoben, wo die eigenen persönlichen Stärken und Schwächen liegen, was man als seine individuellen Charakterzüge erkannt und als seine zentralen Standpunkte ausgemacht hat:

Auch in anderen Situationen wusste ich, was ich wollte und welche Standpunkte ich vertreten wollte. Ich blieb mir selbst immer treu. Passte mir ein Argument oder eine Aussage nicht, versuchte ich meine Meinung zu vertreten und diese den anderen auch klar zu machen. (I16w)

Von meinen Eltern, Verwandten und Lehrern wurde ich als eine leistungs- und bildungsorientierte, politisch interessierte, fleißige, pflichtbewusste, vernünftige, ernste, eher unsportliche Person wahrgenommen. Kurz: die Gebildete und die Pflichtbewusste. Im Prozess der Identitätsarbeit musste und wollte ich mich von diesem Bild distanzieren. Auf der Suche nach meinem „wahren Selbst" hatte ich die schwierige und spannende Aufgabe, Übernommenes zu reflektieren, das Bewusstsein der eigenen Besonderheit zu entfalten, indem ich mich von sozial akzeptierten Stereotypen frei zu machen versuchte und meine Unabhängigkeit und Individualität schützen wollte. (I25w)

Dies Bedürfnis ist eng verknüpft mit dem charakterlichen Aspekt von Identität. Herr eines festen Charakters zu sein, Gewissheit, Klarheit über sich selbst zu besitzen, einen guten Charakter zu haben. Gut bedeutet für mich hierbei, meinen moralischen Ansprüchen gerecht zu werden, Zielvorstellungen vorzubereiten, die nicht unbedingt mir momentan nutzen, sondern mit Blick auf nächste Generationen. So wie die Dakota, nordamerikanische Indianer, möchte ich bei jeder Entscheidung an die so genannte siebte Generation denken. Große Worte, hehre Ansprüche, wenn ich jedoch nur einen Teil dessen verwirkliche und mir diese Ansprüche immer wieder vor Augen führe und im Blick behalte, kann einer meiner Charakterzüge der Weitblick sein. In meiner Jugend brachte das Bedürfnis nach einer gefestigten Persönlichkeit auch eine Zeit des Ausprobierens verschiedener Möglichkeiten mit sich, um aus der gegebenen und erprobten Fülle letztlich die mir als Rosinen erscheinenden Eigenschaften heraus zu picken und an ihnen zu arbeiten. (I47w)

Was mein Verhalten und meine Selbstdarstellung betrifft, war meine Jugend also sehr abwechslungsreich. Ich denke aber, dass ich in bestimmten Grundzügen immer schon diejenige war, die ich heute bin. Politische Überzeugungen, Einstellung zur Religion, Vorstellungen und Wünsche mein späteres Leben betreffend haben sich schon recht früh herausgebildet, zum einen durch eigenmotivierte Auseinandersetzung mit diesen Themen, zum anderen durch Gespräche mit Freunden und Bekannten. (I50w)

Die Frage „Wer bin ich"? konnte ich schon recht früh beantworten, mit ca. sechzehn Jahren hatte ich schon mein Bild davon, wie ich mein Leben gestalten und was ich erreichen wollte. Trotzdem entwickelten sich meine Persönlichkeit und auch das Selbstbewusstsein noch stark. Durch die weitere Entwicklung bestätigte sich jedoch die Ansicht, die ich mit sechzehn, siebzehn Jahren hatte. Ich bin heute mit mir selber eins, weiß auch genau, wohin ich gehöre und was ich will. Ich mache selten etwas, wenn es nicht unumgänglich ist, von dem ich nicht überzeugt bin und nicht dahinter stehen kann.

Mein Leben verlief zwar nicht völlig problemlos, doch bin ich aus allen Krisen positiv hervorgegangen, die Konflikte, die ich bewältigen musste, brachten mich meist ein ganzes Stück voran. ... In meiner Jugendzeit entwickelte ich auch ein sehr starkes Gerechtigkeitsempfinden, ich hasste es, wenn Leute heuchelten und künstlich freundlich waren. Diese Einstellung habe ich noch heute, ich zeige Leuten, wenn ich sie mag. Genauso distanziere ich mich so gut es geht von denen, die mir unsympathisch sind. (175w)

Es sind durchaus starke Formulierungen, die hier von manchen gewählt werden, um ihre „Identitätsklarheit" auf den Punkt zu bringen: *„Die Frage ‚Wer bin ich'? konnte ich schon recht früh beantworten. ... Ich bin heute mit mir selber eins, weiß auch genau, wohin ich gehöre und was ich will"*, oder: *„Auch in anderen Situationen wusste ich, was ich wollte und welche Standpunkte ich vertreten wollte. Ich blieb mir selbst immer treu"*. Von einer solchen Klarheit und Eindeutigkeit im Hinblick auf die eigene Position sind die meisten der weiter oben zitierten, eher „krisengeschüttelten" Jugendlichen meilenweit entfernt.

Als Zentrum und Kompass jener relativ früh ausgeprägten klaren Orientierung wird zum einen auf die Erfahrung eines „starken inneren Kern(s)" verwiesen, zum anderen auf das „wahre Selbst", das die Leitlinie dafür abgab, sich von Fremdzuschreibungen und sozial akzeptierten Stereotypen frei zu machen und *„das Bewusstsein der eigenen Besonderheit zu entfalten"*.

Die Frage „Wer bin ich?" wird von vielen auch mit dem Hinweis auf früh ausgeprägte Tugenden oder Charaktermerkmale beantwortet, die sie bei sich wahrnehmen und die ihnen von ihrer Umwelt bestätigt wurden. Als besonders prägnanter, früh deutlich gewordener Charakterzug wird dabei von mehreren der besondere Gerechtigkeitssinn hervorgehoben. Weitere positive Persönlichkeitskennzeichnungen, die genannt werden, sind Verantwortlichkeit, Weitblick, moralische Charakterfestigkeit, Ehrlichkeit und Aufrichtigkeit. Auch der Mangel einer ganz spezifischen Begabung und Ausrichtung wird von einem Verfasser ins Positive gewendet, indem er sich selbst stattdessen eben vielseitige Begabungen und vielschichtige Interessen als auszeichnende Persönlichkeitsmerkmale attestiert.

Dabei ist es jedoch nicht so, dass diese relativ große Identitätsklarheit allen, die sich in diesem Sinne äußern, einfach so zugeflogen wäre. Manche berichten durchaus von Auseinandersetzungen, Abgrenzungen, Kämpfen, welche ihnen jedoch letztlich auf dem Weg zur Findung ihrer eigenen persönlichen Bestimmung und Identität förderlich waren: *„Mein Leben verlief zwar nicht völlig problemlos, doch bin ich aus allen Krisen positiv hervorgegangen, die Konflikte, die ich bewältigen musste, brachten mich meist ein ganzes Stück voran."*

7.8 Erfahrungsweisen von innerer Widersprüchlichkeit und von Multiplizität der Ich-Gefühle

Neben dem Erleben von manifesten Identitätskrisen mit tief greifenden Selbstzweifeln und ausgeprägtem Leiden an der Diffusion einerseits und der Betonung früher Identitätsklarheit und der Beschreibung prägnanter Charakterzüge andererseits findet sich in den autobiographischen Statements auch noch ein drittes Muster. Dabei steht das Erleben von Widersprüchlichkeit, von Multiplizität der Ich-Gefühle und der Identitätsfacetten im Vordergrund, ohne dass dies jedoch notwendig als Krise und Verunsicherung erlebt wird. Im Gegenteil berichten manche eher von der Faszination über die Vielfalt der Aspekte und der Möglichkeiten, die sie in sich selbst in jener Zeit entdeckten:

Was ich zunächst schwierig fand, war die Integration von scheinbar widersprüchlichen Eigenschaften, da ich sehr polar dachte und immer meinte, mich voll und ganz der einen oder der anderen Seite zuordnen zu müssen. (I20w)

Häufig musste ich bemerken, dass ich nicht wusste, wie ich sein wollte, ob ich nun lieber unscheinbar im Hintergrund sein wollte oder lieber auffallen wollte. So kam es in meiner Persönlichkeit zu sehr seltsamen Mischungen. Zum Teil nicht die normkonformen Anziehsachen, aber zugleich der völlige Rückzug in ein absolutes Schweigen im Unterricht. Auf der einen Seite stand der Stolz anders zu sein, auf der anderen Seite das Gefühl, allein zu sein und nicht dazuzugehören. (I24w)

Die Frage „Wer bin ich?" stellte ich mir ständig, konnte mir aber keine vernünftige Antwort darauf geben, denn ich war irgendwie immer anders. War ich bei meinen Eltern, war ich das kleine Mädchen, das alles brav tat, was die Eltern verlangten, war ich mit meinen Freunden zusammen, war ich abenteuerlustig, frei und wild und in meiner Klasse war ich wissbegierig und lerneifrig. Wie konnte ich mir also die Frage nach dem Selbst stellen und wie konnte ich eine Antwort darauf finden, wenn so viele ‚Ichs' in mir lebten? Damals war ich ganz schön verwirrt, vor allem fragte ich mich, ob es normal sei, dass ein einziger Mensch so viele Rollen und so viele Gesichter hatte. Ganz oft passierte es, dass ich mit jemandem zusammen war, mich selbst beobachtete, als würde ich daneben stehen und mich fragte, bin das wirklich ich, die sich da unterhält? Vor allem machte ich mir Gedanken darüber, ob ich wirklich vertrat, was ich sagte, oder ob ich das von irgendjemandem übernommen hatte und jetzt einfach die Meinung äußerte, die er vertrat. Kompliziert wurde es, wenn sich dann auch noch mein drittes Ich meldete und mir signalisierte, dass es nicht normal sei, wenn ich mir beim Reden Gedanken darüber mache, wer da jetzt aus mir spricht. Die ganze Sache war ziemlich verworren. Manchmal fühlte ich mich ganz schlecht, weil ich dachte, dass ich bei keinem der Menschen, mit denen ich zusammen war, mein eigentliches Ich nach außen kehren würde, obwohl ich noch nicht einmal wusste, was das eigentlich war. Heute weiß ich, dass mein Ich aus den vielen Rollen und Gesichtern besteht, doch damals glaubte ich, dass mein Ich ein zusammengehöriges Teil sei, dass klar seine Gedanken äußerte und immer wusste, was es zu sagen hatte. (I48w)

Ich glaube, man rutscht in der Pubertät von einer Identität in die nächste und bei jedem Rutsch bleiben bestimmte Überzeugungen, Werte und Verhaltensformen zurück, andere rutschen mit und neue kommen hinzu. Die Identitätsfindung ist meiner Meinung nach nie abgeschlossen, der Unterschied zwischen Jugend und Erwachsenenalter ist aber, glaube ich, der, dass man in der Jugend testet, welche Identität einem „passt" und weiterentwickelt werden kann, währenddessen der Erwachsene seine Identität meist in groben Zügen gefunden hat und diese präzisiert und somit immer genauer zu beschreiben weiß, wer er eigentlich ist. (I50w)

„SCHARF UND MILDE, GROB UND FEIN, VERTRAUT UND SELTSAM, SCHMUTZIG UND REIN, DES NARREN UND WEISEN STELLDICHEIN: DIES ALLES BIN ICH, WILL ICH SEIN, TAUBE ZUGLEICH, SCHLANGE UND SCHWEIN!" (FRIEDRICH NIETZSCHE). Wenn ich über meine Identitätssuche während meiner Pubertät nachdenke, so charakterisiert dieser Spruch Nietzsches, *den ich damals schon toll fand, am besten meinen Zustand. „Wer bin ich?", „Wie will ich sein?", „Wo will ich ankommen?" waren zur damaligen Zeit Fragen, die mich sehr beschäftigt haben. Aber ich hatte sehr lange das Gefühl, nicht „eins" mit mir zu sein, keinen eigenen Mittelpunkt gefunden zu haben, auf den ich mich beziehen kann. (I56w)*

Diese Äußerungen, die nach dem Motto „denn ich war irgendwie immer anders" von den unterschiedlichen „Gesichtern", „Ichen", „Identitäten", „Selbsten" berichten, welche die Verfasser in unterschiedlichen Situationen in sich entdeckten, entsprechen am ehesten dem, was in der jüngeren nach-eriksonschen Identitätsdiskussion als angemessene und zeitgemäße Form der Identitätsbildung in der Postmoderne propagiert wird. Das leidenschaftlichste Plädoyer für eine solche plurale Identitätskonzeption stammt vielleicht von Helga Bilden. In ihrem Aufsatz „Das Individuum – ein dynamisches System vielfältiger Teil-Selbste" wirbt sie für ein dezentriertes Modell des Subjektseins, „das *in sich vielfältig und dynamisch veränderungsfähig* ist": „Die eigene innere Vielfalt zu akzeptieren und eine Vielzahl von Formen des Individuum-Seins zu akzeptieren ist meines Erachtens die Voraussetzung, um mit der Pluralität in der Gesellschaft leben zu können, ohne rigide unterordnen und ausgrenzen zu müssen. Innere Pluralität brauche ich, um mit unterschiedlichen Sinnsystemen umgehen zu können" (Bilden 1997, S. 228). Ein ähnliches plurales Modell der Identitätsbildung hat Bittner seit langer Zeit vertreten und bildungstheoretisch gewendet: „Identitätsfindung nach diesem Verständnis würde nicht die Vereinheitlichung unter dem Primat von Rationalität und Sittlichkeit bedeuten, sie würde von der Erfahrung ausgehen, daß Identität immer wieder verloren gehen, daß es zu permanenten Suchbewegungen, Probeläufen kommen muß, die gerade nicht auf das Einswerden mit sich, sondern auf Zulassen, ja vertiefen der Gegensätze hinauslaufen" (Bittner 1996, S. 94). Bilden und Bittner haben die bildungstheoretischen, andragogischen Konsequenzen, die sie aus den von ihnen propagierten Subjektmodellen ziehen, jeweils in markante Formeln, regelrechte Kampfrufe gegossen: „Alle Iche sollen leben" (ebd., S. 95) heißt es bei Bittner und Bilden würde den Menschen, die sich mit der Suche nach ihrer Identität mühen, am liebsten zurufen: „‚Hört auf damit, es ist eine Sackgasse!' ... ‚Identität' ist eine Zumutung, unerreichbar, nicht wünschenswert, meine ich. Jedes Ich soll nur eins sein, eindeutig?" (Bilden 1997, S. 229).

Wäre den Autoren und Autorinnen der oben zitierten autobiographischen Statements geholfen, wenn sie sich jene Aufrufe zu Herzen nähmen? In der Mehrzahl der Statements, in denen von der Erfahrung der internen Pluralität die Rede ist, wird dies doch eher als jugendalterspezifische Irritation und als Durchgangsstadium gesehen. In diesem Sinn schreibt eine Autorin, sie habe sich damals oft „*völlig machtlos gegenüber meinem wechselnden Bild über mich selbst*" gefühlt. Implizit schwingt dabei meist doch noch die Vorstellung mit, dass es darum geht, irgendwann zu mehr Klarheit und Einheitlichkeit zu kommen, die rechte „*individuelle Mischung*" für sich herauszufinden, dass es gilt, zu testen, „*welche Identität einem ‚passt*'". Es ist in den meisten Statements trotz der Pluralität der Ich-Facetten und der unterschiedlichen Gefühls- und Verhaltensweisen, die man in unterschiedlichen sozialen Kontexten bei sich erlebt, doch eher eine Sehnsucht nach dem „*Gefühl eins mit sich zu sein*" spürbar, danach, einen persönlichen „*Mittelpunkt zu finden, auf den man sich beziehen kann*". Aber nicht nur die Erfahrung, dass unterschiedliche soziale Situationen mit bisweilen höchst unterschiedlichen Selbstwahrnehmungen und unterschiedlichen Selbstpräsentationen einhergehen, sorgt für Irritation, noch verwirrender ist für manche das Erlebnis, sich bei diesen unterschiedlichen Empfindungen und Verhaltensweisen gewissermaßen selbst noch einmal skeptisch über die Schulter zu schauen und sich mit der Frage zu konfrontieren, welche Empfindungen und Verhaltensweisen denn nun eigentlich als authentisch gelten können. Und selbst diese Spaltung kann dann noch einmal gesteigert werden, indem ein „drittes Ich" auftaucht, das nun wiederum die Tatsache der eigenen kritischen Selbstbeobachtung in Frage stellt. In jedem Fall wird durch dieses „Neben-sich-Treten" die natürliche Unbefangenheit und Spontaneität des Verhaltens gebrochen. Es besteht die Gefahr, in eine Art inneres Spiegelkabinett aus kritischer Selbstbeobachtung zu geraten.

Nur in einem Statement wird ein relativ klares Bekenntnis zum pluralen Ich als der angemessenen Form der Subjektkonstitution und als Resultat aus komplexen Selbstreflexionsprozessen abgelegt. In diesem Sinn heißt es dort: *„Heute weiß ich, dass mein Ich aus den vielen Rollen und Gesichtern besteht, doch damals glaubte ich, dass mein Ich ein zusammengehöriges Teil sei, dass klar seine Gedanken äußerte und immer wusste, was es zu sagen hatte."*

7.9 Identitätssuche als Exploration und Selbsterprobung

Jedoch handelt es sich im Kontext jener identitätsrelevanten Erfahrungen, die mit Widersprüchlichkeit, Pluralität und Ich-Vielfalt zu tun haben, keineswegs nur um passive Erfahrungen der Selbstbeobachtung, um Erfahrungen also, bei denen man mit Verwunderung wahrnimmt, dass man eigentlich *„immer wieder anders"* ist. Vielmehr sind es häufig auch bewusste Explorationsversuche, bei denen die Jugendlichen gewissermaßen spielerisch Identitätsentwürfe erproben, sich selbst in neuen Rollen, neue Verhaltensmuster, neue Sichtweisen hineinbegeben. Von solchen aktiven Explorationsversuchen im Kontext der eigenen Identitätssuche ist in den autobiographischen Statements vielfach die Rede:

Meine aktive Suche nach neuen Leitbildern, also das Ausmaß meiner Exploration war sehr intensiv. Ich war sehr lange Suchende, intensiv um eine Position bemüht, aber noch weit entfernt von einer Festlegung. Ich probierte jede Strömung aus, einschließlich der typischen Kleidung, Musikrichtung, Verhaltensweisen, Sprachbesonderheiten, Drogen und Werteorientierungen. Das bereitete nicht nur meinen Eltern große Sorgen, sondern sogar meinen Freundinnen, die sehr viel weniger auf der Suche nach ihrer Identität waren und so natürlich auch weniger zerrissen. Ich muss auf viele wie ein „Blatt im Wind" gewirkt haben. Da ich immer wieder mein soziales Umfeld und meine Werte und Verhaltensweisen änderte, wirkte ich wohl auch nicht mehr glaubwürdig, sondern eher wahnsinnig beeinflussbar und unglaubwürdig. Ich versuchte, mich und meine Meinung den unterschiedlichsten Leuten anzupassen und bemerkte dann irgendwann, dass mein inneres Selbst eigentlich ganz anders war. Erschreckend langweilig und durchschnittlich. (I19w)

Mit ca. 16 habe ich mich dann in eine Art Pseudoidentität gestürzt, ich wollte unbedingt ausprobieren, so zu sein, wie es andere nicht von mir erwarten. Ich hatte sehr viel Spaß in der Zeit, habe vieles ausprobiert. Heute denke ich, dass das für mich genau der richtige Weg war, zu mir selbst zu finden. Indem ich nämlich nicht mehr versucht habe, es allen recht zu machen, sondern versucht habe, genau das Gegenteil von dem zu tun, was von mir erwartet wird, habe ich gelernt, auf mich zu hören. Manchmal habe ich aus diesem Grund sogar Dinge getan, von denen ich selbst nicht überzeugt war. Diese

Erfahrungen haben mich stark geprägt. Und obwohl es nach dieser Zeit immer noch ein langer Weg bis zu einer eigenständigen Persönlichkeit, in der ich mich echt fühlen konnte, war, habe ich dadurch einen Weg gefunden, Dinge auch einfach mal auszuprobieren, auf mich wirken zu lassen. Nach dieser Phase habe ich lange daran gearbeitet, mir eine echte „Kontur" zu geben, zu erkennen, welches Denken und Handeln real ist, und welches einem Ideal entspricht, mit dem ich mein echtes Selbst überspiele und verbiege. (I56w)

Ich muss sagen, dass ich bis zu meiner jetzigen Identität, die ich schon als relativ fest beurteilen würde, eine Menge Erfahrungen mitgenommen habe, die mich zu der Persönlichkeit gemacht haben, die ich nun bin. Ich möchte gleich sagen, dass ich keine einzige dieser Erfahrungen missen möchte. Ich war in den verschiedensten Gruppen/ Idealen integriert und habe auch alle wieder verlassen, habe in diesen verschiedenen Gruppen die verschiedensten Erlebnisse und Erfahrungen mitgemacht. Ich bin jetzt in keiner dieser Gruppen mehr, aber in jeder einzelnen habe ich neue Sachen für mich gelernt, seien es negative oder positive, diese Erfahrungen haben mich ein großes Stück mein Selbst finden lassen. Ich muss feststellen, dass diese Suche nach meinem Selbst zu dieser Zeit eher unbewusst erfolgte. Ich habe schon gemerkt, wenn ich mich in einer Gruppe nicht mehr so richtig wohl fühlte, aber dass dies mit der Suche nach meinem wahren Selbst wahrscheinlich zusammenhing, hätte ich zu dieser Zeit nicht gedacht. Ich machte mir auch nie Gedanken über ein „wahres Selbst", denn ich fühlte mich immer als ich. Es gab kein ideales und wahres Selbst. So rückblickend gesehen war es wahrscheinlich wirklich mein Suchprozess nach mir. Ist Wahnsinn, wie so etwas wichtiges, so unbewusst ablaufen kann. (I63w)

Typischerweise sind es bestimmte jugendkulturelle Strömungen und Gruppierungen, die hier als Experimentierfeld für die Erprobung von Selbstentwürfen dienen. Sie bieten gewissermaßen provisorische „Identitätshülsen" an, einen je besonderen Habitus und ein Set von „bedeutsamen Dingen" wie *typische Kleidung, Musikrichtung, Verhaltensweisen, Sprachbesonderheiten und Werteorientierungen*. Nicht wenige Jugendliche durchlaufen unterschiedliche Phasen mit unterschiedlichen Zuordnungen, bei denen dann entsprechend jeweils unterschiedliche Dinge Bedeutung und identitätsstiftende Funktion erlangen. Eine Verfasserin bekennt angesichts ihrer häufigen Gruppen- und Stilwechsel: *„Ich muss auf viele wie ein ‚Blatt im Wind' gewirkt haben, da ich immer wieder mein soziales Umfeld und meine Werte und Verhaltensweisen änderte"*. In diesem Fall ist auch das Fazit nach dem Ausprobieren unterschiedlicher Stilrichtungen erstaunlich: die Verfasserin erkennt, dass es mehr darum gegangen war, durch exzentrische Aufmachung dem eigenen Selbst oberflächlichen Glanz und Kontur zu verschaffen und kommt zu der folgenden, eher ernüchternden Einsicht: *„Ich ... bemerkte dann irgendwann, dass mein inneres Selbst eigentlich ganz anders war. Erschreckend langweilig und durchschnittlich"*. Eine andere Verfasserin spricht zwar auch von einer *„Pseudoidentiät"*, in die sie sich durch ihre schroffe Antihaltung, ihre Strategie, *„genau das Gegenteil von dem zu tun, was von mir erwartet wurde"*, manövriert habe, betont dann aber die Bedeutsamkeit dieser Um- und Irrwege für ihre Identitätsfindung: *„Heute denke ich, dass das für mich genau der richtige Weg war, zu mir zu finden"*. Irgendwie ist es ihr gelungen zwischen äußeren Erwartungen und Normierungen einerseits und provokativen Antihaltungen und Verweigerungsgesten andererseits die eigene authentische innere Stimme zu vernehmen und zu erkennen, *„welches Denken und Handeln real ist"*. Auch in weiteren autobiographischen Statements wird der Durchgang durch wechselnde Gruppenzugehörigkeiten als identitätsförderlich erinnert: *„Ich war in den verschiedensten Gruppen/Idealen integriert und habe auch alle wieder verlassen, habe in diesen verschiedenen Gruppen die verschiedensten Erlebnisse und Erfahrungen mitgemacht."* Die Verfasserin will keine dieser Erfahrungen, die sie *ein großes Stück* ihres *Selbst* haben *finden lassen*, missen. Freilich macht sie auch deutlich, dass dies eine nachträgliche Beurteilung darstellt, dass das, was rückblickend als ein von der List des Unbewussten geleiteter Suchprozess erscheint, sich in der aktuellen Situation durchaus anders darstellte. Hier war es einfach die Faszination für die Besonderheit der jeweiligen Gruppierung, für die Leute, die Haltung, die Aufmachung, welche die Attraktivität ausmachte. Zu jener Zeit habe sie sich *„nie Gedanken über ein ‚wahres Selbst‘"* gemacht. Obwohl hier also identitätsbedeutsame Zuordnungen, Explorationen, Stilisierungen stattfinden, werden diese doch in der Regel nicht in der direkten Intention der „Identitätsarbeit" unternommen. Erst im Nachhinein wird deutlich, was Irrwege und Sackgassen waren, was bloß oberflächliche Faszination und Mode war und was tiefere, persönlichkeitsprägende Bedeutung hat.

7.10 Identitätsarbeit als Selbsterziehung und als bewusste Arbeit am eigenen Charakter

Es gibt jedoch auch Berichte, in denen von direkter, zielgerichteter „Identitätsarbeit" berichtet wird, von Versuchen durch aktive Bemühungen, die eigene Persönlichkeit bestimmten Idealen, die man für sich entwickelt hat, anzupassen, bestimmten Prinzipien, die man als gültig erkannt hat, zu entsprechen. Hier ist es also die wirkliche „Arbeit am eigenen Selbst", die bewusst und zielstrebig ins Werk gesetzt wird.

Ich nahm sozusagen meine Entwicklung selbst in die Hand. Somit entschied ich selbst, ob ich mich äußerlich und teilweise auch innerlich verändere. Was für mich in meiner Jugend immer enorm wichtig war und jetzt auch immer noch ist: ein Ziel vor Augen zu haben, das real zu erreichen ist. Dieses Ziel erreiche ich dann normalerweise auch immer. Wenn ich meine Ziele nicht verwirklichen kann, bricht für mich teilweise auch meine kleine Welt zusammen, da ich damit nicht so gut umgehen kann. Ich bin es einfach nicht gewohnt, meine Ziele nicht zu erreichen. (I18w)

Im Prozess der Auseinandersetzung mit den kulturellen Traditionen wollte ich weder die Werte meiner Eltern fraglos übernehmen, noch war ich bereit, mich um jeden Preis an die deutsche Gesellschaft anzupassen, um nicht mehr als „Fremde" identifizierbar zu sein. Ich begann, Selbstverständliches zu hinterfragen und mir mein eigenes Wertsystem aufzubauen. (I25w)

Es setzte aber auch irgendwann eine gewisse Selbsterziehung ein. Man wusste durch Gegenreaktionen von Eltern, Geschwistern oder Freunden, dass eine bestimmte Verhaltensweise (insbesondere wenn diese öfters auftrat) einfach nicht in Ordnung war. Beispielsweise war ich eine Zeit lang furchtbar ungeduldig und jähzornig gegenüber Familie und Freunden. Durch ihr Verhalten (einige Freunde absentierten sich von mir) zeigten sie mir mein eigenes Fehlverhalten. Dadurch fing eine intensive Arbeit an mir selbst an. Ungeduld scheint allerdings zu meinem Charakter zu gehören, denn diese habe ich manchmal immer noch nicht im Griff. (I37w)

In meiner Jugend brachte das Bedürfnis nach einer gefestigten Persönlichkeit auch eine Zeit des Ausprobierens verschiedener Möglichkeiten mit sich, um aus der gegebenen und erprobten Fülle letztlich die mir als Rosinen erscheinenden Eigenschaften heraus zu picken und an ihnen zu arbeiten. ... Ich präge mit meinem Leben dieser Welt eine Spur ein, die unvergänglich ist. Meine ureigenste Spur wird in der persönlichen Ausstrahlung bestehen, die von mir ausgeht. (I47w)

Ich habe, soweit ich mich erinnern kann, vor allem in der siebten Klasse angefangen, mein Verhalten und das meiner Mitschüler zu reflektieren und zu sehen, ob das, was man sagt, man sein will und das, was man tut, auch im Einklang stehen. Ich habe da einige Differenzen gesehen und angefangen, daran zu arbeiten. Mein Handeln und Tun sollte mit meinen Überzeugungen übereinstimmen. Das war oft ein Kampf und es ist nicht immer gelungen, auch viele Klassenkameraden waren nicht so begeistert, wenn ich ihnen sagte, dass sie mal über ihr Verhalten nachdenken sollten. (I58w)

Hier geht es also nicht mehr um ein bloßes Sich-Faszinieren-Lassen von bestimmten Gruppierungen und ein Ausprobieren von bestimmten Stilen, sondern um eine bewusste Auseinandersetzung mit Lebens- und Persönlichkeitsidealen. In einzelnen Statements ist dabei von großer Entschiedenheit und Zielstrebigkeit die Rede: „Ich nahm sozusagen meine Entwicklung selbst in die Hand". Dies geht bisweilen einher mit einer großen Selbstwirksamkeitserfahrung und -erwartung: „Ich bin es einfach nicht gewohnt, meine Ziele nicht zu erreichen". Die Arbeit am eigenen Selbst wird in unterschiedlichen Aspekten und Varianten beschrieben: als *„Selbsterziehung"*, d. h. als aktives Bemühen, bestimmte problematische Temperamentseigenschaften zu unterdrücken, als bewusster Versuch, sich die *Rosinen* aus jenen vielfältigen Erfahrungen herauszupicken, die während einer Explorationsphase gemacht wurden und sie gezielt in das Patchwork der eigenen Identität einzubauen, als Aufbau eines *eigenen Wertesystems*, als bewusste Kultivierung der *persönlichen Ausstrahlung*, die von einem ausgeht, als *Achtsamkeit* auf die leise Stimme des eigenen Ich, als Herausbildung eines bewussten *Entwurfs der eigenen Idealpersönlichkeit*, als *Bemühen um Kongruenz* zwischen den eigenen Überzeugungen und dem eigenen Handeln, als Entwurf eines mehr oder weniger detaillierten Lebensplanes, als bewusste Formulierung von *Prinzipien*, von persönlichen Maximen, die niemals überschritten werden sollen. Die aktiven Metaphern, die für diesen Aspekt der aktiven Selbstgestaltung gewählt werden, sind wiederholt die des Bastelns, Arbeitens, Hegens und Pflegens.

7.11 Identitätspräsentation und Identitätspolitik

Diese Arbeit am eigenen Selbst stellt gewissermaßen den nach innen gerichteten Aspekt dar. Daneben gibt es aber auch noch den nach außen gerichteten Aspekt der „Selbstdarstellung" beziehungsweise der „Identitätspräsentation". Es geht dabei darum, was und wie viel von dem, was man als bedeutsame Aspekte der eigenen Identität erkannt hat, man nach außen hin zeigt und wie man dies zur Darstellung bringt, welche Mittel man wählt, um den Eindruck, den andere von einem erhalten sollen, gezielt zu beeinflussen.

Aber auch vorher dachte ich schon über mich nach. Dabei ging es aber eher darum, wie mich die anderen, speziell meine Mitschüler, sehen. Das Komische war, dass die anderen mich anders sahen und sehen sollten, als ich mich selbst sah. Genau das wollte ich, denn ich wusste nicht, ob ich mich mit meinem wirklichen ICH bei meinen Freunden und Mitschülern beliebt machen würde. Ich hatte irgendwo Angst, die im Nachhinein wahrscheinlich total unberechtigt war. Ich präsentierte ihnen daher ein anderes ICH als das ICH, das mich eigentlich ausmachte, so war es nämlich damals

„in", richtig „cool" und gelassen zu erscheinen. Dies versuchte ich damals auch darzustellen, doch innerlich war ich weder cool noch gelassen, sondern gehörte eigentlich eher zu den besorgteren und ängstlicheren Mädchen. (I37w)

Meine Gefühle habe ich fast nie preisgegeben. Wenn ich unglücklich war, wirkte ich nach außen völlig normal, und nur die Menschen, die mich gut kannten, konnten erkennen, dass etwas nicht stimmte. Wie gesagt, stimmte mein äußeres Verhalten nicht immer mit meinen Gefühlen überein. Man überlegt sich, wie man sich in bestimmten Situationen präsentiert und gibt, wie man sich bestimmten Menschen gegenüber verhält. Ich war nicht immer ich selbst, konnte aber oft nicht bis zum Schluss durchhalten. (I38w)

Neben der eigenen Vorstellung von mir spielt auch die Darstellung meiner selbst nach außen hin eine Rolle in der Diskussion um eine Identität. Eine Rolle im eigentlichen Sinne, je nach Situation in bestimmte Rollen schlüpfend. Zum einen bin ich bemüht, möglichst authentisch zu sein in der Hinsicht, mein Selbstkonzept nach außen hin erkennbar zu machen und nach meinen Vorstellungen, Werten und Zielen zu leben. Zum anderen setze ich auch gezielt bestimmte Verhaltensweisen ein, um Dinge in einem gewissen Licht erscheinen zu lassen, um Erwünschtes zu erreichen. Muss dies eigentlich ein Widerspruch sein? Möglicherweise gehört es einfach zu meiner Persönlichkeit, Stärken zu betonen, einzusetzen und Schwächen nicht unbedingt in die erste Reihe zu stellen. (I47w)

Schon zu Beginn meiner Jugend legte ich großen Wert darauf, aufzufallen und als etwas Besonderes betrachtet zu werden. Dies erreichte ich durch auffällige Kleidung und außergewöhnliche Haarfarben, aber auch durch unkonventionelles Verhalten und extravagante Meinungen zu bestimmten Themen. In meiner Jugend habe ich mich meistens authentisch verhalten, es gab aber auch Situationen, in denen man andere durch künstliches Verhalten erst einmal auf sich aufmerksam machen musste, um danach überhaupt erst zeigen zu können, wer und wie man wirklich ist. Ich war zum Beispiel, wenn ich neue Jugendliche kennen lernte, zu Beginn meist sehr oberflächlich und lustig, machte viele komische Bemerkungen usw., um einen guten Eindruck zu machen, wurde dann aber oft ziemlich bald ernst und wollte über wichtige Dinge reden. (I50w)

Einige sind sich dabei durchaus der Diskrepanz zwischen dem eigenen inneren Identitätsgefühl und der nach außen präsentierten Identitätsdarstellung bewusst. Sie versuchen gezielt, Aspekte des eigenen Selbst, die bei den bedeutsamen anderen in der sozialen Umgebung auf Ablehnung oder Unverständnis stoßen könnten, wie etwa traurige, gedrückte Stimmungslagen oder Ängstlichkeit und Zaghaftigkeit, zurückzuhalten und einen anderen Eindruck von sich zu vermitteln. Bisweilen wird diese Strategie im Rückblick als „nicht-authentisches" und fassadenhaftes Verhalten selbstkritisch gesehen, in einem anderen Text wird es aber gerade als persönlicher Charakterzug hervorgehoben, die eigenen *Stärken zu betonen*, die Schwächen dagegen eher zu verbergen. Wichtig sei eben nur eine persönliche Bewusstheit für beide Aspekte. Als gängiges Medium für die äußerlich sichtbare Darstellung bestimmter Identitätsaspekte wird neben dem mimisch-gestischen und sprachlichen Habitus und der Kontrolle des Gefühlsausdrucks, um entsprechend cool, locker, humorvoll zu wirken, vor allem die Kleidung, die Frisur und der Körperschmuck genannt. Hierbei geht es dann meist darum, irgendwie aufzufallen, sich mit dem individuellen Styling vom Konventionellen,

Durchschnittlichen, Gewöhnlichen abzuheben. In diesem Sinne schreibt eine Verfasserin: „*Schon zu Beginn meiner Jugend legte ich großen Wert darauf, aufzufallen und als etwas Besonderes betrachtet zu werden*".

7.12 Bilanzierungsversuche: Wie lässt sich der erreichte „Identitätsstatus" beschreiben?

Soweit handelt es sich bei den Zitaten aus den autobiographischen Statements um Erinnerungen zur individuellen Art und Weise des Umgangs mit der Entwicklungsaufgabe „Identitätsarbeit". Sehr viel stärker als bei allen anderen Entwicklungsaufgaben haben gerade hier viele Autorinnen und Autoren ihre Reflexionen bis in die Gegenwart verlängert und haben versucht, eine Art Zwischenfazit auf ihrem Weg der Identitätssuche zu formulieren. Dies zeigt, dass „Identitätssuche" heute kaum mehr allein als eine jugendaltersspezifische Entwicklungsaufgabe verstanden werden kann, die mit dem Ende der Adoleszenz im Regelfall ihre definitive Lösung erfährt und damit als „bewältigt" gelten kann, sondern das „Identitätsarbeit" zunehmend zu einem unabschließbaren lebenslangen Projekt geworden ist, von dem immer nur mehr oder weniger vorläufige und veränderbare Zwischenresultate berichtet werden können.

Zur Beschreibung unterschiedlicher Ausprägungen des „Identitätsstatus" hat in der empirischen Forschung das „Identity-Status-Modell" von Marcia weite Verwendung gefunden. Erikson selbst hat zwar die Polarität von Identität und Identitätsdiffusion als Spannbreite der Entwicklung in diesem Bereich immer wieder umschrieben, er hat die lebensgeschichtlichen und die kommunikativen Voraussetzungen für gelingende Identitätsbildungsprozesse diskutiert, er hat klinische Fallschilderungen prekärer Identitätsentwicklung geliefert, aber er hat kein forschungspraktisch handhabbares Modell oder Verfahren entwickelt, um Personen hinsichtlich der Fortschritte ihrer Identitätsentwicklung einzuordnen. Sein Schüler Marcia dagegen hat versucht, Eriksons Konzept in diesem Sinne empirisch zu wenden. Dafür hat er ein Modell mit vier unterschiedlichen „Identitätszuständen" entwickelt, die er „Erarbeitete Identität" (Identity achievement), Moratorium, Identitätsübernahme (Foreclosure) und Identitätsdiffusion (Identity diffusion) nennt (Marcia 1966, vgl. a. Kraus/Mitzscherlich 1997). Während es bei Erikson nur das bipolare Schema von Identität versus Identitätsdiffusion gab, liegt hier nun eine Typologie von vier unterschiedlichen Varianten vor, die sich aus einer Matrix ergibt, bei der die Dimensionen „Ausmaß der Verpflichtung" (Commitment) und „Ausmaß der Exploration" systematisch variiert werden:

	Ausmaß der Exploration	
Ausmaß der Verpflichtung	hoch	niedrig
hoch	*Erarbeitete Identität* *(Identity achievement)*	*Identitätsübernahme* *(Foreclosure)*
niedrig	*Moratorium*	*Identitätsdiffusion* *(Identity diffusion)*

Angenommen wird dabei also, dass gelingende Identitätsbildung einerseits ein hohes Maß an Exploration, d. h. an Erkundung von und Auseinandersetzung mit unterschiedlichen Optionen, Weltsichten, Lebensformen voraussetzt. Man muss Erfahrungen gemacht und sich mit unterschiedlichen Möglichkeiten, sein Leben zu leben und über die

Welt zu denken, kritisch auseinander gesetzt haben, bevor man eine Entscheidung trifft. Die zweite Annahme ist die, dass im Hinblick auf gelingende Identitätsbildung tatsächlich Entscheidungen und Festlegungen notwendig sind, dass man, wenn man ein klares Identitätsgefühl erreichen will, wenn man auch anderen gegenüber eine konturierte Identität präsentieren will, nicht auf Dauer im Diffusen und Unverbindlichen bleiben kann.

Die Dimensionen „Exploration" und „Verpflichtung" können unabhängig voneinander hoch oder niedrig ausgeprägt sein und aus diesen Relationen ergeben sich die vier „Identitätszustände":

Sind beide Dimensionen hoch ausgeprägt, dann liegt nach Marcia der Idealfall der „erarbeiteten Identität" vor, d. h. nach einer Phase der kritischen Auseinandersetzung mit den Normen, Werten und Erwartungen des Herkunftsmilieus und der Exploration von unterschiedlichen Perspektiven und Optionen für das eigene Leben findet eine begründete Festlegung auf bestimmte Standpunkte, Werte und Zukunftsvorstellungen statt. Es sind die „Entschiedenen", die nach reiflicher Überlegung und Erprobung zu klaren persönlichen Positionen und Lebensplanungen gefunden haben.

Ist nur die erste Dimension „Exploration" hoch ausgeprägt, dann handelt es sich gewissermaßen noch um „Suchende", um junge Menschen, die noch dabei sind, zu erproben, welche Stile, Weltanschauungen, Lebensformen zu ihnen passen. Sie haben noch keine Festlegungen für sich getroffen, sondern experimentieren noch. Nach Marcia und nach Erikson befinden sie sich also noch im Stadium des psychosozialen Moratoriums, welches im günstigen Fall als Vorläuferstadium der „erarbeiteten Identität" betrachtet werden kann.

Ist dagegen die Dimension der „Verpflichtung" hoch ausgeprägt ohne dass es je zu einer ernsthaften „Exploration" gekommen wäre, dann spricht Marcia von „foreclosure" (Identitätsübernahme). Hier handelt es sich also um junge Menschen, die die Mühe der kritischen Auseinandersetzung mit den Sichtweisen und Erwartungen ihres Herkunftsmilieus und das Wagnis der Erprobung eigener Wege gar nicht auf sich genommen haben, sondern die einfach die Vorstellungen und Weltsichten ihrer Umgebung umstandslos zu den ihren gemacht haben. Hier hat also kein wirklicher Individuierungsprozess, sondern lediglich ein Adaptionsprozess stattgefunden. Oftmals werden gerade deshalb, weil die kritische Auseinandersetzung mit der Vielfalt möglicher Perspektiven fehlt, die eigenen (übernommenen) Sichtweisen besonders rigide vertreten. Die eigene beschränkte Weltsicht gilt dann als einzig mögliche Sicht der Dinge. „Foreclosure" meint also eine vorzeitige, durch äußere Erwartungen forcierte Festlegung, ohne die möglichen Alternativen überhaupt richtig geprüft zu haben.

Sind schließlich beide Dimensionen niedrig ausgeprägt, d. h. kommt es weder zu einer ernsthaften Exploration unterschiedlicher Weltsichten und Lebensentwürfe noch zu einer Festlegung auf bestimmte Werte und Standpunkte noch zu einer Entscheidung für bestimmte Zukunftspläne und Ausbildungsziele, dann spricht Marcia vom Identitätsstatus der „Diffusion". Die Betroffenen tun sich schwer damit, Entscheidungen zu fällen, Prioritäten zu setzen, persönlich bedeutsame Ziele zu verfolgen. Sie tendieren eher dazu, alles im Vagen und Unverbindlichen zu lassen.

Natürlich steckt in dem Modell eine deutliche Normativität: Marcia lässt keinen Zweifel daran, dass „Identity achievement" der erstrebenswerte Identitätsstatus ist, „Foreclosure" und „Identity diffusion" dagegen defizitäre Formen sind, bei denen die eigentlichen Aufgaben der Identitätsarbeit nicht recht gelungen bzw. überhaupt nicht recht in Angriff genommen worden sind. Der Status des „Moratoriums" dagegen wird eher freundlicher bewertet. Dieser kann nämlich eher als (notwendiges) Durchgangsstadium auf dem Weg zur „erarbeiteten Identität" betrachtet werden.

Marcia hat ein spezifisches Leitfadeninterview und ein entsprechendes Auswertungsverfahren entwickelt, um den „Identitätsstatus" der Befragten zu bestimmen. Interessant ist dabei natürlich auch die Frage, inwiefern es über die Zeit hinweg Verschiebungen in der Verteilung der unterschiedlichen „Identitätszustände" in den unterschiedlichen Jugendgenerationen gibt. Marcia selbst meinte feststellen zu können, dass sich der Anteil derjenigen, die dem Status der „Identitätsdiffusion" zugeordnet werden müssen, im Laufe der achtziger Jahre deutlich erhöht hat. Waren es in früheren Untersuchungen meist um die 20% der interviewten Jugendlichen, die diesem Status zugeordnet worden waren, so lag ihr Anteil in jüngeren Studien häufig bei um die 40%. Kraus und Mitzscherlich kommentieren in ihrer Diskussion des Ansatzes von Marcia diese Tendenz folgendermaßen: „Das bedeutet, daß eine wachsende Zahl von Jugendlichen sich nicht mehr auf stabile, verbindliche und verpflichtende – und in diesem Sinne identitätsstiftende Beziehungen, Orientierungen und Werte festlegt. Sie haben sich keinen eigenen Wertekanon erarbeitet" (Kraus/Mitzscherlich 1997, S. 160). Offensichtlich haben die gesellschaftlichen Rahmenbedingungen sich so verändert, dass es schwieriger geworden ist, jene von Eriksons bzw. Marcias Identitätsmodell geforderten Festlegungen zu treffen. Marcia hat versucht, dem Rechnung zu tragen, und hat die Möglichkeit einer „kulturell adaptiven Diffusion" erwogen: „Dort, wo die gesellschaftlichen Bedingungen Unverbindlichkeit und Indifferenz nahe legen, ist es vernünftig, sich nicht festzulegen, Chancen zwar zu ergreifen, aber mögliche andere Optionen dabei nicht aus dem Blickfeld zu verlieren" (ebd.). Diese Tendenzbeschreibung korrespondiert auf interessante Weise mit dem zentralen Ergebnis der jüngsten Shell Jugendstudie. Hurrelmann hat in der neuen Shell Jugendstudie 2002 zur Kennzeichnung der aktuellen Jugendgeneration die Bezeichnung „Ego-Taktiker" geprägt und er charakterisiert die entsprechende Grundhaltung folgendermaßen: „Die vorliegenden Studien lassen es als gerechtfertigt erscheinen, den Sozialcharakter der Mehrheit der Jugendlichen heute als ‚Egotaktiker' zu bezeichnen. Egotaktikerinnen und Egotaktiker fragen die soziale Umwelt ständig sensibel nach Informationen darüber ab, wo sie selbst in ihrer persönlichen Entwicklung stehen. ... Hier gilt es das Beste aus der Situation zu machen und vorhandene Chancen so wahrzunehmen, wie sie sich anbieten. Zur egotaktischen Grundeinstellung gehört ein Schuss Opportunismus ebenso wie eine Portion Bequemlichkeit, eine abwartende und sondierende Haltung ebenso wie die Fähigkeit, im richtigen Moment bei einer sich bietenden Chance zuzugreifen" (Hurrelmann 2002, S. 33). Kennzeichnendes Merkmal ist also auch hier die Nicht-Festlegung, die Tendenz, sich stets alle Optionen offen zu halten. Freilich wird dies nun weniger im Eriksonschen Sinne als qualvolle Diffusion, als krisenhaftes „Sich-nicht-entscheiden-Können" erlebt, sondern eher als bewusste „taktische" Haltung der sondierend-abwartenden Chancenoptimierung.

Wie sehen nun die Versuche, den eigenen „Identitätsstatus" als eine Art Zwischenbilanz im Rahmen der autobiographischen Statements zu beschreiben, aus? Inwiefern sind die von Marcia entwickelten Kategorien hilfreich, um die unterschiedlichen Selbstbeschreibungen zu ordnen?

Ich bin mit meinem jetzigen Leben, das ich mir so gewählt habe, sehr zufrieden, dennoch gibt es Bereiche, in denen es mir noch nicht gelungen ist, meine Identität zu finden, wie z. B. die Politik oder auch die Religion. Es gibt Momente, in denen die

Identität geprüft wird, und ich mich frage, wo ich eigentlich hingehöre oder wie ich etwas ändern kann. Gerade bei meinen komplizierten Familienstrukturen treten, auch nach meinem Auszug, immer wieder die gleichen Probleme auf. Im Gegensatz zu früher denke ich mehr an mich, bin egoistischer geworden und habe begonnen, an mir zu arbeiten und selbstbewusster Entscheidungen zu treffen und zu handeln, auch den Eltern gegenüber. (I17w)

Wie schon gesagt, gehe ich nicht davon aus, dass meine Persönlichkeitsentwicklung schon abgeschlossen ist. So probiere ich immer wieder daran herum und versuche herauszufinden, wer ich bin und ob ich mich wirklich so präsentiere, wie ich bin. Vielleicht bin ich gar nicht so sozial eingestellt wie ich immer tue und Lehramt ist der falsche Beruf für mich. Ich denke, dass gerade im Studium mit seinen vielfältigen Angeboten mir viele Möglichkeiten gegeben werden, meine Identität weiter zu entwickeln. Da ich mich auch noch nicht in einer festen Partnerschaft befinde, erleichtert es das Herumprobieren an meiner Identität stark. Ich halte es für mich für sehr wichtig, diesen Prozess auch so weit abgeschlossen zu haben, dass ich später in einer Partnerschaft weiß, wer ich bin und was ich will. (I24w)

Die Identitätsfindung ist sicher niemals gänzlich abgeschlossen. Doch im Vergleich zur Pubertät kann ich heute meine Suche nach Identität, meine Orientierung an „vorgegebenen" Identitäten kritisch reflektieren. Auch wenn ich mich heute immer noch mit einem bestimmten Kleidungs- oder Musikstil mehr identifiziere als mit einem anderen oder ich meine Person durch bestimmtes Verhalten oder bestimmte Interessen betont sehe, so kann ich dies doch in einer gewissen Weise belächeln. Im Gegensatz zu früher kann ich heute mir selbst bei der Identitätssuche zuschauen. (I44w)

Im Grunde bin ich selbst-zufrieden, habe das Gefühl mein Leben im Griff zu haben, es so zu führen, wie ich es möchte, ohne dabei Einschränkungen zu machen. Allerdings glaube ich, dass man nie aufhören darf, eine reflektierte Beziehung mit sich selbst und der Umwelt zu führen. (I45w)

Wie ich im oberen Teil schon erwähnt habe, war es bis hierhin (18/19) eher ein unbewusster Weg der Selbstfindung. Die bewusste Suche nach mir selbst, also dem wahren Selbst, begann erst in den letzten zwei Jahren (ich bin jetzt 21), seitdem ich aus meiner alten Umgebung weg bin. Ich habe hier auch richtig gemerkt, dass ich mich gerade finde. Ich merkte jetzt, dass ich doch eine Vorstellung von meinem idealen Selbst gebildet hatte, dass sich aber im wahren Selbst nicht vollständig wiederfand. Es ist ein echt spannender Prozess. Ich beginne so viele Dinge in Frage zu stellen und für mich die richtigen Wege zu finden. Es ist Wahnsinn, was da manchmal im Kopf so vor sich geht. Da bin ich nur noch eine Denkmaschine und habe manchmal das Gefühl, dass das Gehirn gleich platzt. Es ist ein unheimlich befreiendes Gefühl seinem wahren Selbst immer ein Stück näher zu kommen. Wenn ich mich nun selbst analysiere, würde ich mich so einschätzen, dass ich meinen Kern schon gefunden habe. Aber noch nicht alles! Ich denke die Suche ist nie zu Ende. (I63w)

Wenn ich so zurückblicke, kann ich damit übereinstimmen, dass meine Jugendzeit eine Phase des Zweifels aber auch der bewussten Reflexion und der sich entwickelnden Autonomie war. Ich denke, eine Antwort auf die Frage „Wer bin ich?" habe ich gefunden und mir eine eigene Position erarbeitet. Meiner Meinung nach habe ich die

Identitätsarbeit also gut gemeistert. Für mich ist es jetzt ganz selbstverständlich, zu wissen, wo ich hingehöre und auch mit mir selbst eins zu sein. (164w)

Ich habe jedoch mehr Lebenszeit als die Adoleszenz für dieses „kohärente Selbst" gebraucht und sehe mich auch heute noch am „Feinschliff" meiner Identität. Das ist auch gut so. Ich sehe keinen Mangel in langen Entwicklungsprozessen. Besser überhaupt eine eigene Identität finden, als Blockaden durch Konfliktvermeidung zu pflegen. Die Identitätsentwicklung bekommt vielleicht in der Adoleszenz eine entscheidende Richtung: Fremdmeinung wird Eigenmeinung. Meines Erachtens ist sie aber keine abgeschlossene Sache eines bestimmten Lebensalters im Gegensatz zur Pubertät, die hormonell bedingt in einem bestimmten Alter geschieht. (165w)

Die autobiographischen Äußerungen lassen eine Vielzahl von Facetten und Entwicklungslinien hinsichtlich der eigenen „Geschichte der Identitätssuche" und eine Vielzahl unterschiedlicher Bewertungen hinsichtlich der Einschätzung des persönlichen „Identitätsstatus" erkennen. Bezogen auf Marcias Typologie wird deutlich, dass nur drei der von ihm beschriebenen vier Kategorien in den Äußerungen erscheinen: Erarbeitete Identität, Moratorium und Diffusion. Äußerungen, die sich direkt der Kategorie „Foreclosure" zuordnen ließen, finden sich dagegen bei diesen Bilanzierungsversuchen nicht. Dies ist freilich nicht so sehr erstaunlich. Wenn junge gebildete Erwachsene sich in schriftlicher Form Gedanken zu der „Entwicklungsaufgabe Identitätsarbeit" machen, wenn sie dies zudem auf dem Hintergrund eines Theorietextes tun, in dem die Ansprüche, die mit dem Identitätskonzept verbunden sind, diskutiert werden, dann ist kaum zu erwarten, dass sie einfach schreiben. *„Meine Vorstellungen über die Welt und über meine persönliche Zukunft habe ich mehr oder weniger ungeprüft von meinen Eltern übernommen und ich bin der festen Überzeugung, dass diese schon richtig sind".*

Das heißt jedoch nicht, dass bei einer solchen anonymen autobiographischen Selbstbeschreibung nur Antworten im Sinne der sozialen Erwünschtheit herauskommen. Es ist durchaus eine breite Skala unterschiedlicher subjektiver Einschätzungen der Bewältigung der „Entwicklungsaufgabe Identitätsarbeit", die sich hier abzeichnet:

Da gibt es einige, die sich sehr klar und sehr bestimmt eine gute und rundum erfolgreiche Bewältigung dieser Entwicklungsaufgabe attestieren. In diesem Sinn heißt es etwa: *„Abschließend kann ich für mich sagen, dass ich diese Entwicklungsaufgabe für mich gut gelöst habe"*, oder eine Verfasserin ist stolz darauf, dass es ihr gar gelungen ist, *„eine doppelte Identität zu entwickeln, die ich flexibel handhaben kann. Dies ist ein wichtiges Ergebnis der mühsamen Identitätsarbeit"*. Es wird vom behaglichen Zustand der *„Selbst-Zufriedenheit"* berichtet, vom Gefühl, das *„Leben im Griff zu haben"*, bzw. vom Gefühl, mit der Umwelt und mit sich selbst *„im Reinen"* zu sein. Eine andere Verfasserin beansprucht, klar von sich behaupten zu dürfen, *„ich selbst zu sein und auf andere authentisch zu wirken"*. Ähnlich selbstbewusst konstatiert eine andere: *„Für mich ist es jetzt ganz selbstverständlich zu wissen, wo ich hingehöre und auch mit mir selbst eins zu sein"*. All dies sind Aussagen, in denen ein klares, positives Identitätsbewusstsein zum Ausdruck kommt. Freilich wird dabei häufig darauf hingewiesen, dass einem dies nicht „in den Schoß gefallen" sei, sondern durchaus das Resultat intensiver persönlicher Auseinandersetzung, *„mühsamer Identitätsarbeit"*, darstellt.

Andere sehen sich zwar hinsichtlich ihrer Identitätsentwicklung prinzipiell auf einem guten Weg, sehen aber dennoch Teilbereiche, in denen weitere „Entwicklungsarbeit" erforderlich ist. Sie betonen zwar, dass sie immerhin schon *eine Richtung* festgelegt hätten, dass aber dennoch die Auseinandersetzung mit den Fragen „*Was will ich eigentlich?*" und „*Wer möchte ich sein?*" heute noch nicht als *ganz abgeschlossen* gelten könne. Sie vergleichen ihre Identität mit einem „*Puzzle, das im Laufe der Zeit immer mehr passende Teile bekommt*". Immerhin aber verläuft dieser Prozess, so wird hervorgehoben, „*um den bereits gefundenen Identitätskern*" herum. Eine andere Verfasserin sieht sich noch immer am „*Feinschliff*" ihrer Identität arbeiten und steht dazu, dass dies eine lebenslange Aufgabe sei.

Bisweilen kann das „Finden", „Erkennen", „Gewahrwerden" der eigenen Identität auch eher auf ein Stück Ernüchterung bzw. auf Anerkennung von Begrenzung hinauslaufen. Ein Autor konstatiert, dass er ohne Zweifel *ein Sonderling* war, betont dann aber, dass es für seine Identitätsfindung wichtig gewesen wäre, diese „*selbst empfundene Andersartigkeit zu schätzen und positiv mit ihr umzugehen*". Eine andere Verfasserin, bei der zunächst offensichtlich Grandiositäts- und Exklusivitätsphantasien eine wichtige Rolle spielten, kommt zu der identitätsbedeutsamen Erkenntnis, dass ihr *Leben nicht so spannend und aufregend verlaufen* würde, wie sie sich dies ursprünglich erträumt hatte, steht nun aber zu ihrem eher kleinen *Glück im privaten Bereich* und formuliert ein offensives Bekenntnis zur Durchschnittlichkeit: „*Ich bin durchschnittlich, aber trotzdem etwas Besonderes*".

In diesem Statement wird auch ausdrücklich auf die Bedeutsamkeit des Moratoriums und damit der Exploration, der Welt- und Lebenserkundung, für die eigene Identitätsfindung verwiesen, selbst wenn diese bisweilen mit schmerzlichen Erfahrungen verbunden sind: „*Durch meine langen Irrwege habe ich auch einen Vorteil vor manch anderem. Es gibt wirklich kaum etwas, was ich nicht getan oder miterlebt habe – auch wenn vieles davon negativ war, so habe ich doch wahnsinnig viele Erfahrungen gesammelt und weiß, was in der Welt los ist und wovon ich spreche*". Ein anderer Verfasser preist aus dem Rückblick sogar die Härten seiner Jugend, die offensichtlich ziemlich problematisch war und wenig „heile Welt" bot. Diese Hürden und Herausforderungen hätten dazu geführt, dass er selbst heute „*eine weitaus stärker entwickelte Persönlichkeit*" habe als die meisten Altersgenossen, die unter behüteteren Umständen herangewachsen sind. Gerade diese Schwierigkeiten hätten einen besonders starken Wunsch bei ihm hervorgebracht, die eigene Identität und Individualität zu entwickeln. Auch hier sprechen die Verfasserinnen und Verfasser somit aus der Position derer, die trotz (oder wegen?) der Irrwege, Schwierigkeiten, Hindernisse, denen sie auf dem Weg ihrer Identitätssuche begegnet sind, diese Aufgabe zu einem guten Ende gebracht haben.

Es gibt freilich auch die umgekehrte Variante. Entwicklungen, die geradlinig und harmonisch erscheinen, bei denen auch das Selbstbild und die Sinnfrage zunächst unproblematisch erscheinen, bei denen dann freilich die Identitätsproblematik erst nach dem eigentlichen Jugendalter aufbricht. In diesem Sinn meint ein Verfasser, während seiner Jugendzeit sei die *Frage „was bin ich?"* für ihn *leichter zu beantworten* gewesen als in der Gegenwart. Eine andere Autorin spricht gar von einem *gefährlichen Vertrauen in sich selbst*, das sie während ihrer Jugendzeit stets hatte, weil es nämlich ein extrem *unkritisches Selbstvertrauen* gewesen sei. Erst beim Studienbeginn und dem damit verbundenen Versuch, ein eigenständiges Leben zu führen, sei der unsichere Grund dieses Vertrauens in die vermeintlichen Fähigkeiten offenbar geworden und habe zu *Identitätsstörungen* verbunden mit massiven *Arbeitsstörungen* geführt. In einem anderen Statement bemerkt die Verfasserin, dass sie zwar die „*einst festgelegten*

Ziele engagiert verfolge", dass nun aber vermehrt Zweifel aufkämen, ob diese Ziele auch die richtigen sind. Mit dieser Unsicherheit, ob die einstmals klaren Lebensorientierungen noch tragen, wird auch die Identitätsfrage wieder virulent. Auch in einem anderen Statement wird darauf hingewiesen, dass erst problematische Ereignisse dem unbeschwerten aber naiven Dahinleben ein Ende bereitet und zur Frage nach dem Sinn und nach dem Kern der eigenen Persönlichkeit gezwungen hätten: *„der bewusste, reflektierte Umgang damit, bezogen auf meine Person, der stellte sich erst nach leidvollen Erfahrungen ein"*.

Dieses spätere bzw. erneute Aufbrechen der Identitätsfrage muss jedoch nicht nur als Verunsicherung und Belastung erlebt werden. In einem anderen Statement wird es als eine besonders faszinierende und aufregende Erfahrung ausführlich geschildert. Dort heißt es, dass die *„bewusste Suche nach mir selbst ... erst in den letzten zwei Jahren"* begonnen hätte: *„Ich habe hier auch richtig gemerkt, dass ich mich gerade finde"*. Dieser Selbstentdeckungsprozess wird als richtiges „Heureka-Ereignis" erlebt, als ein *„echt spannender Prozess"*, der gelegentlich mit dem Gefühl einhergeht, *„dass das Gehirn gleich platzt"*, aber auch mit Gefühlen der Befreiung und der Annäherung an den eigentlichen Personenkern.

Zwischen jenen Bemühungen der Identitätssuche und Identitätspräsentation, die aus den Jugendjahren erinnerlich sind, und jenen gegenwärtigen Formen der Auseinandersetzung mit dieser Thematik im jungen Erwachsenenleben bestehen dabei oftmals beträchtliche Unterschiede. In mehreren Statements wird darauf hingewiesen. Irgendwie scheint die Identitätsarbeit im Verlauf dieser Jahre bewusster, reflexiver geworden zu sein: So heißt es etwa: *„im Vergleich zur Pubertät kann ich heute meine Suche nach Identität, meine Orientierung an ‚vorgegebenen' Identitäten kritisch reflektieren"*, oder an anderer Stelle: *„Im Gegensatz zu früher kann ich heute mir selbst bei der Identitätssuche zuschauen"*. Eine andere Verfasserin geht ebenfalls auf diese Differenz der Identitätsarbeit in verschiedenen Lebensaltern ein und bringt sie folgendermaßen auf den Punkt: *„Ich denke, der Unterschied zur Adoleszenz liegt vielleicht darin, dass dies heute mit einer größeren Selbstsicherheit und einem festen Selbstbewusstsein geschieht."*

Während in den bisher zitierten Statements die Bemühungen um die eigene Identität wohl irgendwie zwischen „achievement" und „Moratorium" einzuordnen waren bzw. zwischen diesen beiden Stufen schwankten, gibt es doch auch ziemlich viele Statements, in denen eher ein Schwanken zwischen „Moratorium" und „Diffusion" spürbar wird, in denen also sehr viel mehr an Unsicherheit und Zweifel zu erkennen ist, in Sachen „Identität" jemals festen Boden unter die Füße zu bekommen. In diesem Sinn zeigt sich eine Verfasserin eher skeptisch hinsichtlich der Möglichkeit, auf die Frage *„Wer bin ich"* in absehbarer Zeit eine klare Antwort für sich zu finden, und sie äußert die Vermutung: *„Es werden noch viele Situationen auf mich zukommen, in denen ich feststellen muss, dass ich doch noch nicht sicher bin, was ich will, oder wohin ich eigentlich gehöre"*. Eine andere Autorin spricht davon, dass sie immer wieder *an ihrer Identität herumprobiere*, um *„herauszufinden, wer ich bin, und ob ich mich wirklich so präsentiere, wie ich bin"*. Selbst so grundlegende Festlegungen wie die Entscheidung für ihr Lehramtsstudium erscheinen ihr plötzlich fragwürdig, weil sie sich ihrer *sozialen Einstellung* nicht mehr sicher ist. Grundsätzliche Skepsis hinsichtlich der Erreichbarkeit einer klaren, prägnanten Identität drücken sich auch in der Vermutung aus, man käme *wahrscheinlich nie zu einer zufrieden stellenden Antwort* bezüglich der zentralen Frage: *„Was bin ich?"*. In einem anderen Statement ist bei einer ähnlichen Aussage sogar ein

Stück Resignation und Selbstvorwurf herauszuhören: *„Die Frage ‚Wer bin ich?' stellt sich mir heute noch sehr oft. Eigentlich sollte man meinen, dass meine Adoleszenz lange genug vorbei ist und ich eine befriedigende Antwort auf diese Frage gefunden habe. Das ist leider nicht der Fall."*

8 Schluss: „Jugend" – was war das eigentlich?

Nicht nur im Hinblick darauf, wie weit die Arbeit an der eigenen Identität inzwischen gediehen ist, haben die Autorinnen und Autoren der autobiographischen Statements häufig Bilanz gezogen. Nicht selten tauchten in den Texten auch Bemerkungen darüber auf, was diese intensive Reflexion auf die eigene Jugendzeit mit den Betroffenen gemacht hat, welche inneren Prozesse dadurch ausgelöst worden sind und welche Erkenntnisse dabei gewonnen wurden. Vereinzelt finden sich auch nachdenkliche Überlegungen, in denen versucht wird, sich klar darüber zu werden, in welchem Verhältnis man eigentlich grundsätzlich zu den persönlichen Erfahrungen seiner eigenen Vergangenheit steht und welche Probleme auftauchen, wenn es darum geht, ihre Bedeutung richtig einzuschätzen und sie in Sprache zu fassen. Drei solche Passagen sollen am Ende dieses Buches stehen, verbunden mit einem herzlichen Dank an all die Autorinnen und Autoren, die in den autobiographischen Texten, die diesem Buch zugrunde liegen, mit so großer Offenheit und Ausführlichkeit über ihre persönlichen Erfahrungen in den Auseinandersetzungen mit den typischen Entwicklungsaufgaben des Jugendalters berichtet haben.

Ich möchte mich zuerst allgemein über diese Arbeit äußern. Es ist das erste Mal, dass ich mich so intensiv mit meiner Pubertät beschäftigt habe, und ich muss zugeben, dass mir ... einige Sachen in Bezug auf Probleme im Jugendalter klarer, verständlicher geworden sind. Die Auseinandersetzung mit der Lektüre sowie mit meiner Vergangenheit empfand ich als äußerst interessant und bereichernd. Im Laufe der Lektüre musste ich immer wieder kopfnickend erkennen, dass so manches auf mich zutrifft. (K 22w)

Es ist keine leichte Aufgabe, rückblickend darüber zu schreiben, schließlich will ich die Wahrheit treffen, eine Wahrheit in dem Sinne der korrekten Wiedergabe meiner damaligen Einstellungen, Stimmungen, Gefühle. Hätte ich Tagebuchaufzeichnungen oder ähnliches, wäre dies wohl am ehesten möglich. Da ich in meiner Jugend aber keine schriftlichen Notizen über das Erleben meiner Entwicklung und die anderer gemacht habe, muss ich mich damit begnügen, in meinen Erinnerungen nachzuforschen. Wenn ich von „rückblickend" spreche und von „meiner Jugend", gehe ich davon aus, dass die Zeit abgeschlossen ist, ich keine Jugendliche mehr bin. Vielmehr fühle ich mich heute als das, was man als „erwachsen" bezeichnen könnte, zumindest fällt mir kein adäquaterer Begriff für meinen Blick auf die Welt und meine Art der Selbstbetrachtung ein. Obwohl ich die Zeit meiner Jugend als abgeschlossen ansehe, habe ich noch lange nicht alle Entwicklungsaufgaben, die sich einer Jugendlichen stellten, bewältigt. Das damalige Denken, Fühlen, Empfinden wirkt sich stark auf mein heutiges Erleben und Handeln aus. Wenn ich also im Folgenden über meine Jugend schreibe, ist dies vom Leser als Erinnerungsversuch zu verstehen, bei dem die Autorin davon ausgeht, dass die noch im Gedächtnis gebliebenen Dinge besonders relevant waren oder sind. Zwar haben diese rückblickenden Notizen den Vorteil der Reflexion über Gewesenes, keineswegs aber hat diese Form des Beschriebenen die Authentizität einer direkt im Jugendalter geschehenen zeitgleichen Darstellung. (K47w)

Vor einigen Wochen las ich einen Eintrag in ein Poesiealbum von mir, ich war 15 und hatte Sorgen, welche ich mir heute, zehn Jahre später wünschen würde. Wie immer war ich nicht mit meinem Äußeren zufrieden, zu klein, Speck und Pfunde an den falschen Stellen usw. und was würde ich heute dafür geben, die Uhr noch mal zurückdrehen zu können ... meinen heutigen Verstand und den Körper von damals... werde ich in 10 Jahren das gleiche über heute denken ... mit Sicherheit. Tja, auf jeden Fall gibt es den richtigen Zeitpunkt im Leben einer Frau glaub ich nicht, an dem alles passt. Nur kann ich heute über kleine Makel lachen, sie akzeptieren, während sie mit 15 Jahren ein zentrales Problem in meinem Leben darstellten. Aber es gibt da einen tollen Spruch, der hier passen könnte ... „Tja die Jugend wird leider an die Jungen verschwendet"... nie waren wir schöner und unzufriedener als damals ... d.h. es wird mit den Jahren immer besser ... ich freu mich schon auf die 30. (K55w)

Literatur

Arlt, M.: Pubertät ist, wenn die Eltern schwierig werden. Freiburg, Herder, 2000

Ayres, J.: Bausteine der kindlichen Entwicklung. Die Bedeutung der Integration der Sinne in der Entwicklung des Kindes. Berlin, Heidelberg, New York, Tokio, Springer, 1984

Baacke, D.: Ausschnitt und Ganzes. Theoretische und methodologische Probleme bei der Erschließung von Geschichten. In: Baacke, D./Schulze, Th. (Hrsg.): Aus Geschichten lernen. Zur Einübung pädagogischen Verstehens. Weinheim, Juventa; 1979, S. 11–50

Baacke, D.: Die 13- bis 18jährigen. Eine Einführung in die Probleme des Jugendalters. 2. Aufl., München, Wien, Baltimore, Urban & Schwarzenberg, 1979

Baacke, D./Heitmeyer, W. (Hrsg.): Neue Widersprüche. Jugendliche in den achtziger Jahren. Weinheim, München, Juventa, 1985

Bahnsen, U.: Tumult auf der Baustelle. In: Zeit, 33/2002

Baier, Th.: Puberterror. Ratgeber für alle, die mit Jugendlichen zu tun haben. Neuried, Care-Line-Verlag, 2003

Barlow, S./Skidmore, S., Die härtesten Jahre. Wien, Carl Ueberreuther 1998

Baumert u. a.: PISA 2000. Basiskompetenzen von Schülerinnen und Schülern im internationalen Vergleich. Opladen, Leske + Budrich, 2001

Beck, U./Beck-Gernsheim, E. (Hrsg.): Riskante Freiheiten. Individualisierung in modernen Gesellschaften. Frankfurt/M., Suhrkamp, 1994

Beck, U./ Vossekuhl, W./Ziegler, U.E.: Eigenes Leben – Ausflüge in die unbekannte Gesellschaft, in der wir leben. München, Beck, 1995

Behnken, I.: Jugend in Selbstbildern. In: Jugendwerk der Deutschen Shell (Hrsg.): Jugendliche und Erwachsene '85, Leverkusen, Leske + Budrich, 1985

Bilden, H.: Das Individuum – ein dynamisches System vielfältiger Teil-Selbste. Zur Pluralität in Individuum und Gesellschaft. In: Keupp, R./Höfer, R. (Hrsg.): Identitätsarbeit heute. Klassische und aktuelle Perspektiven der Identitätsforschung. Frankfurt/M., Suhrkamp, 1997, S. 227–250

Bittner, G.: Das Jugendalter und die Geburt des Selbst. In: Neue Sammlung, 24. Jg. 1984/4, S. 331–344

Bittner, G.: Von den Schwierigkeiten Jugendlicher, eine sinnvolle Lebens- und Zukunftsperspektive aufzubauen. In: Neue Sammlung, 39. Jg., 1991/1, S. 82–96

Bittner, G.: Autobiographische Texte: Pädagogische und psychoanalytische Interpretationsperspektiven. In: ders. (Hrsg.): Biographien im Umbruch. Lebenslaufforschung und vergleichende Erziehungswissenschaft. Würzburg, Königshausen & Neumann, 1994, S. 9–25

Bittner, G.: Kinder in die Welt, die Welt in die Kinder setzen. Eine Einführung in die pädagogische Aufgabe. Stuttgart u. a., Kohlhammer, 1996

Bittner, G.: Der Erwachsene. Multiples Ich in multipler Welt. Stuttgart, Berlin, Köln, Kohlhammer, 2001

Bittner, G.: Plädoyer für eine Jugend-Schule. Die vergessenen „Adressaten" der Sekundarstufe I. In: Fröhlich, V./Göppel, R.: Was macht die Schule mit den Kindern? – Was machen die Kinder mit der Schule? Psychoanalytisch-pädagogische Blicke auf die Institution Schule. Gießen, Psychosozial-Verlag, 2003, S. 92–109

Bloch, E.: Das Prinzip Hoffnung. Erster Band, Frankfurt/M., Suhrkamp, 1959

Böck, I.: Zwischen Unschuld und Unzucht. In: Focus, 28/2001 vom 9.7. 2001, S. 123–126

Bockemühl, J.: Die Pubertät und ihre Krisen. Erzieherische Hilfen zur Überwindung von Schwierigkeiten. Zug, FPA-Verlag, 2001

Böhm, W.: Wörterbuch der Pädagogik. Stuttgart, Alfred Kröner Verlag, 1982[12]

Brosch, H./Luchs, A.: Nervenprobe Pubertät. Wie Eltern sie bestehen können. Zürich, Pro Juventute, 2003

Brown, L./Gilligan, C.: Die verlorene Stimme. Wendepunkte in der Entwicklung von Mädchen. München, dtv, 1997

Bründel, H.: Suizid bei Kindern und Jugendlichen. In: Unsere Jugend, Heft 1/2003, S. 37–46

Brunner, J.: Sinn, Kultur und Ich-Identität. Heidelberg, Auer, 1997

Brunner, K.M.: Zweisprachigkeit und Identität. In: Psychologie und Gesellschaftskritik, 44. Jg., 1987, S. 57–75

Büchner, B.: Wenn Gefühle Achterbahn fahren. Pubertätskrisen und wie man sie überwindet. Wien, Carl Überreuther Verlag, 2000

Bühler, Ch.: Das Seelenleben des Jugendlichen. Stuttgart, Gustav Fischer Verlag, 1921/1967

Bundeskriminalamt (Hrsg.): Polizeiliche Kriminalstatistik. Bundesrepublik Deutschland. Berichtsjahr 2003. Wiesbaden, BKA-Statistik

Bundesministerium für Familie, Senioren, Frauen und Jugend (Hrsg.): Zehnter Kinder- und Jugendbericht. Bericht über die Lebenssituation von Kindern und die Leistungen der Kinderhilfen in Deutschland. Bonn 1998

Bundeszentrale für gesundheitliche Aufklärung (BzgA) (Hrsg.): Jugendsexualität. Wiederholungsbefragung von 14–17-Jährigen und ihren Eltern. Ergebnisse der Repräsentativbefragung 2001. Köln, 2002

Bundeszentrale für gesundheitliche Aufklärung (BzgA) (Hrsg.): Ergebnisse der Wiederholungsbefragung „Drogenaffinität Jugendlicher in der Bundesrepublik Deutschland 2001". Köln 2002

Coupland, Generation X. Geschichten für eine immer schneller werdende Kultur. München 1994

Damasio, A.: Descartes' Irrtum. Fühlen, Denken und das menschliche Gehirn. München, dtv, 1995

Damon, W./Hart, D.: The Development of Self-Understanding from Infancy through Adulthood. Child Development, 53. Jg., 1982, S. 831–857

De Jong, Th. M.: Opposition vom Dienst. Was Jugendliche und Eltern wissen sollten, um die „Herausforderung Pubertät" ohne größere Blessuren zu überstehen. In: Psychologie heute, 9/2001, S. 38–43

Der Spiegel 22/2001 vom 28.5.2001: Süßer Horror Pubertät: Die Entmachtung der Eltern

Der Spiegel 21/2004 vom 17.5. 2004: Schlaue Mädchen – dumme Jungen: Sieger und Verlierer in der Schule

Döbert, R./Nunner-Winkler, G.: Wertwandel und Moral. In: Bertram, H. (Hrsg.): Gesellschaftlicher Zwang und moralische Autonomie. Frankfurt/M, Suhrkamp, 1986, S. 289–319

Dolto, F./Dolto-Tolitch, C./Percheminier, C.: Von den Schwierigkeiten, erwachsen zu werden. Stuttgart, Klett-Cotta, 1991
Dreher, E./Dreher, M.: Entwicklungsaufgaben im Jugendalter: Bedeutsamkeit und Bewältigungskonzepte. In: Liepmann, D./Stiksrud, A. (Hrsg.): Entwicklungsaufgaben und Bewältigungsprobleme in der Adoleszenz. Göttingen 1985, S. 56–70
Dunphy, D.C.: The social structure of urban adolescent peer groups. In: Sociometry, 26. Jg. 1963, S. 230–246
Eder, R.: Dauernd ist sie beleidigt. Wie Töchter und Mütter gut durch die Pubertät kommen. Freiburg, Herder, 2002
Ell, E.: Flegelalter. Junge und Mädchen in der leiblichen Pubertät. Tübingen, Katzmann Verlag, 1973
Emig, H./Steinhard, Ch./Wurthmann, K.: Pubertät, Adoleszenz oder die Schwierigkeit, einen Kaktus zu umarmen. Landesinstitut für Schule, Bremen, 2000
Engel, U./Hurrelmann, K.: Was Jugendliche wagen. Eine Längsschnittstudie über Drogenkonsum, Streßreaktionen und Delinquenz im Jugendalter. Weinheim/München, Juventa, 1993
Erdheim, M.: Die gesellschaftliche Produktion von Unbewusstheit. Eine Einführung in den enthnopsychoanalytischen Prozeß. Frankfurt/M., Suhrkamp, 1982
Erhardt, U.: Gute Mädchen kommen in den Himmel, böse überall hin. Warum Bravsein uns nicht weiterbringt. Frankfurt/M., Fischer, 1994
Erikson, E.H.: Identität und Lebenszyklus. Frankfurt/M., Suhrkamp, 1966
Erikson, E.H.: Kindheit und Gesellschaft. Stuttgart, Klett Verlag, 1968[3]
Erikson, E.H.: Jugend und Krise. Die Psychodynamik im sozialen Wandel. Frankfurt, Berlin, Wien, Ullstein, 1981
Erikson, E.H.: Das Problem der Ich-Identität. In: ders.: Identität und Lebenszyklus. Frankfurt/M., Suhrkamp, 1981[7]
Erikson, E.H.: „Identitätskrise in autobiographischer Sicht". In: ders.: Lebensgeschichte und historischer Augenblick. Frankfurt/M., Suhrkamp, 1982
Ezzo, G./Ezzo A.M.: Hilfe, meine Kinder sind in einem schwierigen Alter. Kinder im Jugendalter verstehen und begleiten. Holzgerlingen, Hänssler, 1999
Faix, W./Rühle, A.: Baustelle Pubertät – Betreten verboten?! Teenager verstehen und in Krisen begleiten. Ein Infobuch für Eltern, Erzieher und Mitarbeiter. Holzgerlingen, Hänssler, 2004
Farin, K.: generation kick.de Jugendsubkulturen heute. München, Beck, 2002
Fend, H.: Entwicklungspsychologie des Jugendalters. Opladen, Leske + Budrich, 2000
Fend, H.: Was stimmt in deutschen Bildungssystemen nicht? – Wege zur Erklärung ihrer Funktionsweise und Wege der Reform. In: Schavan, A. (Hrsg.): Bildung und Erziehung. Perspektiven auf die Lebenswelten von Kindern und Jugendlichen. Frankfurt, Suhrkamp, 2004
Flaake, K.: Geschlechterverhältnisse, geschlechtsspezifische Identität und Adoleszenz. In: Zeitschrift für Sozialisationsforschung und Erziehungssoziologie 1/1990, S. 2–13
Flaake, K.: Erst der männliche Blick macht attraktiv. In: Psychologie heute, 1990/12, S. 48–53
Flaake, K.: Weibliche Adoleszenz und Einschreibung in den Körper. Zur Bedeutung kultureller Definitionen von Weiblichkeit für die Entwicklungsmöglichkeiten von Mädchen. In: Jahrbuch für Psychoanalytische Pädagogik 4, Mainz, 1992, S. 137–149

Flaake, K.: Aus Mädchen werden Bräute, aus Jungen werden Leute? – Lebensentwürfe von Mädchen und jungen Frauen. In: Veen, H.-J. (Hrsg.): Die Frau in unserer Zeit. Leverkusen 1998, S. 20–24

Flaake, K.: Weibliche Adoleszenz, Körperlichkeit und Sexualität. In: Behörde für Schule, Jugend und Berufsbildung Hamburg (Hrsg.): Jugendsexualität und sexuelle Sozialisation. Hamburg, 1999, S. 18–26

Flammer, A./Alsaker, F.D.: Entwicklungspsychologie der Adoleszenz. Die Erschließung innerer und äußerer Welten im Jugendalter. Bern, Huber, 2002

Flavell, J.H.: Rollenübernahme und Kommunikation bei Kindern. Weinheim, Beltz, 1975

Focus, 30/2003 vom 21.7.2003: Abenteuer Pubertät. Wenn Teenager plötzlich anders ticken. Forscher entschlüsseln, wie das Gehirn erwachsen wird. S. 68–78

Freitag, M.: Wie verbreitet sind illegale psychoaktive Substanzen? In: Freitag, M./Hurrelmann, K.: Illegale Alltagsdrogen. Cannabis, Ecstasy, Speed und LSD im Jugendalter. Weinheim und München, Juventa, 1999, S. 45–63

Freud, A.: Das Ich und die Abwehrmechanismen (1936). Frankfurt/M., Fischer, 1984

Freud, S.: Drei Abhandlungen zur Sexualtheorie (1905). In: Studienausgabe, Bd. V Sexualleben Frankfurt/M., Fischer, 1970, S. 37–146

Freud, S.: Über Psychoanalyse. Fünf Vorlesungen, gehalten zur zwanzigjährigen Gründungsfeier der Clark University in Worcester, Mass., September 1909. GW, Bd. VIII, S. 1–60, Frankfurt/M., Fischer, 1973

Freud, S.: Zur Psychologie des Gymnasiasten (1914). In: Studienausgabe, Bd. IV Psychologische Schriften, Frankfurt/M., Fischer, 1970, S. 235–240

Freud, S.: Vorlesungen zur Einführung in die Psychoanalyse (1916–17): Studienausgabe Bd. I, Frankfurt/M, Fischer, 1982

Freud, S.: Neue Vorlesungen zur Einführung in die Psychoanalyse (1933). GW Bd. XV, Frankfurt/M., Fischer, 1982

Friedrich, M. H.: Irrgarten Pubertät. München, Deutsche Verlags-Anstalt, 1999

Fritzsche, Y.: Orientierungsmuster: Inflation am „Wertehimmel" In: Deutsche Shell, (Hrsg.): Jugend 2000, Band 1 Opladen, Leske + Budrich, 2000, S. 93–157

Fuchs-Heinritz, W.: Religion. In: Deutsche Shell (Hrsg.): Jugend 2000, Band 1, Opladen, Leske + Budrich, 2000, S. 157–180

Gensicke, Th.: Individualität und Sicherheit in neuer Synthese? Wertorientierung und gesellschaftliche Aktivität. In: Deutsche Shell (Hrsg.): Jugend 2002, 14. Shell Jugendstudie. Frankfurt/M., Fischer, 2002, S. 139–212

Gernhardt, R.: Reim und Zeit. Stuttgart, Reclam, 1990

Geuter, U.: Das bin ich! Oder? In: Psychologie heute, 30. Jg. 10/2003, S. 26–29

Giedd, J.N./Blumenthal, J./Jeffries, N.O. et al.: Brain development during childhood and adolescence: a longitudinal MRI study. In: Nature Neuroscience, 1999, 2(10), S. 861–863

Giesecke, H.: Das Ende der Erziehung. Neue Chancen für Familie und Schule. Stuttgart, Klett-Cotta, 1985

Gilligan, C.: Die andere Stimme. Lebenskonflikte und Moral der Frau. München, Piper, 1984

Göppel, R.: Die Burlingham-Rosenfeld-Schule in Wien (1927–1933) – Schule und Unterricht für die Kinder des Psychoanalytischen Clans. In: Zeitschrift für Pädagogik, 37. Jg. 1991, S. 413–430

Göppel, R.: Zürns Töchter. Jugendpsychologische und familiendynamische Aspekte in den Romanen „Seelenarbeit", „Das Schwanenhaus" und „Jagd" von Martin Walser. In: Familiendynamik 19. Jg. 1994, S. 354–382
Grob, A./Jaschinski, U.: Erwachsen werden. Entwicklungspsychologie des Jugendalters, Weinheim, Basel, Berlin, Beltz, 2003
Guggenbühl, A.: Pubertät – echt ätzend. Freiburg, Herder Verlag, 2000
Gürtler, H.: Eltern sind echt ätzend. So helfen Sie ihren Kindern in der Pubertät. München, Midena, 2000
Hacking, I.: Was heißt „soziale Konstruktion"? Zur Konjunktur einer Kampfvokabel in den Wissenschaften. Frankfurt/M., Fischer, 1999
Harris, J. R.: The Nature Assumption: Why Children Turn Out the Way They Do. New York, Free Press, 1998
Häsing, H./Stubenrauch, H./Ziehe, T. (Hrsg.): Narziß ein neuer Sozialisationstypus? Bensheim, Beltz, 1981
Hauswald, M./Zenz, H.: Die Menarche im Erleben pubertierender Mädchen. In: Zenz, H./Hrabal, V./Marschall, P. (Hrsg.): Entwicklungsdruck und Erziehungslast. Göttingen, Hofgrefe, 1992, S. 48–60
Havighurst, R.J.: Developmental tasks and education. New York, David McKay, 1948
Havighurst, R.J.: Research on the developmental-task concept. In: The School Review, 64. Jg. 1956, S. 215–223
Helsper, W. (Hrsg.): Jugend zwischen Moderne und Postmoderne. Opladen, Leske + Budrich, 1991
Helsper, W./Böhme, J.: Jugend und Schule. In: Krüger, H.-H./Grunert, C. (Hrsg.): Handbuch Kindheits- und Jugendforschung. Opladen, Leske + Budrich, 2002, S. 567–596
Henning von Lange, A.: Relax. Rogner & Bernhard, Hamburg 2001[8] (Original 1997)
Hentig, H. v.: „Humanisierung" – Eine verschämte Rückkehr zur Pädagogik? Andere Wege zur Veränderung der Schule. Stuttgart, Klett 1987
Hoffmann, M.L.: Empathy and moral development. Cambridge, Cambridge University Press, 2000
Homburger, E.: Die Zukunft der Aufklärung und die Psychoanalyse. In: Zeitschrift für Psychoanalytische Pädagogik 4. Jg., 1930, S. 201–216
Homburger, E.: Bilderbücher. In: Zeitschrift für Psychoanalytische Pädagogik 5. Jg., 1931, S. 13–19
Homburger, E.: Triebschicksale im Schulaufsatz. In: Zeitschrift für Psychoanalytische Pädagogik 5. Jg., 1931, S. 417–445
Hornstein, W.: Strukturwandel der Jugendphase in der Bundesrepublik Deutschland. In: Ferchhoff, W./Olk, Th. (Hrsg.): Jugend im internationalen Vergleich. Sozialhistorische und sozialkulturelle Perspektiven. Weinheim, Juventa, 1988, S. 70–92
Hornstein, W.: Aufwachsen mit Widersprüchen – Jugendsituation und Schule heute. Stuttgart, Klett, 1990
Hülshoff, Th.: Emotionen. Eine Einführung in beratende, therapeutische, pädagogische und soziale Berufe. München, Basel, Ernst Reinhardt Verlag, 1999
Hunter, J./Phillips, S.: Pubertät. Zwischen Happy und Depri. Mühlheim, Verlag an der Ruhr 2000
Hurrelmann, K.: Das Modell des produktiv realitätsverarbeitenden Subjekts in der Sozialisationsforschung. In: Zeitschrift für Sozialisationsforschung und Erziehungssoziologie, 3. Jg., 1983, S. 91–103

Literatur

Hurrelmann, K.: Lebensphase Jugend. Eine Einführung in die sozialwissenschaftliche Jugendforschung. Weinheim, Juventa, 1994

Hurrelmann, K.: Der entstrukturierte Lebenslauf. Einige sozialpolitische Betrachtungen. In: Zeitschrift für Soziologie der Erziehung und Sozialisation, 23. Jg., 2003, Heft 2/2003, S. 215–226

Hurrelmann, K./Klocke, A./Melzer, W./Ravens-Sieberer, U. (Hrsg.): Jugend-Gesundheitssurvey. Internationale Vergleichsstudie im Auftrag der Weltgesundheitsorganisation WHO. Weinheim, Juventa, 2003

Ihle, W./Esser, G.: Epidemiologie psychischer Störungen im Kindes- und Jugendalter: Prävalenz, Verlauf, Komorbidität und Geschlechtsunterschiede. In: Psychologische Rundschau, 53. Jg., 2002, Heft 4

Illies, F.: Generation Golf. Eine Inspektion. Frankfurt/M., Fischer, 2001

Illies, F.: Generation Golf zwei, München, Blessing, 2003

Kaiser, A.: Pickel, Sex und immer Krach. München, Südwest Verlag, 2000

Kanders u. a.: Das Bild der Schule aus der Sicht von Schülern und Lehrern. In: Rolff, H.-G. u. a. (Hrsg.): Jahrbuch der Schulentwicklung Bd. 9. Weinheim, 1996, S. 57–113

Kannich, A.: Herumhängen, Blödeln, Action machen. In: deutsche jugend 7, 1993, S. 311 ff.

Kasten, H.: Pubertät und Adoleszenz. Wie Kinder heute erwachsen werden. München, Basel, Ernst Reinhard Verlag, 1999

Keupp, H./Ahbe, Th./Gmür, W./Höfer, R./Mitzscherlich, B./Kraus, W./Strauss, F.: Identitätskonstruktionen. Das Patchwork der Identität in der Spätmoderne. Reinbek, Rowohlt, 1999

Kluge, N.: Sexualverhalten Jugendlicher heute. Ergebnisse einer repräsentativen Jugend- und Elternstudie über Verhalten und Einstellungen zur Sexualität. Weinheim und München, Juventa 1998

Kluge, N.: Interview in dem Magazin Focus zum Thema Jugendsexualität und Aufklärung. In: Focus, 28/2001 vom 9. 7. 2001, S. 132

Kohlberg, L.: Moralstufen und Moralerwerb. Der kognitiv-entwicklungstheoretische Ansatz. In: Edelstein, W./Oser, F./Schuster, P. (Hrsg.): Moralische Erziehung in der Schule. Entwicklungspsychologie und pädagogische Praxis. Weinheim und Basel, Beltz, 2001, S. 35–62

Köhler, H.: Jugend im Zwiespalt. Eine Psychologie der Pubertät für Eltern und Erzieher. Stuttgart, Verlag Freies Geistesleben, 1999

Kraus, W./Mitzscherlich, B.: Abschied vom Großprojekt. Normative Grundlagen der empirischen Identitätsforschung in der Tradition von James E. Marcia und die Notwendigkeit ihrer Reformulierung. In: Keupp, R./Höfer, R. (Hrsg.): Identitätsarbeit heute. Klassische und aktuelle Perspektiven der Identitätsforschung. Frankfurt/M., Suhrkamp, 1997, S. 149–173

Laarmann, J.: The Raving Society. In: Kemper, P./Langhoff, Th./ Sonnenschein, U. (Hrsg.): „but I like it" Jugendkultur und Popmusik, Stuttgart, Reclam, 1998, S.138–141

Lange, C.: Jugendsexualität. Veränderungen seit 1970, Unterschiede zwischen West- und Ostdeutschland und der Einfluss von AIDS. In: Behörde für Schule, Jugend und Berufsbildung Hamburg (Hrsg.): Jugendsexualität und sexuelle Sozialisation. Hamburg 1999, S. 5–17

Lange, C.: Sexuelle Belästigung und Gewalt. Erfahrungen von Mädchen und Jungen. Ergebnisse einer Studie zur Jugendsexualität. In: Behörde für Schule, Jugend und

Berufsbildung Hamburg (Hrsg.): Weiblichkeit und Sexualität. Hamburg, 1999, S. 17–27

Lebert, B.: Crazy. Köln, Kiepenheuer&Witsch, 2000[25]

Lette, K.: Das große Böse-Mädchen-Lesebuch. München, Heine, 2002

Limbourg, M./Reiter, K.: Denn sie wissen nicht, was sie tun. Jugendliches Risikoverhalten im Verkehr. In: Unsere Jugend, 1/2003, S. 12–21

Linssen, R./Leven, I./Hurrelmann, K.: Wachsende Ungleichheit der Zukunftschancen? Familie, Schule und Freizeit als jugendliche Lebenswelten. In: Deutsche Shell, (Hrsg.): Jugend 2002, 14. Shell Jugendstudie. Frankfurt/M., Fischer, 2002, S. 53–90

Loeber, R.: Development and risk factors of juvenile antisocial behavior and delinquency: A review. In: Psychological Bulletin, 94. Jg. 1990, S. 68–99

Luhmann, N./Schorr, K.E.: Das Technologiedefizit der Erziehung. In: dies. (Hrsg.): Zwischen Technologie und Selbstreferenz. Fragen an die Pädagogik. Frankfurt/M., Suhrkamp, 1982, S. 11–49

Lutz, Chr.: Ich krieg die Krise. Pubertät trifft Wechseljahre. Freiburg, Herder, 2000

Maas, M.: Perspektiven der Schulreform für die Sekundarstufe I. In: ders. (Hrsg.): Jugend und Schule. Ideen, Beiträge und Reflexionen zur Reform der Sekundarstufe I. Hohengehren, Schneider Verlag, 2000, S. 193–214

Mägdefrau, J./Schumacher, E.: Pädagogik und soziale Ungleichheit. Bad Heilbrunn, Klinkhardt, 2002

Marcia, J.: Development and validation of ego-identity status. In: Journal of Personality and Social Psychology, 5. Jg. 1966, S. 551–558

Marquard, O.: Identität: Schwundtelos und Mini-Essenz. Bemerkungen zur Genealogie einer aktuellen Diskussion. In: Marquard/Stierle 1979, S. 347–369

Mednick, F.: Rebellen ohne Führerschein. Weinheim, Beltz-Verlag, 1998

Milhoffer, P.: Wie sie sich fühlen, was sie sich wünschen. Eine empirische Studie über Mädchen und Jungen auf dem Weg in die Pubertät. Weinheim und München, Juventa, 2000

Mitschka, R.: Die Pubertät gemeinsam bewältigen. Wien, öbv, 1987

Moffitt, T.E.: Adolescence-limited and life-course-persistent antisocial behavior: a developmental taxonomy. In: Psychological Review, 100. Jg., 1993, S. 674–701

Montada, L.: Delinquenz. In: Oerter, R./Montada, L. (Hrsg.): Entwicklungspsychologie. Ein Lehrbuch. 3., vollständig überarbeitete und erweiterte Auflage. Weinheim, Beltz, 1995, S. 1024–1036

Mugerauer, R.: Die Pubertät in ihren Herausforderungen und Schwierigkeiten. Gießen, Psychosozial-Verlag, 1995

Münchmeier, R.: Jugend als Konstrukt. Zum Verschwimmen des Jugendkonzepts in der „Entstrukturierung" der Jugendphase – Anmerkungen zur 12. Shell Jugendstudie. In: Zeitschrift für Erziehungswissenschaft, 1. Jg. Heft 1/1998, S. 103–118

Musgrove, F.: The Family, Education and Society. Routledge & Kegan, London, 1966

Niebaum, I.: Substanzspezifische Risikoverhaltensweisen im Jugendalter. In: Unsere Jugend, Heft 1/2003, S. 22–29

Nitsch, C./Beil, B./von Schelling, C.: Pubertät? Kein Grund zur Panik. Ein Buch für Töchter, Söhne, Mütter. München, Mosaik Verlag, 1992

Nohl, H.: Die pädagogische Bewegung in Deutschland und ihre Theorie. Frankfurt, Vittorio Klostermann, 1988 (orig. 1935)

Nuber, U.: Mädchen: Immer noch zu viel Anpassung. In: Psychologie heute, April 1992, S. 66–70

Nunner-Winkler, G.: Identität: Das Ich im Lebenslauf. In: Psychologie heute, 12/1988, S. 58–64

Nunner-Winkler, G.: Jugend und Identität als pädagogisches Problem. In: Zeitschrift für Pädagogik 36. Jg. 1990, S. 671–686

Nunner-Winkler, G.: Weibliche Moralentwicklung? In: Edelstein, W./Oser, F./Schuster, P. (Hrsg.): Moralische Erziehung in der Schule. Entwicklungspsychologie und pädagogische Praxis. Weinheim und Basel, Beltz, 2001, S. 141–153

Oerter, R./Dreher, E.: Jugendalter. In: Oerter, R./Montada, L.: Entwicklungspsychologie. Ein Lehrbuch. 3. vollständig überarbeitete und erweiterte Auflage. Weinheim, Psychologie Verlags Union, 1995

Olweus, D.: Stability of aggressive reaction patterns in males: A review. In: Psychological Bulletin, 86. Jg., 1979, S. 852–875

Opaschowski, H.: Generation@. Die Medienrevolution entlässt ihre Kinder: Leben im Informationszeitalter. British American Tobacco. Hamburg, 1999

Orvin, G.: So richtig in der Pubertät. Was Eltern lassen sollten und was sie tun können. Freiburg, Herder, 2000

Oswald, H.: Beziehungen zu Gleichaltrigen. In: Jugendwerk der Deutschen Shell (Hrsg.): Jugend '92, Bd. 2: Jugend im Spiegel der Wissenschaften, Opladen: Leske + Budrich, 1992, S. 319–332

Paulsen, S.: Heikle Zeit der Reife. In: GEO Wissen: Kindheit und Jugend. 9/1993, S. 128–136

Pfeiffer, Chr.: Gewalt entsteht durch Gewalt: Wie kann der Teufelskreis durchbrochen werden? In: Deutsch, W./Wenglorz, M. (Hrsg.): Zentrale Entwicklungsstörungen bei Kindern und Jugendlichen. Aktuelle Erkenntnisse über Entstehung, Therapie und Prävention. Stuttgart, Klett-Cotta, 2001, S. 164–188

Piaget, J.: Theorien und Methoden der modernen Erziehung. Frankfurt/M., Fischer, 1974

Pipher, M.: Pubertätskrisen junger Mädchen. Was Eltern tun können. Frankfurt/M., Fischer, 2003

Platta, H.: „Wer bin ich denn?" Wie gesellschaftlich produzierte Identitätsideen unser Selbstbewusstsein zerstören. In: Psychologie heute, 6/2002, S. 50–53

Postman, N.: Das Verschwinden der Kindheit. Frankfurt/M., Fischer, 1983

Prekop, I: Wie begleite ich mein Kind in schwierigen Phasen im Trotzalter und in Pubertät? Köln, Müller, 1999

Raffauf, E.: Das können doch nicht meine sein. Gelassen durch die Pubertät ihres Kindes. Weinheim, Beltz, 2000

Raithel, J.: Unfallursache: Jugendliches Risikoverhalten. Verkehrsgefährdung Jugendlicher, psychosoziale Belastungen und Prävention. Weinheim/München, Juventa, 1999

Raithel, J. (Hrsg.): Risikoverhaltensweisen Jugendlicher. Formen, Erklärungen und Prävention. Opladen, Leske + Budrich, 2001

Raithel, J.: Mutproben im Übergang vom Kinder- ins Jugendalter. Befunde zur Verbreitung, Formen und Motiven. In: Zeitschrift für Pädagogik, 49. Jg., 2003, S. 657 ff.

Rapoport, J.L./Giedd, J.N./Blumenthal J. et al.: Progressive cortical change during adolescence in childhood-onset schizophrenia. A longitudinal magnetic resonance imaging study. Archives of General Psychiatry, 1999; 56(7), S. 649–654

Rauscher, K.-H.: Jugendliche verstehen – Konflikte lösen. Freiburg, Herder, 2004

Remplein, H.: Die seelische Entwicklung des Menschen im Kindes- und Jugendalter. München, Ernst Reinhardt Verlag, 1963
Rogge, J.-U.: Pubertät. Loslassen und Haltgeben. Reinbek, Rowohlt-Verlag, 1998
Rommelspacher, B.: Böse Mädchen – ziemlich brav. In: taz – die tageszeitung vom 8.3.2003
Rost, D.H./Schilling, S.: Attraktive Schüler und Schülerinnen. In: Rost, H.: Handwörterbuch der pädagogischen Psychologie. Weinheim, Beltz, 2001, S. 29–34
Roth, M.: Geschlechtsunterschiede im Körperbild Jugendlicher und deren Bedeutung für das Selbstwertgefühl. In: Praxis Kinderpsychologie und Kinderpsychiatrie, 51. Jg. 2002, S. 150–164
Rousseau, J.J.: Emil oder über die Erziehung. 12. unveränderte Auflage. Paderborn, München, Wien, Zürich, Schöningh, 1995
Schaffer, H.R.: Social Development. Oxford, Blackwell, 1996
Scharang, M.: Abgrenzungswahn und Mordgier. Über das Geschwätz von der Identität. In: Konkret, 9, 1992
Schindler, M.: Kinder loslassen – wann und wie? München, Mosaik-Verlag, 2002
Schmid, G./Lange, C.: Von der „sexuellen Befreiung" zum „Geschlechterkampf". Veränderungen der Jugendsexualität zwischen 1970 und 1990. In: Kind – Jugend – Gesellschaft 3/1993, S. 75–78
Schweitzer, A.: Die Ehrfurcht vor dem Leben. Grundtexte aus fünf Jahrzehnten. München, Beck'sche Reihe, 1988
Seiffge-Krenke, I.: Emotionale Kompetenz im Jugendalter: Ressourcen und Gefährdungen. In: von Salisch, M. (Hrsg.): Emotionale Kompetenz entwickeln. Grundlagen in Kindheit und Jugend. Stuttgart u. a., Kohlhammer, 2002, S. 51–72
Selman, R.L.: Die Entwicklung des sozialen Verstehens. Frankfurt/M., Suhrkamp, 1984
Shell Deutschland (Hrsg.): 50 Jahre Shell Jugendstudien. Von Fräuleinwundern bis zu den neuen Machern. München, Ullstein, 2002
Sichtermann, B.: Frühlingserwachen. Pubertät – Wie Sex und Erotik alles verändern. Reinbek bei Hamburg, Rowohlt, 2002
Sigusch, V.: Jugendsexualität – Veränderungen in den letzten Jahrzehnten. In: Deutsches Ärzteblatt, 95. Jg., Heft 20, 1998, S. 1240–1244
Singer, W.: Was kann ein Mensch wann lernen? In: Killius, N./Kluge, J./Reisch, L. (Hrsg.): Die Zukunft der Bildung. Frankfurt/M., Suhrkamp, 2002, S. 78–99
Spallek, R.: Pubertät. Konflikte verstehen. Lösungen finden. Chancen erkennen. Stuttgart, Kreuz Verlag, 2001
Spranger, E.: Psychologie des Jugendalters. Heidelberg, Quelle & Meyer, 1979^{29}, Orig. 1925
Stephens, A.: Rote Lippen, scharfe Zungen. Ein Poesiealbum für böse Mädchen. München, Econ, 1999
Stern 48/2002 vom 21. 11. 2002: Wahnsinn Pubertät. Neue Hirnforschung – Warum Teenies komisch ticken. S. 242–259
Stierlin, H.: Individuation und Familie. Studien zur Theorie und therapeutischen Praxis. Frankfurt/M., Suhrkamp, 1994
Stone, L. J./ Church, J.: Kindheit und Jugend – Einführung in die Entwicklungspsychologie. München, dtv, 1978
Strauch, B.: Warum sie so seltsam sind. Gehirnentwicklung bei Teenagern. Berlin, Berlin-Verlag, 2003

Sullivan, K./Sullivan, A.: Adolescent-parent separation. In: Developmental Psychology, 16. Jg., 1980, S. 93–99

Swan, S.: Böse Mädchen. München, Piper, 1997

Tischler, F.: Illustriertes Hausbuch für christliche Familien. München, Verlag Theodor Triebenbacher, 1909

Turiel, E.: The Development of Social Knowledge. Morality and Convention. Cambridge, Cambridge University Press, 1983

Udry, R.J./Billy, J.O.G.: Initiation of Coitus in Early Adolescence. American Sociological Review, 52. Jg., 1987

Varga, S.: Immer früher Sex. In: Focus, 28/2001 vom 9. 7. 2001, S. 130–131

Vogel, P.: Scheinprobleme in der Erziehungswissenschaft: Das Verhältnis von „Erziehung" und „Sozialisation". In: Zeitschrift für Pädagogik 42. Jg. 1996, S. 481–490

von Salisch, M.: Seine Gefühle handhaben lernen. Über den Umgang mit Ärger. In: von Salisch, M. (Hrsg.): Emotionale Kompetenz entwickeln. Grundlagen in Kindheit und Jugend. Stuttgart u. a., Kohlhammer, 2002, S. 135–156

Waldeck, R.: Der rote Fleck im dunklen Kontinent. In: Zeitschrift für Sexualforschung, 1988/4, S. 337–350

Walser, M.: Seelenarbeit. Frankfurt/M., Suhrkamp, 1979

Winnicott, D.W.: Das Jugendalter. Der mühsame Weg durch die Stagnation. In: ders.: Familie und individuelle Entwicklung. München, Kindler, 1978

Winterhager-Schmid, L.: Jugendzeit in der Schule – eine angemessene Entwicklungsförderung?, In: Maas, M. (Hrsg.): Jugend und Schule. Ideen, Beiträge und Reflexionen zur Reform der Sekundarstufe I. Baltmannsweiler, Schneider Verlag Hohengehren, 2000, S. 46–55

Wüschner, P.: Pubertät – Das Überlebenstraining für Eltern. Frankfurt/M., Eichborn Verlag, 2003

Youniss, J.: Die Entwicklung und Funktion von Freundschaftsbeziehungen. In: Edelstein, W./Keller, M. (Hrsg.): Perspektivität und Interpretation. Frankfurt/M., Suhrkamp, 1982, S. 78–109

Ziehe, Th.: Pubertät und Narzissmus. Sind Jugendliche entpolitisiert? Frankfurt/M., und Köln, Europäische Verlags Anstalt, 1981[4] (Original 1975)

Zinnecker, J. (Hrsg.): Schule gehen Tag für Tag. Schülertexte. München, Juventa, 1982

Zinnecker, J.: Metamorphosen im Zeitraffer: Jungsein in der zweiten Hälfte des 20. Jahrhunderts. In: Levi, G./Schmitt, J.-C. (Hrsg.): Geschichte der Jugend von der Aufklärung bis zur Gegenwart. Frankfurt/M., Fischer, 1997

Zinnecker, J.: Stresskinder und Glückskinder. Eltern als Umwelt von Kindern. In: Zeitschrift für Pädagogik 43.Jg., 1997, S. 7–33

Zinnecker, J.: Selbstsozialisation – Essay über ein aktuelles Konzept. In: Zeitschrift für Sozialisationsforschung und Erziehungssoziologie 20. Jg. 2000, Heft 3, S. 272–290

Zinnecker, J./Behnken, I./Maschke, S./Stecher, L.: null zoff & voll busy. Die erste Jugendgeneration des neuen Jahrhunderts. Opladen, Leske + Budrich, 2002

Evelyn Heinemann/Hans Hopf
Psychische Störungen in Kindheit und Jugend
Symptome – Psychodynamik – Fallbeispiele – psychoanalytische Therapie

2. Auflage 2004
324 Seiten. Kart.
€ 27,–
ISBN 3-17-018054-1

Psychische Störungen im Kindes- und Jugendalter sind weit verbreitet; doch nur wenige der Betroffenen erhalten die notwendige pädagogische und therapeutische Unterstützung. Das Buch gibt einen Überblick über die Symptome und die zugrundeliegende Psychodynamik der verschiedenen Störungen. Es führt in die psychoanalytische Theorie und Behandlung von Kindern und Jugendlichen ein, behandelt Störungsbilder der Neurosen, narzisstische Störungen, psychosomatische Störungen, Borderline-Störungen und Psychosen sowie Sprachstörungen. Jede psychische Störung wird mit einem ausführlichen Fallbeispiel dargestellt. In der Diskussion um das Fallbeispiel werden sowohl die Psychodynamik als auch die pädagogischen und therapeutischen Implikationen diskutiert. Das Buch schließt so den Bogen vom pädagogischen Alltag, über die sonder- und sozialpädagogische Förderung zur psychoanalytischen Therapie von Kindern und Jugendlichen.

▶ www.kohlhammer.de

W. Kohlhammer GmbH · 70549 Stuttgart
Tel. 0711/7863 - 7280 · Fax 0711/7863 - 8430

Duncker/Scheunpflug/Schultheis
Schulkindheit
Anthropologie des Lernens im Schulalter

2004. 266 Seiten. Kart.
€ 25,–
ISBN 3-17-017412-6

Das Buch befasst sich mit jener Lebensphase im Aufwachsen von Kindern, die zeitlich mit dem Schulbesuch zusammenfällt. Diese Phase kann deshalb nur verstanden werden, wenn man den Einfluss beachtet, den die Schule auf das kindliche Lernen nimmt und der dazu führt, dass sich die Kindheit zwischen Schulbeginn und Jugendalter verändert. Eine Klärung dessen, was Schulkindheit heute ist und wie sie unter ausgewählten erziehungswissenschaftlichen Perspektiven dargestellt werden kann, liefern die drei Autoren deshalb im Rückgriff auf Erträge der Kindheitsforschung und Schultheorie, der pädagogischen Anthropologie und Biologie, der Erfahrungstheorie und Leibphänomenologie. Dabei kommt in den Blick, wie sich die Aneignung von Wirklichkeit gestaltet, wie sich Schriftspracherwerb und Zeitbewusstsein, Sozialität und Interkulturalität, Leiblichkeit und Denken umformen und damit Prozesse des Erwachsenwerdens anstoßen.

▶ **www.kohlhammer.de**

W. Kohlhammer GmbH · 70549 Stuttgart
Tel. 0711/7863 - 7280 · Fax 0711/7863 - 8430